DELIUS KLASING

Bartmann · Muth

Notfallmanager Tauchunfall

Delius Klasing Verlag

Dieses Werk will Sie informieren. Die Angaben sind nach bestem Wissen zusammengestellt, dennoch sind Fehler nicht vollständig auszuschließen. Aus diesem Grund sind alle Angaben mit keiner Verpflichtung oder Garantie der Autoren und des Verlages verbunden. Sie übernehmen infolgedessen keinerlei Verantwortung oder Haftung für etwaige inhaltliche Unrichtigkeiten des Buches.

Bibliografische Information der Deutschen Nationalbibliothek
Die Deutsche Nationalbibliothek verzeichnet diese Publikation in der Deutschen Nationalbibliografie; detaillierte bibliografische Daten sind im Internet über »http://dnb.d-nb.de« abrufbar.

1. Auflage 2006
ISBN 3-7688-1856-X
ISBN 978-3-7688-1856-8

Tel.: 08191-125-0, Fax: 08191-125-594
Internet: http://www.ecomed-SICHERHEIT.de
E-Mail: info@ecomed.de

Die Rechte für die vorliegende Lizenzausgabe liegen bei der Delius, Klasing & Co. KG, Bielefeld
Verfasser: H. Bartmann, Dr. med. C.-M. Muth
Gesamtherstellung: Print Consult, München

Delius Klasing Verlag, Siekerwall 21, D - 33602 Bielefeld
Tel.: 0521/559-0, Fax: 0521/559-115
E-Mail: info@delius-klasing.de
www.delius-klasing.de

Ein herzliches Dankeschön ...

an alle, die durch ihren Beitrag und ihre Mitarbeit bei der Entstehung dieses Buches geholfen haben. Ganz besonderer Dank gebührt Herrn DR. MED. CLAUS-MARTIN MUTH, der durch seine spontane Bereitschaft, an diesem *Notfallmanager Tauchunfall* als Co-Autor mitzuwirken, seine Tauchern wie Medizinern allseits bekannte und gefragte Kompetenz in diesen Band einfließen ließ.

Über die Autoren

HUBERTUS BARTMANN ist Feuerwehr-Lehrtaucher und Gast-Ausbilder an der Staatl. Feuerwehrschule Regensburg. Autor des Loseblattwerkes *Taucher-Handbuch* und zahlreicher Publikationen zum Thema Tauchen, Wasser- und Luftrettung. Mitarbeiter in der „Expertenrunde" der Zeitschrift „tauchen". Mitglied der Gesellschaft für Tauch- und Überdruckmedizin e. V. (GTÜM). Initiator der Taucher-Tage (www.taucher-tage.de), des BayWaH (www.baywah.de) und der Koblenzer Intensivseminare „Tauchunfall" (www.tauch-unfall.de).

DR. MED. CLAUS-MARTIN MUTH ist erfahrener DLRG-Tauchlehrer, staatlich anerkannter Tauchlehrer (CMAS***) und war Taucherarzt am Schifffahrtsmedizinischen Institut der Marine. Zuständig für das Fachgebiet „Tauchmedizin" bei der Gesellschaft für Überdruckmedizin (GTÜM), beratend bei der DLRG und Verbandsarzt des VIT. Facharzt für Anästhesiologie, Notfallmedizin, Sportmedizin und Tauch- und Überdruckmedizin (GTÜM). Lehrbeauftragter der Heinrich-Heine-Universität Düsseldorf und der Universität Ulm. Zahlreiche internationale wissenschaftliche Publikationen im Bereich der Tauch- und Hyperbarmedizin, regelmäßige Beiträge für die Zeitschrift „tauchen". Arbeitet als Oberarzt und Wissenschaftler an der Universität Ulm.

Inhalt

IV – 3
Tauchunfall

IV – 3.1
Einleitung

Man stelle sich vor, jemand möchte sich in seiner Freizeit an den Eindrücken der Unterwasserwelt erfreuen und beschließt, zu diesem Zweck das Tauchen zu lernen. Er oder sie begibt sich in eine Buchhandlung, um ein „Tauchbuch" zu erstehen und stöbert dabei eine seitenlange Abhandlung zum Thema *Tauchunfall* auf. Was soll er davon halten? Schlimmstenfalls wird er, ob dieser „gefährlichen Sportart", die Finger davon lassen und doch lieber Golf spielen. Bestenfalls lässt er sich davon nicht irritieren, lernt tauchen, setzt sich aber auch mit der Problematik des *Tauchunfalls* auseinander. Nun darf allerdings unterstellt werden, dass der Newcomer nicht gleich zu einem fünfbändigen Opus greifen, sondern mit etwas leichterer Kost beginnen wird.

Das Kapitel *Tauchunfall* und die daraus entstandene Taschenbuchausgabe spricht deshalb in erster Linie die entscheidende Zielgruppe, den Tauchlehrer im Allgemeinen und den in einer Rettungsorganisation im Besonderen an. Bei den vorausgegangenen Leserumfragen rangierte das Thema *Tauchunfall* stets unter den Top 3. Der Leser soll in dieser Abhandlung erfahren, welche Ursachen zum Ereignis *Tauchunfall* führen und welche Möglichkeiten es gibt, dieses Ereignis am besten zu vermeiden oder zu bewältigen. Dabei soll ihm dieser Abschnitt zum oft zitierten „Blick über den Tellerrand" verhelfen. Darüber hinaus ist dieses Kapitel auch für jene Leser geschrieben, die nur sekundär mit einem *Tauchunfall* etwas zu tun haben. Sowohl im Land- als auch im Luftrettungsdienst ist der *Tauchunfall* ein seltenes Ereignis. Dies führt im Ernstfall zwangsläufig zu Problemen, die es zu lösen gilt. Mit ein Grund, weshalb einige Segmente hier etwas ausführlicher besprochen werden als in vergleichbarer Literatur. Leitgedanke war, eine Schnittstelle zwischen *Taucher* und *Rettungsdienst* zu entwickeln.

IV – 3.2
Definition, Gliederung

Vorweg ein paar Worte zur Schreibweise. In den Vorschriften der gewerblichen und militärischen Taucherei heißt der Terminus Tauch*er*unfall. Dagegen wird in der Mehrzahl tauchbezogener Literatur **Tauchunfall** geschrieben. STELZNER machte sich schon 1931 in seinem Werk über die richtige Formulierung Gedanken:[1)] „Es bedarf der Erwähnung, daß fast alle auf das Tauchen im Sinne unseres Tauchers bezogenen Wortbildungen mit dem vollen Wort Taucher zu bilden sind. Es ist nicht richtig zu sagen Tauchgerät anstatt Tauchergerät, Tauchleine anstatt Taucherleine oder Tauchmeister für Tauchermeister. Selbst in behördlichen Drucken (Patentschriften) findet man derart unrichtige Wortbildungen."

Die Sprachberatungsstelle der Dudenredaktion des Bibliographischen Instituts in Mannheim übermittelte auf Anfrage des Verfassers folgende Stellungnahme:[2)] „Von der Wortbildung her sind beide Formen – Tauchunfall, Taucherunfall – möglich. Tauchunfall ist vom Verb ‚tauchen' abgeleitet und bedeutet demnach Unfall beim Tauchen, während des Tauchens. Taucherunfall ist vom Substantiv ‚Taucher' abgeleitet und bedeutet Unfall eines Tauchers. Wir würden allerdings die Form **Tauchunfall** vorziehen. Andere Zusammensetzungen mit -unfall (z. B. Autounfall, Dienst-, Sport- oder Arbeitsunfall) zeigen, daß diese Zusammensetzungen im allgemeinen wohl nicht mit einer Personenbezeichnung, sondern mit der Sachbezeichnung gebildet werden."

Der Begriff des Tauchunfalls ist jedem Taucher und Laien verständlich. Er entspricht einer unbeabsichtigten und unerwartet eingetretenen Komplikation während oder nach einem Tauchgang. Eine ausgefallene bemerkenswerte Erklärung hat PAVLOVIC veröffentlicht: „Bei einem Tauchgang, der mit einem Unfall endet, bestand ein Mißverhältnis. Ein Mißverhältnis zwischen einem während des Tauchgangs entstandenen Problem und den Fähigkeiten der beteiligten Taucher, dieses angemessen zu lösen."[3)] Ein Unfall ist ein plötzliches, nicht geplantes, in dem Moment unvorhersehbares Ereignis, das zu einer Verletzung von Personen und/oder zu einem Sachschaden führt. Versicherungsrechtlich liegt ein *Unfall* vor, wenn der Versicherte durch ein plötzlich von außen auf seinen Körper wirkendes

Ereignis (Unfallereignis) unfreiwillig eine Gesundheitsschädigung erleidet.

Zur Frage, ob die „Dekompressionskrankheit" ein Unfall im versicherungsrechtlichen Sinne ist, wird auf das Urteil des Oberlandesgerichts Karlsruhe verwiesen *(→ Kap. II – 4.9)*. Dennoch: Nicht jeder „Unfall" ist de jure ein Unfall. Neben den klassischen Tauchunfällen – hier vor allem der Dekompressionsunfall – werden in diesem Kapitel auch *Zwischenfälle im Wasser* berücksichtigt, da sie organisatorisch in der Regel wie ein Tauchunfall zu behandeln sind. Beispielhaft sei hier der Herzinfarkt eines Tauchers im Wasser erwähnt. Obwohl kein Tauchunfall im Sinne der Nomenklatur, wären bei diesem Geschehen mit Einschränkung die gleichen Maßnahmen wie bei einem Tauchunfall erforderlich. Allerdings distanziert sich der Verfasser von der Art und Weise mancher Boulevardzeitungen, jeden Zwischenfall im Wasser mit reißerischen Schlagzeilen pauschal als „Tauchunfall" zu schmähen.[4)]

Eine klare Abgrenzung, was zum Thema *Tauchunfall* gehört und was nicht, ist schwierig. Die nachfolgende Grafik soll dies verdeutlichen.

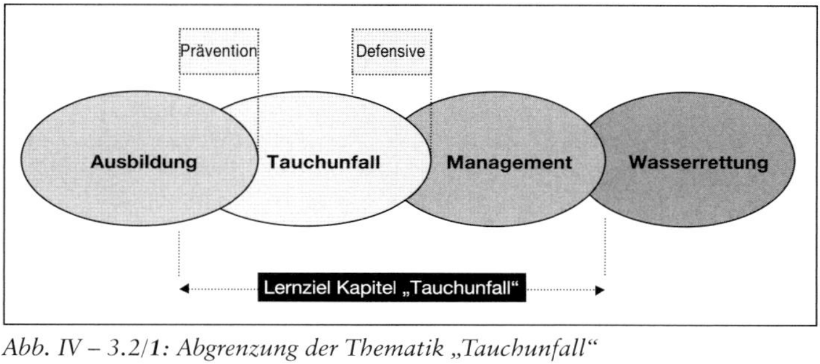

Abb. IV – 3.2/1: Abgrenzung der Thematik „Tauchunfall"

Jeder, der eine Ausbildung zum Taucher absolviert hat, weiß, dass viele Elemente der Schulung gelehrt werden, um Tauchunfälle zu vermeiden. So ist beispielsweise das Erlernen der richtigen *Auftauchgeschwindigkeit* eine lebenswichtige Fertigkeit im wahrsten Sinne des Wortes, denn zu schnelles Auftauchen hätte unweigerlich eine Überdehnung der Lunge mit allen Konsequenzen zur Folge. Einher geht die sachgerechte Bedienung des Auftriebsmittels, da die falsche Handhabung unabwendbar zur Erhöhung der Auftauchgeschwindigkeit führen würde. Der richtige Umgang mit diesem Equipment dient also nicht nur dem Komfort des Tauchgangs, sondern vor allem der Vermeidung eines Unfalles.

Ausbildungsrelevante Kriterien werden in diesem Kapitel nur insoweit besprochen, als sie besonders präventiven Charakter haben. Dabei wird nicht erörtert, wie man richtig taucht, dies ist Gegenstand des eigenständigen Kapitels *Tauchpraxis (→ Kap. IV – 1),* sondern anhand von *Checklisten* dargestellt, welche Ursachen in der Vergangenheit zu Unfällen oder Beinahe-Unfällen führten, um daraus vorbeugende Erkenntnisse ziehen zu können.

Der nächste Abschnitt widmet sich dem Ereignis *Tauchunfall* selbst. Im Vordergrund stehen die Defensivmaßnahmen, also jene Maßnahmen zur Eingrenzung des Schadens. Wichtig sind hier die Prinzipien zur *Rettung aus dem Wasser* und Erhaltung der Vitalfunktionen bzw. Erste Hilfe. Anschließend die katalogisierte Darstellung möglicher Erscheinungsbilder (Symptome) und die Vorgehensweisen (Therapieschemata) für den medizinischen Laien, den Rettungsdienstmitarbeiter und Notarzt.

Wegen seiner Komplexität wird auf das *Management* separat eingegangen. Das Spektrum erschließt das unmittelbare Retten im und aus dem Wasser über die Alarmierung des Rettungsdienstes bis zur Dokumentation des Tauchunfalles.

Das Thema *Wasserrettung* ist differenziert zu betrachten und nicht mit dem „Retten aus dem Wasser" durch beteiligte Taucher zu verwechseln. Die Interpretation des Begriffs *Wasserrettungsdienst* hat zwar in der Vergangenheit gelegentlich zu Diskussionen und Schwierigkeiten geführt, doch ist in den überwiegenden Rettungsdienstgesetzen der Länder der Begriff *Wasserrettung* als eine Sektion in der Notfallrettung definiert.[5) 6)] Zur *Wasserrettung* gehören u. a. auch Suchtechniken, die Erörterung der Einsatztaktik und Führungslehre. Zusammenfassend spricht man von *Wasserrettung* dann, wenn der herkömmliche Rettungsdienst für die Bewältigung des Ereignisses nicht ausreichend ist. Das sehr komplexe Thema *Wasserrettung* ist deshalb nicht Gegenstand dieses Kapitels, sondern wird in *Kapitel IV – 5* des *Taucher-Handbuches* ausführlich behandelt.

IV – 3.3
Unfallursachen

IV – 3.3.1
Unfallanalyse

Aus Unfällen kann man lernen. Eine systematische Analyse von Tauchunfällen könnte zu wichtigen Erkenntnissen für die Prävention zukünftiger Unfälle führen. Leider beschränken sich in der Regel die Analysen auf Sachverständigengutachten, welche im Auftrag der ermittelnden Staatsanwaltschaft in Auftrag gegeben wurden. Besteht seitens der Staatsanwaltschaft kein Begehren nach einer Ermittlung, findet auch keine Analyse statt. So werden Beinahe-Unfälle oder noch glimpflich verlaufene Zwischenfälle weder erfasst noch analysiert. Die Zeitschrift „tauchen" ist seit längerer Zeit bestrebt, Beinahe-Unfälle redaktionell zu bearbeiten und durch einen erfahrenen Tauchlehrer kommentieren zu lassen. Vom Ansatz her wäre dies ein erster Schritt, er müsste allerdings noch weiterentwickelt werden.

Dieser Abschnitt beschreibt kurz ein standardisiertes Verfahren, mit dem Einzelursachen als Bestandteile von Ursachenketten innerhalb eines Ursachengefüges ermittelt werden können.

Für die Ermittlung von Gefährdungen bei Tauchgängen können zwei Methoden angewandt werden:[7)]

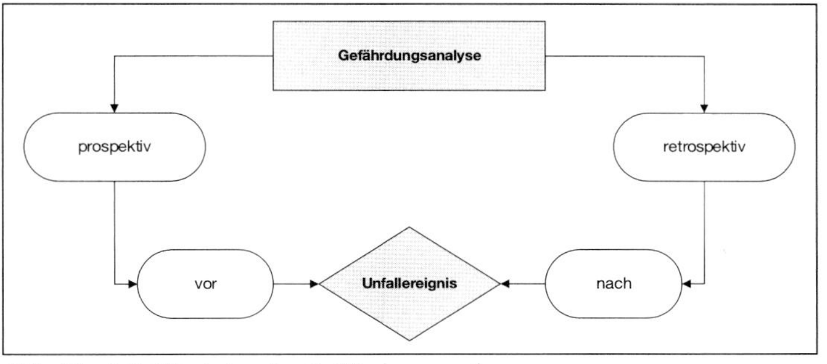

*Abb. IV – 3.3.1/**1**: Arten der Gefährdungsanalyse*

Die Einzelunfalluntersuchung entspricht einer unfallabhängigen Gefährdungsanalyse. Das heißt, es wird retrospektiv präzise untersucht, warum es zu einem Unfall kam. Die Ziele dieser Unfalluntersuchung sind:

1. Erkenntnisse zur Vermeidung von gleichen oder gleichartigen Unfällen gewinnen
2. Beseitigung erkannter Gefährdungen
3. Sicheres Tauchen

Tauchunfälle, wie andere Unfälle auch, werden verursacht, d. h., sie geschehen nicht einfach. Das Erkennen dieser Unfallursachen ist der Schlüssel einer effektiven Gefährdungsermittlung. Dem sicherheitswidrigen Verhalten der Taucher ist hierbei eine große Bedeutung beizumessen. Unfallursachen lassen sich in Gruppen zusammenfassen. Eine beispielhafte Aufzählung ist in *Abb. IV – 3.3.1/2* dargestellt; eine ausführliche Erläuterung hierzu findet in den nächsten Kapitelabschnitten statt.

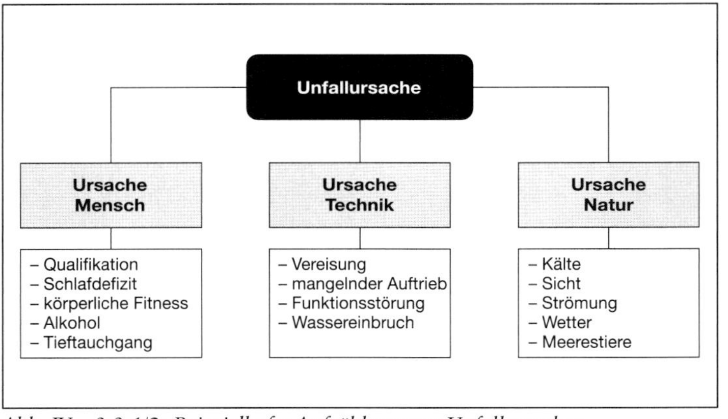

Abb. IV – 3.3.1/2: Beispielhafte Aufzählung von Unfallursachen

Tauchunfälle sind im Allgemeinen multikausal bedingt. Dies wird im so genannten Dominomodell veranschaulicht.[322)]

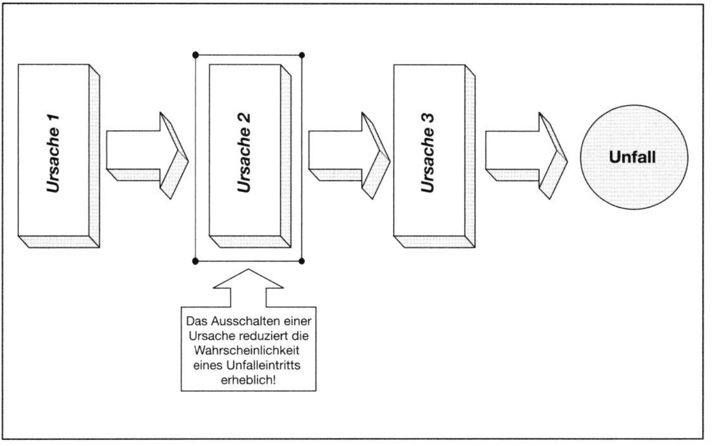

Abb. IV – 3.3.1/3: Dominomodell – Ursachenkette

Das bedeutet, es müssen mehrere Ursachen zusammentreffen, damit ein Unfall passiert. Das Ausschalten nur einer Ursache hätte im obigen Beispiel die Ursachenkette unterbrochen. Der Unfall wäre verhindert worden. Ziel muss sein, durch methodische Abläufe diesen *Einzelursachen* auf die Spur zu kommen, um sie im Rahmen technischer Verbesserungen und/ oder Anpassung der Ausbildung künftig auszuschalten. Die *Abb. IV – 3.3.1/4* zeigt den methodischen Ablauf einer solchen Unfallanalyse.

Bei Einzelunfallanalysen gilt die Unfallaufnahme selbst als Schwachstelle: Sie ist oft nicht detailliert und hebt nicht auf die eigentlichen Unfallursachen ab.[8)] Das skizzierte Verfahren geht weit über den Ansatz eines so genannten *Unfallerhebungsbogens* hinaus. Als Ergebnis werden die Einzelursachen als Bestandteile von Ursachenketten ermittelt. So wird die Komplexität der beeinflussenden Bedingungen deutlich, die schließlich zum Unfallereignis führen.

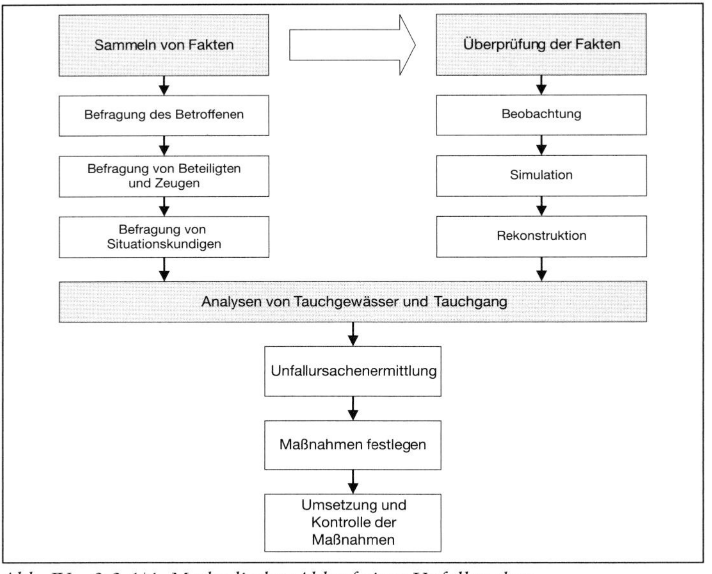

Abb. IV – 3.3.1/4: Methodischer Ablauf einer Unfallanalyse

IV – 3.3.2
Ursache Mensch

RÖDIGER stellte bereits 1974 fest, dass man bei der Forschung nach den Ursachen von Tauchunfällen herausfindet, dass nicht technisches Versagen der Geräte oder das plötzliche Auftreten von widrigen Umständen für die Schwierigkeiten, in die der Taucher geriet, verantwortlich ist, sondern seine Unfähigkeit, auf eine veränderte Situation in angemessener Weise zu reagieren.[9)] Er bezieht sich zudem auf eine australische Studie, in der festgestellt wurde, dass ca. 80 % der Tauchunfälle mit tödlichem Ausgang durch das panikartige Verhalten des Tauchers auftreten. Er schlussfolgert, dass in erster Linie nicht technische oder sonstige materielle Probleme, sondern eher psychische Defekte ursächlich für Tauchunfälle sind. Zu einem fast gleich lautenden Ergebnis kommt 1991 SCHIÖBERG-SCHIEGNITZ, sie erwähnt, dass 75 % der tödlichen Tauchunfälle auf menschliches Versagen zurückzuführen sind.[10)] Diese Erkenntnis hat sich bis in jüngster Zeit nicht geändert und wurde zuletzt 1998 in einer Veröffentlichung von MIELKE et al. wieder bestätigt. Das Autorenteam kam zu dem Resultat, dass alle behandelten schweren Unfälle in den letzten 15 Jahren fast ausschließlich auf ungenügende Disziplin und mangelnde Ausbildung sowohl der Taucher als leider auch ihrer Ausbilder zurückzuführen waren.[11)]

Ein ähnliches Verhalten ist auch in anderen Bereichen, wie z. B. der zivilen Luftfahrt, zu beobachten. Dort sind zwei Drittel der Unfälle auf Fehler der Flugzeugbesatzung zurückzuführen. Hauptprobleme bestehen in der Interaktion Mensch – Maschine und in der mangelhaften Kommunikation und Teamarbeit. Die Automatisierung der Flugsysteme schafft dort keine unbedingte Sicherheit. Modernste Flugzeuge verunglücken, weil die komplexe Technik nicht richtig verstanden wird und die Bordcomputer verwirrende Daten liefern.[12)]

Auf das Tauchgeschehen bezogen, fasste HACKFORT die Erkenntnisse (vorsichtig formuliert) so zusammen:[13)] „Tauchunfälle sind wesentlich auf ein Versagen des Tauchers zurückzuführen. Dabei führen kognitive und emotionale Prozesse zu Fehlverhalten mit fatalen Folgen."

Bei den kognitiven Prozessen denkt der Verfasser insbesondere an die Situationseinschätzung und die bewusste Handlungsorganisation, mit emotionalen Prozessen sollen speziell die Angst und Panik angesprochen werden.

Als Hauptursache menschlichen Versagens werden bei Tauchunfällen **Panikreaktionen** verantwortlich gemacht.[14)] Alle klinischen Beobachtungen sprechen außerdem dafür, dass Panik der auslösende Faktor ist, der über einen Laryngospasmus zur Lungenüberdehnung führt.[15)] Panik kann sich über Angst entwickeln, extreme Angst kann in Panik übergehen. Panik und Angst sollten aber differenziert werden, denn die Unterscheidung ist nicht nur intensitätsabhängig, sondern bedeutet auch einen qualitativen Sprung. Die für Angst typischen Besorgtheitsgedanken verweisen darauf, dass bei Angst die kognitive Handlungsreaktion eben noch nicht völlig „abgeschaltet" oder eingestellt ist. Eine Möglichkeit, Panik zu begegnen, besteht ggf. darin, panikvorausgehende Ängste zu erkennen und als Signale zu nutzen.[13)]

Die Symptomatik einer Panikattacke beim Tauchen stellte GERSTENBRAND wie folgt zusammen:[20)]

1. Angst – undefiniert
2. Angst, Unkontrolliertes zu tun
3. Angst umzukommen
4. Depersonalisation[*)], Derealisation[**)]
5. Gefühl der Benommenheit mit Störung der Konzentration
6. Vigilitätsminderung
7. Atemnot mit Beklemmung und Erstickungsgefühl
8. Palpitation[***)], Tachykardie
9. Hitzegefühl oder Kälteschauer
10. Übelkeit, abdominelle Beschwerden
11. Pollakisurie[****)]
12. Zittern, Beben
13. Taubheit, Paraesthesien
14. Kopfschmerzen, Gliederschmerzen
15. Müdigkeit und Nachlassen der Muskelkraft
16. Unkoordinierte Massenbewegungen, unsinnige Handlungen

Eine sehr anschauliche Übersicht über die Entstehung von Panik unter Wasser und die psychisch bedingten Unfallmechanismen zeigen die beiden nachfolgenden Grafiken.[16)]

---

*) Verlust des Persönlichkeitsgefühls (Anm. d. Verfassers)

**) Der Wirklichkeit nicht entsprechende subjektive Ausdeutung und nachträgliche Rechtfertigung des eigenen Verhaltens (Anm. d. Verfassers)

***) Herzklopfen, beschleunigter Puls (Anm. d. Verfassers)

****) häufiger Harndrang (Anm. d. Verfassers)

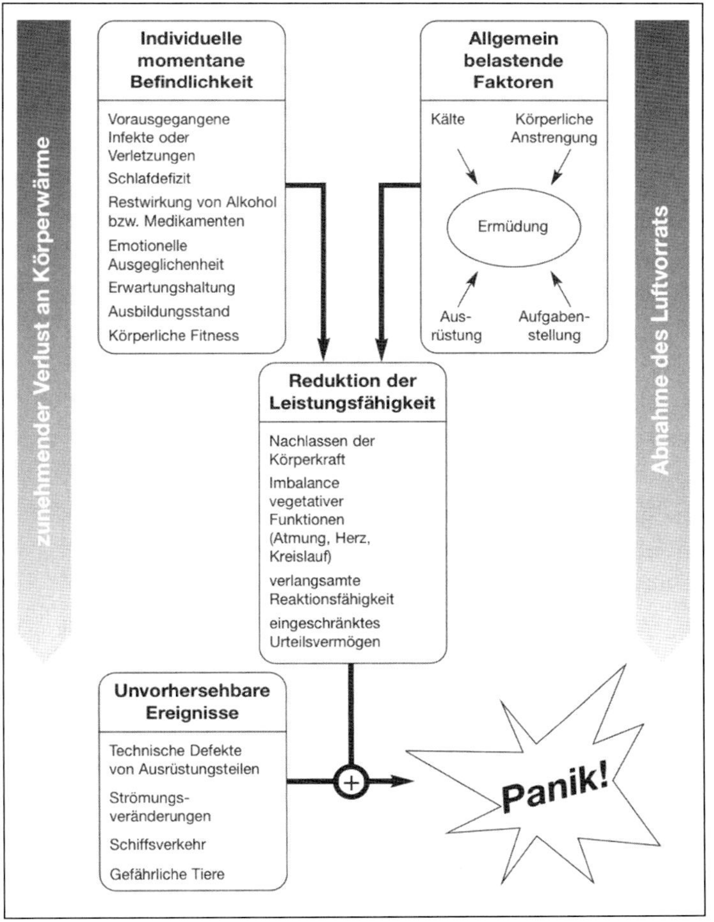

Abb. IV – 3.3.2/1: Entstehung von Panik unter Wasser

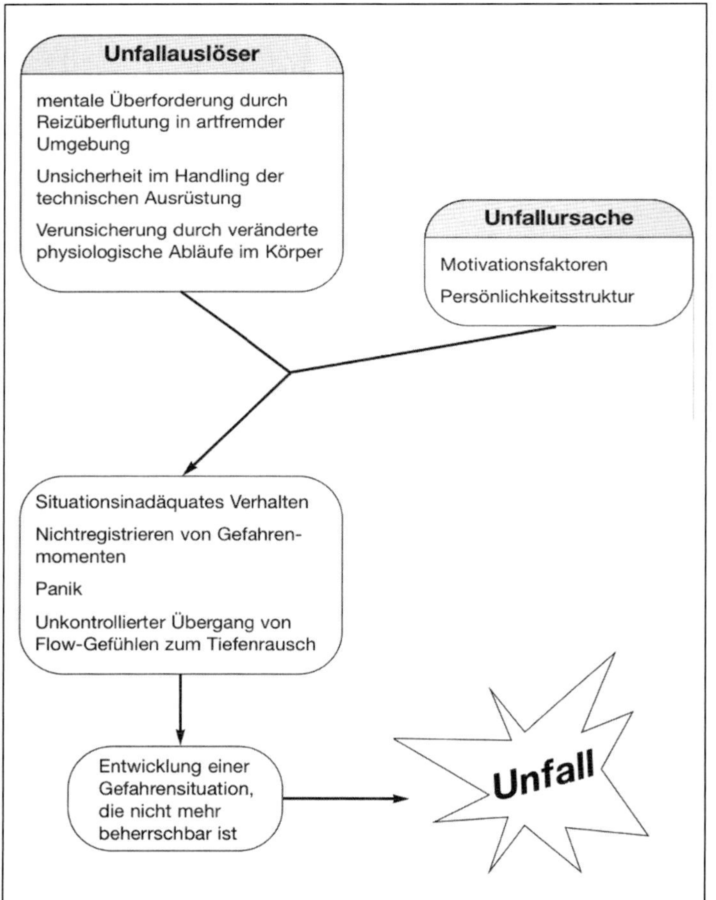

Abb. IV – 3.3.2/2: Psychisch bedingte Unfallmechanismen

In einem Fallbeispiel berichtet FRINKEN von einem tödlich verlaufenen Tauchunfall im Starnberger See als Folge eines Notaufstiegs aus 40 Meter Tiefe.[17] Unmittelbar nach dem Tauchgang war der Betroffene noch nicht bewusstlos. Er sprach zwar wenig und sagte, dass er da unten schreckliche Angst verspürte und wohl einen Tiefenrausch gehabt habe. Er meinte, mit seinem Bleigürtel immer weiter in den See und in den Schlamm hineingezogen zu werden, um dort hilflos in der Tiefe zu versinken. Es wird vom Vortragenden geschildert, dass der Taucher eine zu extremen Wagnissen neigende Persönlichkeit war. Offenbar bestanden bei ihm eine über das übliche Ausmaß hinausgehende Panikbereitschaft und eine Erniedrigung der „Panikschwelle". Schon einmal hatte er als Soldat bei nicht adäquatem Anlass panisch, also nicht mehr rational reagiert.

Um die Problematik der psychischen Tauglichkeit schon bei der Tauchtauglichkeitsuntersuchung zu würdigen, schlugen GERSTENBRAND et al. 1987 vor, mittels standardisierten Testverfahren das psychische Profil des Tauchers zu ermitteln. Nach Auffassung der Autoren würde dies zur groben Orientierung ausreichen, um die Persönlichkeitsstruktur von Tauchanwärtern neben dem intellektuellen Niveau des Kandidaten auch dessen visuelle Aufmerksamkeit sowie seine konzentrations- und handlungsbezogene Reaktionsfähigkeit zu erfassen.[18] [19] Dies sei zwar ein „verfolgenswerter Ansatz", jedoch kann darauf wegen fehlender spezifischer Instrumente, Untersuchungsgrundlagen und systematischer Erfahrungen nur vorsichtig und andeutungsweise hingewiesen werden, meint so HACKFORT.[13]

Da ein signifikanter Ausschluss von psychisch problematisch einzustufenden Tauchschülern über die Tauchtauglichkeitsuntersuchung auf längere Sicht nicht zu erwarten ist, bleibt nur der Weg über gezielte Ausbildungsmaßnahmen. In seinem richtungsweisenden Artikel weist RÖDIGER[9] zusammenfassend in diesem Sinne darauf hin, dass neben der technischen Anpassung des Tauchers auch eine psychologische Anpassung an das Milieu unter Wasser erfolgen muss. Normalerweise, so der Autor, schreitet diese Anpassung in dem Maße voran, wie Ausbildungsniveau und Erfahrungen wachsen. Eine gute Aus- und Fortbildung, ein ständiges Training sowie Vertrauen zu sich selbst, zu seinen Kameraden und zur Ausrüstung sowie ein bodenständiger Charakter könnten Unfälle durch „menschliches Versagen" minimieren. Auch GERSTENBRAND fasst zusammen, dass durch

Kenntnis der Entwicklung einer Panikattacke beim Tauchen eine Panikreaktion durch spezielles Tauchtraining unter Kontrolle gebracht und eine Attacke verhindert werden kann.[20] Zwei Strategien scheinen nach derzeitigem Kenntnisstand hierfür besonders geeignet zu sein:

- Ausweitung des Apnoe-Trainings in der Aus- und Fortbildung *(→ Kap. IV – 3.4.4.2)*
- Besserung des Stress-Trainings in der Aus- und Fortbildung *(→ Kap. IV – 3.4.4.3)*

IV – 3.3.3 Ursache Technik

Obwohl fast alle Unfälle beim Tauchen auf menschlichem Fehlverhalten und nicht auf Versagen der Technik beruhen, wird auf die Beschlagnahme des Tauchgerätes und seine Untersuchung auf Funktionsfähigkeit meist großer Wert gelegt. Dazu trägt auch bei, dass beteiligte Taucher naheliegenderweise dazu neigen, die Fehler eher im Gerät als bei sich zu suchen.[21] [22]

Zur Grundsatzfrage, welchen Beitrag die Ausrüstung zur Sicherheit des Tauchers beiträgt, hat BERNDT in einem Referat sehr ausführlich und kompetent Stellung bezogen:[23] [*]

„Ich werde Ihnen hier keine Neuigkeiten verkünden, ich werde vielmehr versuchen, Altbekanntes in neue Zusammenhänge zu bringen und damit schärfere – vielleicht auch neue – Sicht auf das viel strapazierte Thema *Sicherheit* zu lenken.

Etwas umformuliert kann die Frage lauten: ‚Leistet die Ausrüstung einen wesentlichen Beitrag zur Sicherheit beim Tauchen?‘ Gefühlsmäßig neigt gewiß die Mehrheit spontan zu einem ‚Klar doch!‘ – oder …??

Tauchen in all seinen Ausprägungsformen ist ein Sport, bei dem mittels technischer Ausrüstung die Grenzen regulärer menschlicher Lebensumstände ausgeweitet bzw. überschritten werden. Damit ist die Ausrüstung ein zentraler Faktor allen taucherischen Tuns. Nur technische Ausrüstung

---

[*] Der auszugsweise Abdruck erfolgt mit freundlicher Genehmigung des Verfassers.

ermöglicht uns den länger andauernden Grenzübertritt in das ‚lebensfeindliche' Medium Wasser. Es bedarf hierzu einer – wie auch immer definierten – Basisausrüstung. Diese beinhaltet zunächst einmal die grundlegenden Funktionalitäten zum ‚Grenzübertritt'.

Im Grundsatz ist das Technische Gerät – die Ausrüstung – damit Dreh- und Angelpunkt für die Tauchsicherheit. Damit gilt vom Prinzip her sicherlich: Die technische Ausrüstung ist grundsätzlich bestimmend für die Sicherheit beim Tauchen.

Gewiß ist obige Aussage qualitativ, also vom Grundsatz her, richtig. Aber wie kann ich quantitativ feststellen, also ‚messen', wie stark der Beitrag der Ausrüstung zur Sicherheit beim Tauchen tatsächlich ist?

Hierzu bedarf es doch einer differenzierten Betrachtung des Wechselspiels der Effekte, Kräfte und gegenläufiger Entwicklungen, die gemeinsam die Sicherheit des Systems Taucher bestimmen.

Erwarten Sie aber von mir keine Aussagen über bestimmte Gerätschaften oder gar Marken – oder Typenbezeichnungen – das würde der Thematik nicht gerecht. Ich will und kann Ihnen hier keinen Katalog liefern, sondern eher einen Anstoß zum Nachdenken.

Bevor wir uns aber mit den einzelnen Elementen befassen und deren Beitrag zur Sicherheit betrachten, scheint es mir wichtig, den Begriff Sicherheit selbst für diese Betrachtung hier einzuordnen, um klar zu machen, in welchem Begriffssystem wir uns in der Diskussion bewegen.

Jenseits der platten Formel, daß es absolute Sicherheit nicht gibt und Leben als solches bereits lebensgefährlich ist, darf sicher festgehalten werden, daß das Verlassen unserer regulären Lebensumstände, das Eintauchen in ein für uns lebensfeindliches Medium mittels geeigneter Hilfsmittel zunächst einmal ein beträchtliches Sicherheitsrisiko mit sich bringt.

Es gilt weiter: Je weiter und je länger wir uns von den ‚regulären' Lebensumständen entfernen, um so größer der Risikozuwachs. Dieser Risikozuwachs ist zunächst einmal so ohne weiteres nicht zu quantifizieren. Klar ist aber, daß, wenn wir von Sicherheit oder Erhöhung der Sicherheit beim

Tauchen sprechen, wir in Wirklichkeit immer nur von einer Verminderung des zuvor durch den Grenzübertritt erhöhten Risikos sprechen.

Merke: Höhere Sicherheit beim Tauchen bedeutet tatsächlich immer nur Verminderung des zuvor eingegangenen erhöhten Risikos.

Es ist weiterhin klar, daß die höchste Sicherheit (ist das geringste Risiko) bei einem Leben unter nicht gefahrengeneigten Umständen besteht.

Wir müssen wissen, daß wir mit keiner Maßnahme dieses Sicherheitsniveau in einem gefahrengeneigten Bereich erreichen können – wir können lediglich versuchen, uns dem wieder möglichst stark anzunähern.

Um eine Klassifizierung der Ausrüstung und deren Einordnung in den Themenrahmen zu ermöglichen, nehmen wir uns nun nicht einzelne Ausrüstungsgegenstände vor, sondern fragen uns nach grundlegenden Funktionalitäten.

Betrachten wir also zunächst bei der Basisausrüstung die grundlegenden Faktoren, die Sicherheit bestimmen:

Die Basisausrüstung beinhaltet, wie gesagt, zunächst einmal die grundlegenden Funktionalitäten, die den ‚Grenzübertritt' überhaupt ermöglichen. Diese werden, auf einer theoretischen Basis aufbauend, in eine konstruktive Realisierung umgesetzt. Es bedarf in der Folge einer Absicherung dieser Funktionalitäten, einer konstruktiv ‚eingebauten' Sicherheit. Diese konstruktiv ‚eingebaute' Sicherheit für sich allein bedeutet jedoch noch keine tatsächliche Sicherheit.

Es liegt nämlich auf der Hand, daß das technische Gerät, beansprucht, Streß unterliegt, der die Funktionalität beeinflussen kann. Daraus ergibt sich: Nicht das technische Gerät schlechthin, sondern nur das technische Gerät in seinem konstruktiv angezielten Funktionszustand gewährleistet die konstruktiv eingebaute Sicherheit.

Wir haben es hier also mit einer zustandsbedingten Sicherheit zu tun, die im Auslieferzustand gegeben und im weiteren Leben durch Wartung/Instandsetzung erhalten wird. Nur wenn durch den Zustand des Gerätes sichergestellt ist, daß die konstruktiv vorgesehenen Funktionen störungsfrei ablaufen können, nur wenn also beide Faktoren zusammentreffen, wird tatsächliche Sicherheit erzeugt.

Merke: Nur das gemeinsame Vorhandensein von konstruktiv ‚eingebauter' Sicherheit und zustandsbedingter Sicherheit erzeugt überhaupt tatsächliche Sicherheit.

Damit sind zwei wesentliche Elemente benannt, die in ihrem Zusammenspiel und nur eben im Zusammenspiel die Grundlage unserer Betrachtung bilden. Daß diese Grundlage in der Praxis bei weitem nicht immer gewährleistet ist, mag mancher aus eigener Erfahrung und Anschauung wissen oder doch zumindest ahnen, wenn er an den Wartungszustand manchen Equipments – vielleicht gar seines eigenen – denkt.

Gleichwohl gilt, daß zweifellos die Ausrüstung prinzipiell wesentlich bestimmend für die Sicherheit beim Tauchen ist. Läßt sich daraus aber auch zwingend ableiten, daß sich beispielsweise

1. ein ‚Mehr' an Ausrüstung positiv auf die Sicherheit auswirkt oder daß sich
2. etwa technischer Fortschritt unmittelbar auf die Sicherheit positiv auswirkt?

Sehen wir uns zunächst einmal an, womit wir so in puncto Ausrüstung überhaupt konfrontiert sind:

Grundausrüstung

- ABC (Brille, Flossen, Schnorchel)
- Druckluftflasche
- Atemregler

Erweiterte Grundausrüstung

- Wärmeschutzanzug nach Notwendigkeit
- Tariergewichte (Bleigürtel)
- Tarierhilfe (Jacket/Weste)
- Manometer
- Uhr

- Tiefenmesser
- Tabelle
- Dekorechner
- luftintegrierter Computer

Weitere Ausrüstung

- Selbsthilfe
- Buddyhilfe
- Wahrgenommen
- Sehen (gesehen/gehört/geortet werden) über/unter Wasser
- Orientierung
- Verständigung
- Komforterhöhung

Dies alles zeigt den – sicherlich nicht vollständigen – Rahmen möglicher Ausrüstungsgegenstände auf.

Bedeutet aber ein ‚Mehr' an Ausrüstung mehr Sicherheit? Hier gilt aus aller praktischer Erfahrung der Grundsatz: Allzuviel ist ungesund, weil z. B.

- ‚Hochrüstung' einen trügerischen Eindruck von Sicherheit vermittelt,
- die Handhabbarkeit deutlich leidet (Schlauchverhau) und
- die Fertigkeit im Umgang mit den diversen Gerätschaften zuweilen deutlich hinter dem erforderlichen Maß zurückbleibt.

Zumeist ist obendrein der Besitzer hoch technisierter Ausrüstung mit einer mehr oder minder hilfreichen Bedienungsanleitung allein gelassen. Hier wird allein auf die Fähigkeit des Tauchers zur Selbstlernfähigkeit gesetzt. Ich meine, daß hier auch auf dem Ausbildungssektor in der Breite – und eben nicht nur in ‚Spezialkursen' – Handlungsbedarf besteht.

Diese Gefahr ist für unterschiedliche Ausrüstungsgegenstände gewiß unterschiedlich groß, aber grundsätzlich ist hier weniger mehr, wenn der Taucher sich mit dem aufs Nötige beschränkten Gerät ‚im Schlaf' auskennt.

Wie verhält es sich nun mit dem technischen Fortschritt? Zunächst ist zu klären, was als Fortschritt in der Technik zu verstehen ist: Technischer Fortschritt resultiert aus Veränderung bestehender technischer Ausrüstung oder Schaffung völlig neuer technischer Gerätschaften und/oder Komponenten.

Allerdings wirkt sich nicht jeglicher technische Fortschritt in der Ausrüstung positiv auf die Sicherheit aus. So werden technische Innovationen mit durchaus unterschiedlichen Zielen hervorgebracht. Die folgende Aufzählung dient der Darstellung der Unterschiede, ist daher nur grob gegliedert und muß nicht vollständig sein:

Technische Innovation (= technischer Fortschritt) zur

1. Erschließung neuer Gebiete jenseits heute bekannter Grenzen
2. Erzielung höherer Wirtschaftlichkeit der Produkte
3. Erschließung neuer Märkte
4. Erhöhung des Komforts beim Tauchen
5. Erhöhung der Sicherheit beim Tauchen

Hier sind die Übergänge natürlich fließend, und auch Mischformen sind denkbar. Der Beitrag zur Sicherheit beim Tauchen ist dabei durchaus unterschiedlich, die Grenzen zwischen den einzelnen Kategorien der Aufzählung sind ineinander übergehend.

So ist, bezogen auf die vorstehende Aufzählung, der Sicherheitsgewinn zu

1. gewiß sehr gering, da der technische Fortschritt bewußt direkt in eine Ausweitung des Aktionsfeldes bei Beibehalten des bisherigen Sicherheitsstandards mündet,
2. bestenfalls gleich, da die Zielrichtung primär höhere Wirtschaftlichkeit ist, bei der, auf welche Weise auch immer, ‚abgespeckt' wird und in der Regel als Unterschwelle der bestehende Standard gehalten wird,
3. durch echte Innovationen zumeist beträchtlich, aber es kann durchaus auch durch Produkte, die nur scheinbar die Sicherheit erhöhen, diese tatsächlich reduziert werden,
4. im Einzelfall als ‚Abfallprodukt' durchaus erheblich, da einem komfortableren, streßfreieren Tauchen ein nicht unbeträchtlicher Gewinn an Sicherheit – objektiv wie subjektiv – innewohnt,
5. Ziel der Innovation und wird, saubere ingenieurmäßige Lösung und technische Realisierung vorausgesetzt, jeweils beträchtlich groß sein.

In diesem Zusammenhang sind die Anstrengungen auf Seiten der Industrie positiv hervorzuheben, mit denen versucht wird, z. B. hochwertige Meßtechnik für Prüfung und Entwicklung zur Verfügung zu stellen. Durch diese Hilfsmittel und aus Erkenntnis der Notwendigkeit ist gerade auch auf dem Sektor konstruktive Sicherheit viel geschehen (z. B. verbesserter Vereisungsschutz bei Atemreglern etc.).

Selbst aber, wenn einem (neuen) Produkt prinzipiell ein hoher Gewinn an Sicherheit innewohnt, kann dieser leicht verspielt werden, wenn nämlich im Vertrauen auf den Sicherheitszugewinn die Sicherheitsmarge an anderer Stelle wieder herausgenommen wird. Wenn wir also davon reden, wie Sicherheit geschaffen wird, müssen wir auch die Kehrseite der Medaille beleuchten:

- Wo geht Sicherheit verloren bzw.
- wo wird Risiko, das vorher gar nicht vorhanden war, erzeugt?

Verspielen des Sicherheitszugewinns z. B. durch

- Hinausschieben der Grenzen (tiefer, länger, ‚härter'...),
- Wegnehmen von Sicherheitsmargen an anderer Stelle (Reduktion von Gerätschaft, Aufgeben von Fall-back-Systemen, ...),
- Reduktion von Ausbildungsinhalten im Laufe der Zeit (Fertigkeiten wie Tarieren, Tabellenumgang etc.),
- Disziplinlosigkeit vor und während des Tauchgangs (Mißachtung physischer, psychischer oder sonstiger Warnsignale).

Wie man sieht, ist plötzlich nicht nur mehr von der Ausrüstung die Rede. Da ist ja auch noch der Taucher, seine Kondition, seine Ausbildung etc. Hier ist eine Entwicklung zu beobachten, die in den letzten Jahren durch stark forcierte Kommerzialisierung des Tauchsports insbesondere auch in der Ausbildung gekennzeichnet ist. Hier jagt eine wachsende Zahl von Organisationen und Tauchschulen hinter dem Ausbildungswilligen her. Da der Kunde König ist, entsteht in einem kommerziellen Unternehmen auch leicht die Neigung, seinen Wünschen entgegenzukommen, zumal die Konkurrenz groß ist. Und was wünscht der Kunde? – Schnell, problemlos und preiswert zum Ziel!

Vor diesem Hintergrund erklären sich Ausbildungsprogramme von ‚4 bis 5 halben Tagen', in denen laut Prospekt ein ‚umfangreicher Tauchkurs mit Abschluß einer international anerkannten Tauchqualifikation' angeboten wird – oder etwa die Antwort auf die Frage, wie das denn sei mit dem ärztlichen Attest: ‚Mach gerade da unten ein Kreuz hin, daß du gesund bist.'

Hier zeichnen sich sicher bedenkliche Tendenzen ab.

Vergleichen wir das mit einer Ausbildung, wie sie früher üblich war – sie nahm mit ausführlichsten Theorie- und Praxisblöcken nahezu eine ganze Saison, bei der Ausbildung zum DLRG-Rettungstaucher gar zwei volle Jahre ein – dann wird klar, daß die Ausbildungsresultate (in allen ihren Facetten) nicht ohne weiteres vergleichbar sind.

Ich möchte an dieser Stelle ganz und gar nicht behaupten, daß etwa die Ausbildung der kommerziell ausgerichteten Ausbildungsinstitutionen zu dürftig oder schlecht ist. Hier greift ein anderer Mechanismus: Aus Gründen, die auf der Hand liegen, zerteilen die Kommerziellen die Tauchausbildung in kleine und kleinste Häppchen. Bucht man alle Kurse von A–Z und dazu noch einige sogenannte ‚Specials', dann wird da auch sehr wohl eine komplette Mahlzeit daraus.

Die Gefahr liegt damit auf einer ganz anderen Ebene: Nach dem ersten Häppchen wird dem Tauchnovizen eine ‚international anerkannte Tauchqualifikation' verpaßt. Die ist zwar mit allen möglichen Einschränkungen verbunden (z. B. Tauchen nur mit einem Partner höherer Qualifikation, Tiefenbeschränkung etc.). Ein bis zu diesem Level ausgebildeter Taucher schätzt die Risiken mit Sicherheit nicht korrekt ein, wiegt sich in gewisser Weise in Sicherheit (durch mangelnde Kenntnis – eine theoretische Unterweisung ist ihm ja bisher nur in Ansätzen zuteil geworden – oder dadurch, daß er sich auf einen ihm zugeteilten fremden Partner verläßt) und taucht im Einzelfall sicher an der Grenze seines Vermögens.

Wohl gemerkt, das ist auf dem Papier so alles nicht vorgesehen, ich verrate aber sicher kein Geheimnis, wenn ich konzipiere, daß die Praxis eben so aussieht, wie zuvor beschrieben. Zwar erinnere ich mich sehr wohl an die Zeit vor ca. 30 Jahren, da war praktisch nichts reglementiert – man konnte zu Neckermann gehen, ein Tauchgerät kaufen und ohne mehr Wissen über das Tauchen, als man es etwa aus einem HANS-HASS-Buch bezogen hat, mit Jeans und T-Shirt in Spanien Tauchen gehen. Mit der leeren Pulle ging man dann im Hafen zu einem Bergungsunternehmen oder, falls damals schon existent, in ein Tauchartikelgeschäft und ließ sie anstandslos wieder füllen.

Das ist und war auch damals sicher nicht die empfehlenswerte Art, Tauchen zu lernen, aber, ich behaupte, wer das damals so anging, war sich eines hohen Risikos in der Regel bewußt und entsprechend – zumindest körperlich und psychisch – fit und zudem jederzeit wachsam. Sicher waren das auch Einzelfälle, innerhalb einer – damals noch – relativ kleinen Gemeinde, die eine recht außergewöhnliche Sportart betrieb.

Heute ist der Tauchsport eine Breitensportart, an der – das liegt in der Natur der Dinge – der Querschnitt der Bevölkerung teilnimmt. Damit steigt aber das statistische Risiko – nicht nur durch die schiere Zahl der Teilnehmer, sondern auch durch die Tatsache, daß eine breitere Streuung der körperlichen und psychischen Voraussetzungen gegeben ist – Querschnitt eben. Hinzu kommt weiterhin ein Abhandenkommen von Ausbildungsinhalten und Fertigkeiten.

So fand ich Diskussionen um die Westenatmung wegen der Pilzgefahr oder etwa gar die kurz aufgeflammte Aidsdiskussion im Zusammenhang mit der Wechselatmung schon recht bizarr, wenn man hier Nutzen und Risiken vergleicht. Es gibt, umgekehrt, aber auch den – begrüßenswerten – Trend zur Bereinigung von ‚Richtlinien' und technischer Ausrüstung. Als hervorstechendes Beispiel sei hier das lange, aber letztlich erfolgte Aussterben der Reserveschaltung erwähnt.

Fazit

Ausrüstung vermag den Sicherheitsstandard zu erhöhen, wenn

- die bestimmungsgemäße Funktion jederzeit besteht (Wartung/Instandhaltung),
- die Bedienung in der nötigen Weise beherrscht wird (allzuviel kann ungesund sein),
- Sicherheitspotentiale nicht durch Grenzannäherung ‚weggereizt' werden (... an der Nullzeitgrenze ‚entlang' tauchen),
- Sicherheitspotentiale nicht durch Defizite in der Ausbildung aufgezehrt werden (Risiko, Ausbildungsinhalte auf die Technik zu verlagern).

Untersuchungen von Tauchunfällen zeigen, daß in nur geringem Maße die Technik ursächlich für den Unfall war.

Ich darf, mit Erlaubnis des Autors, Herrn PASTORINO, aus einem Artikel im ‚Sporttaucher' 10/98, der ebenfalls in Zusammenhang mit einer Sicherheitsdiskussion von ihm verfaßt wurde, zitieren, da dies sehr gut zu meinen Thema paßt:

‚Michael Schumacher ist nur deshalb so erfolgreich, weil er seinen Wagen und vor allem sich selbst beherrscht. Stimmt ein einziger Aspekt nicht, dann hilft auch die beste Ausrüstung nicht, weil immer das schwächste Glied der Kette reißt.'

Wir müssen klar sehen, daß die Kondition des Tauchers, die Durchführung des Tauchgangs, und alle anderen Randbedingungen stimmen müssen. Hier darf nicht geschludert werden mit dem Gedanken im Hinterkopf: ‚Die Technik – die Ausrüstung – wird's schon richten.'"

IV – 3.3.4
Ursache Natur

Die Verhaltensweisen mancher Taucher sind widersprüchlich. Auf dem Lande würden diese kaum einen Maikäfer, geschweige denn eine Spinne berühren, unter Wasser greifen sie in jede Felsspalte, versuchen Drachenköpfe mit der Hand zu fangen und Langusten aus ihren Schlupfwinkeln zu ziehen. Das Anfüttern von Fischen wird, trotz unaufhörlicher Anstrengungen der Medien, dies zu unterbinden, mancherorts nach wie vor praktiziert. Hinzu kommt die mangelnde Kenntnis von Gelegenheitstauchern über das Verhalten von Meerestieren, mit der Folge, dass sich diese bei Bedrohung mit für den Taucher mehr oder weniger schmerzhaftem Erfolg zur Wehr setzen. Hier kann die Empfehlung nur lauten, nichts anzufassen und sich so auszutarieren, dass Fauna und Flora keinen Schaden nehmen.

Zu den kalkulierbaren Einflüssen der Natur gehören Strömungen ebenso wie die Gezeiten. Gleichermaßen abschätzen lassen sich die Lichtverhältnisse, Sichtweiten und mit Einschränkung auch das Wetter. Zu einer präzisen Tauchgangsplanung gehört eine *Gefährdungsanalyse*. Darin müssen die Einflussfaktoren der Natur berücksichtigt und entsprechend gehandelt werden. Kommt ein Taucher deshalb zu Schaden, weil er den Rückweg unter der Eisdecke nicht gefunden hat, so mag sekundär die Eisdecke als Unfallursache stehen, primär ist es aber die fehlende Leinenverbindung. Wird ein Taucher von der Strömung so weit abgetrieben, dass er vom Boot nicht mehr gefunden wird, mag die Strömung sekundär ursächlich sein für einen Unfall, primär waren aber die mangelnde Ausbildung und das fehlende oder nicht richtige Signalmittel kausal für den Zwischenfall.

Zuweilen wird auch der Einfluss auf See üblicher Wellen unterschätzt. VAN LAAK kommentiert einen schweren Tauchunfall nach einem eher unauffälligen Profil von ca. 26 Meter Tauchtiefe und einer Grundzeit von 30 Minuten mit geringer Belastung.[24)] Der Taucher konnte die Dekopausen jedoch nicht korrekt einhalten, da die Wellen den an der Dekoleine hängenden Taucher auf und ab hoben. Der Autor führt diese „Paternosterbewegungen“ als Unfallursache an, da die Stickstoffabgabe der schnellen Gewebe, die schon gut mit Stickstoff gesättigt sind, gestört wird. Stickstoff wird dort zurückgehalten und steht für weiteres Blasenwachstum nach Verlassen des Wassers zur Verfügung *(→ Kap. IV – 3.5.3.1)*.

Allgemein müssen die Natureinflüsse als gegeben betrachtet werden. Ausbildung, Trainingszustand des Tauchers und die vorhandene Technik müssen eine homogene Einheit bilden und sind die tragenden Säulen. Fehlt einer dieser Faktoren oder ist er unzulänglich, kann der Tauchgang nicht durchgeführt werden. Am Beispiel der nachfolgenden Grafik soll dies veranschaulicht werden.

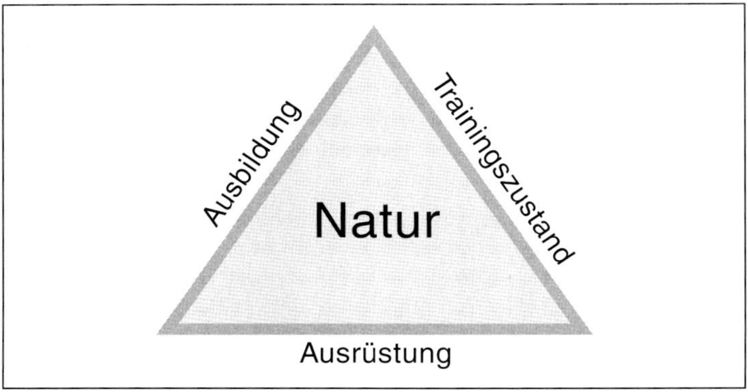

Abb. IV – 3.3.4/1: Naturdreieck – Einflussfaktoren auf den Tauchgang

IV – 3.3.5
Unfallstatistiken

Die Fragestellung, ob Tauchen „gefährlich" ist, wird immer wieder aufgeworfen und mehr oder weniger seriös beantwortet. Für deutsche Verhältnisse ist eine verlässliche Aussage nicht zu treffen, da Tauchunfälle von der allgemeinen Versicherungswirtschaft (noch) nicht erfasst werden. Ausgenommen hiervon sind die Erhebungen des GERLINGKONZERNS zum Unfallgeschehen im *Verband Deutscher Sporttaucher e.V. (VDST).* Dennoch gibt es zwei Zahlen über das allgemeine Risiko pro Taucher und Jahr, an einem Tauchunfall zu erkranken; es beträgt 0,38 %. Das entsprechende Risiko für einen einzelnen Tauchgang beträgt statistisch gesehen 0,015 %.[27)]

Lediglich der gesetzlichen und berufsgenossenschaftlichen Unfallversicherung gemeldete Tauchunfälle (DLRG, Feuerwehr, gewerbliche Taucher) werden statistisch erfasst und analysiert. Wegen der differierenden Ausbildung und der sonstigen Rahmenbedingungen können diese Ergebnisse jedoch nicht auf das Geschehen in der Sporttaucherei reproduziert werden.

Das Nachrichtenmagazin „Focus" veröffentlichte in seiner März-Ausgabe 1997 eine Statistik *(→Abb. IV – 3.3.5/1)* über das Verletzungsrisiko (Häufigkeit und Schwere der Verletzungen sowie Dauerschäden) „riskanter Sportarten". Die Skala reicht von null (= verletzungsfrei) bis fünf.

Bedauerlicherweise kann man das Zahlenmaterial von DIVERS ALERT NETWORK (DAN) mit anderen Unfallstatistiken, z. B. der europäischen Statistik über Arbeitsunfälle und der deutschen Straßenverkehrsstatistik, nicht direkt vergleichen, da die zur Erhebung herangezogenen Parameter (Tauchgänge, Arbeitsstunden, Anzahl der Kraftfahrzeuge) nicht konvergierend sind. Vergleichbar sind jedoch die Beteiligungen bestimmter Altersgruppen und der Geschlechter. Daraus lassen sich Verhaltensweisen ableiten, die bei der Aus- und Fortbildung zu berücksichtigen sind.

Das Europäische Amt für Statistik (EUROSTAT) hat die Zahlen von 1993 für insgesamt 122,4 Mio. Erwerbstätige vorgelegt. Bezogen auf diese Population ereigneten sich insgesamt 4 319 213 Arbeitsunfälle, die eine Arbeitsunterbrechung von mehr als 3 Tagen zur Folge hatten. 5 977 tödliche Arbeitsunfälle wurden von den Mitgliedstaaten an EUROSTAT für 1993 gemeldet. Es wurde eine Quote von 6,1 tödlichen Unfällen je 100 000 er-

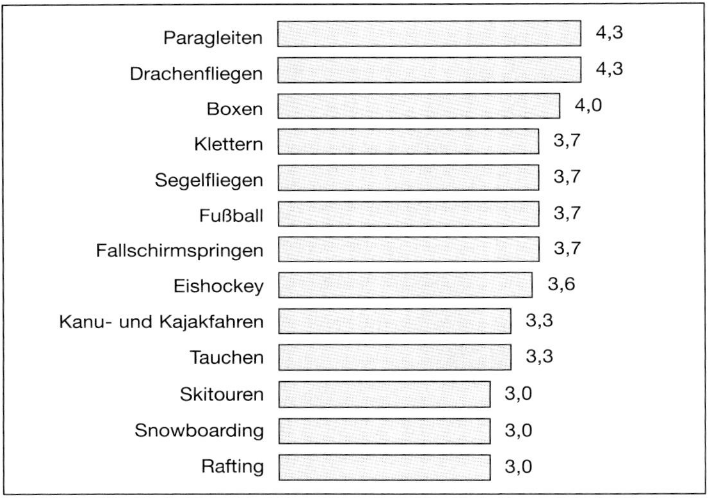

*Abb. IV – 3.3.5/**1**: Statistisches Verletzungsrisiko unterschiedlicher Sportarten. Quelle: FOCUS-MAGAZIN*

werbstätigen Personen ermittelt. Interessant das Ergebnis, dass **Männer** und **junge Menschen** unter 26 Jahren am häufigsten von Arbeitsunfällen betroffen sind. Tödliche Arbeitsunfälle hingegen betreffen am häufigsten ältere Arbeitnehmer. Im Alter zwischen 46 und 65 Jahren entfallen auf 100 000 Erwerbstätige 8,9 Todesfälle gegenüber 6,1 Todesfällen über alle Altersgruppen.[25)]

Die **Altersverteilung** der US-DAN-Statistik deckt sich mit der Kernaussage von EUROSTAT. Den größten Anteil der gemeldeten Tauchunfälle mit 20,8 % hat die Altersgruppe von 25–29 Jahren.[26)] Die von ALMELING et al.[27)] aufgestellte Hypothese, dass dies im Wesentlichen der Altersverteilung derjenigen, die den Tauchsport aktiv ausüben, zuzuschreiben ist, lässt sich durch die Erhebung von EUROSTAT falsifizieren. Die hohe Unfallinzidenz junger Menschen am Arbeitsplatz und in der Freizeit dürfte vor allem mit mangelnder Erfahrung und erhöhter Risikobereitschaft zu erklären sein.[28)]

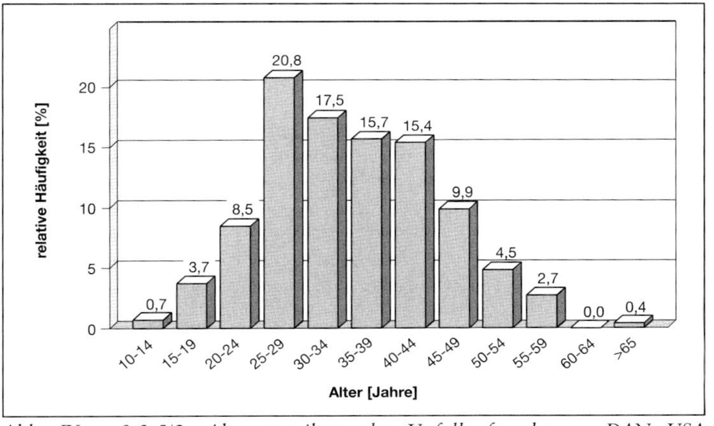

Abb. IV – 3.3.5/2: Altersverteilung der Unfallopfer der an DAN USA gemeldeten Tauchunfälle mit Dekompressionserkrankungen in 1994.
Quelle: Handbuch Tauch- und Hyperbarmedizin nach Daten aus Divers Alert Network

Eine australische Veröffentlichung von Edmonds und Walker zur Analyse 100 tödlicher Tauchunfälle von 1980–1989 bestätigt ebenso den hohen Anteil der „jungen Generation" und eine auffallende Häufung in der Gruppe von 46–50 Jahren *(→ Abb. IV – 3.3.5/3)*.[29)] Das Durchschnittsalter der Betroffenen betrug 32,9 Jahre. Für 8 % war der tödliche Tauchgang der erste Tauchgang, und 21 % der Verunfallten tauchten alleine.

Das „Jugend-Phänomen" ist auch im Straßenverkehr zu beobachten: In Deutschland wurde 1997 rund jeder fünfte Unfall mit Personenschaden von jungen Pkw-Fahrern im Alter zwischen 18 und 24 Jahren verursacht. Die „Fahrqualität" zeigt eine deutliche Altersabhängigkeit. Ausgehend von einem Höchstwert bei jungen Fahranfängern, sinkt dieser Anteil mit steigendem Lebensalter, erreicht seinen günstigsten Wert in der Altersgruppe der 45- bis 50-Jährigen (ca. 46,8 %) und steigt dann langsam wieder an. Hohe

Anteile werden dann wieder bei den Senioren erreicht, die älter als 75 Jahre sind.[30) 31)] Eine Analyse über Lebens- und Freizeitstile von 18- bis 24-Jährigen hat folgende Risikofaktoren ergeben:[32)]

- häufiger und intensiver Alkoholkonsum,
- die ausgeprägte Tendenz, das Auto zur Befriedigung von Sensationslust, Beweis von Kompetenz und Streben nach Statuszuwachs, Macht etc. einzusetzen.

Erstaunlich die Angaben zur Tauchtiefe. Während in der DAN-Statistik die Häufigkeit der Unfälle bei Tauchgängen über 30 Meter im Vordergrund steht, spielt dieses Kriterium in der australischen Erhebung mit 8 % eine relativ untergeordnete Rolle. Etwa 60 % der Unfälle verteilen sich auf einen maximalen Tiefenbereich unterhalb von 18 Metern. Die Statistik zeigt eindrucksvoll, dass Probleme beim Tauchen bevorzugt im flachen Wasser, d. h. beim Auftauchen, auftreten, in diesem Fall in annähernd 30 % innerhalb der 10-Meter-Grenze *(→ Abb. IV – 3.3.5/4)*. Bewusstlosigkeit oder Tod tritt in 50 % der Fälle an der Oberfläche auf *(→ Abb. IV – 3.3.5/6)*.

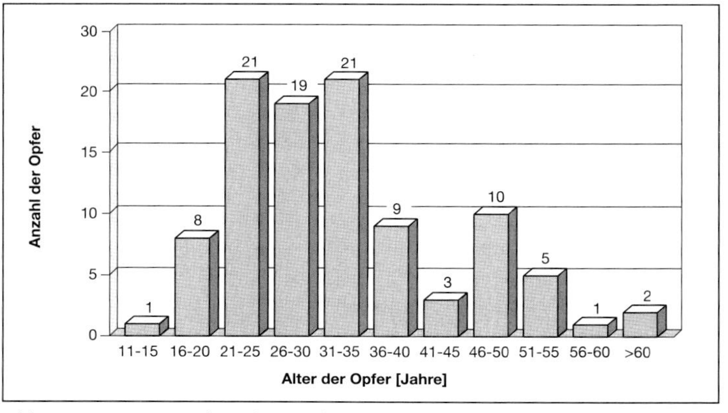

Abb. IV – 3.3.5/3: Alter der Opfer bei 100 untersuchten tödlichen Tauchunfällen in Australien und Neuseeland von 1980–1989. Quelle: Handbuch Tauch- und Hyperbarmedizin nach Daten aus SPUMS Journal

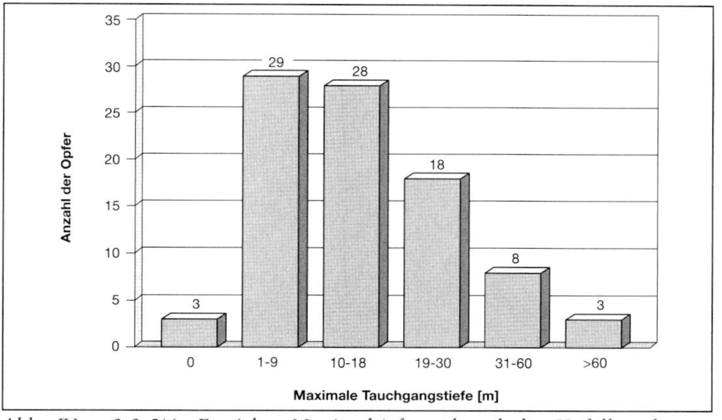

*Abb. IV – 3.3.5/***4***: Erreichte Maximaltiefe während des Unfalltauchgangs (australische Studie). Quelle: Handbuch Tauch- und Hyperbarmedizin nach Daten aus SPUMS* JOURNAL

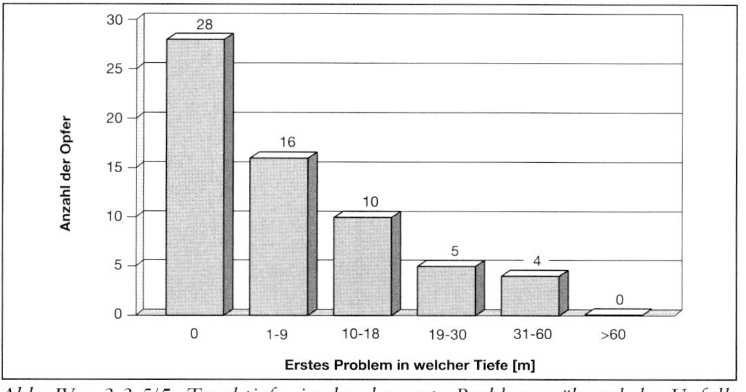

*Abb. IV – 3.3.5/***5***: Tauchtiefe, in der das erste Problem während des Unfalltauchgangs auftrat (australische Studie). Quelle: Handbuch Tauch- und Hyperbarmedizin nach Daten aus SPUMS* JOURNAL

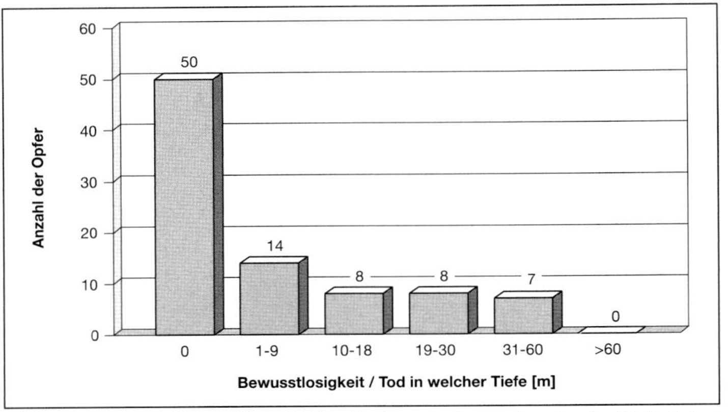

Abb. IV – 3.3.5/6: Tauchtiefe, in der die Bewusstlosigkeit oder der Tod eintrat (australische Studie). Quelle: Handbuch Tauch- und Hyperbarmedizin nach Daten aus SPUMS JOURNAL

Der Vergleich nach dem **Geschlecht** der Unfallbeteiligten lässt gleichfalls aufschlussreiche Erkenntnisse zu. Während an normalen Arbeitsplätzen in Europa die Männer durchschnittlich höhere Unfallraten verursachen als Frauen, ist dies bei Tauchunfällen erst mit zunehmender Erfahrung so. Frauen mit wenig Taucherfahrung haben einen auffällig hohen Anteil in der Unfallstatistik. Mit zunehmender Erfahrung sinkt dieser Anteil jedoch rasch ab. In der australischen Studie von EDMONDS et al. wird das Verhältnis bei den tödlich verlaufenen Unfällen von Männern zu Frauen mit 9:1 angegeben.[29)] Möglicherweise ist die Ursache in der Konfliktsituation mit der technischen Ausrüstung zu suchen, die sich mit zunehmender Taucherfahrung löst. Natürlich spielt auch der von ALMELING et al. zitierte Grund, die starke Abnahme der absoluten Zahl tauchender Frauen mit ansteigendem Alter, eine Rolle.[27)]

Ähnliche Resultate enthalten auch die empirischen Statistiken im Straßenverkehr. Insgesamt sind Frauen zu einem weit geringeren Anteil Hauptverursacher von Unfällen als Männer (27 % Frauen, 73 % Männer). Frauen fallen außerdem nur selten durch Trunkenheit im Straßenverkehr auf. Von den 22 213 alkoholisierten unfallbeteiligten Pkw-Fahrern des Jahres 1997 waren nur 9,2 % Frauen, obwohl ihre Unfallbeteiligung insgesamt 32,1 % betrug.[30)] Der paradoxe Anstieg bei Männern mit zunehmender **Taucherfahrung** dürfte auf eine seit langem zu beobachtende Befürchtung zurückzuführen sein, dass gerade erfahrene Taucher und Tauchlehrer leichtsinnig handeln, ihre Fähigkeiten überschätzen und Gefahren unterschätzen. Dies bestätigen auch die Zahlen der australischen Studie von EDMONDS et al. *(→ Abb. IV – 3.3.5/8)*.

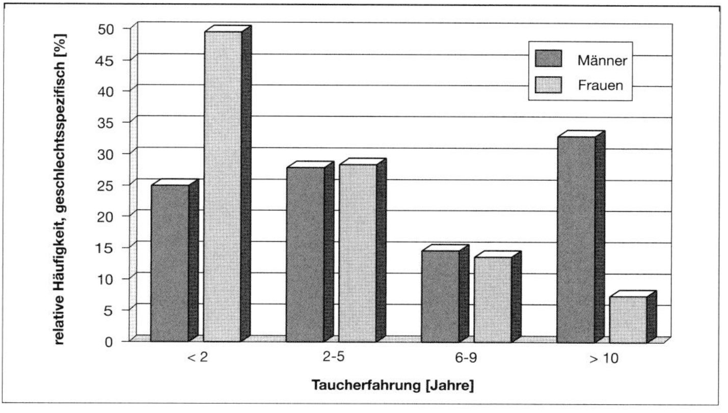

Abb. IV – 3.3.5/7: Aufteilung der Unfallopfer der an DAN USA gemeldeten Dekompressionserkrankungen in 1994 nach Taucherfahrung und Geschlecht. Quelle: Handbuch Tauch- und Hyperbarmedizin nach Daten aus DIVERS ALERT NETWORK

In den Jahren 1989 bis 1993 erfolgte durch DAN Europe eine statistische Auswertung von 423 eingegangenen Notrufen. In 202 Fällen handelte es sich um einen behandlungspflichtigen Tauchunfall. In der nach Ursachen analysierten Erhebung stehen **Tauchgänge mit Tiefen über 30 Meter** an erster Stelle (81,2 %). Gefolgt von dekompressionspflichtigen Tauchgängen (79,7 %) und dem Verstoß gegen Dekompressionsregeln (49,0 %). Um die straf- und/oder versicherungsrechtlichen Konsequenzen zu umgehen, vermuten die Urheber zu Recht eine Dunkelziffer bei der zuletzt genannten Zahl.[27)]

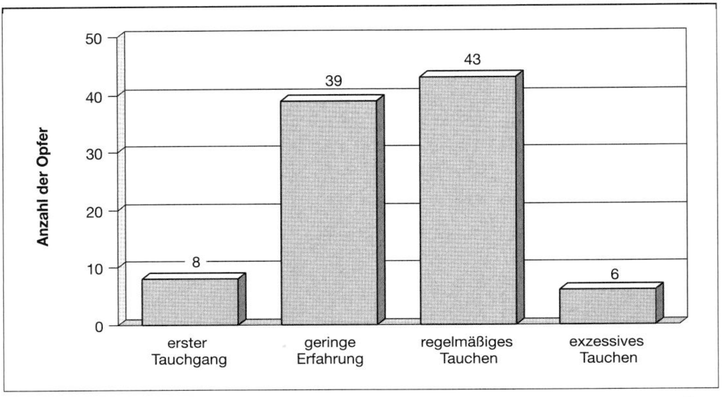

Abb. IV – 3.3.5/8: Taucherfahrung der Verunfallten (australische Studie). Quelle: Handbuch Tauch- und Hyperbarmedizin, Daten: ANZ-Studie

Der relativ geringe Anteil von 7,4 % beim Versagen von **Ausrüstungsteilen** spiegelt einerseits den hohen Sicherheitsstandard des Tauchequipments in Europa wider, zeigt aber andererseits auch, dass dieser Faktor keineswegs zu vernachlässigen ist. Dies umso mehr, als aus der Statistik nicht hervorgeht, ob nicht primär eine technische Ursache – z. B. die Vereisung des Atemreglers – bei den Tauchgängen über 30 Meter Tiefe vorlag.

HAHN berichtete 1991 über bislang bekannte, das heißt der deutschen Versicherungswirtschaft gemeldete Tauchunfälle. In den seit 1991 zurückliegenden sechzehn Jahren, die bislang erfasst wurden, gab es 356 registrierte Unfälle, davon 70 mit tödlichem Ausgang. Die Statistik weist einwandfrei zu 85 % **mangelnde Ausbildung** als Unfallursache aus.[33)]

Von einer Unfallursache, der eigentlich leicht zu begegnen wäre, spricht der Bericht des *Bandos Medical Centers*.[306)] Die Mehrzahl der 1997 gemeldeten Dekounfälle auf den Malediven ist auf zu geringe **Flüssigkeitsaufnahme** und **Dehydratation** zurückzuführen. Die Ärzte des *Bandos Medical Centers* betonen, dass bei einer Tropenreise sämtliche Begleitumstände dazu beitragen, den Körper auszutrocknen und das Blut einzudicken: Die Tauchurlauber schwitzen, trinken Kaffee und Alkohol und gleichen den Flüssigkeitsverlust nicht oder nur unzureichend aus – einerseits um Geld zu sparen, andererseits, weil Europäer Wassermengen von mehreren Litern täglich nicht gewohnt sind. Erschwerend kommt die in der Regel hohe Zahl der Tauchgänge während eines Malediven-Urlaubs hinzu. Die Folge ist, dass auch bei Nullzeittauchgängen kleine Dekounfälle passieren, die eine Kammerbehandlung erforderlich machen.

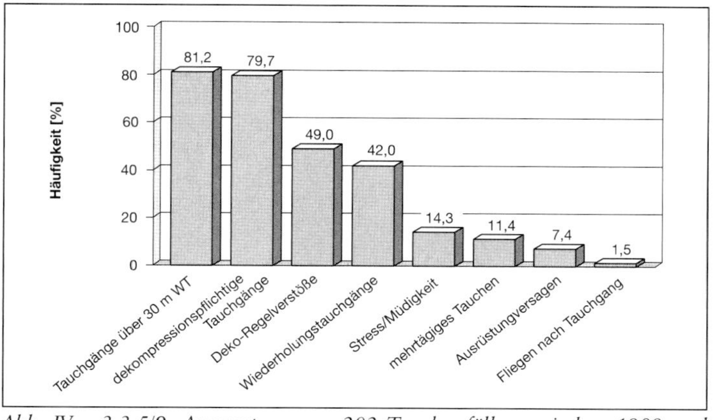

Abb. IV – 3.3.5/9: Auswertung von 202 Tauchunfällen zwischen 1989 und 1993 nach Häufigkeit bestimmter Vorkommnisse und Tauchbedingungen. Quelle: Handbuch Tauch- und Hyperbarmedizin nach Daten aus DAN EUROPE

Tendenz

Trotz unvollständiger Statistiken zeichnet sich ein Trend zunehmender Häufigkeit von Tauchunfällen weltweit ab. Die Aussage von VAN LAAK, „er fühle die Zunahme der Tauchunfälle, weil alle drei Tage das Telefon klingele, wogegen es früher einmal im Monat klingelte“, ist sicher als subjektiv zu beurteilen, beschreibt aber die Situation treffend.[34)] Vergleichbar die Lage in Australien: Um die Zunahme der tödlichen Tauchunfälle

(27/1998) einzudämmen, setzen die australischen Behörden jetzt „Tauchinspektoren" ein. Sie sollen die Einhaltung der Vorschriften überprüfen und können die Nichtbeachtung mit hohen Geldbußen ahnden.[35)]

Schon 1975 schrieb VIERTEL: „Mit Bestürzung mußte der deutsche Tauchsport 1974 eine besorgniserregende Unfallbilanz wie nie zuvor registrieren. Seit vielen Jahren verfolgen wir sorgfältig die parallel zur ständigen Ausweitung des Tauchsports ansteigende Kurve schwerer und tödlicher Unfälle."[36)] Als Ursache nannte der Verfasser unter Berufung auf „fachkundige Experten" stets das Kriterium „menschliches Versagen".

Ob die jüngste Entwicklung mit der parallelen Beliebtheit des Tauchsports, damit höheren Fallzahlen, oder mit Qualitätsmängeln bei der Ausbildung zu erklären ist, kann abschließend nicht beurteilt werden, da, wie eingangs erwähnt, nachprüfbare Daten der Versicherungswirtschaft (noch) nicht vorliegen.

IV – 3.3.6
Tauchunfallanalyse durch Polizei

Gibt es Anhaltspunkte für die Verantwortlichkeit dritter Personen, also für Fremdverschulden an einem Unglücksfall bzw. am Tod eines Tauchers, muss die zuständige Staatsanwaltschaft prüfen, ob ein strafrechtlich relevantes Verhalten vorliegt, das heißt, ob ein Ermittlungsverfahren einzuleiten ist (→ *Kap. II – 4.2.4*).

Die dazu notwendigen Ermittlungen werden bereits vor Ort durch die Polizeiorgane aufgenommen. In diesem Unterkapitel soll die Vorgehensweise der Ermittlungsbeamten dargestellt werden. Damit sind im Wesentlichen drei Ziele beabsichtigt:

1. Vorschlag zu einheitlichen Strategien innerhalb der Polizeistrukturen in den deutschsprachigen Ländern,
2. Sensibilisierung der Taucher hinsichtlich der Garantenpflicht,
3. Auswertung von Unfallursachen für präventive Zwecke.

Grundlage der nachfolgenden Überlegungen ist eine Ausbildungsunterlage des *Fortbildungsinstituts der Bayerischen Polizei* (BPFI), deren modifizierte Inhalte hier auszugsweise und mit freundlicher Erlaubnis des BPFI publiziert werden.

Als unerlässlicher Bestandteil der Unfallermittlung dient die Tauchunfallanalyse (→ *Kap. IV – 3.3.1*). Sie dient, aus polizeitaktischer Sicht, insbesondere der

- Feststellung der Garantenpflichtverletzung,
- Rekonstruktion des Unfallhergangs und zur
- Entscheidung für den Staatsanwalt, ob ein kostenintensives technisches Gutachten erforderlich ist.

Die Tauchunfallanalyse kann schrittweise und muss durch eine Person erfolgen, die eine entsprechende Sachkunde besitzt und gleichzeitig strafrechtliche Relevanzen bei Pflichtverletzungen erkennen kann.

Eine erste vorläufige Analyse kurz nach dem Unfall ist sinnvoll, um mögliches Fremdverschulden zu erkennen und aufgrund dieser Basis zu entscheiden, ob über das Unfallopfer hinaus andere Personen als Zeugen oder Beschuldigte zu vernehmen sind. Nach Abschluss der Ermittlungen durch den sachbearbeitenden Beamten kann die endgültige *Unfallanalyse* angefertigt werden. Diese Vorgehensweise hat sich in der Praxis bewährt. Die *Abb. IV – 3.3.6/1* zeigt das Bearbeitungsschema als grafische Übersicht.

Das unfallanalytische Gutachten ist das Ergebnis der polizeilichen Ermittlungen (Tatbestandsaufnahme, Vernehmungen, Daten etc.) und der Auswertung spezifischer Verhaltensweisen. Es soll in seinem Ergebnis eine Aussage über eine eventuell vorhandene Garantenpflichtverletzung treffen. Handelt es sich nur um Verhaltensfehlerquellen, könnte ein technisches Gutachten nicht notwendig werden.

Zur Eruierung der erforderlichen Daten wird die Verwendung des *Erhebungsbogens Tauchunfall* (→ *Abb. IV – 3.3.6/2*) empfohlen.

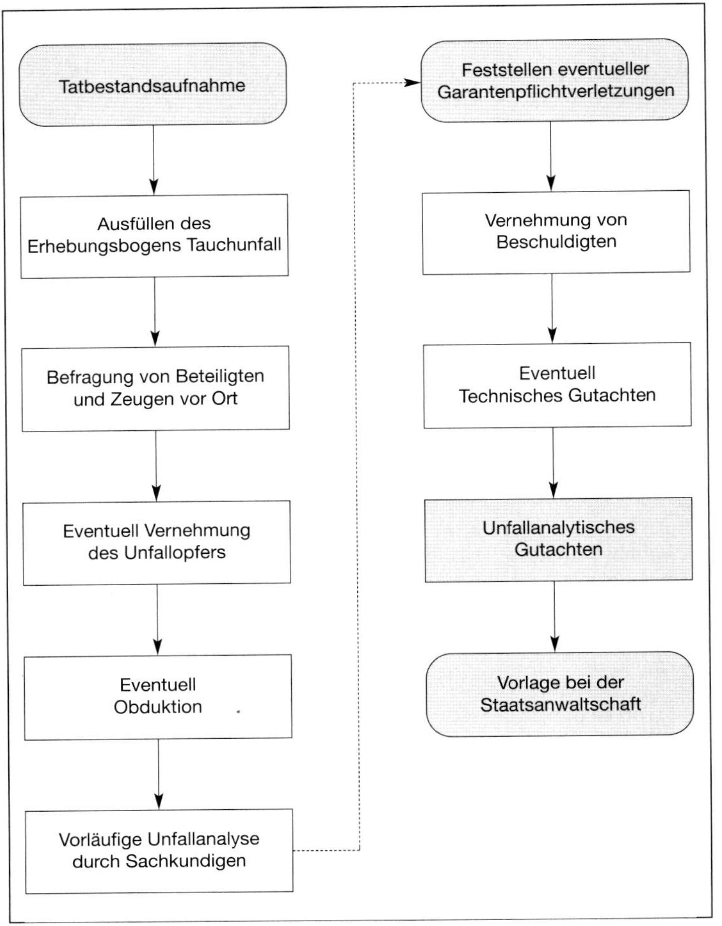

Abb. IV – 3.3.6/1: Bearbeitungsschema eines Tauchunfalls

Grundsätze bei der Tauchunfallaufnahme

- An der Unfallstelle ist davon auszugehen, dass der Rettungsdienst (Rettungsassistent, Notarzt) aufgrund fehlender Kenntnisse in der Regel mit dem Ereignis *Tauchunfall* überfordert ist. Dies umso mehr, als diese Einsätze sehr selten sind. Aussagen zum Unfallhergang können deshalb von dieser Seite meistens nicht erwartet werden.
- Bei der Aufnahme eines Tauchunfalls geht die ärztliche Versorgung verletzter Personen immer vor. Die Erstmaßnahmen und die weiteren therapeutischen Schritte müssen sehr schnell erfolgen, um Spätschäden infolge zeitlicher Verzögerungen zu vermeiden.
- Die Ausrüstung und die persönlichen Daten aller an einem Tauchgang beteiligten Personen sind festzustellen. Die Sicherstellung der allgemeinen Ausrüstung kann sich auf die unmittelbar am Unfall Beteiligten beschränken. Entscheidend ist hierbei die Relevanz für den Unfallhergang. Tauchcomputer, Logbücher, Taucher-Dienstbücher und Tauchpässe sind von **allen Beteiligten** sicherzustellen.
- Eine Sonderstellung hat der **Tauchcomputer** der verunfallten Person. Die Sicherstellung dieses Instruments wird so lange aufgeschoben, wie es zur Therapie des verunfallten Patienten aus ärztlicher Sicht erforderlich ist. Die in einem Tauchcomputer gespeicherten Daten geben Aufschluss über die zuletzt durchgeführten Tauchgänge und sind ausschlaggebend für die Art der Therapie des Patienten. Die Sicherstellung des Tauchcomputers muss jedoch nachträglich erfolgen.
- Entsprechend den neuen Europäischen Ausbildungsnormen müssen künftig Tauchgruppen immer eine Beatmungsmöglichkeit mit medizinischem Sauerstoff vorhalten. Es ist zu prüfen, ob dies zutrifft und ob davon Gebrauch gemacht wurde. Ferner muss eine Notrufmöglichkeit bestehen. Die Zeitspanne zwischen dem Unfallereignis und dem Eingang des Hilfeersuchens bei der Rettungsleitstelle ist zu ermitteln.
- Es wird empfohlen, alle infrage kommenden Zeugen festzustellen. Dazu gehören nicht nur die Personen, die unmittelbar am Tauchgang beteiligt waren, sondern auch andere anwesende Personen, die Aussagen über Art und Durchführung der Tauchgangsvorbereitung machen könnten. Gruppenmitglieder, die unmittelbar an einem Schadenereignis beteiligt waren, beurteilen Verhaltensweisen der anderen Gruppenmitglieder gänzlich anders als Außenstehende.

Erhebungsbogen Tauchunfall

Personalien

Name: .... Vorname: ....

Anschrift: ....

Tauchtauglichkeits-Bescheinigung vorhanden: ☐ Ja ☐ Nein

Datum der letzten Tauchtauglichkeits-Untersuchung: ....

Logbuch/Taucher-Dienstbuch beigefügt: ☐ Ja ☐ Nein Brevet beigefügt: ☐ Ja ☐ Nein

Unfallhergang

Wann hat sich der Unfall ereignet? .... Uhr

Wann wurde die Rettungsleitstelle alarmiert? .... Uhr (→ Nachfrage bei RLSt)

Welche Notrufmöglichkeit wurde benutzt? ....

Unfallort: .... Höhe über NN .... Meter

Sauerstoff (med.) vorhanden? ☐ Ja ☐ Nein

Wurde Sauerstoff verabreicht? ☐ Ja ab .... Uhr ☐ Nein

Besondere Erschwernisse (z. B. Eis, Gefahr des Verhakens, Sicht usw.): ....

....

Wassertemperatur: .... °C Lufttemperatur .... °C max. Gewässertiefe: .... m

max. Tauchtiefe: .... m Windstärke (n. Beaufort): .... Wellen: ☐ Ja .... m ☐ Nein

Auftrag des Tauchers: ....

Auftrag ausgeführt: ☐ Ja ☐ Nein

Art der Arbeit(en): ....

....

Kurze Beschreibung des mutmaßlichen Unfallhergangs nach Beobachtungen
(ggf. Zeugenaussagen als Anlage beifügen)

Am .... um .... Uhr

Letzter Tauchgang vor dem Unfall am .... von .... bis .... Uhr

Wann hat der Taucher zuletzt gegessen?	Datum/ Uhrzeit …………	Alkohol getrunken?	Datum/ Uhrzeit …………	geraucht?	Datum/ Uhrzeit …………
Gewohnheiten des Tauchers (z. B. regelmäßige Mahlzeiten, Antialkoholiker, 10 Zigaretten täglich o. Ä.)?			im Essen ………… …………	im Trinken ………… …………	im Rauchen ………… …………

Verwendetes Atemgas? ☐ Druckluft ☐ Nitrox ☐ Trimix ☐ …………

Art der Atemgasversorgung? ☐ autonom ☐ schlauchversorgt

Atemanschluss? ☐ Mundstück ☐ Vollmaske ☐ Helm

Wurde ein Ausrüstungscheck vorgenommen? ☐ Ja, Name ………… ☐ Nein

Wurde ein Führer benannt? ☐ Ja, Name ………… ☐ Nein

Abgesprochene Tauchtiefe? max. ………… m Erreichte Tauchtiefe? max. ………… m

Abgesprochene Tauchzeit? max. ………… min Tatsächliche Tauchzeit: max. ………… min

Wann wurde die Wasseroberfläche (WO) verlassen? ………… Uhr

Wurde eine Sprecheinrichtung verwendet? ☐ Ja ☐ Nein

Bestand eine Leinenverbindung? ☐ Ja ☐ Nein Letztes Signal? ………… Uhr

Welches Signal wurde zuletzt gegeben? …………

War ein Sicherheitstaucher (Reservetaucher) vorhanden? ☐ Ja ☐ Nein

Wann erreichte der verunfallte Taucher die WO? ………… Uhr

Tauchtabelle benutzt? ☐ Ja Name der Tabelle (z. B. Deko 98 o. Ä.) ………… ☐ Nein

Wurden Austauchstufen eingehalten?

☐ Ja in ………… m ………… min, in ………… m ………… min ☐ Nein

Begründung bei *Nein*: …………

Körperliches Befinden des verunfallten Tauchers …………
während des Auftauchens? …………

Körperliches Befinden des verunfallten Tauchers …………
nach dem Austauchen? …………

Tauchgerät (Lage des Atemanschlusses, …………
Leckagen, Schlammspuren etc.) …………

Sonstiges: …………

…………

…………

Status der Tauchausrüstung	Hersteller	Serien- oder Bauartzulassungsnr.	erkennbare Schäden
Atemregler			
1. und 2. Stufe von gleichem Hersteller?	☐ Ja ☐ Nein		
Druckminderer (1. Stufe)			
Lungenautomat (2. Stufe)			
Oktopus			
Hochdruckschlauch			
Mitteldruckschlauch			
Rettungsmittel (Jacket, Rettungs- u. Tarierweste)			
Inflatorschlauch			
Reserveventil			
Reserveventil geöffnet?	☐ Ja ☐ Nein		
Druckgasbehälter			
Flaschenventil(e) geöffnet?	Flasche **1**: ☐ Ja ☐ Nein		Flasche **2**: ☐ Ja ☐ Nein
Falls „Nein“, wie viele Umdrehungen fehlen?			
Restdruck der Flaschen	Flasche **1**: .... bar		Flasche **2**: .... bar
Letzte Prüfung(en) des Sachverständigen (TÜV)?			
Tauchcomputer			
Tauchanzugart (nass, trocken, halbtrocken)?			
Lufteinlassventil			
Luftauslassventil			
Unterziehkleidung			
Gewichtssystem	Gesamt .... kg	Abgeworfen? ☐ Ja ☐ Nein	
Sonstiges			

IV – 3.4
Präventivmaßnahmen

IV – 3.4.1
Tauchtauglichkeit

„Die Auffassungen über die Tauchtauglichkeit haben sich im Laufe der letzten 40 Jahre geändert. Der Ruf nach ärztlichen Untersuchungen war anfangs nicht so sehr durch Tauchunfälle veranlaßt. Oft stand nur der Eifer einiger Sportärzte Pate, vielfach bestimmt aus einer Unsicherheit und Unkenntnis physiologischer Zusammenhänge beim Tauchen. Aber auch ein Sicherheitsbedürfnis der zahlreicher werdenden Sporttaucher drängte zu einer ärztlichen Absegnung (weil es sich beim Tauchen doch um einen gefährlichen Sport handele)."[37)]

Während gewerbliche Taucher, Polizeitaucher und Taucher der Hilfeleistungsunternehmen (DLRG etc.) sowie der Feuerwehren nach den klar definierten Richtlinien der arbeitsmedizinischen Vorsorgeuntersuchung Grundsatz 31 „Überdruck" untersucht werden müssen, existieren im Sporttauchbereich lediglich Empfehlungen.

Jeder Sporttaucher darf daher prinzipiell ohne spezifische ärztliche Beurteilung tauchen. Lediglich versicherungsrechtliche Gründe sowie die Tatsache, dass die meisten Tauchbasen in Tauchreisezielen ärztliche Atteste vor Aufnahme von Unterwasseraktivitäten verlangen, üben einen gewissen Zwang auf den Taucher aus, sich regelmäßig untersuchen zu lassen. Weder der Umfang der ärztlichen Untersuchung von Sporttauchern noch die Qualifikation des Untersuchers ist reglementiert. Die *Gesellschaft für Tauch- und Überdruckmedizin (GTÜM) e.V.* hat, basierend auf arbeitsmedizinischen Vorsorgeuntersuchungen, Untersuchungsempfehlungen für die Beurteilung von Sporttauchern erarbeitet. Diese Empfehlungen geben nicht nur den aktuellen Erkenntnisstand wieder, sondern tragen auch bei entsprechend guter Befunddokumentation zur Rechtssicherheit des Untersuchers bei. Als Mindestqualifikation des attestierenden Arztes ist ein Kenntnisstand gemäß dem GTÜM-Tauchmedizin-A-Curriculum zu fordern.[38)] [39)] [40)]

Vor dem Hintergrund einer theoretischen Anfälligkeit für Dekompressionsspätschäden, gerade im sich entwickelnden Organismus, rät ALMELING, mit **Kindern und Jugendlichen** ausschließlich konservative Tauchprofile durchzuführen. Eine obere Altersgrenze gibt es nach Auffassung des Autors nicht. Entscheidend ist die körperliche und geistige Leistungsfähigkeit.[27)]

Der *Verband Deutscher Sporttaucher (VDST) e.V.* hat sich nach eigenen Angaben in einer Arbeitsgruppe von Pädagogen, Medizinern, Tauchlehrern und Übungsleitern dazu entschlossen, den Kindern und Jugendlichen unter nachfolgenden Alterseinschränkungen Zugang zum Tauchsport zu gewähren:

*Tabelle IV – 3.4.1/**1**: Leistungs- und Altersstufen des VDST e.V. für das Tauchen mit Kindern und Jugendlichen*[67)]

Leistungsstufe	**Äquivalent**	**Alter**
Deutsches Jugendtauchsportabzeichen Bronze (DJTSA*)	Schnorchelbrevet A	6 Jahre („Soll-Altersstufe")
Deutsches Jugendtauchsportabzeichen Silber (DJTSA**)	Schnorchelbrevet B	8 Jahre („Soll-Altersstufe")
Deutsches Jugendtauchsportabzeichen Gold (DJTSA***)	Schnorchelbrevet C	10 Jahre („Soll-Altersstufe")
Grundtauchschein		12 Jahre („Muss-Altersstufe")

Vor Beginn der praktischen Übungen müssen beim VDST auch Kinder und Jugendliche eine Tauchtauglichkeitsbescheinigung vorlegen. Die ärztliche Tauchtauglichkeitsuntersuchung muss nach altersgemäßen Kriterien erfolgen, Röntgenuntersuchungen der Thoraxorgane und Ergonometrie sind dabei nicht obligat. Sie darf nicht älter als zwei Jahre, bei Bewerbern unter 14 Jahren nicht älter als ein Jahr sein.[67)]

Von den verschiedenen Gruppen der Arbeitsmediziner, der Berufsgenossenschaften, der Tropeninstitute, der Entwicklungshilfeorganisationen wie der staatlichen Stellen wurde eingehend und kontrovers darüber diskutiert, ob vor einem Auslandseinsatz – Touristen sind hier ausgenommen – eine HIV-Testung grundsätzlich durchzuführen ist und ob bei einem positiven Ergebnis grundsätzlich die Tropenausreisefähigkeit zu verweigern ist. In der Zwischenzeit zeichnet sich eine Klärung ab, die aus zwei Bereichen kommt. Zum einen aus der Praxis der untersuchenden Stellen, die die Untersuchung vor Arbeitsaufenthalten im Ausland unter besonderen klimatischen und gesundheitlichen Bedingungen, die G-35-Untersuchung *(→ Kap. VII – 6.7.4.3)*, durchführen und dabei weitgehend zu gleicher Handhabung gefunden haben. Zum anderen erarbeitete die zuständige Arbeitsgruppe im Ausschuss Arbeitsmedizin beim Hauptverband der gewerblichen Berufsgenossenschaften Mitte April 1988 eine Empfehlung zur Ergänzung der G-35-Untersuchung, die nun zur weiteren Diskussion und evtl. Beschlussfassung vorliegt. Darin wird einstimmig empfohlen, den HIV-Test im G 35 zu berücksichtigen.

Ein bedeutungsvolles Problem ist die unentdeckte Angsterkrankung bei Tauchern, zumal etwa 75 % aller Todesfälle beim Tauchen durch Fehlverhalten verursacht werden. In Anlehnung an die amerikanische Nomenklatur sind drei Typen der Angsterkrankungen in der Diagnoseklassifizierung zu unterscheiden:

- das Paniksyndrom,
- das generalisierte Angstsyndrom und
- die Phobien.

Nach den Untersuchungen des *Münchner Max-Planck-Institutes* für Psychiatrie leiden 7 % unserer Bevölkerung an solchen psychischen Störungen. Während Menschen mit Phobien und generalisierten Angstsyndromen nach EHM seltener dazu neigen, sich im Tauchen zu versuchen, ist dies beim Paniksyndrom durchaus gegeben.[41)]

In der Diskussion sind deshalb seit längerer Zeit psychodiagnostische Möglichkeiten einer personenorientierten Tauchtauglichkeitsüberprüfung. Wegen fehlender spezifischer Instrumente, Untersuchungsgrundlagen und systematischer Erfahrungen wird davon noch nicht Gebrauch gemacht *(→ Kap. IV – 3.3.2)*.[13)]

IV – 3.4.2
Impfschutz

Erkrankungen, auch wenn sie behandelbar sind, sind immer unerwünscht. Deswegen ist noch wichtiger als die Behandlung das Vermeiden von Erkrankungen durch vorbeugende Maßnahmen. Besonders unangenehm ist, wenn Taucher im Ausland während ihres Urlaubs erkranken. Nicht nur, weil Tauchgänge nicht wahrgenommen werden können, sondern weil die Behandlungsmöglichkeiten im Ausland, insbesondere in der Dritten Welt, in der Regel eingeschränkt sind. Um in diesen Ländern mit vom Heimatland differierenden Gesundheitsrisiken und schlechterer Versorgung nicht zu erkranken und ggf. das Risiko eines Tauchunfalles nicht zu erhöhen, ist eine Reihe von prophylaktischen Maßnahmen erforderlich.

Durch Beachtung hygienischer Maßnahmen kann die Gefahr von viralen und bakteriellen Infektionen bzw. Vergiftungen gemindert werden *(s. a. Kap. IV – 3.8.1)*. Durch die Bekämpfung von krankheitsübertragenden Faktoren, z. B. Schutz vor Mückenstichen, kann die Häufigkeit von parasitären und viralen Erkrankungen reduziert werden. Die Chemoprophylaxe hat sich insbesondere bei der Malaria bewährt. Passive Immunisierung bietet Schutz vor Virusinfektionen, die wirksamste Maßnahme und Verhütung von Virus- und bakteriellen Erkrankungen und Vergiftungen ist allerdings die aktive Immunisierung, d. h. die Impfung.[42)]

Es gibt eine Reihe von Infektionskrankheiten, gegen die jeder Reisende ins Ausland geschützt sein sollte, da in den warmen Ländern eine erhöhte Infektionsgefahr besteht (Diphtherie, Hepatitis A, Masern, Poliomyelitis, Tetanus). Daneben gibt es Krankheiten, die denjenigen gefährden, der in engen Kontakt mit dem Land und den Leuten kommt oder der unter erschwerten Bedingungen in Ländern der Dritten Welt leben wird (Hepatitis B, japanische B-Enzephalitis, Meningitis, Tollwut, Typhus). Die Impfempfehlungen *(→ Tabellen IV – 3.4.2.1 – IV – 3.4.2.2)* sind also vom Reiseziel und den Aufgaben des Reisenden (Urlauber oder Tauchlehrer mit längerem Aufenthalt) abhängig.[312) 43) 44)]

Tabelle IV – 3.4.2/1: Impfschema bei Auslandsreisen (geplante Ausreise in 30 Tagen)

Tag der Impfung	Impfung	Bemerkung
1. Tag	Gelbfieber, Cholera (falls verlangt)	Lebend- und Totimpfstoff können kombiniert werden
7. Tag	Hepatitis A	Nach Möglichkeit hochwirksamen Impfstoff verwenden (Havrix 1440, VAQTA®)
14. Tag	Polio oral, Tetanus (Auffrischung)	Tetanusimpfung bei vorhandener Grundimmunität; fehlt diese, erfolgt die erste Tetanusimpfung 4 Wochen früher; Auffrischung nach 6–12 Monaten
21.–25. Tag	Typhus (oral), Malariaprophylaxe mit Chloroquin (Resorchin®)	Typhusimpfstoff nicht gleichzeitig mit Mefloquin (Lariam®) oder einem Antibiotikum geben

Tabelle IV – 3.4.2/2: Schutzdauer einiger im Reiseverkehr üblicher Impfungen

Impfung	Schutzdauer
Cholera	6 Monate
Gelbfieber	10 Jahre
Frühsommer-Meningoenzephalitis	3 Jahre
Hepatitis A (Immunglobulin)	2–3 Monate
Hepatitis A (Impfung)	5–10 Jahre
Hepatitis B	5 Jahre
Masern	10–20 Jahre

Impfung	Schutzdauer
Meningokokken	2–3 Jahre
Poliomyelitis (Schluckimpfung)	10–20 Jahre
Tetanus	8–10 Jahre
Tollwut	2–4 Jahre
Typhus (Schluckimpfung)	2–3 Jahre

Die nachfolgende Tabelle gibt einen kurzen Überblick zu den wesentlichen Krankheiten.[43)]

Tabelle IV – 3.4.2/3: Übersicht zu den wichtigsten Krankheiten

Krankheit	Übertragung	Symptome	Prophylaxe
Amöbenruhr	Fliegen, Trinkwasser, Nahrung	blutiger Durchfall, Krämpfe	pers. Hygiene, Vorsicht bei Nahrungsmitteln und Trinkwasser
Bilharziose	Kontakt mit verseuchtem Wasser	blutiger Urin, blutiger Stuhl	kein Baden in Teichen, Seen, Flüssen
Denguefieber	Aedes-Mücke	hohes Fieber, Hautausschlag, Wiederinfektion kann tödlich sein	Schutz vor Insektenstichen
Gelbfieber	Aedes-Mücke	Fieberschübe, Gelbsucht, Leber-/Nierenschädigung, Blutungen, Letalität 80 %	Impfung

Krankheit	Übertragung	Symptome	Prophylaxe
Hepatitis A	direkter Kontakt	grippeähnliche Symptome, Abgeschlagenheit, hellfarbiger Stuhl	Impfung
Hepatitis B	Bluttransfusion, Verletzungen	brauner Urin, Gelbfärbung der Haut	Impfung
Japanische Enzephalitis	verschiedene Stechmücken	hohes Fieber, Erbrechen, Meningitis, Enzephalitis	Schutz vor Insektenstichen
Malaria	Anopheles-Mücke	Schüttelfrost, Fieber, u. U. Erbrechen, Kopfschmerzen, Kreislaufkollaps	Schutz vor Insektenstichen, Chemoprophylaxe
Poliomyelitis	Nahrungsmittel, infiziertes Trinkwasser	Fieber, gastrointestinale Beschwerden, zentralnervöse Symptome, Lähmungen, Skelettveränderungen	Impfung
Typhus	Nahrungsmittel, Trinkwasser	Fieber, Hautausschläge, erst Verstopfung, dann Durchfälle	Impfung
Tetanus	Verletzungen	Muskelschmerzen, Spasmen, entstellende Kontraktionen der Gesichtsmuskulatur	Impfung

Eine wichtige Aufgabe des Arztes ist nicht nur die richtige, notwendige und in akzeptablem Abstand zum Urlaub durchgeführte Impfung, sondern auch die Aufklärung des Tauchers darüber, dass jede Impfung ein Risiko darstellt. Dieses Risiko ist sehr gering, aber prinzipiell vorhanden. Jeder Geimpfte muss darüber informiert werden, dass eine Impfung einen normalen Verlauf mit einer so genannten Impfreaktion hervorruft. Darauf verweist ZELLER in einem Artikel und führt weiter aus, dass Reaktionen, die mit Kopfschmerzen, Fieber oder Abgeschlagenheit einhergehen, das Tauchen verbieten.[45)]

Tauchlehrer oder Assistenten, welche für einen längeren Zeitraum im Ausland tätig sein wollen, müssen die für das jeweilige Land geltenden Bestimmungen zum HIV-Antikörperscreening beachten. Nachfolgende Länder schreiben für Ausländer ein HIV-Antikörperscreening vor:[46)]

Tabelle IV – 3.4.2/4: Erfordernis eines HIV-Antikörperscreenings

Land	**Betroffener Personenkreis**
Belgien	Ausländische Studenten mit Staatsstipendien
Bulgarien	Ausländer mit Aufenthalt > 1 Monat
China	Ausländer mit Aufenthalt > 1 Jahr
Costa Rica	Ausländische Studenten, Test für Aufenthalts- und Arbeitsgenehmigung erforderlich
Kuba	Ausländer (ohne Touristen)
Indien	Ausländische Studenten, Test für Arbeitserlaubnis erforderlich
Irak	Ausländer mit Aufenthalt > 5 Tage
Philippinen	Test für Arbeitserlaubnis erforderlich
Saudi-Arabien	Test für Arbeitserlaubnis > 1 Monat erforderlich
Südafrika	Test für Arbeitserlaubnis erforderlich
Sowjetunion	Ausländische Studenten
USA	Test für Einwanderer erforderlich

Allgemein wird empfohlen, sich vor Tauchreisen ins Ausland frühzeitig mit dem Hausarzt in Verbindung zu setzen, um einen individuellen Impfplan zu erstellen. Um sich persönlich über den aktuellen Stand vorgeschriebener Impfungen zu informieren, können folgende Quellen empfohlen werden:

1. International Travel and Health (Impfvorschriften und Hygieneratschläge für den internationalen Reiseverkehr; wird jährlich vom Regionalbüro der Weltgesundheitsorganisation für Europa veröffentlicht). Bezug: UNO-Verlag, Poppeldorfer Allee 66, 53115 Bonn, Tel.: 0228/94902-0, Fax: 0228/217492.

2. Reisen und Gesundheit (in enger Anlehnung an International Travel and Health; deutschsprachig). Bezug: Deutsches Grünes Kreuz, Postfach 1207, 35002 Marburg, Tel.: 06421/293-0, Fax: 06421/22910.

Darüber hinaus können Ratschläge, insbesondere über aktuelle Risiken und länderspezifische Besonderheiten, bei den Tropeninstituten und ihren Beratungsstellen eingeholt werden:[47)]

Tabelle IV – 3.4.2/5: Tropeninstitute in Deutschland

Ort	Klinik	Telefon	Telefax
Berlin	Tropenmedizinisches Institut	(030) 30116-6	
	Tropen- und Reisemedizinische Beratungsstelle Dr. med. Bätzig-Feigenbaum	(030) 39878233	
Freiburg i. B.	Tropen- und Reisemedizinische Beratung	(0761) 33991	
Gera	Tropenzentrum	(0365) 811164	
Göttingen	Tropenmedizinische Beratungsstelle/Gelbfieberimpfstelle Prof. Dr. med. W. Brommer	(0551) 30750-0	

Ort	Klinik	Telefon	Telefax
Hamburg	Bernhard-Nocht-Institut für Tropenmedizin	(040) 31182-0	
	Tropenmedizinische Reiseberatung	(040) 3192077	(040) 31182-340
	Tropenmedizinisches Beratungszentrum		(040) 398889-39
	Tropeninstitut, Impfberatung 9.00–16.00	(040) 3192077	
Heidelberg	Tropenhygiene und Öffentliches Gesundheitswesen	(06221) 56-2905	(06221) 56-5948
	Impfauskunft Afrika	(06221) 56-5632	
	Impfauskunft Asien	(06221) 56-5633	
	Impfauskunft Lateinamerika	(06221) 56-5635	
	Tropenambulanz	(06221) 56-2999	
München	Tropeninstitut, Abteilung für Infektions- und Tropenmedizin der Universität	(089) 333322	
	Impfauskunft Mittel- und Südamerika	(089) 333369	
	Impfauskunft Asien	(089) 336755	
	Impfauskunft Afrika	(089) 336744	
Tübingen	Tropenklinik Paul-Lechler-Krankenhaus	(07071) 206-0	(07071) 22359
Würzburg	Missionsärztliche Klinik, Tropenmedizinische Impfberatung	(0931) 791-2825	

IV – 3.4.3
HIV-Infektion, AIDS

Krankheiten auch schwerer Art sind nicht ohne Weiteres, wohl aber bei plötzlicher und bedrohlicher Verschlimmerung, z. B. durch unerträglich werdende Schmerzzustände, ein *Unglücksfall*.[48] Bei einer AIDS-Erkrankung oder HIV-Infektion wird ein solches „plötzlich eintretendes Ereignis" vermutlich selten zu erwarten sein. Denn zumindest in der Regel entwickelt sich die Krankheit, hat sie das Stadium des symptomlosen Infiziertseins überschritten, eher kontinuierlich.[49] Demzufolge wäre die Untersuchung dieses Themas im Kapitel *Tauchunfall* nicht zwingend notwendig, da es sich um kein typisches Unfallereignis handelt.

Dennoch soll das Problemfeld unabhängig davon aus drei Gründen besprochen werden:

1. Es bestehen speziell bei Tauchanfängern Ängste, sich während bestimmter Ausbildungsprozeduren oder z. B. im Schwimmbad zu infizieren;
2. dürfen diese Ängste nicht dazu führen, im Notfall eine adäquate Hilfe – hier die Beatmung des Verunfallten – aus Angst vor einer Ansteckung zu verweigern;
3. sind Tauchreisen in tropische Länder heute alltäglich und die Frage des Infektionsrisikos zu beantworten.

Größtenteils sind die Sorgen unbegründet. Dieser Abschnitt soll dazu beitragen, diese Hypothese zu belegen. Die Angelegenheit soll andererseits auch nicht verharmlost werden. Leicht verständliche Hinweise zu empfohlenen Schutzmaßnahmen erscheinen zwingend angebracht.

Entstehung und Verbreitung (Epidemiologie)

Nach Angaben der *World Health Organization*[*] (WHO) sind AIDS-Fälle aus über 130 verschiedenen Ländern gemeldet worden. Jeder Mensch kann AIDS bekommen, jeder kann sich aber inzwischen auch erfolgreicher gegen AIDS als gegen die meisten anderen Infektionskrankheiten

---

*) Weltgesundheitsbehörde

schützen. Die Infektion durchläuft eine Latenzzeit von höchst unterschiedlicher Dauer, bis hin zu vielen Jahren, womöglich Jahrzehnten, und zerstört dabei allmählich die Immunabwehr des Infizierten. Daher sein Name ***Human Immunodeficiency Virus – HIV.***

Nach heutigem Kenntnisstand kommt HIV praktisch in allen Körperflüssigkeiten vor. Gesichert ist, dass die Viruskonzentration im *Blut* und im *Sperma* relativ hoch sein kann. Daher gelten diese Flüssigkeiten als *potenziell infektiös*, es kommt hauptsächlich auf solchen Wegen zur Ansteckkung, die Kontakte mit Blut und/oder Ejakulat beinhalten. AIDS zählt deshalb einerseits zu den sexuell übertragbaren Krankheiten, andererseits konnten bei Bluttransfusionen und Gaben von Blutbestandteilen Viren auf andere Menschen übertragen werden.

Auch im *Urin*, im *Schweiß*, in der *Tränenflüssigkeit*, im *Speichel*, im *Liquor* sind Viren bei Patienten nachweisbar gewesen, jedoch jeweils in so geringer Konzentration, dass gesicherte Ansteckungen auf diesen Wegen nicht erfolgt sind. Ängste in der Sauna oder im Schwimmbad, beim Husten oder Niesen sind daher unberechtigt.[50)] Von JESCHKE und RIEDEL wird übereinstimmend ausgeführt, dass mit einem Infektionsrisiko in Schwimmbädern, Whirlpools, Umkleideräumen und Duschen oder in Sporträumen nicht zu rechnen ist.[51)]

Auf die **Ansteckungsgefährdung** durch Speichel **im Tauchbereich** ist besonders einzugehen. Infolge von Wechselatmung mit einem Lungenautomaten, Überlassung von Schnorchel und/oder Maske und Brille – in die vorher nach alter Manier gespuckt wurde, um das Beschlagen zu verhindern – besteht **kein erhöhtes Risiko.** Von JÄGER wird dazu angeführt, dass, um dieselbe Ansteckungsgefährdung wie beim Sperma zu erzielen, mehrere Liter Speichel notwendig wären. Hinzu kommt, dass IgA-Antikörper im Speichel nachweisbar sind und diese Antikörper eine Schutzwirkung haben können.[50)]

Im Zusammenhang mit Atemschutz hat BECKERT eine gutachterliche Stellungnahme zur Frage des Risikos einer Übertragung von AIDS bei Vollmasken erstellt.[52)] Der Gutachter kommt zu dem Ergebnis, dass beim Wechsel der Atemschutzmasken Panorama Nova von einem Nutzer zum anderen bei einwandfreier Durchführung der Reinigungs- und Desinfektionsmaßnahmen entsprechend der Gebrauchsanleitung nach heutigen

Kenntnissen AIDS nicht übertragen werden kann. Diese Aussage gilt auch für Masken der Wettbewerber, also auch für Vollmasken, wie sie im Tauchbereich verwendet werden.[53)]

Übertragungsmöglichkeiten von HIV in Notfallsituationen

Bei der Versorgung von verunfallten Tauchern ist in der Regel ein Kontakt mit den oben erwähnten Körperflüssigkeiten nicht zu vermeiden, so bei der Rettung und Lagerung des Tauchers, aber vor allem bei der Blutstillung und bei invasiven Maßnahmen wie Venenzugang oder Intubation. Geeignete Schutzmaßnahmen sind daher unerlässlich und sollten auch unter Zeitdruck und widrigen Begleitumständen nicht vernachlässigt werden.

Bei der *Mund-zu-Mund-* oder *Mund-zu-Nase-Beatmung* ohne Hilfsmittel ist ein intensiver Schleimhautkontakt des Helfers mit dem Speichel des Tauchers kaum zu vermeiden. Gelegentlich sind Gesicht und Mundhöhle des zu Beatmenden auch noch mit Blut oder Erbrochenem verschmiert. Orale Übertragung von HIV ist nach SPITZ und KAMPSCHULTE zwar sehr unwahrscheinlich, selbst bei oralen Sexualpraktiken Homosexueller mit hohem Risikopotenzial. Trotzdem muss auch dieser Infektionsweg so weit wie möglich ausgeschaltet werden, zumal einfache und wirksame Schutzmittel zur Verfügung stehen *(→ Kap. IV – 3.5.2.5)*.[54)]

Schutzmaßnahmen

Da der Krankheitserreger hauptsächlich über (auch unbedeutende) Läsionen der Haut und Schleimhäute in den Organismus eindringen kann, gilt es, eine solche Exposition gegenüber Blut und anderen Körperflüssigkeiten eines verunfallten Tauchers möglichst zu vermeiden. Das Tragen von Einmalhandschuhen bei entsprechenden Verrichtungen am Patienten oder damit zusammenhängenden Tätigkeiten ist zwingend erforderlich.

> Aus Sicherheits- und Vereinfachungsgründen sollten in jeder Notfallsituation Handschuhe getragen werden.

Damit ist eine der wichtigsten Eintrittspforten für HIV wirkungsvoll ausgeschaltet. Strapazierfähige Einmalhandschuhe sollten daher bei jeder Tauchgruppe immer griffbereit – vorzugsweise im Notfallkoffer – sein, damit nicht lange danach gesucht werden muss.

Handschuhe bieten freilich nur dann einen Schutz vor Infektion, wenn sie zum richtigen Zeitpunkt ausgezogen und entsorgt werden, da sonst primär saubere Gegenstände (Tauchausrüstung) kontaminiert werden, die dann später, für den Träger selbst oder für andere, evtl. zur Infektionsquelle werden können. Der Gebrauch von Tauchhandschuhen muss deshalb unterbleiben, es sei denn, es sind ausnahmsweise keine Einmalhandschuhe vorhanden.

Die Mund-zu-Mund- oder Mund-zu-Nase-Beatmung ohne jeden Schutz sollte nach SPITZ et al. in Anbetracht des nicht auszuschließenden Risikos die Ausnahme bleiben. Allerdings, so die Autoren, sollte die Nichtverfügbarkeit selbst der einfachsten Hilfsmittel auch weiterhin kein Grund sein, einem Patienten mit Atemstillstand diese lebensrettende Maßnahme zu verweigern. Das Für und Wider von *Beatmungshilfen* wird in *Kapitel IV – 3.5.2.5* ausführlich besprochen.

Auf die Vorsichtsmaßnahmen bei Tauchreisen in den Tropen wird in *Kapitel IV – 3.4.2 Impfschutz* ausführlich eingegangen.

Hilfeleistungspflicht

Insbesondere von Tauchern der Polizei und Feuerwehr sowie von Rettungstauchern wird besorgt gefragt, ob nicht die theoretisch denkbare Möglichkeit, der Verletzte könnte HIV-positiv sein, die Hilfeleistungspflicht entfallen lasse. Gleiches gilt für die Wasserleiche, wenngleich hier keine „Hilfeleistungspflicht“ im Sinne des Strafgesetzbuches besteht.

Für die genannten Taucher wie für alle anderen Bürger gilt indessen, dass die Realisierung der Infektionsgefahr aus einem doppelten Grund extrem unwahrscheinlich ist. Das Vorherrschen der HIV-Infektion in der Bevölkerung ist bisher verschwindend gering, und selbst bei bestehender HIV-Infektion des Opfers ist das Risiko, das Virus könnte auf den Nothelfer übertragen werden, minimal. Es genügt nach heutigem Wissen hierfür nicht, dass der Taucher mit dem Blut des HIV-positiven Unfallopfers Berührung hat, sondern dieses Blut müsste zudem in den Blutkreislauf des Helfers gelangen, indem es zum Beispiel mit eigenen Wunden des Helfers in Berührung kommt.

Die Gefahr einer HIV-Infizierung am Opfer eines Unglücksfalles ist deshalb so „homöopathisch verdünnt“, dass selbst angesichts der im Fall des realisierten Risikos gravierenden Folgen insgesamt nicht im Sinn des § 323c StGB *(→ Kap. II – 4.2.4)* von einer *erheblichen eigenen Gefahr* des Nothelfers gesprochen werden kann.[49)]

HIV-Test für Taucher?

Das Testen einer umschriebenen Personengruppe, anders als im Rahmen wissenschaftlich abgesicherter und überlegter Studien, ist abzulehnen.[55)] Zustimmend äußert sich VAN LAAK in der Übersetzung einer englischen Veröffentlichung: „... aus arbeitsmedizinischer Sicht gibt es **keinen Grund,** Taucher routinemäßig auf HIV zu testen. Davon unberührt bleibt die allgemeine Situation, daß es für jeden gute Gründe gibt, sicher zu sein, das Virus nicht zu tragen.“[57)]

Dürfen HIV-Positive tauchen?

Hier ist zuerst danach zu unterscheiden, ob aus privaten oder gewerblichen Gründen getaucht wird, wobei zur Gruppe der gewerblichen Taucher an dieser Stelle auch die Taucher der Feuerwehr und der Hilfeleistungsunternehmen gezählt werden.

Die bereits zitierte Übersetzung von VAN LAAK[56)] gibt zur oben gestellten Frage folgende Antwort: „Ein positiver HIV-Test bedeutet nicht notwendigerweise das Ende einer Tätigkeit als Berufstaucher, solange der Betroffene gesund ist und die allgemeinen medizinischen Standards erfüllt. Das Risiko einer Übertragung des HIV an Taucherkollegen ist vernachlässigbar klein.

Wenn es schließlich zum Auftreten von Symptomen, also Zeichen von AIDS kommt, bedeutet das mit größter Sicherheit das Ende des Tauchens, weil die Beeinträchtigungen des Allgemeinzustandes dem weiteren Einsatz entgegenstehen. Die taucherärztliche Entscheidung sollte bei HIV-Positiven und AIDS-Patienten immer eine Einzelfallentscheidung sein.“

Sinngemäß, jedoch für einen anderen Berufsstand, äußerte sich JÄGER mit der Aussage, dass medizinische Gründe zur Berufseinschränkung für testpositive Personen, wenn keine schweren Krankheitszeichen vorliegen, die den Patienten selbst in seiner Tätigkeit behindern, weder im nahrungsmittelverarbeitenden noch im medizinischen Bereich bestehen.[55] Mit dieser klaren Äußerung zu einem sehr sensiblen Berufsfeld kann davon ausgegangen werden, dass auch einem Sporttaucher die tauchsportärztliche Eignung nicht abgesprochen werden kann, wenn sein Gesundheitszustand mit dem der oben beschriebenen Klientel übereinstimmt.

Inzwischen hat sich auch die Erkenntnis durchgesetzt, dass eine Reihe von Behinderungen nicht mehr als unvereinbar mit dem Tauchen anzusehen ist.[37] Unter dem Aspekt der *eingeschränkten Leistungsfähigkeit* dürfte es sicher künftig möglich sein, den Tauchsport als rehabilitative Maßnahme für HIV-Patienten einzuführen. Aufgrund der Erfahrungen in Behindertensportgruppen bietet sich an, die Lebensqualität der Patienten durch ein sinnvoll aufgebautes Sportprogramm unter ärztlicher Überwachung zu verbessern, auch wenn die Beeinflussung des Immunstatus durch körperliche Belastung derzeit noch unklar ist. Probleme werden sich aber sowohl von Seiten der Betroffenen als auch von Seiten der Bevölkerung ergeben. Die Teilnahme an derartigen Sportgruppen bedeutet das evtl. öffentliche Eingeständnis, zum Kreis der HIV-Patienten zu gehören, mit dem Risiko, gesellschaftlich diskriminiert zu werden. Bei der heute zum Teil immer noch herrschenden AIDS-Angst wird es erhebliche Schwierigkeiten bereiten, von Kommunen und Sportorganisationen Übungsstätten und Übungsleiter zur Verfügung gestellt zu bekommen.[51] [58] [59] [60]

IV – 3.4.4
Aus- und Fortbildung

IV – 3.4.4.1
Qualifikation

Die Qualifikation des Tauchers ist abhängig von der gestellten Aufgabe. Während für gewerbliche Taucher das Anforderungsprofil in der *Verordnung über die Prüfung zum anerkannten Abschluss Geprüfter Taucher*

(*→ Kap. VII – 2.1*) auf einer gesetzlichen Grundlage basiert und für Taucher der verschiedenen Hilfeleistungsunternehmen aufgrund der gesetzlichen Unfallversicherung verbindliche Vorschriften bestehen, gibt es für die Ausbildung von Sporttauchern keine rechtsverbindlichen Bestimmungen. Derzeit werden jedoch EU-Normen dafür veröffentlicht. Ob und wie diese Normen in nationales Recht umgesetzt werden, lässt sich noch nicht sagen. Gegebenenfalls bleibt es bei einer für Normen üblichen Empfehlung.

Unabhängig davon bestehen aber seit vielen Jahren Ausbildungsrichtlinien, die in der Regel mit den Bestimmungen des Welttauchsportverbandes (CMAS) konform gehen. Von SCHEYER[61)] und KERN[62)] werden Entwicklung und Zusammenhänge ausführlich dargestellt.

Natürlich haben alle Brevetierungen vom *Taucher (DTSA-Bronze) bis zum ***Tauchlehrer neben der originären Aufgabe, die Fertigkeiten unter Wasser zu verbessern, auch die Wissensvermittlung der Maßnahmen bei einem Tauchunfall mehr oder weniger erschöpfend zum Inhalt. Ein Erste-Hilfe-Kurs mit HLW gehört zur Grundausbildung des *Tauchers. Intensiv wird diese Thematik allerdings erst im Zuge der Ausbildung zum **Taucher (DTSA-Silber) in einem *Sonderkurs* „Tauchsicherheit und Rettung" behandelt.[63)] [64)] Von MANZ wurde die Struktur der Sonderbrevets – jetzt *Sonderkurse* genannt – in *Abb. IV – 3.4.4.1/1* beschrieben (das Angebot der Wahl-Brevets wird laufend erweitert und erhebt deshalb keinen Anspruch auf Vollständigkeit).[65)]

Ohne Zweifel ist es von didaktischem Vorteil, den Tauchneuling noch nicht mit der Materie des Tauchunfalles zu belasten. Da sein Partner nach den geltenden Reglements ein **Taucher sein muss, ist in der Regel auch davon auszugehen, dass im Falle eines Falles dieser Partner die erforderlichen Maßnahmen ergreift. Die Frage bleibt allerdings, was der Neuling tut, wenn sein besser ausgebildeter Taucher – z. B. durch ein Herzversagen – verunfallt. Noch schlechtere Karten haben zwei *Taucher, die – vorschriftswidrig – einen gemeinsamen Tauchgang unternehmen, bei dem es zu einem Tauchunfall kommt.

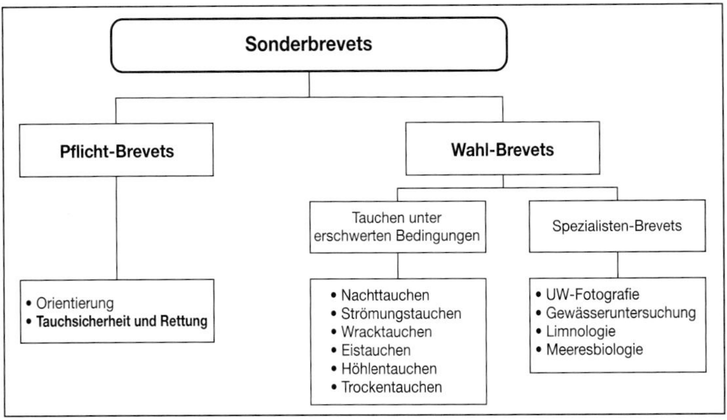

*Abb. IV – 3.4.4.1/**1**: Übersicht der Sonderbrevets*

Über welche Qualifikationen organisierte Sporttaucher – hier beim VDST – zahlenmäßig verfügen, lässt sich anhand der nachfolgenden Grafik gut erkennen.[66)]

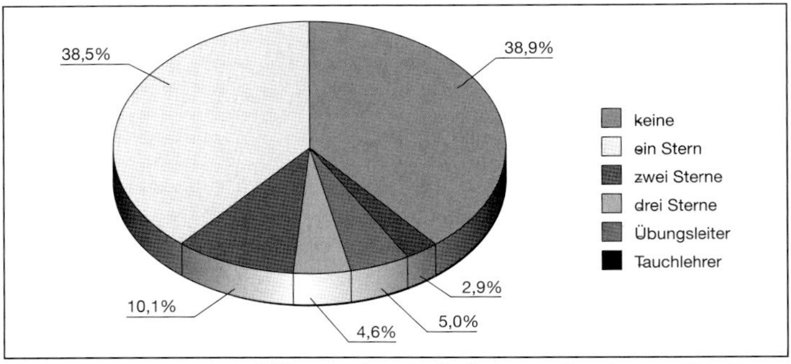

*Abb. IV – 3.4.4.1/**2**: Qualifikation der Mitglieder im Verband Deutscher Sporttaucher (VDST) e.V. Quelle: Handbuch Tauch- und Hyperbarmedizin nach Daten aus VDST e.V.*

Bei nicht organisierten Sporttauchern ist davon auszugehen, dass die Zahl derer mit geringster Qualifikation noch höher ist, da diese Klientel zu den typischen „Urlaubstauchern“ gehört, die zwar dem „Tauchsport“ über Jahre treu bleiben, diesen Sport allerdings nur während der Urlaubszeit ausüben und größtenteils über keine weitere Fortbildung verfügen.

Neben der fachlichen Qualifikation ist das **Alter** zu berücksichtigen. Die Unfallverhütungsvorschrift „Taucherarbeiten“ (BGV C 23) schreibt ein Mindestalter von 21 Jahren für den gewerblichen Taucher vor [§ 10 (1) Ziff. 1]. Taucher der Hilfeleistungsunternehmen und Feuerwehren müssen mindestens das 18. Lebensjahr vollendet haben (GUV-R 2101 Ziff. 5.4.2, FwDV 8 Ziff. 2.2), bevor sie eine Ausbildung als Taucher beginnen dürfen.

Für Sporttaucher gibt es keine Altersfestlegung, weder nach unten noch nach oben. Das Tauchen mit Kindern und Jugendlichen hat zudem in den vergangenen Jahren erheblich an Bedeutung gewonnen. Starre Altersgrenzen sind allerdings nur schwer festzusetzen, da unterschiedliche Lernvoraussetzungen sowie unterschiedliche körperliche und intellektuelle Entwicklungsstadien bei Kindern gleicher Altersstufe vorhanden sind.[67)] Jugendlichen unter 16 Jahren sollte das Tauchen nur in Begleitung eines Erwachsenen gestattet werden. Zwei 16-jährige Taucher dürfen, eine entsprechende Ausbildung vorausgesetzt, einen Tauchgang auch alleine durchführen. So soll es zumindest in der neuen EU-Norm für die Tauchausbildung formuliert werden.[68)] [69)]

Ob Jugendliche in diesem Alter tatsächlich in der Lage sind, auch kritische Ausnahmesituationen unter Wasser zu meistern, wird die Praxis zeigen. Die Gegenüberstellung der Unfallstatistiken im Straßenverkehr lässt hier wenig Hoffnung aufkommen. Hinzu kommt das juristische Problem, denn bei dieser Konstellation wird einem Dritten, nämlich dem Aufsichtspflichtigen, ein hohes Risiko aufgebürdet, ohne dass er auf das unmittelbare Geschehen Einfluss nehmen kann.[70)] [71)]

Problematisch ist es auch für den untersuchenden Arzt, da er neben einer Beurteilung des körperlichen Reifegrades und der körperlichen Eignung eine „geistige Reife“ und ein entsprechendes Problem- und Verantwortungsbewusstsein attestieren soll. Von ALMELING wird daher konsequenterweise eine enge Kooperation zwischen Arzt und Ausbilder empfohlen.[73] ALMELING ist ferner der Überzeugung, dass theoretisch Ansatzpunkte einer Anfälligkeit für Dekompressionsspätschäden, gerade im sich entwikkelnden Organismus, vorhanden sind, und regt aus diesem Grunde an, mit Kindern und Jugendlichen ausschließlich konservative Tauchprofile durchzuführen.

Die physische Qualifikation oder besser die **Leistungsfähigkeit**, insbesondere die konditionellen Fähigkeiten wie Kraft, Schnelligkeit, Ausdauer und Beweglichkeit, werden vom Taucher dringend benötigt und sollten nicht nur während der Beginnerausbildung trainiert werden.[74] Von HOFFMANN et al. wurden die Herzfrequenzen während Situationen, wie sie beim Sporttauchen üblich sind, im Rahmen einer Untersuchungsserie gemessen. Dabei wurde festgestellt, dass Sporttauchen mit kontinuierlicher Fortbewegung schon bei relativ geringen Geschwindigkeiten eine nennenswerte Belastung für die Probanden darstellte. Bei Wiederholung der Tätigkeiten wurde allerdings ein Abfall der Herzfrequenz festgestellt. Begründet wird dies mit dem Gewöhnungseffekt, der auch eine Reduktion der psychologischen Belastung darstellen kann.[75]

Von HAFERMANN et al. wurde eine Untersuchung von 50 Sporttauchern durchgeführt. Dabei wurde festgestellt, dass das Leistungsvermögen des Herz-Kreislauf-Systems selbst bei trainierten Sporttauchern deutlich schlechter war als bei Sportlern anderer vergleichbarer Disziplinen.[76] Auch REUBER untersuchte 23 Sporttaucher unter kontrollierten Bedingungen im Kreislauflabor, davon 10 mit CMAS* und 13 CMAS*** bzw. Tauchlehrer, und berichtete, dass sowohl Beginner wie Könner nur über geringe und nicht ausreichende körperliche Leistungsfähigkeit verfügen.[77] Der Referent empfahl daher neben dem obligaten und oftmals viel zu knapp bemessenen Schwimmbadtraining ein zusätzliches Ausdauertraining wie z. B. Basketball oder Fußball.

Viele Taucher(innen) sind, gerade bei sommerlichen Außentemperaturen, bereits mit dem Anmarsch vom Pkw bis zur Einstiegstelle aufgrund der Gewichtsbelastung durch das Equipment und die Hitzeeinwirkung im Tauchanzug so überfordert, dass sie erhebliche Probleme mit ihrem Herz-Kreislauf-System haben. Kommen während des Tauchgangs noch zusätzliche Belastungen, z. B. Strömung oder die Bewältigung einer Notfallsituation, hinzu, schaukelt sich ein sehr hohes Unfallrisiko auf. Hier besteht noch erheblicher Handlungsbedarf bei Tauchern aller Sparten.

Handlungsbedarf besteht aber auch bei der Tauchtauglichkeitsuntersuchung. Während bei der arbeitsmedizinischen Vorsorgeuntersuchung nach dem Berufsgenossenschaftlichen Grundsatz 31 (G 31) „Überdruck" eine klare Vorgabe der Belastungs-Ergometrie nach den Kriterien einer W 150 besteht und die zu erbringende Leistung für Männer 2,1 W/kg Körpergewicht und für Frauen 1,8 W/kg Körpergewicht vorgegeben ist, wird für Sporttaucher ein Ruhe- und Belastungs-EKG zwar empfohlen, kann aber aufgrund fehlender Rechtsgrundlagen nicht zwingend vorgeschrieben werden.[78)] [79)]

IV – 3.4.4.2
Apnoe-Training

Eine nachahmenswerte Trainingslehre mit dem Ziel, die körperliche Leistungsfähigkeit zu steigern, beschreibt die DLRG in ihrem Handbuch Rettungstauchen.[80)] Neben den auf alle Sportarten übertragbaren Faktoren, wie die motorischen Grundeigenschaften (Kraft, Ausdauer, Schnelligkeit, Koordination und Flexibilität), Technik, Taktik usw., wird die *Apnoefähigkeit* erwähnt. Sie wird als maximale Atemanhaltezeit definiert.

Für die Prävention des Tauchunfalles kommt dem *Apnoe-Training* eine herausragende Bedeutung zu. In der Vergangenheit wurde dies nicht oder nur unzureichend erkannt. Wenn es langfristig gelingt, durch permanentes Training die Atemanhaltezeit der Tauchanfänger wie Fortgeschrittenen zu verlängern, werden diese Taucher subjektiv das Gefühl haben, mit der allgegenwärtigen „Ohne-Luft-Situation" unter Wasser besser fertig zu werden. BIRKNER beschreibt die möglichen Effekte eines Apnoe-Trainings vor allem mit einer besseren Situationseinschätzung aufgrund des veränderten Zeiteinschätzungskalküls bzw. des veränderten Zeiterlebens. Diese angemessene Situationseinschätzung könnte wiederum die Handlungskompetenz nicht nur in einer „Ohne-Luft-Situation", sondern auch in einer unbekannten Notsituation erhöhen.[81)]

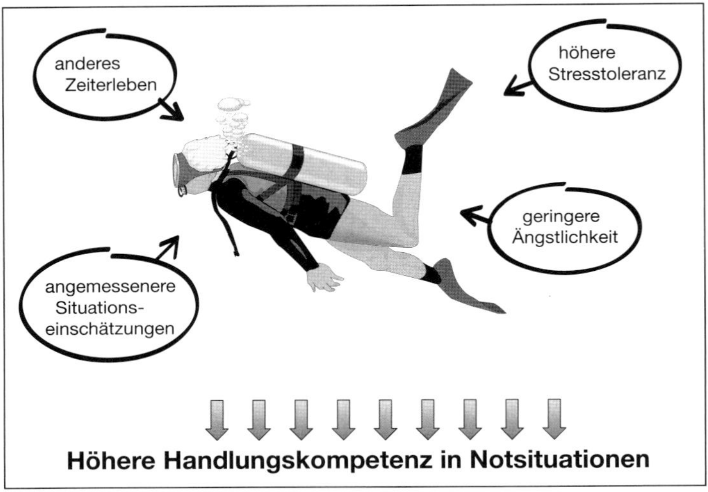

Abb. IV-3.4.4.2/1: Mögliche Effekte eines Apnoe-Trainings (modifiziert nach BIRKNER*)*

Der Referent stützt seine Aussagen durch ein Video, das die empirische Untersuchung von zwei Gruppen mit Tauchanfängern am *Institut für Sportwissenschaft und Sport* der Universität der Bundeswehr in München zeigt. Beide Gruppen mit gleicher Geschlechts- und Altersverteilung absolvierten eine übereinstimmende Ausbildung, wobei die so genannte Apnoe-Gruppe zusätzlich zur normalen Ausbildung ein jeweils 15–20 Minuten dauerndes Apnoe-Training absolvierte. Während die Apnoe-Gruppe ihre Übungen (z. B. Abtauchen eines Unterwasser-Parcours am Beckenboden unter Apnoe) ausführte, wiederholte die andere Gruppe die bisherigen Ausbildungsinhalte, so dass die Zeit unter Wasser für beide Gruppen gleich war.

Beim Prüfungstauchgang wurden auch Übungen mit Notsituationen durchgeführt, die keiner der Tauchschüler vorher trainiert hatte und somit völlig unbekannt waren. In einigen Übungen war die Überlegenheit der Apnoe-Tauchschüler statistisch signifikant gesichert. Insbesondere in der 1. Übung (überraschende Panikreaktion des Tauchpartners, der dem Tauchschüler den Lungenautomaten aus dem Mund reißt) war die Apnoe-Gruppe besser. Auch in der Übung, die einen abblasenden Lungenautomat simulierte, war die Apnoe-Gruppe überlegen.

Von BIRKNER werden verschiedene Erklärungsansätze erläutert, wobei er den *handlungstheoretischen* Erklärungsansatz nach NITSCH und HACKFORT herausstellt. Unterschiedliche Handlungsweisen erklären sich nach diesem Ansatz durch verschiedene Situationsanalysen. Diese können sowohl objektiv als auch subjektiv ablaufen, wobei letztlich die subjektive Analyse das Handeln bestimmt.

In die subjektive Situationsanalyse fließen einerseits Einschätzungen über die persönliche Bedeutsamkeit (Valenz) und andererseits der eigenen Fähigkeiten (Kompetenz) unter den gegebenen *Person-Aufgabe-Umwelt-Bedingungen* ein. Die Einschätzungen unterliegen dabei jeweils einer zeitlichen Perspektive, d. h., die sich stellenden Aufgaben, eigene Fähigkeiten, Umweltbedingungen werden danach beurteilt, inwieweit sie kurzfristig oder langfristig bedeutsam sind oder sein werden. Diese zeitperspektivische Einschätzung kann sich durch das Apnoe-Training verändern.

Im Hinblick auf die Kompetenz wird sich dies darin äußern, dass die „Ohne-Luft-Situation" in der zur Verfügung stehenden Zeit eher als lösbar eingeschätzt wird. In puncto Valenz wird dies dazu führen, dass die „Ohne-Luft-Situation" eher als kurzfristig unangenehme denn als langfristig lebensbedrohliche Situation betrachtet wird.

IV – 3.4.4.3
Stress-Training

Die Reizverarbeitung des menschlichen Organismus nimmt unter Wasser einen besonderen Stellenwert ein. Stress entsteht durch eine psychische oder physische Überforderung des Tauchers, häufig bedingt durch unnötige Eile bei der Tauchgangsplanung oder -durchführung. Zu einer *Reizüberflutung* kann es überdies bei Anfängern kommen, die durch die ungewohnten Anforderungen unter Wasser überfordert sind.

Bei der Planung sollte man bedenken, dass Faktoren wie schweres Gerät, zu viel Bleigewicht, ein schwieriger Weg zum Tauchplatz, lange Schnorchelstrecke für ungeübte Taucher, starker Seegang, Gruppen- oder Prüfungszwang, Dunkelheit, schlechte Sicht, ein großer Abstand zum Partner oder auch Schiffsgeräusche zur Stressentstehung beitragen können.[166)] Zu Recht weist WEIDNER deshalb darauf hin, dass der womöglich beste Ratschlag für den Umgang mit Stress der ist, zu versuchen, „vorausschauend" zu tauchen, denn es gibt nur sehr wenig Gefahrensituationen, die nicht vorhersehbar sind.[103)] Häufig lassen sich die geschilderten Faktoren jedoch nicht vermeiden, wie Tauchgänge z. B. der Hilfsorganisationen zeigen. Oder sie werden durch weitere Stressfaktoren potenziert. Ein Ausweg wird in der Verbesserung des *Stress-Trainings* gesehen, um die Stresstoleranz der Taucher zu erhöhen.

Von RAHIMI werden im flacheren Wasser folgende Übungen unter besonderen Stressfaktoren empfohlen:[82)]

- Gerät ab- und anlegen ohne Maske;
- Gerät ablegen, ohne Gerät zum Partner tauchen und um Luft bitten;
- Gerät und Maske mit dem Partner tauschen;
- Wechselatmung mit drei oder mehr Tauchern;
- Wechselatmung in Bewegung mit oder ohne Maske;
- ohne Maske und ohne Flossen tauchen;
- gesamte Ausrüstung im tiefen Wasser anziehen.

SMERECNIK und WISCHNEWSKI zeigten eine andere lohnende Möglichkeit des *Stress-Trainings* für Tauchanfänger.[83)] Das Training basiert auf der Wirkung von Dunkelheit und simulierter Eisdecke. Zu diesem Zweck wurde zunächst das Licht im Hallenbad abgeschaltet. Die Wasseroberfläche deckte man mit schwimmfähigen Kunststoffplanen ab, deren Abmessungen ca. 4 x 8 Meter betragen. Die Planen wurden aus Sicherheitsgründen untereinander mit Klettenhaftverschlüssen® befestigt, um den Tauchern im Notfall die Möglichkeit zu geben, die „Eisdecke" jederzeit zu durchbrechen. Dann wurden die Planen an ihren Außenseiten mit Leinen zum Beckenrand verspannt.

Aufgabe der Teilnehmer war es nun, mit ABC-Ausrüstung einen Parcours unter dieser Decke zu tauchen. Am Ende des Parcours galt es, einen Luftballon unter Wasser aufzublasen, um dann in ausgeatmetem Zustand das Beckenende und den Ausstieg anzutauchen.

Eine intervallartige Wiederholung vorausgesetzt, tragen solche Übungen in Ergänzung zu dem im *Kap. IV – 3.4.4.2* beschriebenen Apnoe-Training sicher dazu bei, auch bei erfahrenen Tauchern in Stresssituationen ruhige und besonnene Ablaufmechanismen zu aktivieren.

Von BIRKNER wird die gängige Praxis der Rettungsausbildung bei Sporttauchern getadelt.[81)] Er stellt infrage, ob die einzelnen Fertigkeiten, wie z. B. „bewusstloser Taucher", „keine Luft mehr" usw., für ein Notfallmanagement ausreichen, da das entscheidende Kriterium, die Überraschung einer Situation, fehlt und die eigentlich wichtigen Anforderungen im psychischen Bereich kaum trainiert werden. Der Verfasser kann diese Auslegung nur bestätigen und gutheißen, weshalb schon vor einigen Jahren an den Prüfungslehrgängen für Feuerwehrtaucher und Lehrtaucher an der Staatl. Feuerwehrschule Regensburg ein Stress-Training der etwas anderen Art mit Erfolg praktiziert wird.

Die von den Lehrgangsteilnehmern als „Einlage" berüchtigten Manöver sollen die Stresstoleranz der Taucher in außergewöhnlichen Situationen erhöhen. Die Palette reicht vom unangekündigten Stellungswechsel an ein anderes Gewässer unter Alarmbedingungen, Taucher kappt Signalleine und treibt an der Wasseroberfläche in der Strömung bis zum unregelmäßigen Zudrehen der Flaschenventile und dem Wegreißen der Vollmaske oder absichtlichen „Verhaken" einer Signalleine unter Wasser. Anfangs als Schikane empfunden, stärkt sich mittlerweile bei Schülern wie Lehrern die Einsicht, dass es letztendlich Situationen sind, die jederzeit auftreten können. Unter Berücksichtigung der geltenden Unfallverhütungsvorschriften lassen sich durchaus Konstellationen nachahmen, die realistisch sind und den Tauchern im Ernstfall zugute kommen, da ihre Situationseinschätzung merklich besser und vor allem ruhiger wird.

Situationen, in denen ein angehender Feuerwehr-Lehrtaucher die Einsatzmeldung „Person droht zu ertrinken" über Funk entgegennimmt, daraufhin seine Crew aus dem Wasser triefend in das Fahrzeug scheucht und mit Sondersignal losfährt, obwohl er noch gar nicht weiß, wo die Person ertrinken soll, sorgen natürlich im Nachhinein für allgemeine Erheiterung. Sie bestätigen aber, dass ein solches Training notwendig ist, und sei es im konkreten Fall nur zu dem Zweck gewesen, dass dieser Lehrtaucher sich künftig erst Notizen zur Einsatzlage macht, bevor er abrückt.

IV – 3.4.4.4
Partnersystem versus Solotauchen

Tauchen ist ein Partnersport – nicht nur, weil er in dieser Form mehr Spaß macht, sondern auch aus Sicherheitsgründen.[84] „Tauche nie allein!“ nennt sich demzufolge die erste Regel des von allen namhaften Tauchsportverbänden herausgegebenen Einmaleins des Tauchens.[123] Das Prinzip dieser Regel ist dem Anschein nach plausibel und nachvollziehbar. Voraussetzung ist allerdings, Ausbildung und Erfahrung der Partner sind so harmonisch, dass sie sich in jeder Situation ruhig und besonnen helfen können.

Hier liegt die Wurzel des Problems. Es wäre einfältig anzunehmen, weltweit gehen nur solche Partner ins Wasser, die diese Eintracht haben. Deshalb argumentieren zahllose erfahrene Taucher damit, dass sie durch ihren „Partner“ ein höheres Risiko eingehen, als wenn sie alleine tauchten.[85] Besser als ein Tauchpartner, so wird weiter begründet, sind Notversorgungssysteme, Reserveschaltung und Manometer, Verbesserung der eigenen Fähigkeiten und Tauchen innerhalb der Grenzen.[86] [87] Ein anderer Autor ist ebenfalls der Meinung, dass man mit einem schlechten Taucher oder einem Taucher, der unbedingt einen Buddy braucht, nicht gut beraten ist und eher alleine tauchen sollte.[88]

Die eher subjektiv einzuschätzenden Meinungen scheinen sich indessen durch die aktuellen australisch-neuseeländischen Zahlen zu bestätigen *(→Abb. IV – 3.4.4.4/1)*. Auffällig ist, dass die oben zitierte Regel „Tauche nie allein“ in der Praxis nicht konsequent ausgeführt wird. Die Mehrzahl von 100 untersuchten (ANZ-Studie 1980–1989) tödlichen Tauchunfällen in Australien und Neuseeland hatte ihren Ursprung darin, dass zwar ein Partner vorhanden war, dieser sich aber wegen des Problems (20) oder nach Auftritt des Problems (25) vom Buddy trennte. Zu hoch auch die Zahl derer (13), die mit Buddy den Tauchgang begonnen, dann aber den Kontakt dazu verloren hatten.

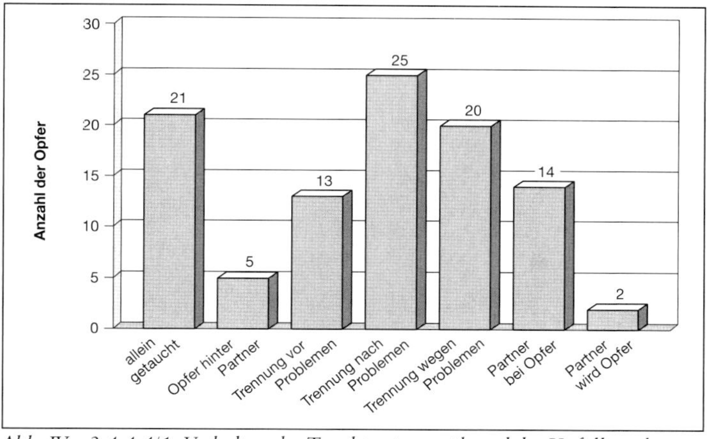

Abb. IV – 3.4.4.4/1: Verhalten der Tauchpartner während des Unfalltauchgangs (n = 100). Quelle: Handbuch Tauch- und Hyperbarmedizin nach Daten aus ANZ

War der Tauchpartner während der Problemsituation beim Unfallopfer, so wurde festgestellt, dass auch er grundlegende Maßnahmen nicht oder nicht korrekt durchführen konnte. So wurde durch Tauchpartner nur in zwölf Fällen der Gewichtsgürtel abgeworfen und in nur zehn Fällen das Auftriebsmittel des Opfers aktiviert. Auch erlernte Prozeduren wie z. B. die Wechselatmung wurden nur selten fehlerfrei angewandt *(→Abb. IV – 3.4.4.4/2)*.

Die Diskussion lässt sich im Prinzip auf eine Aussage reduzieren. **Solotauchen kann nicht generell empfohlen werden,** da trotz Notversorgungssysteme, Reserveschaltung und Manometer, Verbesserung der eigenen Fähigkeiten und Tauchen innerhalb der Grenzen das Risiko einer Bewusstlosigkeit bleibt. Steht ein adäquater Tauchpartner nicht zur Verfügung, ist im Einzelfall abzuwägen, welches der Risiken höhere Priorität hat. Es kann durchaus sicherer sein, „solo" zu tauchen, als das Risiko eines Tauchgangs mit einem unerfahrenen Tauchpartner einzugehen. Partnersysteme funktionieren bei entsprechender Ausbildung und Erfahrung. Dies bestätigen z. B. die Kampfschwimmer der Marine, welche im Schwimm- und Tauchzustand stets zusammen operieren und wo eine Kampfschwimmerrotte immer aus zwei Kampfschwimmern besteht.[89)]

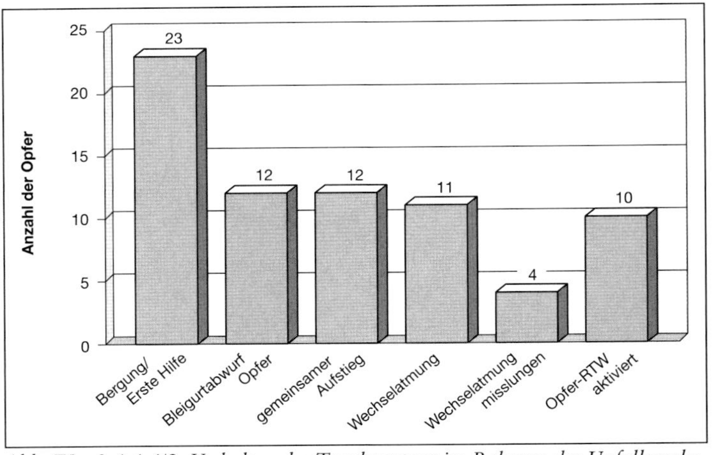

Abb. IV – 3.4.4.4/2: Verhalten der Tauchpartner im Rahmen des Unfallgeschehens (n = 100). Quelle: Handbuch Tauch- und Hyperbarmedizin nach Daten aus ANZ

IV – 3.4.4.5
Erste Hilfe

Die Ausbildung in Erster Hilfe muss zum Standardrepertoire aller Taucher gehören. Neben dem Vorhandensein einer Ausbildung ist der Zeitpunkt der Ausbildung wichtig. Je weiter zurück die letzte Ausbildung liegt, desto geringer ist das Kompetenzgefühl. Hieran wird auch deutlich, dass eine einmalige Ausbildung langfristig betrachtet nicht ausreicht. Es empfiehlt sich deshalb dringend, den Besuch von entsprechenden Kursen zu wiederholen.

Die Auffrischung der Kenntnisse fördert das fachliche Wissen und wirkt sich positiv auf das subjektive Kompetenzgefühl aus *(s. a. Kap. IV – 3.7.2*

Rettungskette). Dabei sollte allerdings berücksichtigt werden, dass das Kompetenzgefühl auch tatsächlich mit dem Wissensfortschritt in Erster Hilfe zunimmt und nicht hinter ihm zurückbleibt. In diesem Zusammenhang scheinen z. B. Kurse nur für Frauen sinnvoll zu sein, in denen sie mehr Selbstvertrauen bei der Erste-Hilfe-Leistung erwerben können.[188)]

Die Wiederholung und praktische Übung der Erste-Hilfe-Kenntnisse ist insbesondere auch deshalb von Bedeutung, weil Laienhelfer in der Notsituation speziell eines Tauchunfalles im Allgemeinen unter hohem Stress stehen. Gerade ungewohnte, wenig geübte Handlungen sind aber unter hoher Belastung kaum noch schnell ausführbar. Die Übung der notwendigen Kenntnisse und Handgriffe sollte deshalb auf eine Automatisierung der wichtigsten Handlungsabläufe ausgerichtet sein.

Schwerpunkt dabei ist die Unterrichtung in der *Herz-Lungen-Wiederbelebung* (HLW). Voraussetzung für die Durchführung der HLW ist eine sichere Indikationsstellung. Ein Helfer benötigt dazu physiologische Grundkenntnisse zur Beurteilung einer Störung der Vitalfunktionen. Im Rahmen einer Tauchergrundausbildung (z. B. DTSA Bronze, CMAS*) müssen aus diesem Grund die physiologischen Grundlagen so weit angesprochen werden, dass der Taucher in die Lage versetzt wird, einen Herzstillstand oder Dekompressionsunfall zu erkennen und die notwendigen Maßnahmen entsprechend dem *Kapitel IV – 3.5.2 Sofortmaßnahmen* durchzuführen.

Ein Taucher sollte also wissen, dass es bei der HLW darum geht, die Sauerstoffversorgung der Organe, insbesondere des Gehirns, aufrechtzuerhalten, dass dieser Sauerstoff aus der Luft vom Blut in den Lungen aufgenommen und mit Blut vom Herzen im Kreislauf zum Gehirn gepumpt wird und dass ein Ausfall der Atemfunktion einen Herzstillstand bzw. ein Herzstillstand einen Ausfall der Atemfunktion zur Folge hat. Eine Vermittlung dieser Kenntnis erfordert nach gängiger Auffassung der Experten vom Ausbilder nicht notwendigerweise die Qualifikation eines Arztes.

Für den Kursaufbau und die Ausbildungsinhalte sind folgende **Grundsätze** zu empfehlen:[90)] [91)]

1. Es sollen einfache Maßnahmen gelehrt werden, weil aus didaktischen Gründen eine einfachere Methode einer schwierigeren alternativen Technik überlegen ist.
2. Die Anweisungen sollen eindeutig erfolgen. Das bedeutet den Verzicht auf die gleichzeitige Vorstellung verschiedener möglicher Techniken im Unterricht.
3. Die Anweisungen sind klar zu formulieren. Damit werden Missverständnisse verhindert. Insbesondere ist die Benutzung medizinischer Fachterminologie im Unterricht zu vermeiden.
4. Der Unterricht soll zielgruppenbezogen sein, d. h., Ersthelfer sind in der Art und Weise und in der Methode auszubilden, die für sie am geeignetsten ist (*s. a. Kap. IV – 3.5.2.4*).

Sind die Vitalfunktionen so weit hergestellt, ist unverzüglich mit der Gabe von 100 % Sauerstoff zu beginnen. Die Gabe des Medikaments *Sauerstoff* ist nach geltender Rechtsprechung auch von Laien anwendbar, wenn eine adäquate Ausbildung vorausging. Detaillierte Ausführungen zu dieser juristischen Angelegenheit finden Sie in *Kap. II – 4.2.4 Strafgesetzbuch*.

Die Gabe von ausreichend Sauerstoff ist im Übrigen auch dann indiziert, wenn es sich nicht um einen typischen Tauchunfall, sondern um eine der häufigsten Erkrankungen in der Notfallmedizin, den akuten *Herzinfarkt* handelt, da die erhöhte myokardiale Sauerstoffsättigung zur Infarktbegrenzung beiträgt.[92)] Diese Erkenntnis muss jedem Taucher bekannt sein, um einem Notfallpatienten dieses Medikament nicht vorzuenthalten, nur weil der Tauchpartner (berechtigte) Zweifel darüber hat, ob es wirklich ein Tauchunfall ist.

IV – 3.4.4.6
Psychische Erste Hilfe

Wirksame Erste Hilfe besteht sowohl aus medizinischen Interventionen als auch aus psychischer Erster Hilfe. Die Absicht der psychischen Ersten Hilfe ist es, durch Anwesenheit, leichten Körperkontakt, Informationsvermittlung über eingeleitete Maßnahmen, Abschirmung von Schaulustigen, ruhige Ansprache und Zuhören die psychische Situation des Verletzten zu stabilisieren.

Leider werden in der Praxis der Ersten-Hilfe-Ausbildung bzw. der lebensrettenden Sofortmaßnahmen psychische Maßnahmen bisher weitgehend ignoriert.[93)] Selbst Notärzten wird in dieser Hinsicht wenig Professionalität attestiert.[94)] Dabei sind die „4-S-Regeln“ leicht zu merken und sollten deshalb auch bei der Ausbildung von Tauchern berücksichtigt werden:

Regel	**Beispiele**
1. Sage, dass Du da bist und dass etwas geschieht!	Der Verunfallte sollte spüren, dass er in seiner Situation nicht alleine ist. Gehen Sie zu dem Betroffenen, und stehen Sie nicht herum. Schon der Satz: „Ich bleibe bei Ihnen, bis der Rettungswagen kommt“ wirkt entlastend und beruhigend. Der Verletzte sollte über vorgenommene Maßnahmen informiert werden, z. B. „Der Notarzt ist verständigt und schon unterwegs.“
2. Schirme den Verunfallten vor Zuschauern ab!	Neugierige Blicke sind für einen Verunfallten unangenehm. Weisen Sie Schaulustige freundlich, aber bestimmt zurück. Wenn Zuschauer stören, weil sie unnötige Ratschläge geben oder von eigenen Erlebnissen berichten, dann geben Sie ihnen eine Aufgabe. Sagen Sie z. B.: „Halten Sie bitte die Zuschauer auf Distanz, und sorgen Sie für Ruhe.“
3. Suche vorsichtigen Körperkontakt!	Leichter körperlicher Kontakt wird von den Verletzten als angenehm empfunden. Halten Sie deshalb die Hand oder die Schulter des Betroffenen. Berührungen am Kopf und anderen Körperteilen sind hingegen nicht zu empfehlen. Begeben Sie sich auf die gleiche Höhe wie der Verletzte, in der Regel knien Sie neben ihm oder beugen sich zu ihm herab.

Regel	Beispiele
4. Sprich und höre zu!	Sprechen kann für den Betreffenden wohltuend sein. Wenn der Verletzte redet, hören Sie ihm geduldig zu. Sprechen Sie auch von sich aus, möglichst im ruhigen Tonfall – auch zu Bewusstlosen! Vermeiden Sie aber Vorwürfe. Sollten Sie Mitleid verspüren, scheuen Sie sich nicht, es zu zeigen.

Im Rahmen einer Studie wurden Unfallopfer interviewt. Sie hoben vor allem das Gefühl von „Kompetenz" bei den Helfern als beruhigendes und entlastendes Moment hervor. Darunter wurde vornehmlich ein zügiger, nicht zögerlicher, aber auch nicht hektischer Ablauf der medizinischen Verrichtungen verstanden. Dies umfasst auch die verbale Demonstration von Überblick und Differenzierung sowie von Kenntnis über die Effekte, welche die medizinischen Verrichtungen erzeugen („Die Einatemluft aus diesem Sauerstoffgerät wird warm, das ist jedoch nicht gefährlich.").

Unter diesem Aspekt ist auch die Interaktion der Helfer untereinander von großer Bedeutung. Wechselseitige Kritik („Kannst du nicht ein bisschen schneller machen?") und Selbstkritik („Verdammt, warum erwische ich die Vene nicht?") tragen nicht zu einem kompetenten Eindruck und damit nicht zur psychischen Entlastung des Patienten bei.[95)]

IV – 3.4.5
Ausrüstung

Allgemeine Tauchausrüstung

Das In-Kraft-Treten der Richtlinie 89/686/EWG für persönliche Schutzausrüstungen (PSA-Richtlinie) hat in Verbindung mit dem Geräte- und Produktsicherheitsgesetz langfristig bewirkt, dass in der Regel nur noch solche Tauchausrüstung in Verkehr gebracht wird, die den einschlägigen Vorschriften und Normen entspricht. Zur Grundsatzfrage, welchen Beitrag die Ausrüstung zur Sicherheit des Tauchers leistet, wird in *Kapitel IV – 3.3.3* ausführlich berichtet.

Die Problematik im Sinne der Unfallverhütung liegt heute darin, dass Taucher zwar über „geprüfte Tauchgerätschaften" verfügen, diese jedoch für den vorgesehenen Tauchgang nicht bestimmt sind. Eklatantes Beispiel ist der Atemregler; nicht jeder Atemregler ist, auch wenn er nach DIN EN 250 geprüft ist, kaltwassertauglich und z. B. für einen Bergseetauchgang bis 40 Meter Tiefe geeignet. Vergleichbares gilt für Auftriebsmittel mit zu geringer Auftriebskraft oder Tauchanzüge, deren Isoliereigenschaften zu gering sind. Es soll und kann hier keine Empfehlung darüber abgegeben werden, welches Tauchgerät und welches Zubehör gut oder besser ist, denn, wie erwähnt, müssen alle die Mindestanforderungen erfüllen. Das Problem ist nicht die Technik, sondern der Mensch, der sie einsetzt.

Angebracht scheint es jedoch, zu der andauernden Diskussion über das Wenn und Aber von Ausrüstungsteilen einen Standpunkt zu vertreten. Ob der Einzelne es für erforderlich hält, z. B. ein Tauchermesser mitzuführen, muss jeder selbst entscheiden und verantworten. Ob es zweckmäßig ist, über den Sinn des Schnorchels zu diskutieren,[96)] hält der Verfasser zumindest in einer Publikumszeitschrift für fragwürdig, da die Zielgruppe nicht der spezialisierte Technical-Diver – der in der Tat auf dieses Utensil verzichten kann –, sondern der zum Teil unerfahrene Gelegenheitstaucher ist. Ihm wird suggeriert, es geht auch ohne, und das kann im Einzelfall für ihn verhängnisvoll werden, solange die Mehrzahl der Tauchlehrer ihren Schülern einpaukt, bestimmte Manöver mit dem Schnorchel durchzuführen. Das werden sie auch noch in Zukunft tun, denn die europäische Normung zur Ausbildung von Tauchern (z. B. DIN EN 14153-1, Ziffer 3.8) sieht den Schnorchel ausdrücklich als Mindestausrüstung vor.

Notfallkoffer

Die Notwendigkeit eines „Notfallkoffers“ mit der Möglichkeit einer Sauerstoffgabe wird in *Kap. IV – 3.5.3 Erweiterte Sofortmaßnahmen* ausführlich begründet. Darüber hinaus ist die Vorhaltung in den einschlägigen Handschriften [z. B. UVV Taucherarbeiten, (BGV C 23), DIN EN 14467] explizit vorgeschrieben. Im *Anhang 1* werden normobare O_2-Systeme im Test vorgestellt. Ergänzend wird dazu auf einen Artikel von VAN LAAK hingewiesen, in dem dieser kritisch zur Ausbildung am *Akutkoffer 2000* der Firma DRÄGER Stellung bezieht.[97)] VAN LAAK widerspricht der Aussage, dass dieses System durch Laien problemlos einsetzbar ist. Er verweist diesbezüglich auf die Werbeaussage des Herstellers, wo dieser konkret die Zielgruppe des Rettungsdienstes und des klinischen Personals anspricht. Zusammenfassend kommt der Autor zu der Erkenntnis, dass der „ausgebildete" Laie dieses System wohl begreifen, aber nicht erfassen kann und im Notfall damit überfordert sein wird.

Medikamente und Infusionen sind unverzichtbarer Bestandteil der präklinischen Notfalltherapie. Die Bestückung mit solchen Präparaten in Notfallkoffern, wie sie von Tauchern mitgeführt werden, ist jedoch mit Einschränkung abzulehnen.

Der interdisziplinäre Charakter der Notfallmedizin führte dazu, dass die Zahl der eingesetzten Präparate stetig anstieg. Trotz zahlreicher Empfehlungen zur Ausstattung des Rettungsdienstes ist es bisher nicht gelungen, eine einheitliche medikamentöse Bestückung festzuschreiben. Der Ausstattungsvorschlag für den *Notarztkoffer* gemäß DIN 13 232 sieht neun Medikamenten-Gruppen vor, ohne weitere Spezialitäten-Vorgaben zu machen. Die meisten bisherigen Arzneimittellisten geben oft die Meinung der Autoren wieder. Sie lassen vielfach die Fragen unberücksichtigt, welche Medikamente und Infusionen auch tatsächlich eingesetzt werden und von welchen Faktoren der Einsatz im konkreten Fall abhängt.[98)]

Vor diesem Hintergrund und in Anbetracht der Tatsache, dass innerhalb der *Hilfsfristen (→ Kap. IV – 3.7.3.2)* professionelle Hilfe durch den Rettungsdienst zu erwarten ist, erscheint es wenig sinnvoll, Notfallkoffer von Tauchern in Deutschland mit Medikamenten auszustatten. Hinzu kommt die rechtliche Problematik der Überwachung des Verfalldatums nach dem Arzneimittelgesetz *(→ Kap. II – 4.2.6)*.

Anders ist allerdings die **Situation im Ausland** zu bewerten. In Ländern, in denen keine oder nur sehr unzureichende Strukturen des Rettungsdienstes bestehen, erscheint es nicht nur erforderlich, sondern sogar zwingend notwendig, die zur Therapie eines Tauchunfalles erforderlichen Medikamente und Infusionen in Tauchschulen vorzuhalten. Die Ausstattung sollte allerdings mit einem erfahrenen Taucherarzt abgestimmt werden.

IV – 3.4.6
Notfallplan

Neben den allgemeinen organisatorischen Aufgaben, welche erforderlich sind, um einen Tauchgang oder Tauchurlaub zu planen, ist es notwendig, für jedes Tauchgewässer einen individuellen *Notfallplan* zu entwickeln. Folgende Vorgehensweise wird empfohlen:

1. Nehmen Sie Ihren *Notfallmanager Tauchunfall* im Tauchgepäck immer mit.
2. Als *Anlage 1* dieses Buches finden Sie die Kopiervorlage *Notfallplan*; machen Sie sich eine Kopie davon, und beantworten Sie die selbsterklärenden Fragen in den dafür vorgesehenen Kästen. Sie sollten für jedes Tauchgewässer einen separaten *Notfallplan* erstellen. Die aktuellen Rufnummern der Druckkammern und Standorte der Rettungshubschrauber finden Sie im *Taucher-Handbuch*[*)], *Kap. IX – 1, Notfalladressen.*
3. Als *Anlagen 3 und 4* dieses Buches finden Sie die in *Kapitel IV – 3.7.1* abgebildeten *Taktikschemata Tauchunfall I–IV* in laminierter Form. Gehen Sie Schritt für Schritt nach diesem Schema vor, dann können Sie sicher sein, nichts zu vergessen.
4. Ebenfalls als Kopiervorlage (*Anlage 2*) liegt ein *Unfallprotokoll* bei. Hier sollten Sie alle angeführten Daten dokumentieren. Die notwendigen Hintergrundinformationen finden Sie in *Kap. IV – 3.7.4 Dokumentation.*
5. Mit diesen Unterlagen haben Sie alles, was Sie für ein erfolgreiches Management brauchen.
6. Wenn Sie gezielte Informationen zu den *Erste-Hilfe-Maßnahmen* benötigen, finden Sie diese zu allen im Tauchbereich vorkommenden Komplikationen in alphabetischer Reihenfolge im *Maßnahmenkatalog* (rote Markierung). Diese Informationen können Sie auch dem eintreffenden Rettungsdienst und Notarzt zur Unterstützung an die Hand geben.

[*)] Zu beziehen über ecomed SICHERHEIT, Landsberg

Sie sollten sich hin und wieder die Zeit nehmen und mit Ihren Tauchpartnern dieses System durchspielen. Simulieren Sie einfach einen Tauchunfall, und exerzieren Sie die Rettungskette mit Ihrem Handy und Ihrem Tauchpartner als Ansprechpartner durch. Füllen Sie auch ein *Unfallprotokoll* aus, und testen Sie den *DAN-5-Minuten-Check (→ Kap. IV – 3.7.4.3.1)*. Das macht sogar Spaß, und Sie bekommen die nötige Routine für den Ernstfall. Scheuen Sie sich nicht, einmal von einem oft besuchten Tauchgewässer auch einen Proberuf zur Rettungsleitstelle zu machen. Sagen Sie dem Disponenten den Grund Ihres Proberufes und fragen Sie ihn nach der Verständigung.

IV – 3.4.7
Tauchgewässer

Viele „Tauchunfälle“ ereignen sich nicht unter Wasser, sondern an der Wasseroberfläche. Ursächlich hierfür sind Havarien mit Booten und Surfern. Zumeist geschehen sie aus Unkenntnis über die Bedeutung der Taucherflagge und die Nichtbeachtung bestehender Regeln. Gelegentlich werden jedoch auch Tauchgänge unternommen, ohne dass von den Betreffenden die Tauchstelle abgesichert wird. Im Rahmen einer Aktion gibt DAN Europe einen Aufkleber (DIN A 4) heraus, der durch seine grafische Gestaltung auf einfache Weise und ohne Worte sofort ein Warnsignal vermittelt, um Kollisionen zwischen Tauchern und Booten zu vermeiden und die Einhaltung der Regeln zu unterstützen.

Der Aufkleber ist bei DAN kostenlos zur Unterstützung der Aktion in Tauchschulen, Yachtclubs, Häfen etc. erhältlich und in *Abbildung IV – 3.4.7/1* wiedergegeben.

Zur Absicherung von Tauchstellen wird weltweit der Buchstabe „A“ des Internationalen Signalbuches verwendet (*s. Anhang 3, Flaggensignale*). Die Bedeutung dieses Signals lautet: „Ich habe Taucher unten; halten Sie bei langsamer Fahrt gut frei von mir.“

Seit dem 15.10.1998 gilt dieses Signal auch auf den deutschen Wasserstraßen, die der *Binnenschifffahrtsstraßen-Ordnung* und künftig der *Donauschifffahrtspolizeiverordnung* unterliegen *(→ Kap. III – 2.11.8)*.

Abb. IV – 3.4.7/1: Aktionsaufkleber von DAN

Ohne auf weitere Gefahrenquellen (z. B. Netze für den Fischereibetrieb, Linienschiffahrt, Wehr- und Stauanlagen, Bauwerke, Untiefen etc.) im Rahmen dieses Kapitels einzugehen, wird auf die Erfordernis der Gewässerkunde hingewiesen. Tauchgänge in unbekannten Gewässern sollten nach Möglichkeit nur mit ortskundigen Tauchern durchgeführt werden. Auf den Abschnitt *IV – 3.4.7.2 Verkehrssicherungspflicht* wird hingewiesen.

IV – 3.4.7.1
Tauchtiefen

„Vor mehr als 40 Jahren hat die Mitgliederversammlung des VDST, basierend auf der Analyse von Tauchunfällen, zwei wichtige Standards gesetzt:

1. Tauche nie allein.
2. Überschreite nie die Tiefengrenze von zehn Metern mit Sauerstoffgerät und 40 Meter mit dem Druckluftgerät.

Zwei physiologische, sich ergänzende Gefahrenmomente beim Einsatz von Preßluft[*)] waren für diese 40-Meter-Grenze ausschlaggebend: Zum einen das Auftreten der Stickstoffnarkose, zum anderen die Dekopflicht. Diese umsichtige Handhabung der Tiefe hatte im Verhältnis zur steigenden Zahl von Tauchern einen Rückgang der Unfälle zur Folge. Hierfür sind neben den nur angedeuteten physiologischen Grundlagen aber auch psychologische Aspekte verantwortlich.

Tiefe ist eine Größe, so präzise zu messen wie die Temperatur. Dennoch gibt es neben diesen meßbaren Werten die jeweils persönlich empfundenen Temperaturen und Tiefen. Dies bedeutet, daß für viele Menschen größere Tiefen, auch schon bis 40 Meter, ein enormer Streßfaktor sind, der im Zusammenwirken mit kleinsten Unregelmäßigkeiten zur Panik führt. Tauchen als moderner Natursport aber sollte vom Erlebnis beflügelt sein und nicht mit kulminierten Risikofaktoren zum ultimativen Kick führen, der nicht nur Betroffene selbst gefährdet, sondern alle anderen

*) Die korrekte Bezeichnung müsste *Druckluft gem. DIN EN 12021* lauten, da „Preßluft“ der Ausdruck für industrielles Gas ist (Anm. des Verfassers).

Mittaucher. Darum sind 40 Meter für Drucklufttauchgänge genug. Übrigens trägt dem unser VDST-Versicherungsschutz Rechnung.

Doch bedingen andere Gasgemische andere physiologische Bewertungen. In allen Sportarten werden Pioniere mit neuen Ausrüstungen in immer neue Grenzbereiche vordringen. Mit zunehmenden Erkenntnissen, verbesserten Ausrüstungen und modifizierten Gasgemischen sind auch andere Tiefen betauchbar geworden. Diese vereinfacht als *Technisches Tauchen* zusammengefaßten Entwicklungen sind aber eher Expeditionen ins Extreme. Zudem, die psychologischen Aspekte bleiben, ja sie werden sogar noch verstärkt. Darum meine ich auch hier, daß die Zielvorgabe nicht tieferes, sondern sicheres Tauchen sein sollte. Dafür sind 40 Meter genug.“ Soweit das Plädoyer des Präsidenten des Verbandes Deutscher Sporttaucher (VDST) e. V.[99)]

In der Tat scheint die *Tauchtiefe* auf den ersten Blick ein „heißes Eisen“ zu sein,[100)] bei näherer Betrachtung ist die Angelegenheit gewiss nicht ganz so dramatisch. Zunächst ist festzuhalten, dass auch die Befürworter des *Tieftauchens* die Richtigkeit der allgemeinen Tiefenbegrenzung für Sporttaucher auf 30 oder 40 Meter bestätigen.[101)] [102)] [103)] GILLIAM schreibt in seinem Standardwerk unübersehbar: „Tieftauchen ist eine potentiell gefährliche Sache, und der Taucher kann sich einem beträchtlichen Risiko, einschließlich dem des Todes, aussetzen, wenn er es mit einem falschen Verfahren oder mit unvollständiger Planung durchführt. Auch wenn die Praxis des Tieftauchens einen weit verbreiteten Zuspruch gefunden hat, sollte man sich merken, daß die Tauchsportverbände eine maximale Tiefe von 40 Meter für den Freizeittaucher vorschreiben ...“ Seine Unterstellung auf Seite 11, „die Tiefe hat per se keine quantifizierbare Rolle bei Tauchunfällen“, ist allerdings falsch und lässt sich durch eine Statistik von DAN *(→ Abb. IV – 3.3.5/9)* widerlegen.[104)] Auch die Messergebnisse eines Testteams der Zeitschrift „tauchen“ bei Praxisversuchen in (nassen) Druckkammern **mit Druckluft** bis 50 Meter bestätigten die Gefährlichkeit von Tauchgängen > 40 Meter Tiefe.[105)] Fast schon kurios, dass der Autor des, sinnigerweise im selben Verlag erschienenen, Buches „Solotauchen“ schreibt: „... Jeder Tauchgang, der 18 Meter übersteigt, wird in die Kategorie mit hohem Risiko eingestuft.“[88)]

Bei objektiver Durchsicht der einschlägigen Literatur kommt der Verfasser dennoch zu der Überzeugung, dass ein generelles Verbot des *Tieftauchens* langfristig der falsche Weg wäre. Es würde vergleichsweise auch wenig Sinn machen, die Autorennen zu verbieten, um dadurch den Rasern auf Landstraßen und Autobahnen Einhalt zu gebieten. Jeder vernünftige Mensch weiß, dass nicht alle Straßenverkehrsteilnehmer SCHUMACHER heißen, einen Rennwagen haben und schon gar nicht alle so gut fahren können. Es wäre deshalb nach Auffassung des Verfassers legitim, wenn eine bestimmte Klientel tiefer als 40 Meter taucht. Voraussetzung: Ausbildung, Erfahrung und Ausrüstung stimmen. Es ist besser, vernünftige Strategien anzubieten, um die Spreu vom Weizen zu trennen, als durch ein Verbot die Augen vor der Realität zu schließen.

Bekräftigt wird diese Auslegung durch die Ergebnisse einer Untersuchung von EDMONDS und WALKER über 100 tödlich verlaufene Tauchunfälle in Australien und Neuseeland, wo die überwiegende Mehrzahl der Tauchgänge in geringen Tiefen stattfand (→ *Abb. IV – 3.4.7.1/1*).

Wer unter die 40-m-Marke tauchen will, muss sehr erfahren, gut gerüstet und mental geschult sein, um Stress und Angst zu meistern. WEIDNER weist ausdrücklich auf die Problematik der „Angst-Typen" hin.[103)] Er meint, dass solche Menschen das *Technische Tauchen* als Sportart auswählen, gerade weil es beängstigend und riskant ist und sie in Situationen geraten, in denen sie starke Angstgefühle erleben. Diese Menschen sehen dann im Extremtauchen ein Betätigungsfeld für ihre Angstbereitschaft. Sie erhoffen sich davon, dass sie im Leben weniger Angst haben, wenn es ihnen gelingt, beim Tauchen extreme Tiefen, Umgebungen oder Situationen zu meistern. Diese Erdenbürger werden ein Tieftauchverbot selbst dann ignorieren, wenn es gesetzlich verankert ist. Das Unfallrisiko dieser und ähnlicher Individuen lässt sich nicht durch ein Verbot, sondern allenfalls durch eine adäquate Aufklärung und Ausbildung minimieren. Sie konsequent anzubieten sollte das Ziel sein!

Gleichwohl bleibt die Tatsache, dass auch der beste *Technical Diver* verunfallen kann. Die Rettung oder Bergung eines solchen Tauchers stellt den verantwortlichen Einsatzleiter vor eine schwere Entscheidung. Sie darf aber niemals zu einem unkalkulierbaren Risiko werden. Tauchgänge jenseits der 40-Meter-Grenze sind straf- und versicherungsrechtlich bedenklich. Andererseits geht BISCHOFF davon aus, dass ein Tauchlehrer aufgrund seiner Garantenstellung seinem Schüler auch noch in 60 Meter Tiefe zu Hilfe kommen muss, auch wenn er sich dabei selbst gefährdet (→ *Kap. II – 4.2.4*).

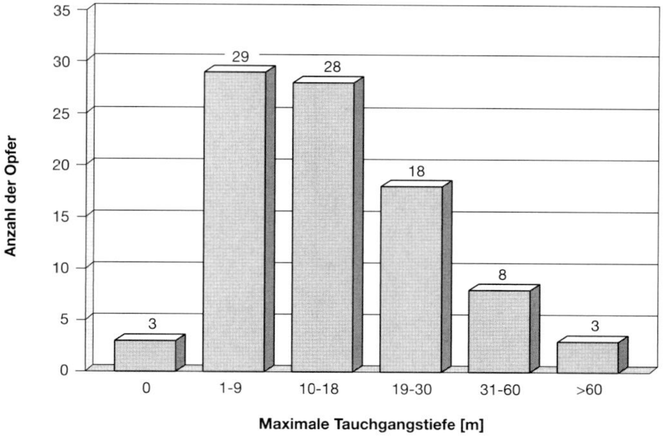

*Abb. IV – 3.4.7.1/**1**: Erreichte Maximaltiefe während des Unfalltauchgangs (n = 100 tödliche Tauchunfälle). Quelle: Handbuch Tauch- und Hyperbarmedizin nach Daten aus ANZ*

Die nachfolgende Übersicht zeigt die derzeit geltenden Tiefenbegrenzungen:

Zulässige Tauchtiefen

Tiefe	Organisation	Fundstelle
10 m	Bundeswehr	MDv 450/1, Ziffer 467
	Feuerwehr	FwDV 8, Ziffer 6.7.1
20 m	Feuerwehr	FwDV 8, Ziffer 6.7.1
	Hilfeleistungsunternehmen	GUV-R 2101, Ziffer 4.1
	Polizei	PDV 415, Ziffer 3.1.19
24 m	Bundeswehr	MDv 450/1, Anlage 8/1
	Bundeswehr	MDv 450/1, Ziffer 508 (2)

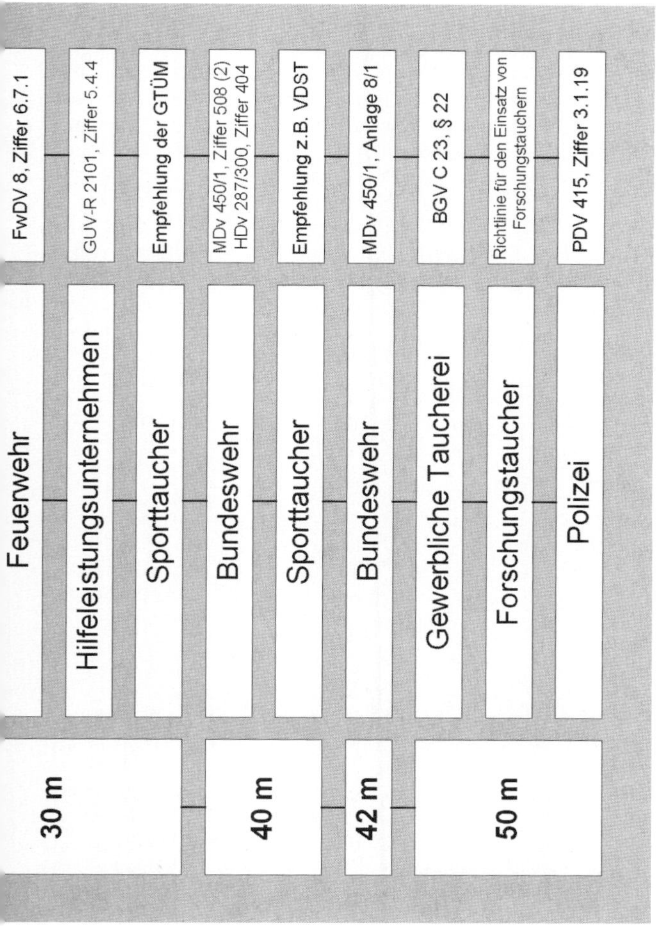
30 m
Feuerwehr
FwDV 8, Ziffer 6.7.1
Hilfeleistungsunternehmen
GUV-R 2101, Ziffer 5.4.4
Sporttaucher
Empfehlung der GTÜM
40 m
Bundeswehr
MDv 450/1, Ziffer 508 (2)
HDv 287/300, Ziffer 404
Sporttaucher
Empfehlung z.B. VDST
42 m
Bundeswehr
MDv 450/1, Anlage 8/1
50 m
Gewerbliche Taucherei
BGV C 23, § 22
Forschungstaucher
Richtlinie für den Einsatz von Forschungstauchern
Polizei
PDV 415, Ziffer 3.1.19

IV – 3.4.7.2
Verkehrssicherungspflicht

Unter dem sehr komplexen Begriff *Verkehrssicherungspflicht* versteht man allgemein die Sorgfalt, die z. B. vom Betreiber eines Schwimmbades, Badesees oder einer Tauchschule zu erbringen ist, um einen sicheren Bade- bzw. Tauchbetrieb zu gewährleisten *(s. a. Kap. V – 4.8)*. Hierzu gehört die Beschaffenheit der Anlagen ebenso wie das Beseitigen von Gefahrenquellen, etwa einem Betonblock unter Wasser in der Nähe des Ufers. In einem Urteil des OLG München vom 25.06.1981 (Az.: 1 U 3984/80) wurde dem Eigentümer eines Badesees eine „objektive Pflichtwidrigkeit" belegt, als ein Badegast mit einem Hechtsprung ins Wasser gesprungen war, Frakturen an der Halswirbelsäule erlitt, die zu einer Querschnittlähmung der Person führten. Der Betreiber wurde zu Schadenersatzzahlungen in nicht unerheblicher Höhe verurteilt.

In einem Aufsatz empfiehlt WIETHAUP, im Zuge der Sorgfaltsmaßnahmen zur Verhütung von Badeunfällen in einem Schwimmbad ein „Wiederbelebungsgerät" zur sofortigen Verfügung bereitzuhalten.[106)]

Für die Belange des Tauchens ist die höchstrichterliche Rechtsprechung (BGH 1961) von Bedeutung, in der festgestellt wurde, dass die Verletzung der Verkehrssicherungspflicht für den eingetretenen Schaden dann ursächlich ist, wenn pflichtgemäßes Handeln Schaden mit Sicherheit verhindert hätte. Eine bloße Möglichkeit oder eine gewisse Wahrscheinlichkeit genügt nicht.[107)]

Die Wahrnehmung der *Verkehrssicherungspflicht* trifft nicht den einzelnen Taucher, auch dann nicht, wenn mehrere Taucher eine so genannte *Gefahrengemeinschaft* eingehen und z. B. einen Tauchgang in einem weit ab der Zivilisation gelegenen Bergsee unternehmen *(→ Kap. II – 4.2.4)*. Der Sachverhalt ist jedoch ganz anders zu werten, wenn der gleiche Tauchgang von einem Tauchlehrer organisiert wird und **nur** unerfahrene Tauchschüler daran teilnehmen. Hier gehört es zur Sorgfaltspflicht des Tauchlehrers, in jedem Fall für einen ordnungsgemäßen Zugang des Rettungsdienstes zu sorgen. Diese Auslegung wird auch von SPECHT bestätigt.[108)]

Die Fürsorgepflicht des Tauchlehrers gegenüber seinen Schülern beinhaltet also einerseits die Gewähr, dass der Rettungsdienst im Falle eines

Tauchunfalles in angemessener Zeit *(s. a. Hilfsfrist, Kap. IV – 3.7.3.2)* zur Tauchstelle fahren kann, wobei sich der Tauchlehrer nicht darauf verlassen kann, dass im Schadensfall ein Hubschrauber zur Verfügung steht, und andererseits auch die Alarmierungsmöglichkeit. Ein Mobiltelefon, welches zwar vorhanden ist, aber an der Tauchstelle aufgrund fehlender Sender des Netzbetreibers dort nicht funktioniert, wäre als Pflichtverletzung des Tauchlehrers zu werten, da im Sinne der Rechtsprechung eine funktionstüchtige Verbindung weiteren Schaden ohne Zweifel vom Verunfallten abwenden würde. Ebenso ist das Vorhandensein eines Sauerstoffbeatmungsgerätes zu werten. Auch hier wird nachweisbar Schaden vom Verunfallten abgewendet, wenn mit der normobaren Sauerstoffgabe unverzüglich nach dem Ereignis begonnen wird.

Die neuen Normen für die Ausbildung von Tauchern *(→ Kap. IV – 1.1.1)* berücksichtigen dies, indem die Vorhaltung einer Alarmierungsmöglichkeit und eines Sauerstoffgerätes explizit aufgenommen wurde.

IV – 3.4.7.3
Wetter

Während auf Binnengewässern die aktuellen Wettervorhersagen z. B. der regionalen Radiosender für die Tauchgangsplanung ausreichend sind und bei aufkommendem Sturm durch entsprechende Signale eine Warnung aller Seebenutzer stattfindet, sollten bei Tauchausfahrten im Bereich der Nord- und Ostsee präzise Angaben über das bevorstehende Wetter eingeholt werden. Dies gilt in verstärktem Maße für alle Tauchausfahrten im Ausland.

Seit Februar 1999 werden Wetternachrichten im Zuge des *Global Maritime Distress and Safety System (GMDSS)* – ein weltweites Not- und Sicherheitssystem – auf Wetterdecoder und so genannte Navtex-Geräte übermittelt. Navtex ist das Kürzel für *Navigational Warnings by Telex* und ist wichtiger Bestandteil des zukünftigen GMDSS. Ein weltweites Navtex-Netz sendet auf der Mittelwellen-Frequenz 518 kHz Wettervorhersagen, nautische Nachrichten, Such- und Rettungsmeldungen etc. in Code-Form. Zum Betrieb ist ein spezieller Navtex-Empfänger erforderlich, mit dem die Informationen entschlüsselt und (in englischer Sprache) ausgedruckt werden.

Einen sehr umfangreichen Service bietet inzwischen der Deutsche Wetterdienst (DWD) mit seinem Internetauftritt

www.dwd.de

an.

Eine besonders wichtige Aufgabe erfüllt dabei der „Geschäftsbereich Wettervorhersage" (GB WV) auf dem Gebiet der Warnung der Öffentlichkeit vor gefährlichen Wettererscheinungen, welche auch für Taucher sehr informativ ist.

Zusätzlich versorgt dieser Geschäftsbereich die Katastrophenschutzstäbe der Länder mit Informationen zur Warnsituation und ermöglicht somit eine rechtzeitige Vorbereitung auf die Gefahrenabwehr. Im Falle einer entsprechenden Warnsituation ist der GB WV Ansprechpartner für die Vertreter des Bundes, der Länder und der Kommunen, einschließlich der örtlichen Polizeidienststellen und Feuerwehren.

Für den Bereich der Taucherei stehen umfangreiche Wettersituationsberichte für das Binnenland, die Küstenregionen und das Ausland zur Verfügung. Erwähnenswert ist in diesem Zusammenhang auch die zum Downloaden bereitstehende Broschüre „Sturmwarnungen und Seewetterberichte für die Sport- und Küstenschifffahrt".

IV – 3.4.8
Checklisten

Vor über 20 Jahren hat GIERSCHNER „Die kompletten Checklisten" für Taucher in einem Buch herausgebracht und damit Maßstäbe gesetzt.[109)] Es würde den Rahmen dieses Buches sprengen, diese Listen auch nur annähernd wiederzugeben. Von WERNER SCHEYER stammen deshalb die nachfolgenden, zur Vorbeugung eines Tauchunfalls wichtigsten Checklisten.

Wie bei vergleichbaren Sportarten kommt es speziell beim Tauchen immer wieder darauf an, beim Einsatz möglichst alles zu berücksichtigen und nichts zu vergessen, erst dann ist ein Höchstmaß an Sicherheit gewährleistet. Dazu sind Prüflisten oder – um die amerikanische Bezeichnung zu verwenden – „Checklisten" der beste und sicherste Weg. Checklisten in der ursprünglichen Form stammen aus der Fliegerei, wo es besonders auf Sicherheit ankommt, da auch „die Luft keine Balken hat“.

Während es bei der früheren deutschen Luftwaffe weitgehend bei einem zackigen Gruß des Bodenmechanikers an den zum Einsatz startenden Piloten blieb, war die Verwendung umfangreicher Checklisten bei der alliierten Luftwaffe im 2. Weltkrieg üblich. Vorteil war, dass einmal die Verluste durch Maschinenschäden geringer waren, weil kein Prüfschritt vergessen und Defekte sicher rechtzeitig erkannt wurden, außerdem kam man mit geringer qualifiziertem Personal aus, das nach Liste prüfte, ohne die Einzelheiten und Zusammenhänge kennen zu müssen. Diese Checklisten wurden bereits bei der Konstruktion und Fertigung der Maschinen im Herstellerwerk von Spezialisten erstellt und mit ausgeliefert. Dieses Verfahren hat sich heute in allen Bereichen durchgesetzt, wie z. B. bei der Wartung der Automobile, wo die Computerdiagnose den letzten Stand der automatisierten Prüfung nach Checklisten darstellt.

In der Tauchausbildung sind wir von der Verwendung von Checklisten noch weit entfernt, allenfalls bei Fahrten in den Urlaub oder bei der Planung von Seminaren oder anderen Veranstaltungen wird dieses Hilfsmittel eingesetzt, meist dann, wenn bei früheren Gelegenheiten etwas schief ging oder vergessen wurde. Bei den Sporttauchern hat sich die neudeutsche Bezeichnung „Briefing“ eingeführt. Diese Bezeichnung, die aus der Computersprache stammt und so viel wie eine kurze Prüfung bedeutet, sollte eigentlich das gleiche Ziel haben wie eine Checkliste: nichts zu vergessen, um höchstmögliche Sicherheit zu gewährleisten. Die Ansichten darüber, was das Briefing enthalten sollte, sind aber geteilt. Während die eine Gruppe es bei einem „ab geht's“ belässt, verwechseln andere es mit der Inquisition. Natürlich können auch wir hier keine ideale Lösung anbieten, sie hängt von zu vielen Faktoren ab. In den folgenden Listen versuchen wir, alle wichtigen Themen zu behandeln oder wenigstens anzuschneiden. Aus dieser Sammlung kann dann jeder Taucher das für ihn und den geplanten Tauchgang Zutreffende übernehmen. Da auch wir nicht vollkommen sind, haben wir jeweils etwas Platz für Prüfschritte gelassen, die wir vergessen haben könnten, die aber dann auch nachgetragen werden sollten.

Arbeiten mit den Checklisten

Für die Praxis wäre es wünschenswert, für jede Art von Tauchgang eine vollständige Liste vorzufinden. Das würde aber bedeuten, dass sich weite Teile der Listen immer wiederholen, da viele Vorgänge gleich sind. Wir haben daher diese Listen in Blöcke unterteilt die, je nach Tauchbedingungen, vom Anwender selbst zusammengestellt werden können.

In der Praxis wird der Anwender wahrscheinlich nicht direkt die einzelnen Positionen in diesem Kapitel abhaken. Sinnvoller ist es, alle infrage kommenden Blöcke zu kopieren und dann die relevanten Punkte zu markieren. Der Umfang der jeweiligen Listen ist so groß, dass er wohl kaum bei jedem Tauchgang vollständig abgefragt werden kann. Auch hier soll der Anwender selbst entscheiden, was sinnvoll und was in diesem Falle zu weitgehend ist. Ausnahmen davon sind allerdings die Urlaubsplanungen. Hier sollten alle Punkte berücksichtigt werden, die auf den jeweiligen Fall zutreffen. Viele der aufgeführten Positionen entstammen eigenen schlechten Erfahrungen wegen Planungsfehlern.

Die Checkliste *Tauchgang (→ Kap. IV – 3.4.8.2)* bezieht sich auf die Belange von Sporttauchern. Maßnahmen vor und nach dem Tauchgang, wie sie z. B. bei Tauchern der gewerblichen Taucherei gem. UVV Taucherarbeiten (BGV C 23), der Feuerwehr gem. FwDV 8 und Hilfeleistungsunternehmen gem. GUV-R 2101 u. a. erforderlich sind, werden aus Gründen der Übersicht hier nicht erwähnt; sie sind in den einschlägigen Vorschriften nachzulesen.

IV – 3.4.8.1
Technik

Die Ursache Technik steht zwar in der Statistik der Unfallauslöser mit am Schluss, trotzdem kann man auch hier noch etwas tun. Oft sind es nur Kleinigkeiten, die plötzlich die Ruhe und damit die Sicherheit des Tauchers unter Wasser beeinträchtigen und möglicherweise Auslöser für einen späteren Unfall sind, ohne als Unfallauslöser dann erkannt zu werden. Sei es ein asymmetrisch montierter oder zu schwerer Gewichtsgürtel, ein zu enger Anzug, der die Atmung behindert, eine zu hoch montierte Druckluftflasche oder ein undichter oder abblasender Lungenautomat, geringfügige echte oder auch eingebildete Unregelmäßigkeiten können das Vertrauen in die Ausrüstung stören und Unsicherheit während des ganzen Tauchganges erzeugen. Aufgeführt ist hier der große Check, wie er zum Beispiel vor einem Urlaub durchgeführt werden sollte. Beim Einsatz im heimischen Gewässer kann er entsprechend gekürzt werden.

ABC-Ausrüstung

Flossen

- ☐ Flossenbänder einwandfrei? Immer Ersatzbänder mitnehmen!
- ☐ Flossenschnallen kontrollieren. Immer Ersatzschnallen mitnehmen!
- ☐ Flossen rissfrei?
- ☐ Für Trockentauchanzug evtl. andere Flossengröße.
- ☐ ....

Maske

- ☐ Möglichst Maskenbox verwenden, vor allem bei teuren optischen Masken.
- ☐ Die Maskenbox sollte nicht hermetisch dicht sein, da sonst in der feuchten Luft die Pilzbildung beschleunigt wird.
- ☐ Maske passend?
- ☐ Maskenband einwandfrei? Immer Ersatzband mitnehmen!
- ☐ Dichtkanten und Glas sauber und einwandfrei?
- ☐ Rahmen rissfrei?
- ☐ ....

Schnorchel

- ☐ Der Schnorchel muss auch beim Gerätetaucher immer dabei sein!
- ☐ Länge (max. 35 cm) und Durchmesser (2 bis 3 cm) o. k.?
- ☐ Rohr und Mundstück fest verbunden?
- ☐ Farbige Markierung am oberen Schnorchelende?
- ☐ Zusatzausrüstung wie Schnorchelhalter, evtl. Ausblasventil usw. vorhanden und o. k.?
- ☐ Silikon/Gummiteile rissfrei?
- ☐ ....

Tauchgerät

Atemregler

- □ Nach Verzeichnis A des Gerätesicherheitsgesetzes soll ein Atemregler mindestens einmal jährlich gewartet werden.
- □ Nach dieser Wartung sollten damit vor einem geplanten Urlaub noch ein oder zwei Tauchgänge gemacht werden, um die individuelle Einstellung zu überprüfen.
- □ Diese Automatenprüfung ist bei Hauptautomaten und Zweit- oder Westenautomaten fällig.
- □ Der Atemregler muss in seinem Leistungsspektrum und seiner Ausführung dem geplanten Einsatz angepasst sein (z. B. kaltwassertauglich bei Gewässertemperaturen unter 10 °C).

Prüfung vor jedem Tauchgang:

- □ Schläuche porös oder rissig? Auch unter dem Knickschutz?
- □ 1. Stufe (Druckminderer): Sinterfilter (soweit sichtbar) sauber? O-Ring am Handradanschluss vorhanden, in Ordnung und sauber? Anschlussgewinde sauber?
- □ 2. Stufe (Lungenautomat): Mundstück rissfrei, Beißzapfen unbeschädigt?
- □ Hochdruckdichtprüfung: Hochdruckeingang der ersten Stufe mit dem Finger verschließen und am Mundstück saugen. Das System muss dicht sein, andernfalls Ein- und Ausatemmembrane sowie Mundstück prüfen. Nun Hochdruckeingang der ersten Stufe freigeben und weiter saugen. Jetzt muss etwas Luft angesaugt werden können, wenn nicht, ist der Sinterfilter der ersten Stufe verlegt. Fällige Wartung!
- □ Atemregler handfest am Ventil der Druckluftflasche montieren, vorher aber Gewinderaum des Ventils prüfen. O-Ring des Atemreglers mit Speichel abreiben. Staub und Salzkristalle können so entfernt werden. Der Taucher steht dabei so hinter dem Gerät, dass die Ventilöffnung von ihm wegzeigt (zur Sicherheit und weil so die Schlauchführung direkt überprüft werden kann). Schlauchführungen beachten, kein Schlauch soll senkrecht nach oben abgehen, der hoch belastete 200-bar-Schlauch zum Manometer soll nach unten hängen!
- □ Inflator ankuppeln.

- ☐ Manometer mit der Scheibe nach unten auf den Boden legen oder vom Körper wegdrehen (Selbstschutz, falls es durch den Druckstoß beim Öffnen des Ventils der Druckluftflasche zu einem Bersten des Manometers kommt).
- ☐ Mit einem Finger die Luftdusche drücken, mit dem anderen Finger Mundstück verschließen. Durch den Druck auf die Luftdusche wird der Druckstoß beim Öffnen des Flaschenventils gemildert, das teilweise Verschließen des Mundstückes verhindert ein Abblasen infolge des Injektoreffekts. Auf keinen Fall Mundstück des Automaten beim Öffnen des Flaschenventils in den Mund nehmen, Druckstöße können gefährlich sein!
- ☐ Flaschenventil etwa eine Umdrehung öffnen. Nach dem Ausgleich des Druckes Flaschendruck ablesen, soweit vorhanden, Reservestange kurz ziehen. Das Reserveventil muss jetzt aktiv sein, dass heißt, es darf bei vollem Flaschendruck nicht bedient werden können. Bei Kugelhahnventilen den Hahn vorsichtig um 90° schwenken, um den Atemregler nicht schlagartig zu belüften.
- ☐ Dichtigkeitsprüfung des gesamten Systems, bläst es irgendwo ab? Ist der Handradanschluss oder eine Blindverschraubung undicht, Ventil nochmals schließen, System entlüften und Ventil wieder öffnen. Oft legt sich dann der dichtende O-Ring in eine andere Lage, und die Verbindung ist dicht.
- ☐ Flaschenventil wieder schließen und durch leichtes Drücken der Luftdusche Luft sehr langsam ablassen und Manometeranzeige beobachten. Sie muss langsam und ruckfrei auf Null zurückgehen. Diese Prüfung ist in der Sporttaucherei sehr wichtig, da üblicherweise nicht mit einer zweiten Sicherheitseinrichtung (z. B. Reserveventil) getaucht wird und das Manometer die einzige Sicherheitseinrichtung ist.
- ☐ Bei vorhandenem Reserveventil muss die Manometeranzeige bei 50 bar (– 0/+ 10 bar) stehen bleiben. Sie darf ggf. sehr langsam auf Null abfallen (s. Gebrauchsanweisung). Am Lungenautomaten saugen, es darf keine Luft kommen. Nach dem Betätigen der Reserveschaltung muss das Manometer auf Null fallen. Am Lungenautomaten saugen, ein oder zwei Atemzüge müssen möglich sein.
- ☐ Ventilhandrad vollständig öffnen und dann eine halbe Umdrehung zurückdrehen. Nie in Endstellung stehen lassen.

- □ Mundstück kräftig ausblasen. Falls blockiert, klebt die Ausatemmembrane. Automat kurz anfeuchten und kräftig ausblasen oder bei zugehaltenem Mundstück Luftdusche drücken. Da dabei manchmal die Ausatemmembrane umschlägt, Dichtigkeit des Systems nochmals bei geschlossener Flasche überprüfen.
- □ Automat vorsichtig anatmen, kommt Luft? Wie schmeckt sie?
- □ Stark saugen, kommt genügend Luft bei geringstem Widerstand? Ist ein Atemwiderstand spürbar, ist damit zu rechnen, dass in 30 oder 40 Meter Tiefe zu wenig Luft kommt, weil zum Beispiel die Flasche nicht weit genug geöffnet wurde oder sich ein Sinterfilter zugesetzt hat.
- □ Nochmals Schlauchführungen und alle Betätigungseinrichtungen wie Ventilhandrad (bzw. Handräder bei Doppelventilen) und Reservestange überprüfen, ob sie sich auch in der Dunkelheit und mit Neopren-Handschuhen einwandfrei bedienen lassen und nicht verklemmt oder blockiert sind.
- □ ....

Das Tauchgerät bleibt üblicherweise mit geöffnetem Ventil bis zum Einsatz liegen, falls nicht andere Umstände (z. B. ein schwankendes Deck beim Tauchgang vom Boot aus) ein Schließen erforderlich machen.

Gewichtsgürtel

- □ Gurt und Schnellverschluss einwandfrei? Gurtbreite max. 45 mm, da manche Bleigewichte schmale Schlitze haben.
- □ Anzahl der Bleigewichte ausreichend? Die Tarierung soll so sein, dass zu Beginn des Tauchganges mit voller Flasche und leerer Weste der Taucher bei mittlerer Einatmung mit den Augen gerade an der Wasseroberfläche ist. Dann ist gewährleistet, dass bei fast leerer Flasche die letzte Dekostufe in 3 Meter Tiefe schwebend eingehalten werden kann. Zusatzblei für Tauchgänge im Seewasser vorsehen (2 bis 3 kg), ebenso bei Verwendung von Alu-Flaschen (2 kg). Sonderausrüstung wie Lampe oder Kamera berücksichtigen.
- □ Bleigewichte richtig montiert? Sie sollen symmetrisch seitlich und vorne liegen, ohne allerdings die Schnellabwurfschnalle zu blockieren. Sie dürfen sich nicht verschieben, daher möglichst Bleistopper verwenden.
- □ Bei Softpacks kontrollieren, ob Packs nicht beschädigt sind und Bleischrot herausfällt!

- ☐ Gurt ausreichend lang? Der voll bestückte Gurt soll etwa 20 Zentimeter länger sein als der Umfang des Tauchers. Da bei vielen Jackets die Schnellabwurfschnalle des Bleigurtes durch den Kummerbund etwas verdeckt ist, wirken die dann abstehenden 20 Zentimeter des Gurtes wie eine Verlängerung der Schnalle. Es genügt, an dem abstehenden Ende zu ziehen, und die Schnalle öffnet sich. Das Ende darf dann natürlich nicht untergeschlagen werden!
- ☐ ....

Druckluftflasche

- ☐ Bauartzulassung vorhanden? Bei Flaschen aus dem Ausland: EU-Zulassung vorhanden?
- ☐ Wiederkehrende Prüfung (TÜV) noch gültig? Wenn Schutznetz über der Flasche, TÜV-Stempel markieren!
- ☐ Äußerer Zustand einwandfrei? (Rost, Korrosionslöcher bei Aluflaschen.)
- ☐ Gefahrzettel und UN-Kennzeichung nach ADR/GGVSE (Aufkleber) vorhanden? Ladungssicherung für Pkw vorhanden?
- ☐ Standfuß o. k.?
- ☐ Restdruck (bei längeren Fahrten in den Urlaub), voll bei Fahrten zum einheimischen Gewässer?
- ☐ Atemluft o. k.? Ventil leicht öffnen und Luft in die hohle Hand blasen lassen und riechen. Es darf kein Ölgeruch merkbar sein!
- ☐ Flasche innen o. k.? Gegebenenfalls Ventil demontieren und Flasche ausleuchten, oder weißes Taschentuch vor das Ventil halten und Luft durchströmen lassen. Das Tuch muss weiß bleiben!
- ☐ ....

Jacket/Weste

- ☐ Auftriebsvolumen groß genug für geplanten Einsatz?
- ☐ Gurte und Verschlüsse vollständig und einwandfrei?
- ☐ Flaschenspanngurt passend eingestellt und richtig durchgefädelt? (Vorher anfeuchten und unbedingt zusätzliche Fangschlaufe verwenden.)
- ☐ Bei Doppelflaschenpaketen: Sind die Befestigungsschrauben vorhanden? Stimmt die Höhe der Befestigung am Flaschenpaket mit der am Jacket überein?
- ☐ Dicht? Mit dem Mund aufblasen und etwas stehen lassen.
- ☐ Schnellablass und Überdruckventil funktionsfähig?

- ☐ Faltenschlauch nicht porös? Sicher am Jacket befestigt?
- ☐ Inflator, manuelle Aufblaseinrichtung und gegebenenfalls Westenautomat o. k.? Jährliche Service-Intervalle einhalten!
- ☐ Stimmt der Inflatoranschluss am Atemregler mit dem am Jacket überein? Ist der Inflatorschlauch am Atemregler auf der richtigen Seite montiert?
- ☐ Westenflasche (wenn vorhanden): Frist der wiederkehrenden Prüfung (TÜV) noch nicht abgelaufen? Flasche gefüllt?
- ☐ CO_2-Patrone (wenn vorhanden) o. k.? Einschraubgewinde gefettet? Detonator funktionsfähig? Ersatzpatrone vorhanden?
- ☐ Zusatzausrüstung komplett und befestigt (Trillerpfeife, Tabelle, Halterung für Zweitautomaten, Karabinerhaken, Sicherheitszubehör usw.)?
- ☐ Taschen geschlossen?
- ☐ ....

Ventil

- ☐ Bauartzulassung vorhanden? Bei Ventilen aus dem Ausland, EU-Zulassung vorhanden?
- ☐ Ventil leichtgängig und dicht?
- ☐ Atemregleranschlussgewinde einwandfrei, sauber und trocken?
- ☐ Reserve (wenn vorhanden) leichtgängig und dicht?
- ☐ Adapter DIN-INT oder umgekehrt nötig?
- ☐ Behindert der Tragegriff das Ventil?
- ☐ ....

Kälteschutz

- ☐ Passt er noch, und reicht seine Isolierung für den geplanten Einsatz? Neoprenanzüge werden mit der Zeit enger und dünner!
- ☐ Reißverschlüsse mit Silikon, bei Trockentauchanzügen mit Wachs einreiben.
- ☐ Manschetten bei Trocken- und Halbtrocken-Tauchanzügen o. k.? Mit Talkum oder Vaseline pflegen.
- ☐ Dichtigkeit bei Trockentauchanzügen prüfen.
- ☐ Ein- und Auslassventile prüfen (bei Trockentauchanzügen).
- ☐ Neoprenkleber bzw. Reparaturset dabei (nicht älter als 6 Monate)?

- □ Inflatorschlauch für Trockentauchanzug am Atemregler? Kontrollieren, ob Länge ausreichend und ob der Anschluss passt!
- □ Unterzieher unter den Trockentauchanzug für den geplanten Einsatz ausreichend? Socken für Trockentauchanzug dabei?
- □ Handschuhe und Füßlinge o. k.?
- □ ....

Zusatzausrüstung

Computer

- □ Eingeschaltet? Batteriekapazität ausreichend? Richtiger Modus (z. B. Bergsee)? Kontakte sauber? Eventuell mit Zahnpasta, Radiergummi, Sand o. Ä. abreiben, wenn sinnlose Anzeige erscheint.
- □ Halteband überprüfen, immer Ersatzband mitnehmen.
- □ Betriebsanleitung nicht vergessen!
- □ Beim Tragen auf einem Neoprenanzug nicht zu fest anziehen, da sonst der Tiefensensor auf der Rückseite evtl. nicht richtig misst.
- □ Bei luftintegrierten Computern Flaschendruck prüfen. Sind Sender und Computer gepaart? Sender und Computer auf der gleichen Seite vom Taucher?
- □ ....

Kompass

- □ Gängigkeit der Raster des Einstellringes überprüfen.
- □ Halteband überprüfen, immer Ersatzband mitnehmen.
- □ Kompass auf Beeinflussung durch daneben getragene Instrumente (Uhr, Tiefenmesser, Computer) überprüfen.
- □ ....

Lampe

- □ Ausreichend geladen? Ersatzbirnchen? Ersatzbatterien?
- □ Ladegerät für richtige Spannung und mit passendem Stecker?
- □ O-Ring gefettet und Gehäuse korrekt wieder geschlossen?
- □ Auf- oder Abtrieb bei der Tarierung berücksichtigt?
- □ Befestigungsmöglichkeit (Karabinerhaken, Handschlaufe)?
- □ Lampensicherung (vor dem Tauchgang lösen!)
- □ ....

Messer

- ☐ Blank? Messerbänder rissfrei? Immer Ersatzbänder mitnehmen!
- ☐ Rastung oder Halteschlaufe einwandfrei?
- ☐ ……………………………………………………………………

Sicherheitsausrüstung

- ☐ Signalboje in Ordnung, lässt sie sich aufblasen? Befestigungsmöglichkeit o. k.?
- ☐ Signalblitz funktionsbereit und dicht? Ersatzbatterie?
- ☐ Chemisches Licht: Schutzgaspolster noch fühlbar?
- ☐ Notsignal funktionsfähig? Zur Funktionskontrolle in Handtuch einwickeln wegen der Geräuschbelästigung!
- ☐ Nico-Signal: Patronen nicht zu alt? Silvester ist eine gute Gelegenheit, alte Patronen noch auszuprobieren!
- ☐ Wasserfärber: nicht zu alt? Nicht schon angebrochen und teilweise ausgelaufen?
- ☐ ……………………………………………………………………

Tiefenmesser

- ☐ Nullpunkt und Schleppzeiger einstellen.
- ☐ Halteband überprüfen, immer Ersatzband mitnehmen.
- ☐ ……………………………………………………………………

Uhr

- ☐ Funktioniert sie? Ist die Krone verschraubt? Richtige Zeit eingestellt?
- ☐ Gängigkeit der Rastung des Einstellringes überprüfen.
- ☐ Armband überprüfen: rissfrei, lang genug?
- ☐ ……………………………………………………………………

IV – 3.4.8.2
Tauchgang

Checkliste vor dem Tauchgang

- ☐ Ausrüstung auf Vollständigkeit prüfen. Kein Ausrüstungsteil darf vom Körper abstehen (Manometer, Konsole, Zweitautomat)!

- □ Gewichtsgürtel auf richtigen Sitz und Zugriffsmöglichkeit zur Schnellabwurfschnalle prüfen.
- □ Inflator kurz drücken und eingeblasene Luft wieder über den Schnellablass entweichen lassen.
- □ Gegenseitige Information über die Auslassventile und eventuell vorhandene Zweit- oder Westenautomaten sowie deren Handhabung und Lage. Zweitautomaten dürfen nicht in den Taschen des Jackets untergebracht sein, sondern werden mit speziellen Clips so außen am Jacket befestigt, dass sie bei leichtem Zug sofort frei werden und das Mundstück offen ist.
- □ Hinweis, was bei Vereisung eines Automaten zu tun ist und welcher Anschluss zu schließen ist.
- □ Kontrolle der eventuell vorhandenen Reserve und Information der Partner.
- □ Zwei kräftige Atemzüge aus dem Automaten, ebenso aus dem Zweit- und Westenautomaten bei gleichzeitiger Beobachtung der Manometeranzeige. Der Zeiger darf sich nicht bewegen, sonst ist möglicherweise die Flasche nicht richtig geöffnet oder die Reserve defekt und kann unteratmet werden. In diesem Fall Reserve sofort ziehen und nur nach der Manometeranzeige tauchen.
- □ Gegenseitiges Überprüfen des Luftvorrates mit Hinweis auf den Eigenverbrauch.
- □ Funktionsprüfung der Lampen.
- □ Gegenseitige Information über vorhandene Zusatzausrüstungen wie Not- oder Nico-Signal, Bojen, Tank-Bänger, Signalblitz.
- □ Computer einschalten, Zeitring der Uhr einstellen, Kompasskurs markieren. Es wird immer nach dem konservativsten Computer ausgetaucht.
- □ Nach dem Abtauchen in etwa 3 Meter Tiefe nochmals korrekten Sitz der ganzen Ausrüstung und vor allem des Jackets prüfen.

Maßnahmen nach dem Tauchgang

- □ Druckluftflasche schließen.
- □ System über Inflatorknopf entlüften. Die dadurch in das Jacket geblasene Luft erleichtert dann das Entwässern des Jackets.
- □ Gesamte Ausrüstung mit klarem Wasser spülen und im Schatten trocknen. Der Hochdruckeingang des Atemreglers muss beim Spülen dicht

verschlossen werden. Die Luftdusche darf nicht gedrückt werden, da sonst Wasser in den Atemregler gelangt. Ist diese Spülung wegen Wassermangel nicht möglich, wird die Ausrüstung nass in die Tauchtasche gepackt, da sich sonst bei jedem Trocknen Salz- und Kalkkristalle absetzen, die eine einwandfreie Funktion beeinträchtigen können. Gespült und trockengerieben werden sollte auf jeden Fall der Computer, da er sich sonst über die feuchte und salzige Verbindung der Kontakte einschaltet und Energie verbraucht. Der Computer sollte in einer dichten Box trocken aufbewahrt werden, da bestimmte Computer sich bei Kontakt mit feuchten Neoprenteilen umschalten können (z. B. Anzeige plötzlich „Fuß“ statt „Meter“).

- □ Lampe gegebenenfalls laden.
- □ Flasche füllen, dazu unmittelbar vor dem Anschluss der Flasche an den Kompressor Ventil kurz öffnen, dadurch wird geprüft, ob noch Restdruck in der Flasche ist, außerdem wird eventuell noch im Anschlussraum des Gewindes vorhandenes Wasser ausgeblasen.

Eine technische Dummheit und ein Verstoß gegen die Regeln des Umweltschutzes ist das Abblasen des Anschlussgewindes der ersten Stufe vor der Montage und nach dem Abschrauben von der Flasche mit Druckluft. Dadurch wird Schmutz und Feuchtigkeit in den Bereich des Sinterfilters geblasen, außerdem stört das zischende Geräusch die Anwohner.

IV – 3.5
Präklinische Versorgung

IV – 3.5.1
Rettung aus dem Wasser

Die Rettung eines verunfallten Tauchers aus dem Wasser ist anfänglich die wichtigste Aufgabe des Tauchpartners. Dies setzt allerdings voraus, daß die Regel „Tauche nie allein“ beherzigt wird. Dort, wo mit Signalleine getaucht wird, kann die Rettung aus dem Wasser eventuell auch zum Pensum des Signalmannes werden.

Es werden verschiedene Praktiken gezeigt, wie die Rettung aussehen soll. Die Vor- und Nachteile werden an dieser Stelle besprochen. Das Erlernen dieser Praktiken ist nicht ungefährlich, wie ein aus dem Norwegischen übersetzter Artikel von RAMPINELLI zeigt:[110)] An einer anerkannten dänischen Tauchschule bekam ein Tauchschüler die Aufgabe, seinen Tauchlehrer aus ca. acht bis zehn Meter Tiefe zu bergen. Nachdem der Schüler den Inflator der Rettungsweste des Tauchlehrers zweimal betätigt hatte, fasste er den zu Rettenden mit vorgestreckten Armen von vorne an der Weste und begann den Aufstieg. An der Oberfläche angekommen, beatmete der Schüler den Tauchlehrer fünfmal von Mund zu Nase und begann gleichzeitig den Abtransport ans Ufer.

Nach kurzer Zeit zeigte sich beim Schüler eine starke Ermüdung. Der Tauchlehrer brach daraufhin die Übung ab und brachte den Schüler ans Ufer. Zu Beginn war dieser ziemlich außer Atem, wurde jedoch zusehends ruhiger, so dass der Tauchlehrer annahm, dass alles in Ordnung wäre und er die Rettung fortsetzen konnte. Nach etwa fünf Minuten erreichten beide das Ufer. In diesem Moment stellte der Tauchlehrer den Atemstillstand seines Schülers fest. Am Strand wurde unmittelbar mit der HLW begonnen. Der Rettungsdienst traf wenige Minuten später ein und transportierte den Verunfallten in eine Klinik, wo er noch in der Nacht verstarb. Die Obduktion ergab als Todesursache eine Embolie der Alveolen.

Im Laufe des gleichen Sommers wurden in der Druckkammer der dänischen Marine noch vier Opfer von Luftembolien behandelt, die glücklicherweise noch glimpflich abliefen. Aufsehen erregend war, dass alle fünf Unfälle bei Rettungsübungen geschahen.

Als Ursache für diese Unfälle wird die Kraftanstrengung in Verbindung mit Rettungsübungen genannt. Durch das Heben werden die Bauchmuskeln angespannt, was zu einem momentanen Atemanhalten führt. Beim Aufstieg zwischen 10 Meter Tiefe und der Oberfläche sind die Druckunterschiede am größten und deshalb am gefährlichsten. Um solche Unfälle zu vermeiden, soll die Weste des zu Rettenden unter Wasser mit genügend Luft gefüllt werden, damit beide Taucher durch den Auftrieb der einen Weste ohne Kraftanstrengung zur Oberfläche gelangen.

IV – 3.5.1.1
Selbstrettung zur Wasseroberfläche

Die *Selbstrettung* zur Wasseroberfläche ist erforderlich, wenn z. B. infolge einer Störung des Atemreglers (Funktionsstörung, Vereisung o. Ä.) die Luftversorgung unterbrochen, jedoch nicht erschöpft ist. Der Taucher atmet dann aus einer alternativen Luftversorgung (2. Atemregler oder Oktopus) weiter, wobei beim Einsatz eines Oktopus zu berücksichtigen ist, dass durch Vereisen des Druckminderers (1. Stufe) oder des Flaschenventils dieser ebenfalls nicht funktionstüchtig ist. Ist der Luftvorrat – aus welchen Gründen auch immer – vorzeitig zu Ende, bleibt in der Regel nur die Möglichkeit der *Partnerrettung (→ Kap. IV – 3.5.1.2).*

Eine Ausnahme existiert, wenn ein so genanntes Notatemsystem (z. B. Spare Air → *Kap. III – 1.2.3.2.3/5a–5b*) zur Verfügung steht. Das Atmen aus einem Auftriebsmittel (Jacket, Tarier- und Rettungsweste) ist weitgehend nicht möglich, weil die technischen Voraussetzungen dazu fehlen oder besser gesagt in der DIN EN 12 628 bzw. DIN EN 1809 nicht vorgesehen sind.

Das Auftreten eines Krampfes im Bein oder Fuß ist noch kein Anlass zum Abbruch des Tauchganges. Meist lässt er sich lösen, indem Sie die Spitze des Flossenblattes fassen und zu sich heranziehen. Tauchpartner können und sollten sich gegenseitig beim Beseitigen von Krämpfen helfen, wobei das Handzeichen „Ich habe einen Krampf“ angewendet werden sollte.[111)]

Der Gewichtsgürtel oder ein alternatives Gewichtssystem sollte nur dann abgeworfen werden, wenn die Kraft des Auftriebsmittels nicht ausreicht, um den Taucher aus der Tiefe zu heben. Die Auftauchgeschwindigkeit von 10 m/min darf insbesondere in den letzten 10 Metern vor der Wasseroberfläche nicht überschritten werden. Vorbeugend wird empfohlen, in dieser Tiefe die Rückenlage einzunehmen und Hände wie Füße zu einem X zu spreizen; die Geschwindigkeit kann wegen des größeren Wasserwiderstandes so abgebremst werden. Außerdem ist in dieser Position der Blick zur Oberfläche und eventuellen Gefahren (Boote, Schiffsschrauben, Bauwerke, Netze etc.) frei. Eine andere Möglichkeit, dem unkontrollierten Aufstieg entgegenzuwirken, ist eine Rolle vorwärts.[111)] Während des gesamten „kontrollierten Notaufstiegs" ist langsam und kontinuierlich auszuatmen. Die sich ausdehnende Restluft im Atemregler reicht während des Aufstieges noch für einen Atemzug.[112)]

*Abb. IV – 3.5.1.1/***1***: Abbremsen durch X-Lage. Quelle: SCHAD*

IV – 3.5.1.2
Partnerrettung zur Wasseroberfläche

Das Aussetzen der Luftversorgung eines Partners ist gewöhnlich noch kein Anlass für eine *Partnerrettung*, da eine alternative Luftversorgung zur Verfügung stehen sollte. Falls diese jedoch nicht vorhanden oder ebenfalls gestört ist, bleibt nur der Weg, den zweiten Atemregler des Tauchpartners zu benutzen.

Die in den zurückliegenden Jahren popularisierte *Wechselatmung* – das Atmen zweier Taucher aus einem Lungenautomaten – ist inzwischen überholt, da ein zweiter Atemregler oder wenigstens ein 2. Lungenautomat (Oktopus) heute zur Standardausrüstung der Sporttaucher gehört. Insofern stellt die Wechselatmung gegenwärtig die letzte Möglichkeit dar, um die Situation „Ausfall der Luftversorgung“ in den Griff zu bekommen. Freilich ist ein *Oktopus* noch nicht das Optimale, denn ein *Oktopus* ist lediglich ein 2. Lungenautomat an **einem** Druckminderer (1. Stufe). Zu Recht weist BOEKEN darauf hin, dass in einer Stresssituation dieser eine Druckminderer auf 20 Meter das neunfache der normalen Luftlieferleistung erbringen muss und die Gefahr der Vereisung rapide ansteigt.[113)] Besser wären deshalb zwei unabhängige Atemregler, wobei der 2. Lungenautomat einen gelben Mitteldruckschlauch von mind. 90 cm Länge und ein farbiges Mundstück zur besseren Wahrnehmung haben sollte. Wichtig ist außerdem eine schnell lösbare Fixierung, z. B. am Jacket.

Ob die Einstellung der *Wechselatmung* im Pflichtprogramm großer Tauchsportverbände (z. B. PADI) richtig ist, soll hier nicht bewertet werden. Sie als „freiwilligen Übungsteil“ zu degradieren oder die Übung nur „anzudeuten“, hält der Verfasser aber für den falschen Weg. Hier sei ein Zitat von PAVLOVIC erlaubt:[114)] „... entweder lerne ich etwas, damit ich es kann, oder ich lerne so zu tun, damit ich später so tun kann, als könnte ich etwas.“ Gleichwohl gehört das Procedere auch heute noch zum Ausbildungsrepertoire vieler Tauchschulen, und sei es „nur“ im Rahmen des Stress-Trainings *(→ Kap. IV – 3.4.4.3)*, weshalb eine kurze „Gebrauchsanweisung“ hier nicht fehlen soll.

Leiten Sie die *Wechselatmung* mit dem Handzeichen „Ich habe keine Luft mehr“ und „Gib mir Luft“ ein. Ihr Tauchpartner hält jetzt den Lungenautomaten (2. Stufe) in der rechten Hand und greift Ihren Schultergurt mit der linken. Er reicht Ihnen die 2. Stufe und hält sie dabei so, dass Sie die Luftdusche bedienen können. Sie ergreifen das Handgelenk (nicht die 2. Stufe) des Luftgebers mit Ihrer linken Hand und den Schultergurt Ihres Partners mit der rechten Hand. Führen Sie die 2. Stufe zum Mund und drücken Sie Ihre Lippen gegen das Mundstück. Dichten Sie es auf diese

Weise ab, statt es völlig in den Mund zu nehmen. Da Sie das Mundstück nicht in den Mund nehmen, können Sie die 2. Stufe rasch wechseln und Undichtigkeiten der Maske durch Bewegungen am Gesicht vermeiden. Nehmen Sie anfangs mehrere rasche Atemzüge, dann geben Sie den Lungenautomaten Ihrem Partner zurück. Geben Sie kontinuierlich Luft ab, wenn Sie nicht aus der 2. Stufe atmen, dadurch vermeiden Sie eine Lungenüberdehnung während des Aufstiegs.[111)]

Nach der ersten *Wechselatmung* zu Beginn des Aufstiegs sollten Sie und Ihr Partner jeweils zwei Atemzüge nehmen, bevor Sie den Lungenautomaten weitergeben. Atmen Sie bei der Wechselatmung nicht tief ein, weil das zu Tarierproblemen oder zu Lungenverletzungen führen kann. Ein mittleres Einatmen ist völlig ausreichend, da Sie alle paar Sekunden frische Luft bekommen. Sobald Sie mit Ihrem Partner einen Atemrhythmus gefunden haben, sollten Sie zur Oberfläche schwimmen, während Sie sich beim Aufstieg aneinander festhalten. Ist der Lungenautomat nicht an Ihrem Mund, geben Sie gleich bleibend Luft in einem Blasenstrom ab. Vergessen Sie dabei nicht, Ihren Auftrieb unter Kontrolle zu halten.

Abb. IV – 3.5.1.2/1: Wechselatmung. Überflüssig oder notwendig? Quelle: SCHAD

Nicht immer geht eine Rettung des Partners so glimpflich ab. Die ausschlaggebende Frage ist daher das Befinden des Tauchpartners. Ist er bewusstlos, sollte sich der Retter die vorgefundene Lage gut einprägen, um für eine eventuelle Zeugenaussage später korrekte Angaben machen zu können. Ein stoßweises Aufsteigen von Luftblasen spricht für eine funktionierende Atemtätigkeit, während ständige Luftblasen auch vom Abblasen des Automaten herrühren können. Sind keine Luftblasen zu sehen, muss mit Atemstillstand gerechnet werden.[115)]

Abb. IV – 3.5.1.2/2: Anschwimmen des Verunfallten, Lage einprägen, vorgefundene Situation beibehalten. Quelle: SCHAD

Der Retter greift nun unter den rechten Arm des Verunfallten und fixiert mit der Hand den Lungenautomaten, damit er nicht herausfallen kann; gleichzeitig überstreckt er den Kopf. Ist das Mundstück des Lungenautomaten nicht mehr im Mund, soll es nicht in den Mund zurückgesteckt werden. Sinngemäß ist das Verfahren bei Tauchern mit einer Vollmaske; wurde sie vom Opfer abgesetzt, bleibt sie so und wird nicht zeitraubend aufgesetzt. Geschieht infolge einer Sauerstoffintoxikation z. B. bei NITROX-Gasgemischen ein Krampfanfall, ist der betroffene Taucher sofort zu sichern, um ein Absinken zu verhindern. Hierbei ist darauf zu achten, dass der Taucher das Mundstück im Mund behält, um eine Aspirationsgefahr zu vermeiden. Auf keinen Fall darf das Krampfende abgewartet werden, da der krampfende Taucher eventuell nicht kontrolliert werden kann.[202)]

Mit der linken Hand kann die Tarierung, am besten der beiden Auftriebsmittel, aktiviert werden. Falls dies Probleme bereitet, wird das Auftriebsmittel des Retters entlüftet und nur mit dem des Verunfallten tariert. Es ist darauf zu achten, dass der Abtrieb des Verunfallten nicht größer als der des Retters ist, da sonst beim versehentlichen Loslassen das Opfer absackt. Die Auftauchgeschwindigkeit ist permanent zu prüfen.

Ob das Überstrecken des Kopfes unter Wasser „Glaubenssache“ und nicht so wichtig ist, da sich die entweichende Luft ihren Weg bahnt, wie ODEWALD argwöhnt,[124)] kann weder bestätigt noch dementiert werden; es gibt keinerlei experimentelle Daten. Insofern ist der generelle Hinweis, den Kopf nicht zu überstrecken, eine Hypothese.[116) 111)] An Land ist das Überstrecken des Kopfes von bewusstlosen Personen von extremer Wichtigkeit, weil bei erloschenem Muskeltonus die Zunge, der Schwerkraft folgend, nach hinten fällt und somit die Atemwege verlegt. Unter Wasser erfährt jedoch die Schwerkraft eine gewisse Kompensation durch den Auftrieb gemäß dem Archimedischen Prinzip. Nun ist die Zunge ein Muskel und hat somit eine leicht höhere Dichte als Wasser, dennoch wird sie nicht so nach hinten fallen wie an Land. Dazu kommt noch die aufrechte Lage beim Transport zur Oberfläche. Da weder die eine noch die andere Methode zz. wissenschaftlich belegt ist, gilt die Empfehlung, das Überstrecken des Kopfes unter Wasser nach Möglichkeit zu praktizieren.[117) 123)]

Den vertikalen Freiwasseraufstieg sollten nur professionelle Retter wählen. Für Sporttaucher bietet sich nach Möglichkeit der wesentlich sicherere Aufstieg dem Grund entlang an. Von TOBLER wird dazu folgende Technik vorgeschlagen:[118)] Der Retter liegt, ohne eigenen zusätzlichen Auftrieb, Brust gegen Brust auf dem Verunfallten und kontrolliert den gemeinsamen Auftrieb durch das Tariermittel (z. B. Jacket) des Verunfallten. Durch den engen Körperkontakt hat der Retter seinen Verunglückten gut unter Kontrolle und kann dabei sein Gesicht und im Hintergrund immer den Grund sehen. Mit der rechten Hand bedient er das Ablassventil des Tarierschlauches des Verunfallten, mit der linken Hand kann er den Kopf halten und dabei den Lungenautomaten im Mund des Verunfallten fixieren. Die Gewichtsgürtel bleiben beim Retter und Verunfallten an, damit die Auftauchgeschwindigkeit bis an die Oberfläche unter Kontrolle bleibt. Das Schwimmen geht für den Retter in dieser Position wider Erwarten gut, da die Beine des Opfers im bewusstlosen Zustand – anders als in der *Abb. IV – 3.5.1.2/3* – in den Knien abgewinkelt nach unten hängen.

Ob der zu rettende Taucher von vorne, von der Seite oder von hinten gefasst werden soll, darüber streiten sich die Gelehrten. VALLINTINE propagiert, mit dem Verunglückten Auge in Auge aufzutauchen, so dass man ihn beobachten und ihm bei Bedarf das Mundstück wieder einsetzen kann.[119)] Dagegen empfiehlt ODEWALD, die Flasche(n) des Verunfallten zwischen die Beine des Retters zu klemmen (reiten), damit sich das Opfer nicht mehr drehen und dem Retter gefährlich werden kann.[124)] Der Ver-

Abb. IV – 3.5.1.2/3: Retten eines bewusstlosen Tauchers mit der Brust/ Brust-Technik nach Tobler. Quelle: SCHAD

band Deutscher Sporttaucher (VDST) hat sich für einen Kompromiss entschieden, und KERN befürwortet sowohl die Aufnahme von hinten als auch die seitliche, wobei er die seitliche Lösung favorisiert, weil so einerseits das Opfer gut zu beobachten ist und andererseits die Selbstgefährdung, falls das Opfer doch noch in Panik gerät, minimiert wird.[120] Auch KROMP et al. schließen sich dieser Lehrmeinung an.[123]

Abb. IV – 3.5.1.2/4: Retten eines Tauchers an die Oberfläche, von hinten („reiten" auf der Flasche). Quelle: SCHAD

Abb. IV – 3.5.1.2/5: Retten eines Tauchers an die Oberfläche, seitlich. Quelle: SCHAD

Einen Sonderfall schildert SCHAD.[121] Auf einem Boot kann es vorkommen, ohne Tauchgerät eine Rettungsaktion durchführen zu müssen, wenn etwa eine Person über Bord fällt und zu ertrinken droht. In diesem oder ähnlich gelagerten Fällen sollte einer der Crew in der Lage sein, in Apnoe abzutauchen und den Verletzten an die Wasseroberfläche zu retten.

Abb. IV – 3.5.1.2/6: Retten eines Tauchers in Apnoe. Quelle: SCHAD

Eine weitere Besonderheit ist die Rettung eines Tauchers an der Signalleine. Bestätigt der Taucher das Signal „Alles in Ordnung?“ (fünf Züge) nicht, oder gibt der Taucher das Notsignal (ein scharfer Zug) selbst, oder ist der Taucher über die Sprecheinrichtung nicht ansprechbar, so ist sofort der Reservetaucher zur Erkundung tauchklar zu machen *(→ Taktikschema Tauchunfall I, Kap. IV – 3.7.1)*. Auf keinen Fall darf der Taucher sorglos an die Wasseroberfläche gezogen werden. Wenn der Taucher einen kontrollierten Notaufstieg für erforderlich hält, kann er diesen durchführen. Dabei darf lediglich so viel und so lange Signalleine eingeholt werden, bis die Leine wieder straff ist. Dadurch soll einer Überschreitung der Auftauchgeschwindigkeit von 10 m/min vorgebeugt werden. Die Auswertung von Tauchprofilen mittels Tauchcomputer an der

Staatl. Feuerwehrschule Regensburg hat gezeigt, dass schon beim regulären „Heraufholen" des Tauchers an der Signalleine die Auftauchgeschwindigkeit zwar gering, aber fortdauernd überschritten wurde.

IV – 3.5.1.3
Beatmung im Wasser

Die Frage, ob man einen bewusstlosen Taucher an der Wasseroberfläche überhaupt und wenn ja, mit einem Lungenautomaten oder mit einem Schnorchel beatmen soll, wird seit Jahren mehr oder weniger kontrovers diskutiert. Während STIBBE in seinem „offiziellen Lehrbuch" noch schrieb: „Der Schnorchel muß bei jedem Tauchgang mitgeführt werden. Beim Schwimmen bei Wellengang oder zur Wiederbelebung im tiefen Wasser ist er unverzichtbar", findet im aktuellen Werk von KROMP et al. das Beatmen im Wasser keine Erwähnung mehr, und ODEWALD meint in seinem locker geschriebenen Heft gar, diesen „Quatsch hätte sich ein Schreibtischtäter ausgedacht".[122)] [123)] [124)] JOST und ZANKER führten schon vor mehreren Jahren einen wissenschaftlich begleiteten Modellversuch durch und kamen zu folgenden Ergebnissen:[125)]

Unabhängig davon, dass es deutliche Unterschiede bei den Luftlieferleistungen der Lungenautomaten gibt, machen die Autoren auf das Problem der Abdichtung zwischen Mund-Rachen-Raum des Verunfallten und dem Mundstück des Lungenautomaten aufmerksam. Problematisch könnten sich die hohen Luftlieferleistungen bei Lungenautomaten mit Injektor auswirken, da höhere Systemdrücke appliziert werden können. Andererseits geben die Referenten zu bedenken, dass sich ein bewusstloser Taucher nahezu im Schwebegleichgewicht mit dem Wasser befindet und deshalb der Thoraxmittelpunkt einem Umgebungsdruck von 30 bis 40 cm Wassersäule ausgesetzt ist. Dieser erhöhte intrathorakale Mitteldruck ist durch entsprechende Beatmungsmanöver in der Wasserlage zu kompensieren. So scheinen nur solche Lungenautomaten für die Beatmung im Wasser geeignet zu sein, welche aufgrund ihrer Bauart (Injektorprinzip) einen genügend hohen Druck aufbauen können.

Die Mund-zu-Schnorchel-Beatmung wird von den Autoren ebenfalls nicht generell abgelehnt. Zusammenfassend kommen sie zu dem Ergebnis, dass eine Atemspende mithilfe des Lungenautomaten eines Pressluftauchgerätes bei einem verunfallten Taucher während der Rettung nicht für ein generell zu empfehlendes und gesichertes Vorgehen gehalten wird. Die Verfasser halten es aber auch nicht für richtig, eine solche Maßnahme pauschal als nutzlos oder gar lebensgefährlichen Unsinn abzutun.

*Abb. IV – 3.5.1.3/**1**: Mund-zu-Schnorchel-Beatmung. Relikt aus alten Zeiten? Quelle: SCHAD*

Eine echte Alternative ohne Hilfsmittel ist die Mund-zu-Nase-Beatmung. Strecken Sie dabei mit der rechten Hand den Kopf über, und drehen Sie das Opfer mit der linken Hand leicht zu sich. Das ist wichtig, denn ein Beatmen von oben – wie an Land üblich – würde das Opfer unweigerlich nach unten tauchen. Nach jeder Atemspende strecken Sie den haltenden Arm ein wenig und lassen den Verunglückten behutsam in die Rückenlage zurückrollen.

*Abb. IV – 3.5.1.3/**2**: Drehen des Verunfallten zur Mund-zu-Nase-Atemspende. Quelle: SCHAD*

Die aktuelle Lehrmeinung zur Problematik der Atemspende im Wasser lässt sich dahingehend auslegen, dass eine suffiziente Reanimation erst nach der Rettung aus dem Wasser auf einem Boot/Schiff bzw. an Land erfolgen kann. Demzufolge sollten die oben angesprochenen Beatmungsmöglichkeiten im Wasser nur dann ausgeschöpft werden, wenn die Wegstrecke, damit das therapiefreie Intervall, länger als 4 Minuten dauert.

Das heißt, der verunfallte Taucher sollte ohne Zeitverlust auf festen Boden verbracht werden, denn nur dort bestehen optimale Voraussetzungen für eine erfolgreiche Reanimation. Ist dies nicht möglich, weil z. B. der Taucher vom Boot oder Ufer abgetrieben wurde, sollte die Beatmung im Wasser und ggf. eine alternative Beatmungsmöglichkeit mit einem Lungenautomaten oder Schnorchel in Betracht gezogen werden. Es ist jedoch zu bedenken, dass hierbei das Erreichen ausreichender Beatmungsvolumina wenig wahrscheinlich ist. Dazu führen Beatmungsversuche in Schwimmlage zu einer starken Beeinträchtigung des Retters.

IV – 3.5.1.4
Rettung Wasseroberfläche – Boot

Es wird in diesem Abschnitt unterstellt, dass sich das Boot in unmittelbarer Nähe der Taucher befindet. Ist dies nicht der Fall, muss entschieden werden, ob der Transport zum Ufer nicht schneller zu realisieren ist als der zum Boot. Unabhängig davon sollten die Regeln des Transportes, wie in *Kap. IV – 3.5.1.5 „Rettung Wasseroberfläche – Land“* beschrieben, beachtet werden.

„... Gott sei Dank war das Boot nur vier Meter entfernt. Ich brachte sie zur Bordwand, der Skipper griff nach unten, um sie aufrecht hereinzuheben. Es ging nicht. Mir fiel der Bleigurt ein, und ich warf ihn ab. Das hätte ich gleich machen sollen. Wir versuchten es noch mal, aber die Bordwand war zu hoch. Nimm sie auf den Rücken und bring sie über die Leiter hoch. Sie war einfach zu schwer. Ich geriet in Panik. Ein Seil. Ja, das müßte funktionieren. Die Mooringleine war am Poller festgespleißt und reichte nicht. Ein Messer. Es war nicht scharf genug. Verdammt noch mal, eine andere Leine muß her. Wir schafften es, ihr die ‚Nixenleine‘ unter den Armen um den Brustkorb zu legen. Mit Schwung ziehen – und endlich war sie an Deck ...“

Dies ist nicht etwa eine Kurzgeschichte, sondern der dramatische Tatsachenbericht des *DAN-Direktors Südostasien-Pazifik.*[126] Während in den vergangenen Jahren die Qualität der Tauch- und Notfallausrüstung erfreuliche Fortschritte machte, wurden so banale Dinge wie die Rettung eines Tauchers von der Wasseroberfläche in ein Boot im Allgemeinen vernachlässigt. Der oben zitierte Bericht über die unbeholfene und beinahe missglückte Rettung einer Taucherin attestiert dies.

Die gesamte Problematik wird in nachfolgender Grafik sehr anschaulich dargestellt:

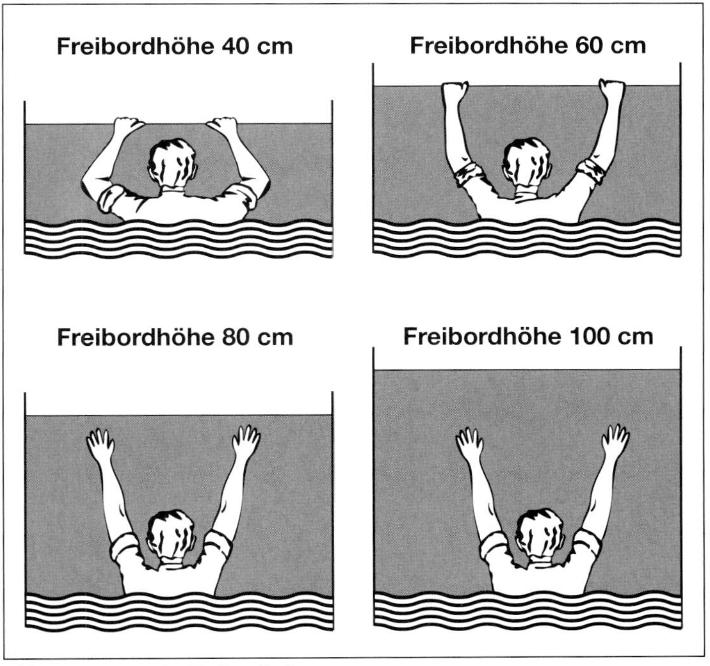

Abb. IV – 3.5.1.4/1: Freibordhöhen

Ist die Freibordhöhe*) größer als 0,75 m – und das gilt für alle neuzeitlichen Konstruktionen ab etwa 8 m Länge –, gelingt es nicht mehr, ohne Hilfsmittel wieder an Bord zu gelangen.[127)] [128)] Ein noch größeres Problem ist es, einen bewusstlosen Taucher aus dem Wasser über eine solche Freibordhöhe zu bringen; selbst das Ablegen von Gerät und Gewichtsgürtel bringt nicht die erforderliche Gewichtsreduzierung.

Bei **Schlauchbooten** besteht die Gefahr, dass die zu rettende Person mit den Füßen unter den Rumpf treibt und so das Anheben erschwert oder gar unmöglich macht. Falls das Boot nicht vor Anker liegt, empfiehlt es sich, das Boot in leichte Fahrt zu bringen. Die Schubbewegung des Bootes treibt dadurch die Beine nach hinten und erleichtert so das Hineinrollen des Verunfallten ins Boot. Bei diesem Manöver muss selbstverständlich auf die drehende Schraube des Motors geachtet werden. In diesem Zusammenhang wird darauf hingewiesen, dass die Propeller von Booten mit Motorantrieb mit Berührungsschutz zu versehen sind [UVV Taucherarbeiten, BGV C 23 § 14 (6)]. Kann das Boot nicht bewegt werden, so ist es ratsam, den Verunfallten auf den Rücken oder seitlich zu drehen, damit sich die Beine nicht in den Schlauch einhaken. Gut bewährt hat sich außerdem, den Verunfallten flach an der Oberfläche längsseits zu ziehen, um ihn dann ins Boot zu heben oder zu rollen.

Bei **kleineren Booten** mit starrem Rumpf müssen ggf. andere Methoden angewandt werden. Die oben genannten Empfehlungen zu Schlauchbooten können aber durchaus funktionieren. Auf welcher Seite eines Kleinfahrzeuges man am besten einen Verunfallten aufnimmt, lässt sich nicht allgemein sagen; es hängt von der Bauart des Bootes ab. Kleine Boote kippen leicht. Wenn zwei oder mehr Personen auf einer Seite stehen und das Gewicht der zu rettenden Person dazukommt, ist ein Kentern des Bootes samt seiner Crew programmiert. Der oft einzige Weg, um in ein kleines Boot zu gelangen, ohne es umzuwerfen, ist der Heckspiegel neben dem Außenbordmotor.

---

*) Als **Freibord** bezeichnet man die Höhe des Rumpfes von der Wasserlinie bis zum Deck. Er ist bei den meisten Yachten vorne und hinten höher als in der Mitte. Das Deck bildet in der Längsrichtung eine Kurve, den Sprung. Man spricht in diesem Fall von einem positiven **Sprung**. Manche kleinere Boote haben jedoch einen negativen Sprung. Hier ist der Freibord mittschiffs höher und fällt zu den Schiffsenden ab.

Kleine, instabile Boote verursachen ganz spezielle Probleme. Sich hinzusetzen, um den Schwerpunkt niedrig zu halten und den bewusstlosen Taucher anzuheben und über die seitliche Bordwand zu rollen, kann gelingen. Dabei wird natürlich Wasser ins Boot kommen, aber es sollte möglich sein, die Seite weit genug zu senken, um den Taucher an Bord zu bekommen, bevor das Boot kentert. Eine weitere Möglichkeit ist, ein Sitzbrett zu benutzen, das auch als Trage oder Wippe über das Dollbord oder den Heckspiegel gelegt werden kann, um den Taucher anzuheben und ins Boot zu schieben.

Von Vorteil ist, wenn man einen bewusstlosen Taucher erst zwei- bis dreimal auf und ab „federt“ und dann ins Boot zieht. *Die Abbildung IV – 3.5.1.4/2* zeigt recht anschaulich, dass der zu rettende Taucher mit jedem Wippen etwas höher aus dem Wasser kommt. Sobald der bewusstlose Taucher oben aus dem Wasser ist, kann ihn der Retter festhalten, indem er die Arme oder Unterarme des Tauchers mit seinem Knie festklemmt. Wird der bewusstlose Taucher so gehalten, sind beide Hände frei, um ihn ins Boot zu ziehen.

Abb. IV – 3.5.1.4/2: Aufnahme eines verunfallten Tauchers durch „Federn“. Quelle: SCHAD

Größere Boote liegen stabiler im Wasser, haben aber meist einen höheren Freibord. Dies muss nicht unbedingt von Nachteil sein, wenn an Bord ein geeignetes *Rettungssystem* vorhanden oder das Boot mit einer Taucherplattform ausgestattet ist. Eine **Rettungsleiter** – als „Badeleiter" waren sie konservativen Seglern lange Zeit suspekt – kann schon wertvolle Dienste leisten. Noch besser, sie entspricht den technischen Vorschriften [*s. UVV Taucherarbeiten, BGV C 23 § 14 (3)*]. Das Einbringen eines verunfallten Tauchers auf einer Leiter ist unbestritten besser als die Aufnahme über Bord. An und auf der Leiter sollte sich jeweils nur ein Taucher aufhalten. Abrutschende Taucher oder herabfallende Ausrüstungsgegenstände können sonst die darunter befindlichen Taucher gefährden. Der Einstieg über die Heckleiter einer in schwerer See stampfenden Yacht ist dennoch nicht unbedenklich. Leicht kann man unter das Heck geraten. Der Einstieg über die Seite, z. B. über eine einhängbare Teleskopleiter, ist da unproblematischer.

Größere moderne Tauchschiffe haben in geringem Abstand über dem Wasserspiegel eine Plattform. Von einer solchen Plattform kann man bequem ins Wasser springen und (in der Regel) ebenso leicht wieder an Bord kommen. Aber auch Plattformen sind nicht völlig gefahrlos. Bei starkem Seegang besteht die Gefahr, dass man unter die Plattform gerät und von dieser unter Wasser gedrückt wird.[129)]

Mit einem Flaschenzug, in der Seemannssprache **Rettungstalje** genannt, lässt sich ein Rettungsmanöver unkompliziert bewerkstelligen. Ergänzt mit einem *Rettungsring*, der anschließend detaillierter besprochen wird, gelingt eine Rettung selbst mit angelegtem Tauchgerät schnell und kräftesparend. Ein flexibel und im Notfall schnell installiertes Gerät, wie es z. B. in der Bergrettung verwendet wird, zeigt die *Abb. IV – 3.5.1.4/3*.

Eine qualifizierte Rettung ist zumeist nur mit mehr oder weniger einfachen Hilfsmitteln – im eingangs erwähnten Beispiel eine Leine – möglich. Der Verfasser hat zusammen mit erfahrenen Feuerwehrtauchern einige am Markt befindliche Rettungsmittel erprobt, wobei auch Geräte artfremder Organisationen, wie etwa der Bergrettung, getestet wurden. Die Übersicht ist keineswegs vollständig. Vielmehr soll sie auf die Problematik aufmerksam machen und einige Möglichkeiten aufzeigen. Allen Hilfsmitteln gemeinsam ist die Notwendigkeit stetiger Übung. In manchen Rettungskursen wird besprochen, wie man jemanden aus dem Wasser in ein Boot bringt, aber es wird nicht geübt. Im Ernstfall kann dies fatale Folgen haben. Selbst wenn es geübt wird, bleibt zu bedenken, dass eine bewusstlose

Abb. IV – 3.5.1.4/3: Ausleger mit Flaschenzug (Rettungstalje). Quelle: KONG Deutschland

Person in einer realen Situation ein regungsloses Gewicht und in keiner Weise hilfreich ist. Zu Recht kommt deshalb RAMSAY zu der Erkenntnis: „Egal wie gut Sie es also glauben in der Übung gemacht zu haben, in einer echten Notsituation wird es schwieriger. Das Ausprobieren und Üben einer Idee wird schnell zu einer Lösung führen. Die Anpassung eines funktionierenden Systems an Ihr Tauchboot ist normalerweise nicht schwierig. Üben Sie diese Methoden, wenn Sie Zeit haben, nicht wenn Sekunden über Leben und Tod entscheiden können.“[126)]

Miller Board

Mit der aus St. Louis (USA) stammenden Rettungstrage ist es möglich, einen bewusstlosen Taucher im Wasser auf der Trage zu lagern und ihn mit Klettgurtverschlüssen zu fixieren. Die Trage ist aus schlagfestem Kunststoff gefertigt, unempfindlich gegen Witterungseinflüsse und Salzwasser und natürlich schwimmfähig. Der Clou an dieser Trage ist, dass der Patient nicht mehr umgelagert werden muss, denn das *Miller Board* passt auf alle herkömmlichen Tragen, DIN-Tragen des Rettungsdienstes oder Rettungswannen der Feuerwehr.

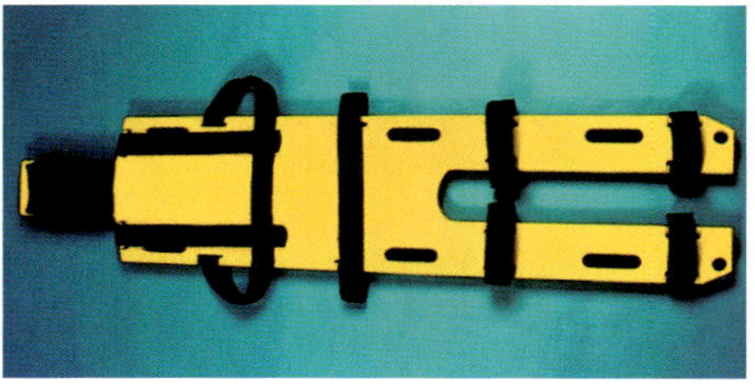

Abb. IV – 3.5.1.4/4: Rettungstrage Miller Board. Quelle: Verfasser

Der erste Umgang mit dem *Miller Board* ist nicht ganz einfach. Man darf skeptisch sein, ob ein Retter in einer Stresssituation in der Lage ist, die Trage unter einen verunfallten Taucher zu schieben und die sieben Klettverschlüsse, noch dazu im Wasser, fachgerecht zu schließen. Um mit dieser Trage Routine zu erlangen, bedarf es regelmäßiger Übung. Als zweckmäßig hat sich erwiesen, alle Klettverschlüsse vor einer Aktion zu öffnen und unter dem Board zu fixieren; so baumeln sie während des Rettungsmanövers nicht störend herum. Das Resultat ist optimal. Zu diesem Ergebnis kam auch eine Lehrgruppe der Wasserwacht, die nach aufwendigen Versuchen verschiedener Geräte zur Empfehlung eines schwimmfähigen Kunststoffbretts (Typ Spine Bord) kam.[130] Durch seine schmale Bauweise (Länge: 170 cm, Breite 36 cm, Stärke 6 cm) kann der verunfallte Taucher in jede Lage gebracht werden. Durch das patentierte V-förmige Kopf-Stabilisierungssystem und durch die Klettverschlussgurte lässt sich der Patient auch gedreht oder kopfüber transportieren. Das senkrechte Hochziehen oder Ablassen z. B. an einem Schiff ist kein Problem. Es treten bei solchen Manövern keinerlei spürbare Einflüsse auf die Körperpartien am Kopf-, Hals- und Wirbelsäulenbereich auf. Die Wundversorgung und Kontrolle der Vitalfunktionen sind während des Transportes gut möglich, weil die Körperoberfläche nur durch die Klettgurtverschlüsse bedeckt ist. Periphere Pulse sind tastbar, eine Herz-Lungen-Wiederbelebung ist nicht ausgeschlossen. Erhöhte Haltegriffe erlauben, die Trage von einer ebenen Oberfläche auch mit Neopren®-Handschuhen sicher greifen zu können.

Abb. IV – 3.5.1.4/5: Rettungstrage Miller Board im Einsatz.
Quelle: SCHAD

Das *Miller Board* erlaubt die horizontale Lage des Verunfallten während der Rettung. Bisher wurde die flache Lagerung eines Tauchers als wichtiges Element der Rettung angesehen. Inzwischen stimmen aber die meisten Tauchmediziner überein, dass ein schnelles Verbringen des Opfers an Bord eine höhere Priorität hat.[126] Eine schwimmfähige Trage wie das *Miller Board* ist somit immer noch wirkungsvoll, aber den Taucher während des Anhebens in horizontaler Lage zu halten, gilt nun nicht mehr als entscheidend.

CINCH-Rettungsring

Der *CINCH-Rettungsring* ähnelt in Aufbau und Wirkung der *Rettungsschlinge (→ Kap. IV – 3.7.3.4.4)*. Seine Besonderheit ist der zuziehbare Innengurt. Der verunfallte Taucher kann je nach Lage von beiden Seiten mit den Armen in den Ring gelangen. Bewusstlosen lässt sich der Ring ohne großen Aufwand über den Kopf und den Oberkörper stülpen. Sobald der Kragen um den Körper gelegt ist, zieht der Retter mit leichtem Ruck am Seil. Dadurch löst sich der Sicherheitsclip, und der *CINCH* legt sich automatisch eng um den Oberkörper der zu rettenden Person. Der Taucher kann so mit oder ohne Seilzug in das Boot gezogen werden. Von den beteiligten „Testern" bekam dieses Rettungsmittel die beste Note.

Der Ring ist aus geschlossenzelligem Polyethylenschaum gefertigt und befindet sich in einer gelben Nylonhülle. Im geöffneten Zustand hat der 1,6 kg leichte Ring eine lichte Öffnung von ca. 50 cm. Auf den eloxierten Aluminium-D-Ring können Zugkräfte bis ca. 2,7 t ausgeübt werden. Das komplette Rettungsmittel ist in einem runden Nylonsack verpackt, der sich mit einem Reißverschluß rasch öffnen lässt. Ring und Tasche sind waschbar.

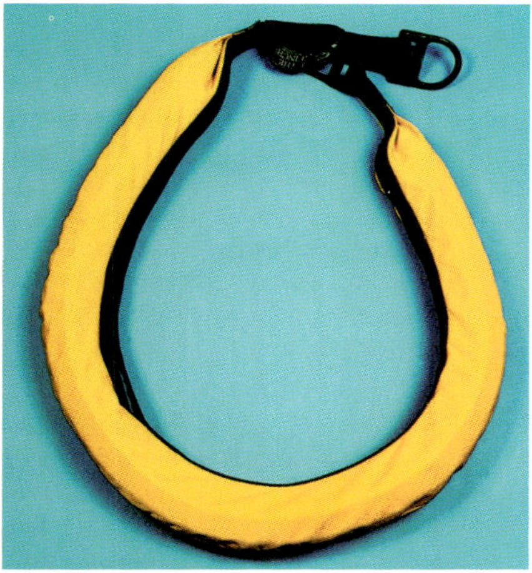

Abb. IV–3.5.1.4/6: Rettungsring, Typ CINCH. Quelle: Verfasser

Abb. IV – 3.5.1.4/7: CINCH-Rettungsring im Einsatz. Quelle: SCHAD

Rettungsschlaufe

Aus der Bergrettung stammt die aus stabilem Planenstoff (PA-Gewebe) hergestellte *Rettungsschlaufe* der italienischen Firma KONG*). Das Hilfsmittel überrascht durch sein einfaches Handling. In der Seitentasche eines Jackets findet das strapazierfähige, aber nur 68 g schwere Rettungsdreieck gut Platz und kann im Notfall schnell unter den verunfallten Taucher gezogen werden, wobei die Spitze des Dreiecks unter den Schritt des Verunfallten gestreift wird. Je nach Körperumfang werden vier farblich passende Halteschlaufen am Brustkorb zusammengefasst und ergeben so eine kippsichere Wiege. An diesen Halteschlaufen lässt sich dank der Tragfähigkeit von 20 kN auch ein schwerer Taucher relativ gut „anfassen“, um ihn an Bord zu hieven.

An den drei Seitenenden stehen jeweils vier verschiedenfarbig (schwarz = small, blau = medium, gelb = large, violett = extra-large) versetzte und 28 mm breite Halteschlaufen zur Verfügung. Ein Hosenträger aus 25 mm breiten Elastikbändern kann mittels drei Kunststoffsteckschnallen angeklippt werden, um das Dreieck am Körper zu fixieren. Im Wasser waren diese für die Bergrettung sicher dienlichen Träger aber eher hinderlich. An der Rückseite befindet sich außen noch eine zusätzliche Schlaufe; an ihr kann ein Seil festgemacht werden, um den Verletzten beim Aufziehen – z. B. mit einer Hubschrauberwinde – von Hindernissen wegziehen zu können. Die Rettungsschlaufe entspricht der EU-Richtlinie für Persönliche Schutzausrüstung (PSA) und hat eine Baumusterprüfung nach EN 1498. Zum Lieferumfang gehört ein roter PVC-Koffer zur staub- und spritzwassergeschützten Aufbewahrung.

*) Info: KONG Deutschland GmbH, Tel. (0 89) 9 00 68 68-0, Fax (0 89) 9 04 65 30, E-Mail: KONG_Deutschland@compuserve.com, www.kong.de

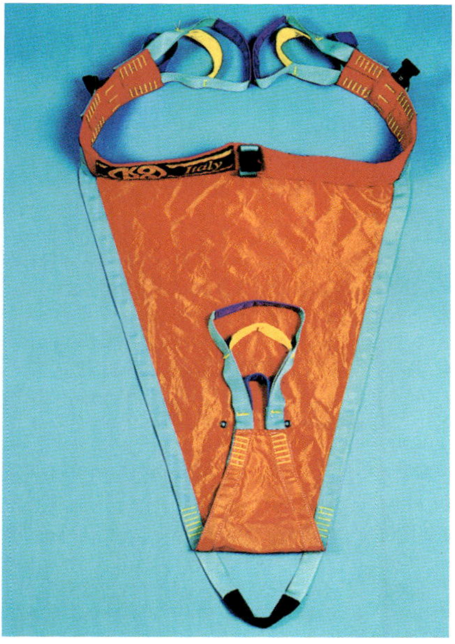

Abb. IV – 3.5.1.4/8: Rettungsschlaufe. Quelle: Verfasser

Abb. IV – 3.5.1.4/9: Rettungsschlaufe im Einsatz. Quelle: SCHAD

IV – 3.5.1.5
Rettung Wasseroberfläche – Land

Sind Retter und verunfallter Taucher an der Wasseroberfläche angekommen, ist sofort ein **Notsignal** mit dem zur Verfügung stehenden Mittel Richtung Land zu geben (→ *Anhang 2*). Dieses Signal ist auch dann zu geben, wenn das Tauchboot von der Ausstiegsstelle weiter entfernt ist und ein Sichtkontakt mit dem Bootsführer nicht sofort nach dem Austauchen zustande kommt.

Taucher, welche mit Signalleine tauchen, sind in der Regel alleine an der Wasseroberfläche und können vom Signalmann (Leinenführer) nun an Land gezogen werden. Wie der Unfall eines Feuerwehrtauchers in diesem Jahr erst wieder gezeigt hat, muss dennoch der *Reservetaucher* **sofort** zum Taucher schwimmen und die anschließend beschriebenen Maßnahmen – soweit erforderlich – unterstützen, da sich die Signalleine verhaken kann und die Gefahr des Ertrinkens damit erhöht wird.

Das Auftriebsmittel (Jacket, Tarier- und Rettungsweste, Rettungskragen) wird unverzüglich so weit angeblasen, dass eine vor dem Ertrinken sichere Lage erreicht, aber die Atemorgane und der Brustkorb des Verunfallten nicht behindert werden. Steht für das Füllen des Auftriebsmittels eine separate Druckluftflasche („Notflasche") oder eine CO_2-Patrone zur Verfügung, sollte vorzugsweise diese aktiviert und nicht auf den restlichen Atemluftvorrat in den Druckgasbehältern zurückgegriffen werden. Der Kopf des Verunfallten muss dabei immer überstreckt sein. Der Gewichtsgürtel oder andere Gewichtssysteme werden jetzt abgeworfen.

Der Lungenautomat sollte, falls er nicht ohnehin schon beim Aufstieg aus dem Mund war, jetzt aus dem Mund genommen werden. Dies hat mehrere Gründe. Zum einen wird der Einatemwiderstand des Lungenautomaten umgangen, und zum anderen ist ein eventueller technischer Defekt des Atemreglers zu vernachlässigen. Ein bewusstseinsklarer Taucher erfährt durch das Entfernen des Mundstücks außerdem psychischen Beistand. Sinngemäß ist mit Vollmasken zu verfahren. Bei rauer See ist jedoch abzuwägen, ob das Applizieren des Lungenautomaten besser wäre, um den Verunfallten vor Wasseraspiration zu schützen. Dies setzt natürlich einen noch ausreichenden Atemluftvorrat und die Funktion des Atemreglers voraus. Erst wenn die letzte Entscheidung getroffen wurde, kann das Tauchgerät des Verunfallten entweder abgeworfen werden oder am Taucher verbleiben.

Sporttaucher tauchen seit langer Zeit vorwiegend mit Jacket. Bei diesem System ist, anders als bei *kombinierten Tarier- und Rettungswesten* oder *Rettungskragen*, das Auftriebsmittel Bestandteil des Tauchgerätes (Trageschale). Dies hat zur Folge, dass man sich beim Ablegen des Tauchgerätes auch seines Auftriebs- respektive Rettungsmittels entledigt. Vor Abwurf des Gerätes ist aus diesem Grund unbedingt zu überlegen, ob die *vor dem Ertrinken sichere Lage* wirklich aufgegeben werden soll, oder es nicht sinnvoller ist, die Wegstrecke bis zum Land bzw. Boot mit Gerät zu schwimmen. Bei kurzer Distanz wird man ohne Diskussion das Tauchgerät am Taucher belassen. Dagegen macht bei weiterer Entfernung ein Ablegen mehr Sinn, weil die Zeitersparnis beim Transportschwimmen ohne Gerät erheblich ist.

Der Verunfallte wird nun vom Retter, der seinen Lungenautomaten gegen den Schnorchel tauscht, schwimmend an Land gezogen. Auf das Überstrekken des Kopfes ist zu achten. Steht ein weiterer Taucher zur Verfügung, sollte dieser nur dann schiebend zwischen den Beinen des Transportierten das Manöver unterstützen, wenn sicher ist, dass an Land bzw. im Boot das Notsignal aufgenommen und die Rettungskette *(→ Kap. IV – 3.7.2)* eingeleitet wurde. Andernfalls ist es vernünftiger, den Mittaucher an Land zu schicken, um einerseits den Notruf absetzen zu können und andererseits bei der Übernahme des Verunfallten an Land mitzuwirken.[84)]

Abb. IV – 3.5.1.5/1: Ziehender Transport des verunfallten Tauchers, Kopf ist überstreckt. Quelle: SCHAD

Eine andere Transportmöglichkeit ist das Schieben des Tauchpartners. Sie können dabei entweder am Oberarm oder an den Füßen des Partners ansetzen. Weil bei dieser Methode das Überstrecken des Kopfes nicht ausführbar ist, sollte diese Praktik nur bei bewusstseinsklaren, also z. B. erschöpften Tauchern angewandt werden.

Abb. IV – 3.5.1.5/2: Schiebender Transport des bewusstseinsklaren Tauchers. Quelle: SCHAD

Im knietiefen Wasser gilt es, den Taucher fachgerecht an Land zu bringen. Zwei Ratschläge werden dazu gegenwärtig von den Institutionen empfohlen:

1. Der Rettungsgriff nach RAUTEK zur Überwindung von kurzen Distanzen.
2. Der Schultergriff zur Überwindung längerer Distanzen.

Der von Herrn RAUTEK erfundene Griff ist ausschließlich für die Rettung eines Verunfallten gedacht, wenn unmittelbare Gefahr droht. Bei einem bewusstlosen Taucher sind die Voraussetzungen zur Anwendung damit grundsätzlich vorhanden. Der Ablauf wird wie folgt beschrieben: Der Oberkörper des Bewusstlosen wird unter Verwendung des Nackenhebels aufgerichtet und möglichst weit nach vorne gekippt. Unmittelbar darauf wird durch ein Knie, besser aber mit zwei Knien, der Körper des Verunfallten abgestützt. Mit den nun freien Händen greift der Helfer den Unterarm des Verunfallten, wie in *Abb. IV – 3.5.1.5/3* dargestellt, und zieht ihn an Land.

Abb. IV – 3.5.1.5/3: Rautek-Griff. Quelle: Schad

Der Rautek-Griff ist in den letzten Jahren (unbegründet) in Diskussion geraten.[131)] Ursächlich hierfür war ein Urteil des Landgerichts Duisburg vom 09.02.1993 (Az.: 1 O 58/91), wo der Betreiber des Rettungsdienstes verklagt wurde, weil seine Sanitäter eine an Knochenmetastasen erkrankte Patientin mit dem Rautek-Griff vom Krankenbett auf eine Trage umlagerten und eine Fraktur des Oberarmes der Patientin herbeiführten.[132)] Diese Situation ist aber nicht mit der Rettung aus dem unmittelbaren Gefahrenbereich, wie dies beim Tauchunfall im Wasser immer der Fall ist, vergleichbar. Der ärztliche Sachverständige führte anlässlich der Verhandlung auch aus, dass der Griff nur bei unmittelbarer Gefahr benutzt werden dürfte, wenn das Risiko der lebensbedrohlichen Lage größer ist als das des Griffes.[133)] Tragehilfen, wie sie für den Rettungsdienst bei bestimmten Indikationen für die qualifizierte Fürsorge ihrer Patienten angeboten werden,[134)] sind für die Belange des Tauchunfallmanagements nicht erforderlich.

Unabhängig davon weist Sefrin auf eine weitere Gefahr des Rautek-Griffes hin, die bisher zu wenig beachtet wurde.[135)] Durch das von Rautek beschriebene Verfahren mit dem Vorkippen des Oberkörpers kommt es zwangsläufig zu einer Anteflexion des Kopfes, was insbesondere bei Patienten mit einer möglichen Halswirbelsäulenverletzung eine echte Bedrohung darstellen kann. Aber selbst hier verneint der Autor die Anwendung des Griffes nicht, wenn die Situation als solche schon eine Lebensbedrohung ist. Allerdings sollte, so der Verfasser, bei Bewusstlosen in Zukunft von übertriebenen Schleuderbewegungen des Kopfes beim Aufrichten des Oberkörpers und auch vom beschriebenen Nackenhebel Abstand genommen werden. Im Sinne eines möglichen Schutzes der Halswirbelsäule sollte vielmehr der Kopf mit beiden Händen während des Aufrichtevorganges stabilisiert werden, wobei eine Bewegung des Kopfes beim Vorliegen einer Halswirbelsäulenverletzung nach rückwärts weniger gefährlich ist als nach vorwärts.

Die Problematik der Halswirbelsäulenverletzung kann beim Tauchunfall vernachlässigt werden, wenn unmissverständlich klar ist, dass dem Geschehen ein „normaler" Tauchgang vorausging. Ist die Lage nicht eindeutig, z. B. weil die Bewusstlosigkeit durch einen Sprung ins seichte Wasser verursacht worden sein könnte, so sind selbstverständlich die oben beschriebenen Hinweise zu beachten.

Beim *Schultergriff* gibt es zwei Varianten. Bei Variante A werden die Arme des Verunfallten über Kreuz gefasst, dann dreht sich der Retter wie beim Foxtrott unten durch und geht dabei kurz in die Knie. Jetzt wird der verunfallte Taucher mit gestreckten Armen auf den Rücken gezogen und im Huckepack an Land getragen. Bei Variante B fasst der Retter die Arme des Opfers und dreht sich selbst. Er geht ebenfalls kurz in die Knie, achtet darauf, dass sein Opfer nicht untergetaucht wird und zieht es quer über die Schulter. Die Variante B eignet sich besonders dann gut, wenn die zu gehende Distanz etwas länger ist oder z. B. über Treppen führt.

Abb. IV – 3.5.1.5/4: Schultergriff. Quelle: SCHAD

IV – 3.5.2
Sofortmaßnahmen

IV – 3.5.2.1
Lebensrettende Sofortmaßnahmen beim Erwachsenen

Einleitung

Mit dem Ziel einer Vereinheitlichung hat die *American Heart Association (AHA)* zusammen mit dem *European Resuscitation Council (ERC)* zuletzt im August 2000 gemeinsam mit anderen Fachgesellschaften internationale Leitlinien zur kardiopulmonalen Reanimation (CPR) erarbeitet. Diese sind durch das *International Liaison Committee on Resuscitation (ILCOR)* veröffentlicht worden.

Der Stellenwert der Basisreanimation ist in den letzten Jahren zu Gunsten von Defibrillation, Airwaymanagement und Applikation von Medikamenten stark in den Hintergrund gedrängt worden. So zeigten jüngere Untersuchungen ein schlechteres Outcome von Patienten, weil die Thoraxkompressionen viel zu häufig unterbrochen wurden.[136)]

Mit den neuen, am 29.11.2005 veröffentlichten ERC-Leitlinien wird versucht, diesem Trend entgegenzuwirken. Leitgedanke der neuen Empfehlungen ist die Erkenntnis, dass der durch Thoraxkompressionen aufgebaute passive Notkreislauf möglichst schnell und kontinuierlich aufrechterhalten wird. Priorität hat, dass ein Kreislaufstillstand möglichst schnell durch Feststellung der Bewusstlosigkeit erkannt wird. Auf die Pulskontrolle durch Laienhelfer wird gänzlich verzichtet, da sie zu viel Zeit beansprucht. Sie wird erst vom medizinischen Fachpersonal durchgeführt, das diese Maßnahme beherrscht.[137)]

Mit den neuen Leitlinien wurde der Versuch unternommen, die Algorithmen zur Behandlung von Personen mit Kreislaufstillstand in den meisten Situationen einfach, aber dennoch anwendbar zu machen. Der Helfer beginnt die Reanimation, wenn der Patient bewusstlos oder nicht ansprechbar ist und nicht normal atmet, wobei einzelne Schnapper ignoriert werden. Ein einheitliches Kompressions-Beatmungs-Verhältnis von **30:2** wird präklinisch vom einzelnen Helfer für Erwachsene wie Kinder verwendet (Ausnahme: Neugeborenes), wobei bei Kindern allerdings mit 5 Beatmungen begonnen wird. Dieses Verhältnis gilt auch grundsätzlich bei jeder Erwachsenenreanimation, hier entfällt aber die initiale Beatmung, und es wird direkt mit der Herzdruckmassage begonnen (Ausnahme: Beinahe-Ertrinken).

Hinter diesem einheitlichen Verhältnis steht die Absicht, die Ausbildung zu erleichtern, das Merken der Fertigkeiten zu fördern, die Zahl der Kompressionen zu steigern und die Unterbrechungen der Herzdruckmassage zu reduzieren. Sobald ein Defibrillator angeschlossen und ein defibrillierbarer Rhythmus erkannt ist, wird ein einzelner Schock abgegeben. Unabhängig vom nachfolgenden Rhythmus werden Thoraxkompressionen und Beatmung für **2 min** im Verhältnis **30:2** unverzüglich wieder aufgenommen, um die No-flow-Zeiten zu minimieren.[138)]

Kernziel der neuen Leitlinien ist, die Unterbrechungen der Herzdruckmassage zu minimieren. Wenn die Thoraxkompressionen stoppen, fällt der koronare Blutfluss dramatisch ab. Bei Wiederaufnahme der Thoraxkompressionen sind mehrere Kompressionen nötig, um den koronaren Blutfluss wieder auf sein Ausgangsniveau zu bringen. Aktuelle Veröffentlichungen beweisen, dass unnötige Unterbrechungen der Herzdruckmassage innerklinisch wie außerklinisch häufig vorkommen. Ausbilder für die Reanimation müssen entsprechend besonderes Gewicht auf die Minimierung der Unterbrechungen der Herzdruckmassage legen.

Besonderheiten bei Ertrinkungsopfern

Sowohl Beatmung als auch Thoraxkompression sind wichtig, wenn sich bei Patienten nach einem Kreislaufstillstand die Sauerstoffreserven erschöpfen. Dies ist etwa 4–6 min nach Kollaps durch Kammerflimmern der Fall.

Zur Verbesserung des Outcomes (Ergebnisses) von Patienten nach Beinahe-Ertrinken sollen daher vor der Thoraxkompression **5 initiale Beatmungen** durchgeführt werden. Ist der Helfer alleine, soll er **1 min CPR** ausführen, bevor er Hilfe holt. Diese Modifikation sollte nur an Personen vermittelt werden, die eine Garantenstellung haben, sich um potenzielle Ertrinkungsopfer zu kümmern (z. B. Rettungsschwimmer).[139)]

Beinahe-Ertrinken ist leicht zu erkennen. Für einen Laien kann es dagegen schwierig sein zu bestimmen, ob ein Herzstillstand direktes Resultat eines Traumas (Verletzung) oder einer Intoxikation (Vergiftung) ist. Diese Patienten sollten daher entsprechend dem nachfolgend näher beschriebenen Standardablauf behandelt werden.

Stellenwert der Defibrillation

Unter *Defibrillation* versteht man den Durchgang einer Strommenge durch das Myokard (Herz), die ausreicht, eine kritische Myokardmasse zu depolarisieren, und dadurch die Wiederherstellung einer geordneten elektrischen Aktivität ermöglicht. Die Defibrillation wird als Beendigung des Flimmerns definiert, oder – genauer gesagt – als das Fehlen von Kammerflimmern/Tachykardie (VF/VT) 5 Sekunden nach der Abgabe des elektrischen Schocks. Das Ziel eines Defibrillationsversuches ist die Wiederherstellung eines spontanen Kreislaufs.[140)]

Die dazu notwendigen Apparate, die *Automatisierten externen Defibrillatoren (AED)* sind hoch entwickelte, verlässliche computergestützte Geräte, die sowohl durch akustische als auch visuelle Anweisungen Laienhelfer und medizinisches Personal zum sicheren Defibrillationsversuch bei Patienten mit Kreislaufstillstand anleiten. Technische Fortschritte, insbesondere im Hinblick auf Batteriekapazität und Software zur Analyse von Arrhythmien, haben die Massenproduktion von relativ billigen, sicheren und einfach zu bedienenden Defibrillatoren ermöglicht. Für die Etablierung solcher Geräte in Tauchergruppen wird neuerdings sowohl im professionellen als auch im Freizeitbereich zunehmend geworben, wenngleich ihr Einsatz differenziert zu bewerten ist (→ *Kap. IV – 3.5.3*).[141)] [142)] [143)]

Obwohl die bisherigen Leitlinien die sofortige Defibrillation für alle der Schockbehandlung zugänglichen Rhythmen empfohlen haben, gibt es neuerdings Hinweise dafür, dass nach längerem Kreislaufstillstand vor der Defibrillation eine Herz-Lungen-Wiederbelebung über eine gewisse Zeit von Vorteil sein könnte. In klinischen Studien, in denen die Reaktionszeiten (Zeit bis zum Eintreffen beim Patienten) mehr als 4–5 min betrugen, wurde vom Rettungsdienst vor der Defibrillation über 1,5–3 min Herz-Lungen-Wiederbelebung (CPR) durchgeführt. Im Vergleich zur sofortigen Defibrillation konnte mit dieser Strategie bei Erwachsenen nach außerklinischem Kreislaufstillstand [in Folge von Kammerflimmern oder Kammertachykardie (Herzrhythmusstörungen)] häufiger ein spontaner Kreislauf wiederhergestellt werden. Des Weiteren wurden die Krankenhausentlassungsrate sowie die 1-Jahres-Überlebensrate verbessert.

Bei einem Kreislaufstillstand über längeren Zeitraum (> 5 min) wird daher in den aktuellen ERC-Leitlinien empfohlen, vor der Defibrillation etwa **2 min Herz-Lungen-Wiederbelebung** durchzuführen.

Defibrillation und Anwendung von O_2

In einer mit Sauerstoff angereicherten Atmosphäre kann der Funkenschlag von unsachgemäß angewendeten Klebeelektroden einen Brand auslösen. Es existieren mehrere Berichte über derart verursachte Brände, meistens erlitt der Patient dabei erhebliche Verbrennungen.[140)] Um die Brandgefahr bei der obligatorischen Sauerstoffbeatmung eines verunfallten Tauchers zu verringern, wird empfohlen, die Sauerstoffmaske vom Taucher während der Defibrillation zu entfernen und in einer Entfernung von **mindestens 1 Meter** von der Brust des Patienten abzulegen. Wird mit einem Beutel beatmet, sollte dieser vom Trachealtubus oder anderen Atemwegshilfen dekonnektiert werden und ebenfalls aus dem Umkreis von mindestens 1 m von der Brust des Patienten entfernt werden.

Ablauf der Maßnahmen

Im Folgenden wird der Ablauf der lebensrettenden Basismaßnahmen [**Basic Life Support (BLS)**] zur Aufrechterhaltung freier Atemwege sowie zur Unterstützung von Atmung und Kreislauf ohne Gebrauch von Ausrüstung, abgesehen von schützenden Beatmungshilfen (→ *Kap. IV – 3.5.2.5*), geschildert.

Dieser Abschnitt enthält die Leitlinien für Erwachsenen-BLS durch Laienhelfer und für den Gebrauch eines automatisierten externen Defibrillators (AED).

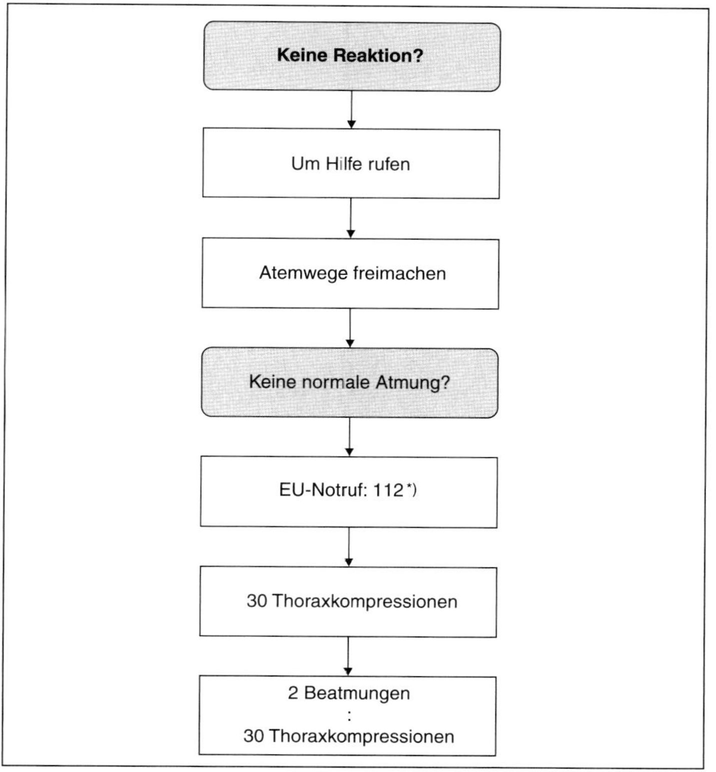

Abb. IV – 3.5.2.1/1: Algorithmus für die lebensrettenden Basismaßnahmen bei Erwachsenen
Quelle: European Resuscitation Council (ERC)

---

* Bis zur endgültigen Einführung der einheitlichen Notrufnummer 112 innerhalb der EU wird auf die länderspezifischen Abweichungen hingewiesen (z. B.: Österreich und Schweiz = 144, regional in D = 19222).

❶ Vergewissern Sie sich, dass Taucher und Anwesende nicht gefährdet sind.

❷ Prüfen Sie, ob der Taucher reagiert.

✓ Schütteln Sie ihn leicht an den Schultern, und fragen Sie laut: „Geht es Ihnen gut?“ *(→ Abb. IV – 3.5.2.1/2)*

Abb. IV – 3.5.2.1/2: Prüfen Sie, ob der Taucher reagiert

❸ Wenn er reagiert, …

✓ entfernen Sie die Ausrüstung des Tauchers, soweit notwendig. Öffnen Sie die Jacke des Nasstauchanzuges, und nehmen Sie eventuell die Kopfhaube ab. Bei Trockentauchanzügen öffnen Sie das Oberteil bis zu den Rippenbögen. Schneiden Sie enge Halsmanschetten bei Bedarf auf,

✓ lassen Sie ihn in der Lage, in der Sie ihn aufgefunden haben, vorausgesetzt, dass keine weitere Gefahr besteht,

✓ versuchen Sie herauszufinden, was mit ihm los ist, und holen Sie Hilfe, falls erforderlich,

✓ überprüfen Sie ihn erneut regelmäßig.

❹ Wenn er **nicht** reagiert, …

✓ rufen Sie um Hilfe,

- ✓ entfernen Sie die Ausrüstung des Tauchers, soweit notwendig. Öffnen Sie die Jacke des Nasstauchanzuges, und nehmen Sie eventuell die Kopfhaube ab. Bei Trockentauchanzügen öffnen Sie das Oberteil bis zu den Rippenbögen. Schneiden Sie enge Halsmanschetten bei Bedarf auf,
- ✓ drehen Sie den Patienten auf den Rücken, und machen Sie dann den Atemweg durch Überstrecken des Halses und Anheben des Kinns frei,
- ✓ legen Sie Ihre Hand auf seine Stirn, und ziehen Sie seinen Kopf leicht nach hinten, wobei Ihr Daumen und Zeigefinger frei bleiben sollten, um seine Nase verschließen zu können, falls eine künstliche Beatmung erforderlich wird,
- ✓ heben Sie mit Ihren Fingerspitzen das Kinn des Patienten an, um den Atemweg frei zu machen *(→ Abb. IV – 3.5.2.1/3)*.

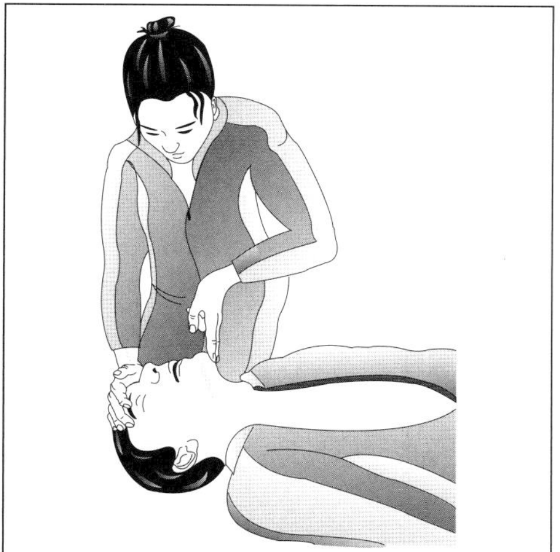

Abb. IV – 3.5.2.1/3: Hals überstrecken und Kinn anheben

❺ Sehen, hören und fühlen Sie nach normaler Atmung.

✓ Sehen Sie nach Bewegungen des Brustkorbes,

✓ hören Sie am Mund des Tauchers nach Atemgeräuschen,

✓ fühlen Sie nach einem Luftstrom an Ihrer Wange *(→ Abb. IV – 3.5.2.1/4)*.

Während der ersten wenigen Minuten nach einem Kreislaufstillstand ist es möglich, dass ein Patient kaum atmet oder nur vereinzelte, geräuschvolle Atemzüge macht. Verwechseln Sie dies nicht mit normaler Atmung. Sehen, hören und fühlen Sie **nicht länger als 10 Sekunden,** um festzustellen, ob der Patient normal atmet. Wenn Sie irgendwelche Zweifel haben, dass die Atmung normal ist, dann handeln Sie so, als sei sie nicht normal.

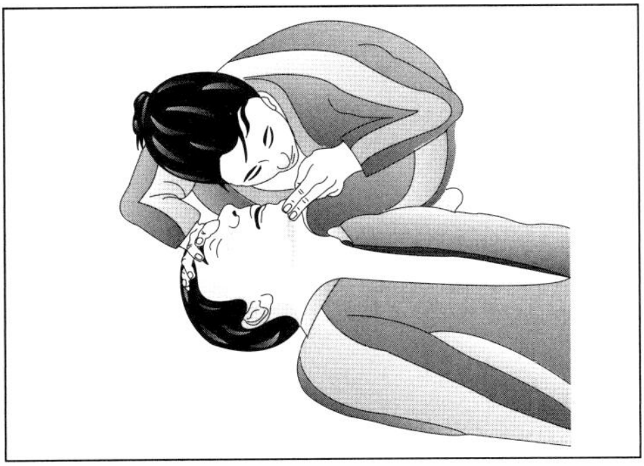

Abb. IV – 3.5.2.1/4: Sehen, hören und fühlen Sie nach normaler Atmung

❻ Falls der Taucher normal atmet, ...

✓ bringen Sie ihn in die stabile Seitenlage *(→ Kap. IV – 3.5.2.2)*,

✓ schicken Sie jemanden, oder gehen Sie selbst, um Hilfe zu holen oder den Rettungsdienst zu alarmieren,

✓ prüfen Sie auf kontinuierliche Atmung.

❼ Falls der Taucher **nicht** normal atmet, ...

- ✓ schicken Sie jemanden um Hilfe oder, falls Sie allein sind, verlassen Sie den Taucher, und alarmieren Sie den Rettungsdienst,
- ✓ gehen Sie zurück, und beginnen Sie wie folgt mit der Herzdruckmassage:
- ✓ knien Sie seitlich am Taucher,
- ✓ legen Sie den Ballen einer Hand auf die Mitte der Brust des Tauchers,
- ✓ legen Sie den Ballen Ihrer anderen Hand auf die erste Hand,
- ✓ verschränken Sie die Finger Ihrer Hände und vergewissern Sie sich, dass der Druck nicht auf die Rippen des Tauchers ausgeübt wird *(→ Abb. IV – 3.5.2.1/5)*,
- ✓ üben Sie keinerlei Druck auf den Oberbauch oder das untere Ende des Brustbeins aus,
- ✓ bringen Sie sich senkrecht über den Brustkorb des Tauchers und drücken Sie mit gestreckten Armen das Brustbein um 4–5 cm nach unten *(→ Abb. IV – 3.5.2.1/6)*,
- ✓ entlasten Sie nach jeder Kompression den ganzen Druck auf den Brustkorb, ohne den Kontakt zwischen Ihren Händen und dem Brustbein zu verlieren,
- ✓ wiederholen Sie dies mit einer Rate von rund 100 pro Minute (etwas weniger als 2 Kompressionen pro Sekunde),
- ✓ Druck und Entlastung sollten gleich lang sein.

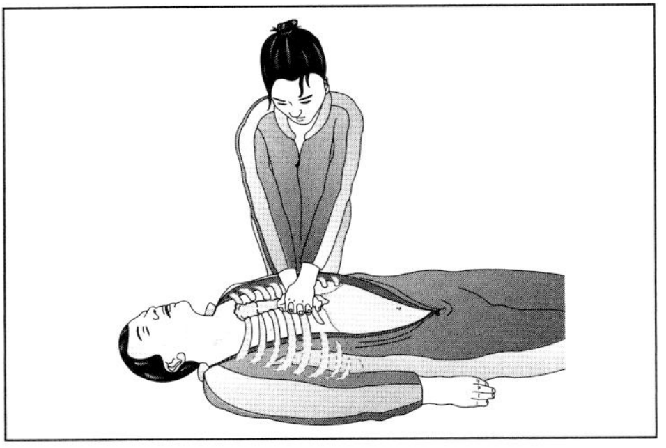

Abb. IV – 3.5.2.1/5: Platzieren der Handballen auf die Mitte der Brust und Verschränken der Finger zur Vermeidung eines Drucks auf die Rippen

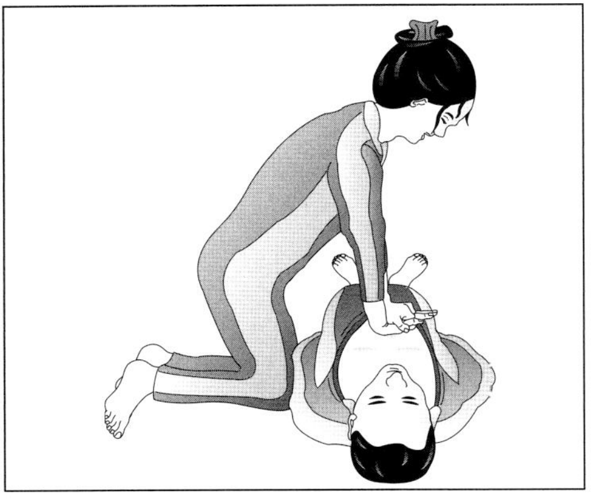

Abb. IV – 3.5.2.1/6: Drücken Sie das Brustbein um 4–5 cm nach unten

❽ Kombinieren Sie die Herzdruckmassage mit künstlicher Beatmung.

- ✓ Machen Sie nach **30 Kompressionen** wieder den Atemweg durch Überstrecken des Halses und Anheben des Kinns frei,
- ✓ verschließen Sie mit Daumen und Zeigefinger Ihrer auf der Stirn liegenden Hand die Nase,
- ✓ erlauben Sie, dass sich der Mund öffnet, aber heben Sie weiterhin das Kinn an *(→Abb. IV – 3.5.2.1/7)*,
- ✓ atmen Sie normal ein, und legen Sie Ihre Lippen um den Mund des Tauchers, wobei auf eine gute Abdichtung zu achten ist *(→Abb. IV – 3.5.2.1/8)*,
- ✓ blasen Sie gleichmäßig in den Mund, achten Sie währenddessen darauf, dass sich der Brustkorb wie bei der normalen Atmung in rund einer Sekunde hebt; dies ist eine effektive künstliche Beatmung,
- ✓ während Sie den Hals überstreckt und das Kinn angehoben halten, nehmen Sie Ihren Mund von dem des Tauchers und beobachten Sie, wie sich der Brustkorb bei Entweichen der Luft senkt *(→Abb. IV – 3.5.2.1/9)*.

Abb. IV – 3.5.2.1/7: Öffnen Sie den Mund des Tauchers leicht, aber lassen Sie das Kinn dabei angehoben

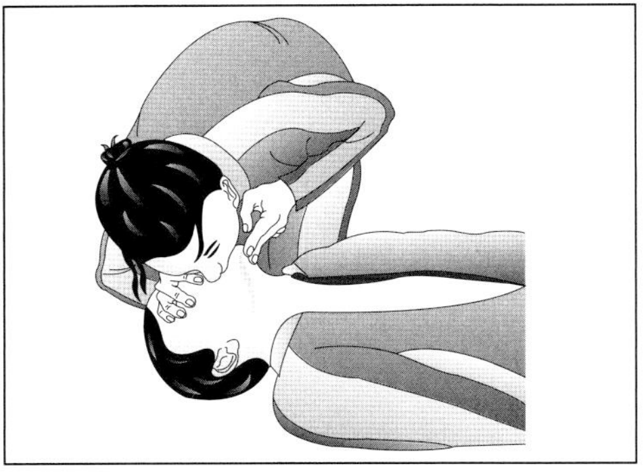

Abb. IV – 3.5.2.1/8: Atmen Sie die Luft während etwa 1 Sekunde gleichmäßig in seinen Mund aus (keine schnelle oder kräftige Beatmung), beobachten Sie dabei den Brustkorb

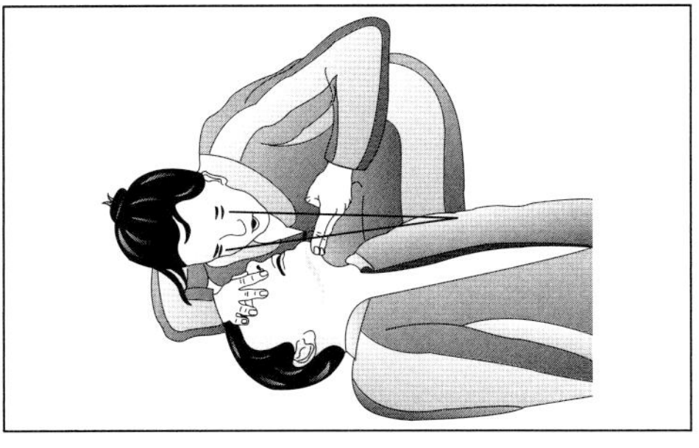

Abb. IV – 3.5.2.1/9: Heben Sie Ihren Mund von dem des Tauchers ab, und beobachten Sie, wie sich der Brustkorb senkt, wenn die Luft entweicht

- ✓ Atmen Sie erneut normal ein, und blasen Sie noch einmal in den Mund des Patienten, um insgesamt **2 effektive Beatmungen** zu erzielen.
- ✓ Legen Sie dann ohne Verzögerung Ihre Hände auf die korrekte Stelle auf dem Brustbein und führen Sie **weitere 30 Thoraxkompressionen** durch,
- ✓ fahren Sie mit Thoraxkompressionen und Beatmungen im Verhältnis von **30:2** fort,

- ✓ unterbrechen Sie nur, um den Taucher erneut zu untersuchen, falls er wieder normal zu atmen beginnt, unterbrechen Sie ansonsten die Reanimation nicht.

Falls sich bei Ihrer ersten Beatmung der Brustkorb nicht wie bei einer normalen Atmung anhebt, gehen Sie vor dem nächsten Versuch folgendermaßen vor:

- ✓ überprüfen Sie den Mund des Tauchers, und entfernen Sie mögliche Behinderungen *(Abb. IV – 3.5.2.1/**10**)*,
- ✓ vergewissern Sie sich, dass der Hals ausreichend überstreckt und das Kinn angehoben ist,
- ✓ führen Sie jedes Mal höchstens 5 Beatmungsversuche durch, bevor Sie wieder die Herzdruckmassage aufnehmen.

Falls **mehr als ein Helfer** anwesend ist, sollte man sich alle 1–2 min in der Reanimation abwechseln, um Ermüdungen vorzubeugen. Stellen Sie sicher, dass es beim Helferwechsel nur zu minimaler Verzögerung kommt.

Obwohl die Kombination von Thoraxkompression und Ventilation (Beatmung) die bessere Reanimationsmethode darstellt, sollen Laienhelfer dazu ermutigt werden, die CPR wenigstens mit der Herzdruckmassage durchzuführen, falls sie nicht in der Lage oder nicht willens sind (z. B. Ekel, Angst vor Infektion etc.), eine künstliche Beatmung anzuwenden.

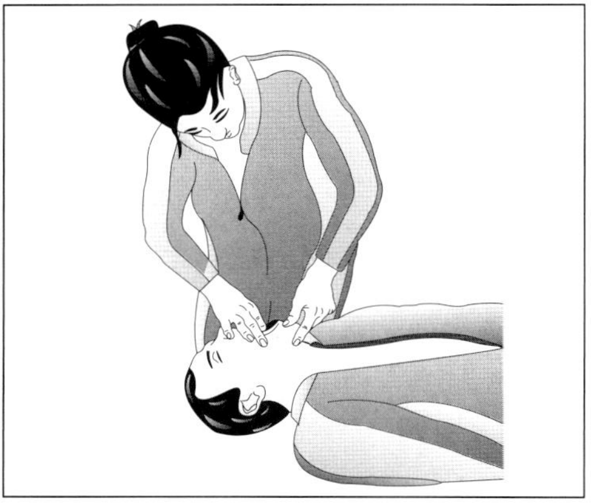

*Abb. IV – 3.5.2.1/**10**: Überprüfen Sie den Mund auf Fremdkörper*

Ablauf beim Gebrauch eines AED

Der Ablauf bei Anwendung eines AED ist in *Abb. IV – 3.5.2.1/**11*** dargestellt.

- ✓ Vergewissern Sie sich, dass Sie, der Taucher und ggf. andere Taucher nicht gefährdet sind.
- ✓ Falls der Taucher nicht ansprechbar ist und nicht normal atmet, schicken Sie jemanden, den AED zu holen und den Rettungsdienst zu alarmieren.
- ✓ Beginnen Sie entsprechend den BLS-Leitlinien mit CPR.
- ✓ Sobald der AED verfügbar ist:
  - schalten Sie den Defibrillator ein, und bringen Sie nach Abtrocknen der Haut im Klebebereich die Klebeelektroden an. Falls mehr als ein Helfer anwesend ist, sollte die CPR währenddessen fortgesetzt werden,
  - folgen Sie den visuellen bzw. Sprachanweisungen,

- stellen Sie sicher, dass niemand den Taucher berührt, während der AED den Rhythmus analysiert.

✓ Falls ein Schock indiziert ist:

- stellen Sie sicher, dass niemand den Taucher berührt,
- drücken Sie den Auslöseknopf entsprechend der Anweisung (vollautomatische AEDs geben den Schock automatisch ab),
- fahren Sie fort, wie es die visuellen bzw. Sprachanweisungen vorgeben.

✓ Falls kein Schock indiziert ist:

- nehmen Sie unverzüglich die CPR-Maßnahmen wieder auf, mit einem Verhältnis von 30 Kompressionen zu 2 Beatmungen,
- fahren Sie fort, wie es die visuellen bzw. Sprachanweisungen vorgeben.

✓ Folgen Sie weiterhin den Anweisungen des AED, bis:

- qualifizierte Hilfe eintrifft und den Patienten übernimmt,
- der Patient normal zu atmen beginnt,
- Sie erschöpft sind.

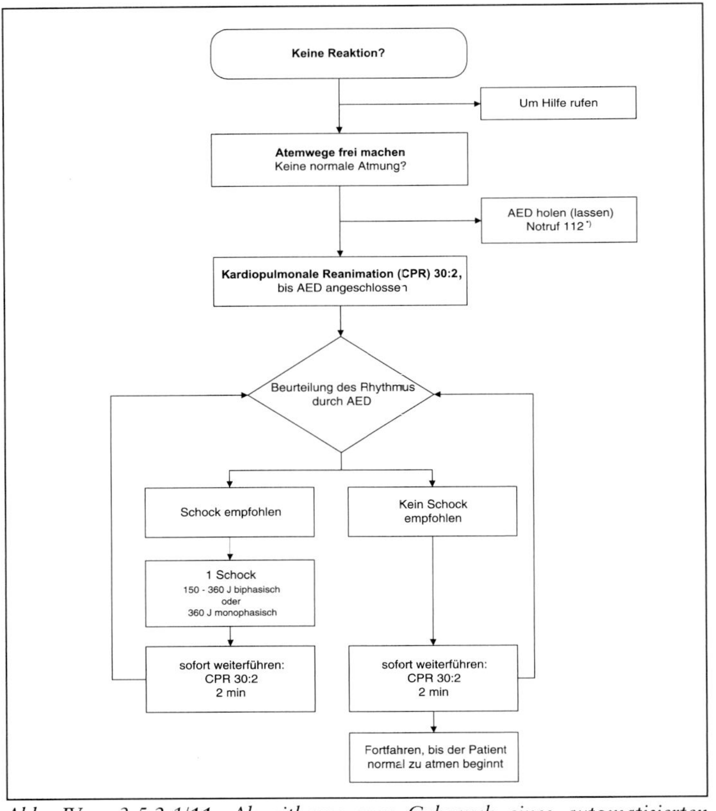

*Abb. IV – 3.5.2.1/**11**: Algorithmus zum Gebrauch eines automatisierten externen Defibrillators (AED)*

*) Bis zur endgültigen Einführung der einheitlichen Notrufnummer 112 innerhalb der EU wird auf die länderspezifischen Abweichungen hingewiesen (z. B.: Österreich und Schweiz = 144, regional in D = 19222).

IV – 3.5.2.2
Lagerung

Die flache Rückenlagerung für verunfallte Taucher **bei Bewusstsein** gilt derzeit als generelle Empfehlung. Die korrekte Lagerung eines bewusstlosen Tauchers mit Verdacht auf Dekompressionsunfall ist die stabile Seitenlage. Der Taucher sollte auch in dieser Situation flach gelagert werden.[144)]

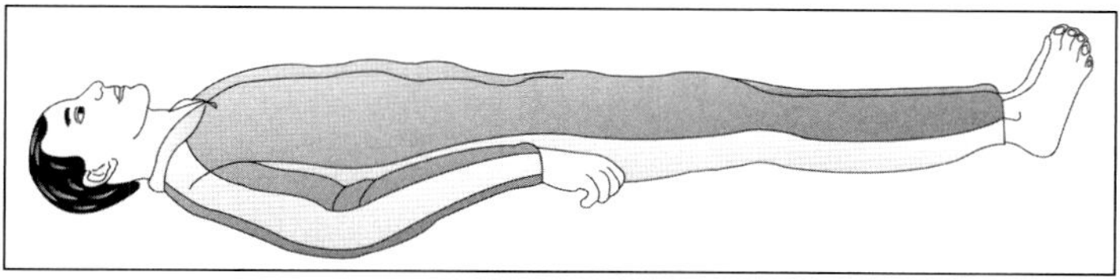

*Abb. IV – 3.5.2.2/1: Lagerung eines **bewusstseinsklaren** Tauchers nach Tauchunfall*

In geringfügiger Abweichung dazu empfehlen manche Taucherärzte, Taucher, die bei Bewusstsein sind, eventuell mit leicht erhöhtem Kopf zu lagern. Sie begründen diese Maßnahme mit einer psychischen Stabilisierung des Tauchers, da er so seine Situation besser überblicken könne. Gegen eine ausgeprägte Beugung der Halswirbelsäule spricht das Risiko einer Abflussbehinderung für das venöse Blut aus der Kopfregion.

Die Kopf-Tief- und Bein-Hochlagerung nach TRENDELENBURG wurde bis in die 90er Jahre von verschiedenen Organisationen auch für die Erste Hilfe bei Dekompressionsunfällen propagiert. Da sie bei längerer Anwendung die Entwicklung eines *Hirnödems* begünstigt, wird sie heute **nicht mehr empfohlen.**

Zur **stabilen Seitenlagerung** gibt es unterschiedliche Empfehlungen. Eine einheitliche Regelung innerhalb Europas besteht zurzeit nicht. Zusammenhänge zwischen einer Links- oder Rechts-Seitenlage und der Symptomentwicklung scheint es nicht zu geben. Bei einem Pneumothorax oder Verdacht auf Pneumothorax empfiehlt sich allerdings die Lagerung auf der betroffenen Seite, um die Ventilation der intakten Lunge nicht zusätzlich zu erschweren.[144)] Unabhängig davon empfiehlt die BLS und AED Working Group des ERC, darauf zu achten, dass ein freiwilliger Proband beim Üben nicht länger als ein paar Minuten in dieser Position belassen werden sollte. Sollte ein Taucher länger als 30 min in stabiler Seitenlage liegen, so sollte er auf die Gegenseite gedreht werden.

Ablaufplan

- Entfernen Sie die Ausrüstung des Tauchers. Der Tauchanzug sollte zur Vermeidung von Wärmeverlusten nicht ausgezogen werden. Enge Halsmanschetten (z. B. bei Trockentauchanzügen) sind bei Bedarf aufzuschneiden.
- Knien Sie sich neben den Taucher, und stellen Sie sicher, dass beide Beine ausgestreckt sind.
- Öffnen Sie die Atemwege durch Überstrecken des Kopfes und Anheben des Kinns.

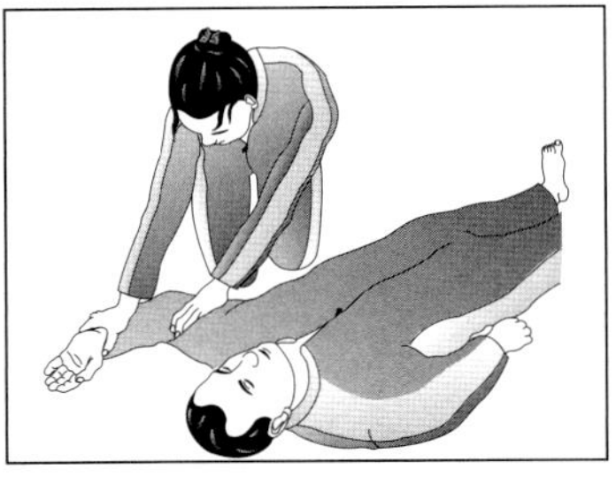

Abb. IV – 3.5.2.2/2: Platzieren Sie den Arm, der Ihnen am nächsten ist, in einem rechten Winkel zum Körper des Tauchers, der Ellenbogen sollte gebeugt sein und die Handfläche nach oben zeigen.

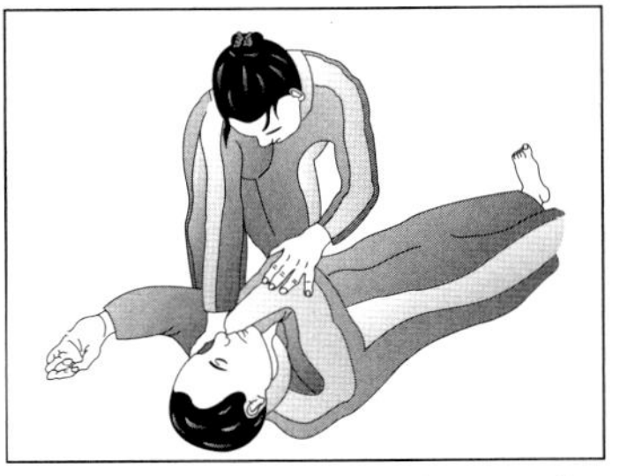

Abb. IV – 3.5.2.2/3: Holen Sie den entfernten Arm über den Brustkorb und halten Sie den Handrücken gegen die nächste Wange des Tauchers.

- Platzieren Sie den Arm, der Ihnen am nächsten ist, in einem rechten Winkel zum Körper des Tauchers, der Ellenbogen sollte gebeugt sein und die Handfläche nach oben zeigen.
- Holen Sie den entfernten Arm über den Brustkorb und halten Sie den Handrücken gegen die nächste Wange des Tauchers.

- Mit Ihrer anderen Hand greifen Sie das entfernte Bein oberhalb des Knies und ziehen es zu sich; der Fuß bleibt auf dem Boden.
- Indem die Hand des Tauchers gegen seine Wange gepresst bleibt, ziehen Sie am Bein und rollen Sie den Patienten herüber auf die Seite.
- Sichern Sie das obere Bein, so dass beide Hüften und Knie im rechten Winkel gebeugt sind.
- Überstrecken Sie den Kopf und sichern Sie die Atemwege.
- Sichern Sie die Hand unter der Wange wenn nötig, um den Kopf übergestreckt zu halten.
- Überprüfen Sie die Atmung in regelmäßigen Abständen.

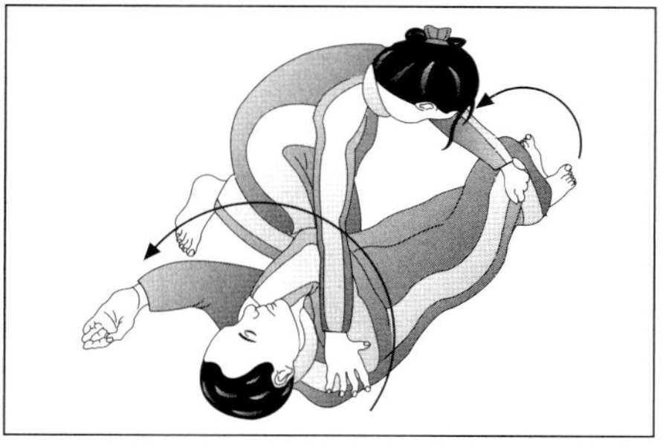

Abb. IV – 3.5.2.2/4: Mit Ihrer anderen Hand greifen Sie das entfernte Bein oberhalb des Knies und ziehen es zu sich; der Fuß bleibt auf dem Boden

IV – 3.5.2.3
Wann Hilfe holen?

Es ist essenziell für die Helfer, zusätzliche Hilfe so schnell wie möglich herbeizuholen.

✓ Wenn mehr als ein Helfer anwesend ist, sollte der eine mit der Reanimation beginnen, während der andere Hilfe herbeiholt.

✓ Wenn der Helfer alleine ist, muss er entscheiden, ob er mit der Reanimation beginnt oder zuerst Hilfe herbeiholt. Diese Entscheidung wird beeinflusst durch die Verfügbarkeit des Rettungsdienstes und durch lokale Gegebenheiten. Nach Beinahe-Ertrinken kann das Outcome des Tauchers verbessert werden, wenn vor dem Holen von

Hilfe 5 initiale Beatmungen und 1 min CPR durchgeführt werden.[139)]

✓ Wenn es sich um einen Erwachsenen handelt und die Ursache der Bewusstlosigkeit nicht in Verletzungen oder Beinahe-Ertrinken liegt, sollte der Helfer annehmen, dass der Taucher ein Herzproblem hat und sofort Hilfe herbeiholen, sobald feststeht, dass der Taucher nicht atmet.

Die effizienteste Art, Hilfe zu holen, ist zweifelsohne der Einsatz des Mobiltelefons, da hier quasi parallel zur Reanimation ein Notruf abgesetzt werden kann, ohne den verunfallten Taucher zu verlassen (→ *Kap. IV – 3.7.2.1.2*).

IV – 3.5.2.4
Wiederbelebung mit zwei Helfern

Die bisherige Lehrmeinung lautete, bei der Ausbildung von Ersthelfern (Laien) in der HLW auf die „Zwei-Helfer-Methode" zu verzichten und sie nur im professionellen und ggf. im semiprofessionellen Bereich (Rettungsschwimmer, Einsatz- und Feuerwehrtaucher etc.) zu lehren.[90)] [91)]

Im Zuge der neuen ERC-Leitlinien muss diese herrschende Auffassung relativiert werden, denn das gegenwärtige Beatmungs- und Thoraxkompressionsverhältnis (30:2) würde den mit der Kompression hantierenden Helfer sehr beanspruchen, während der andere Helfer mit jeweils 2 Beatmungen mehr oder weniger geruhsam beschäftigt ist. Die neue Strategie lautet daher, stets die „Ein-Helfer-Methode" zu praktizieren, auch wenn zwei Helfer anwesend sind. Um Ermüdungen vorzubeugen, sollten sie sich – je nach Kondition – alle 1–2 Minuten abwechseln.

Beim Helferwechsel ist auf eine minimale Verzögerung zu achten. Sinnvollerweise positioniert sich der ablösende Helfer bereits mit seinem Handballen auf dem Brustkorb des Patienten, während der abzulösende Helfer seine 2 Beatmungen ausführt.

Die Bedeutung von frühzeitigen Thoraxkompressionen ohne Unterbrechung wird in den neuen ERC-Leitlinien durchgehend hervorgehoben. In der Praxis ist es oft schwierig, den exakten Zeitpunkt des Kreislaufstillstands zu ermitteln. Ganz allgemein sollte die HLW so früh wie möglich begonnen werden.

Beim Einsatz eines AED soll der Helfer, der die Thoraxkompressionen durchführt, die Kompressionen nur für die Zeit der Rhythmusanalyse und während der Abgabe des Schocks unterbrechen und darauf vorbereitet sein, sofort nach Schockabgabe die Thoraxkompressionen wieder fortzusetzen.

Wenn zwei Helfer vor Ort sind, soll der den AED bedienende Helfer die Elektroden unter laufender HLW am Thorax anbringen. Er muss ferner darauf vorbereitet sein, den Schock sofort nach der Rhythmusanalyse und Aufforderung zur Schockabgabe durchzuführen, wobei er darauf achten muss, dass keiner der Helfer den Patienten berührt.

IV – 3.5.2.5
Beatmungshilfen, Beatmungsphantome

Für die Breitenausbildung werden Beatmungshilfen, z. B. in Form einer Maske, nicht empfohlen.[90)] Von den Autoren wird angeführt, dass die Einführung einer Beatmungshilfe den Unterricht kompliziert und eventuell dazu führt, dass ohne dieses Hilfsmittel eine HLW nicht durchgeführt wird. Das Deutsche Rote Kreuz hat 1988 eine Studie über die Anwendungsmöglichkeiten von Beatmungshilfen im Rahmen der Atemspende durch Laien in Auftrag gegeben. Die Ergebnisse dieser Studie wurden wie folgt zusammengefasst:[145)]

„Derzeit können keine von den am Markt befindlichen Beatmungshilfen für die Anwendung bei der Atemspende durch Laien-/Ersthelfer empfohlen werden, da

1. invasive Beatmungshilfen (Tuben) u. a. ein potentielles Verletzungsrisiko für den zu Beatmenden in sich bergen,
2. Masken u. a. grundsätzlich die Zwei-Helfer-Methode voraussetzen, um eine wirksame Beatmung zu gewährleisten,
3. Beatmungstücher/-folien u. a. während der Beatmung durchfeuchten und daher keinen Schutz vor HIV-Infektionen bieten können.

Darüber hinaus setzen invasive Beatmungshilfen und Masken intensive Übungen und Erfahrung im Umgang und der Handhabung voraus. Beides ist bei Laien-/Ersthelfern nicht grundsätzlich gewährleistet."

Von ROSSI und KOCH wurden die Ergebnisse der Studie in vielen Einzelheiten veröffentlicht.[146)] Zur Abschätzung der Eignung von Beatmungshilfen im praktischen Einsatz teilten die Autoren das Kollektiv in drei Anwendergruppen ein und gaben folgende – für die Belange der Taucher vom Verfasser modifizierte – Empfehlungen:

1. Sporttaucher

   „Die größte Gruppe stellen die sogenannten Laien-/Ersthelfer dar, die nach Absolvierung einer Ausbildung (Lebensrettende Sofortmaßnahmen, Erste Hilfe) das Hilfsmittel mitführen oder z. B. in einem Verbandkasten bereithalten und nach Eintritt eines Notfalls sofort einsetzen sollen. Ein für diese Gruppe zu empfehlendes Gerät muß primär die Kriterien der Sicherheit für Helfer und Patienten erfüllen.

   So soll die Anwendung einer Beatmungshilfe möglichst einfach und effektiv sein. Alle invasiv einzusetzenden Hilfsmittel scheinen ungeeignet. Maskensysteme sind nur bedingt einsetzbar, da sie erhebliche Anforderungen an ihre Handhabung stellen und nur vom Kopfende des Patienten aus effektiv angewendet werden können. Hier scheinen sich prinzipiell Beatmungsfolien am besten zu eignen.

2. Tauchlehrer, Feuerwehr- und Rettungstaucher

   Als zweite Gruppe lassen sich sogenannte Berufshelfer, wie Krankenschwestern, Arzthelferinnen, Rettungssanitäter, Bademeister, Feuerwehrleute, Polizeibeamte usw. definieren, die über eine bessere Ausbildung verfügen und gleichzeitig mit höherer Wahrscheinlichkeit mit akuten Notfallsituationen konfrontiert werden. Hier könnten eher auch solche Instrumente empfohlen werden, deren Einsatz in den Händen von Ersthelfern wahrscheinlich nicht effektiv oder mit gewissen Risiken behaftet sein könnte. Auch etwas sperrigere Hilfsmittel kämen in Betracht.

   Neben den noch zu entwickelnden Beatmungsfolien bzw. Beatmungstüchern wäre hier der Einsatz adäquat gestalteter Maskensysteme zu diskutieren. Zusätzlich wäre auch die Anwendung von modifizierten Guedel-Tuben, die entsprechende Anforderungen erfüllen müssen, denkbar. Dabei bleibt aber die Gefahr einer versehentlichen Falschanwendung mit Zurückdrängen der Zunge und Atemwegsobstruktionen relevant.

Zu beachten bleibt, daß beim Einsatz von Masken und Tuben die Position des Helfers am Kopf des Patienten sein muß, um eine effiziente Beatmung zu gewährleisten. Dies ist aber nicht bei einer Reanimation unter Anwendung der Ein-Helfer-Methode gewährleistet."

Auf die Darstellung der dritten Gruppe, das ärztliche Personal, kann hier verzichtet werden.

Die Ergebnisse dieser Studie und das Infektionsrisiko mit HIV *(→ Kap. IV – 3.4.3)* bei der Atemspende haben letztendlich dazu geführt, dass die Verwendung von Beatmungshilfen z. B. bei „halbprofessionellem Personal" zu erwägen ist.[90)]

In einem aktuellen umfangreichen Anwendertest des „Rettungs-Magazins" und des DRK-Bildungszentrums Düsseldorf wurden mit 810 Testpersonen neun unterschiedliche Beatmungshilfen erprobt. Ziel war es, Aufschluss darüber zu geben, inwieweit Beatmungshilfen problemlos und ohne weitere Anleitung von Laien einzusetzen sind. Die Testreihe stellte insofern eine sinnvolle Ergänzung zu den umfangreichen Experimenten von 1988 dar, wobei jetzt festgestellt wurde, dass viele Untersuchungsergebnisse aus dem Jahre 1988 in die Weiterentwicklung der Produkte eingeflossen sind.[358)]

Folgende Hersteller bzw. Produkte wurden bei den Testreihen berücksichtigt:

- Ambu (Deutschland) GmbH, 61169 Friedberg: *Res-Cue Taschenmaske*
- Ambu (Deutschland) GmbH, 61169 Friedberg: *LifeKey (Folie)*
- Laerdal Medical, 81249 München: *Notfallbeatmungstuch (Folie)*
- Laerdal Medical, 81249 München: *Taschenmaske*
- Lifeguard, Servoprax GmbH, 46485 Wesel: *Quick Breezer (Folie)*
- Lifeguard, Servoprax GmbH, 46485 Wesel: *Pocket Breezer (Maske)*
- W. Söhngen GmbH, 65232 Taunusstein: *Beatmungstuch BT-Dry (Folie)*
- W. Söhngen GmbH, 65232 Taunusstein: *Air-Vita Bi-Protect (Maske)*
- G. Weinmann GmbH, 22525 Hamburg: *Lifeway (Maske)*

Die Ergebnisse sind sehr aufschlussreich und auch für den Tauchbereich wissenswert. Alle Beatmungshilfen wurden von den Teilnehmern als überwiegend nicht störend empfunden. Die Männer gaben dem *Lifeway* der Firma Weinmann den Vorzug, bei den Frauen schnitt der *Pocket Breezer* der Firma Lifeguard am besten ab.

Der Eindruck der Ausbilder deckte sich mit dem subjektiven Empfinden der Teilnehmer. Beide Produkte hatten auch bei den suffizienten Initialbeatmungen die besten Ergebnisse. Bei den folgenden Beatmungen während der Herz-Lungen-Wiederbelebung konnte bei allen Testpersonen der *Pocket Breezer* die Mitbewerber knapp schlagen.

Eine Schwäche zeigte sich bei allen Beatmungshilfen: Vielen Anwendern war nicht klar, ob sie die Maske bzw. Folie während der Herzdruckmassage auf dem Gesicht belassen oder entfernen sollten. Ein weiteres Problem: Einige Beatmungshilfen fielen runter. Lediglich der *LifeKey* und der *Pocket Breezer* blieben dank ihrer Gummibänder zumindest bei den Frauen konsequent auf dem Gesicht des Phantoms. Die Verfasser kamen daher zu der Erkenntnis, dass ein klarer Hinweis in der Bedienungsanleitung, dass die Maske bzw. das Tuch auf dem Gesicht des Patienten belassen werden kann – oder ein Befestigungssystem an der Beatmungshilfe – sinnvoll sei. Auch wenn Beatmungshilfen nicht von alleine verrutschten, wurden sie doch oft von Teilnehmern entfernt. Die Folge war, dass zwischen Beatmung und Herzdruckmassage teilweise bis zu sieben Sekunden vergingen.

Nachfolgend die bestplatzierten Taschenmasken. Auf die Beatmungsfolien wird hier nicht näher eingegangen, da vorausgesetzt wird, dass Taucher so viel Platz neben ihren tauchspezifischen Utensilien haben, um eine Taschenmaske mitnehmen zu können.

Auf Platz 1 der Bewertung kam aus Sicht der Ausbilder der *Pocket Breezer.* Er wurde zur Atemspende von Erwachsenen bis hin zu Kleinkindern entwickelt. Ein mit Luft gefüllter Maskenwulst erlaubt die Abdichtung an den Gesichtskonturen. Die latexfreie Maske ist mit einem Einwegventil sowie einem hydrophoben Bakterienfilter versehen. Maske und Ventil sind einsatzbereit zusammengesetzt und mit einem Gummihalteband versehen. Die Gesichtsmaske ist transparent. Sauerstoff kann über einen Konnektor angeschlossen werden. Als Basiszubehör sind latexfreie Einmalhandschuhe beigefügt. Filter und Einwegventil sind als Zubehör erhältlich, so dass die Taschenmaske mehrfach benutzt werden kann. Die Gebrauchsanleitung ist auf der Verpackung als Zeichnung in Einzelschritten aufgedruckt.

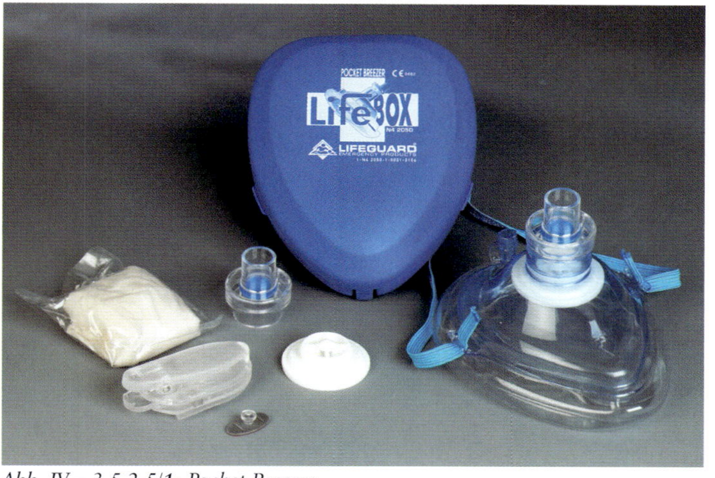

*Abb. IV – 3.5.2.5/**1**: Pocket Breezer*
Quelle: Servoprax GmbH

Auf Platz 2 und nur knapp vor der Weinmann-Version kam die Laerdal *Pocket Mask*. Diese Taschenmaske wurde für die Anwendung durch professionelle Helfer und Laienhelfer entwickelt. Ein luftgefüllter Maskenwulst erlaubt die Abdichtung an den Gesichtskonturen. Sie kann sowohl für Erwachsene als auch für Kleinkinder verwendet werden. Die latexfreie Maske ist mit einem Einwegventil sowie einem hydrophoben Bakterienfilter versehen. Maske und Ventil müssen vor der Anwendung zusammengesetzt werden.

Abb. IV – 3.5.2.5/2: Pocket Mask
Quelle: Laerdal Medical

Die Gesichtsmaske ist transparent, so dass die Lippenfarbe oder eventuell austretendes Erbrochenes erkannt werden kann. Als Basiszubehör sind latexfreie Einmalhandschuhe sowie ein Wischtuch beigefügt. Die Gebrauchsanleitung ist auf dem Behältnis als Zeichnung in Einzelschritten aufgedruckt. Je nach Wunsch ist die Maske mit Sauerstoffanschluss oder Gummiband, in einer Hartschalenbox oder einem Softpack lieferbar. Bakterienfilter, Einwegventil sowie Gummiband sind als Zubehör erhältlich, so dass die Taschenmaske mehrfach benutzt werden kann.

Die Ausbilder der Testreihe setzten den *Lifeway* von Weinmann auf Platz 3, wohingegen dieses Produkt bei den Testpersonen den 1. Platz belegte. Getestet wurde der *Lifeway* in der Maskenausführung. In dieser Form wird der *Lifeway* als Hilfsmittel zur Atemspende bei Erwachsenen, Kindern und Säuglingen angeboten. Der mit Luft gefüllte Maskenwulst erlaubt die Abdichtung an den Gesichtskonturen. Die latexfreie Maske wird mit dem *Lifeway*-Ventil verbunden. Hier handelt es sich um ein Einwegventil mit der Möglichkeit zum Sauerstoffanschluss. Als Zubehör liegt ein Paar Einmalhandschuhe bei. Maske und Ventil müssen vor dem Einsatz zusammengesetzt werden.

Abb. IV – 3.5.2.5/3: Lifeway mit Maske
Quelle: Weinmann GmbH

Die Gesichtsmaske ist transparent. Die Gebrauchsanleitung ist der Verpackung des *Lifeway* beigefügt. Sie ist ausführlich in vier Sprachen formuliert und enthält zudem grafische Darstellungen. Auf der Verpackung des *Lifeway* symbolisieren farbige Abbildungen die korrekte Anwendung. Dem Ersthelfer wird in der Gebrauchsanweisung empfohlen, sich mit der Handhabung des Gerätes vertraut zu machen und das in regelmäßigen Abständen zu wiederholen. Eine genaue Kenntnis der Gebrauchsanweisung wird zur Anwendung vorausgesetzt.

Je nach Wunsch ist das Hilfsmittel mit verschiedenen Masken oder einem Tubusansatz (ähnlich einem Güdeltubus) in Kombination mit einer Mundmaske und einer Nasenklemme lieferbar. Das *Lifeway*-Ventil ist mehrfach verwendbar, die Masken sind Einmalartikel.

Abb. IV – 3.5.2.5/4: Lifeway mit Tubus und Nasenklemme
Quelle: Weinmann GmbH

Die *Rescue*-Taschenmaske von Ambu konnte die Ausbilder offensichtlich nicht überzeugen und landete auf Platz 4. Die Taschenmaske wird von Ambu als Profi-Maske zur Beatmung von Erwachsenen, Kindern und Säuglingen bezeichnet. Der mit Luft gefüllte Maskenwulst erlaubt die Abdichtung an den Gesichtskonturen. Die latexfreie Maske ist mit einem Einwegventil mit integriertem hydrophobem Bakterienfilter versehen. Maske und Ventil müssen vor Anwendung nicht erst zusammengesetzt werden. Die Gesichtsmaske ist transparent, so dass jederzeit die Lippenfarbe oder eventuell austretendes Erbrochenes erkannt werden kann.

Abb. IV – 3.5.2.5/5: Rescue-Taschenmaske
Quelle: Ambu (Deutschland) GmbH

Die Gebrauchsanweisung ist der Verpackung der Maske beigefügt. Sie ist ausführlich und enthält grafische Darstellungen. Auf dem Maskenbehälter selbst befinden sich keine Bedienungsanweisungen. Je nach Wunsch ist die Maske mit Gummiband und Sauerstoffanschluss, in einer Hartschalenbox, einem Softpack oder einer Plastiktasche lieferbar. Bakterienfilter mit Einwegventil sind als Zubehör erhältlich, so dass die Taschenmaske mehrfach benutzt werden kann.

Beatmungsphantome

Bei der Ausbildung in der Mund-zu-Mund- oder Mund-zu-Nase-Beatmung im Rahmen von Kursen in Erster Hilfe oder HLW werden zur Demonstration und Übung Beatmungsphantome benutzt, an denen die Kursteilnehmer diese Technik praxisnah erleben können. Da in der Regel für alle Teilnehmer nur ein einziges Phantom zur Verfügung steht, wurde auf die theoretische Möglichkeit einer Übertragung von HIV durch an der Puppe haftenden Speichel hingewiesen.[148] Von anderer Stelle wurde dem sofort widersprochen,[149] und in der Tat gab es bei den bis 1986 weltweit ca. 150 Millionen am Beatmungsphantom ausgebildeten Menschen keinen einzigen nachgewiesenen Fall einer Infektionskrankheit (z. B. Hepatitis), die durch das Phantom übertragen wurde.[54]

Die von den Herstellern und in den Ausbildungsrichtlinien vorgeschriebenen Reinigungs- und Desinfektionsmaßnahmen sind völlig ausreichend, um eine Infektionsgefahr durch HIV *(→ Kap. IV – 3.4.3)* auszuschließen. Um trotzdem möglichen Vorbehalten gegen die Benutzung desselben Beatmungsphantoms durch mehrere Übende entgegenzutreten, sollte nach jeder Übung eine Desinfektion mit einem Spray vorgenommen oder ein von der Industrie angebotenes spezielles Übungs-Beatmungstuch, das den direkten Lippenkontakt mit der Übungspuppe verhindert und den Reinigungsaufwand nach jeder Übung reduziert, verwendet werden.

IV – 3.5.2
Erweiterte Sofortmaßnahmen

Die nach einem Tauchunfall oder in Verbindung mit Tauchgängen eingetretenen Verletzungen (z. B. durch Meerestiere) zu treffenden Maßnahmen werden speziell in *Kap. IV – 3.5.4* bzw. in *Kap. IV – 3.5.5 (Maßnahmenkatalog)* ausführlich besprochen. Dieser Abschnitt befasst sich mit den allgemeinen Maßregeln der *Erweiterten Sofortmaßnahmen.*

Zu den erweiterten Sofortmaßnahmen gehören speziell beim Tauchunfall die Gabe von 100 % Sauerstoff und die Flüssigkeitszufuhr durch den Laienhelfer.[150] Medizinischer Sauerstoff ist ein Arzneimittel im Sinne des *Arzneimittelgesetzes*, darf aber im Notfall dennoch von medizinischen Laien appliziert werden. Die gängige Rechtsprechung erlaubt dies und stellt die Pflicht zur Hilfeleistung (§ 323c StGB) vor die Vorschriften des Heilpraktikergesetzes *(→ Kap. II – 4.2.4)*.

Schwere Tauchunfälle gehen immer mit dem Vorhandensein von Gasblasen in den Geweben und Gefäßen einher. Dabei ist es für das erste Management am Unfallort völlig unerheblich, woher diese Gasblasen kommen. Es interessiert also zunächst nicht, ob der verunfallte Taucher eine

Dekompressionskrankheit oder eine Atemgasembolie hat.[151] Andererseits kommt es bei der Atemgasembolie meist innerhalb weniger Minuten zur Ausbildung der schweren neurologischen Symptomatik. Während ein Taucher mit leichten und verzögert einsetzenden Symptomen in der Regel seinen Hausarzt oder ggf. einen Tauchmediziner aufsucht, wird der Rettungsdienst zumeist mit einem akut am Tauchort aufgetretenen schweren Krankheitsbild konfrontiert, so dass der kausale Zusammenhang erfahrungsgemäß eindeutig ist.[159]

Die Gefahren der Sauerstoffapplikation selbst sind in der Notfallmedizin von nachgeordneter Bedeutung. Es ist zu beachten, dass die Unterbrechung der einmal begonnenen Sauerstoffzufuhr unbedingt vermieden werden soll, da der paO_2 in Behandlungspausen niedriger ist als vor Therapiebeginn.[152]

Welch großen Effekt diese wichtige Erste-Hilfe-Maßnahme hat, wird deutlich, wenn man die Veränderung der Krankheitssymptomatik während des Transports bis zum Erreichen einer Druckkammer anhand einer Auswertung von 202 Fällen einer Dekompressionskrankheit (DCI) von 1989 bis 1993 betrachtet *(→Abb. IV – 3.5.3/1)*. Während es ohne Sauerstoffgabe kaum zu Veränderungen des ursprünglich festgestellten Krankheitsbildes kam, wurde in 67,2 % der Fälle mit Sauerstoffatmung als Erste-Hilfe-Maßnahme und während des Transports eine Besserung der Symptomatik beobachtet.

Dass dies kein vorübergehender Effekt ist, zeigen die Untersuchungsergebnisse der Studie nach Beendigung der ersten Druckkammerbehandlung. Während ohne adäquate Erste Hilfe ca. 30 % der Verunfallten auch nach der Druckkammertherapie noch deutliche Restbeschwerden zeigen, die weiterer Druckkammerbehandlung bedürfen, haben nur 4,2 % der Patienten mit entsprechender Vorbehandlung vergleichbare Probleme *(Abb. IV – 3.5.3/2)*.

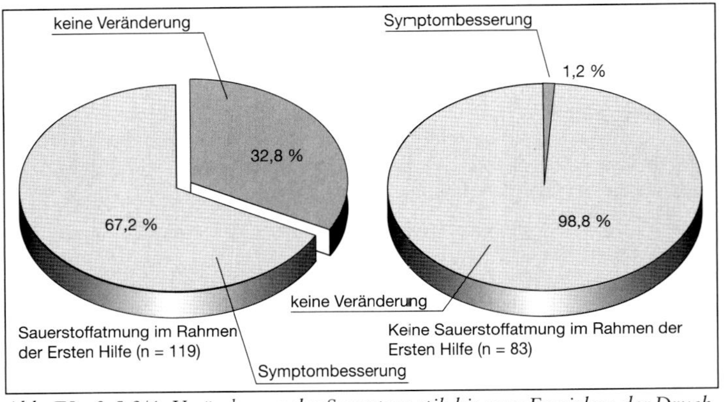

Abb. IV – 3.5.3/1: Veränderung der Symptomatik bis zum Erreichen der Druckkammer in Abhängigkeit vom Einsatz normobaren Sauerstoffs im Rahmen der Ersten Hilfe. Quelle: DAN

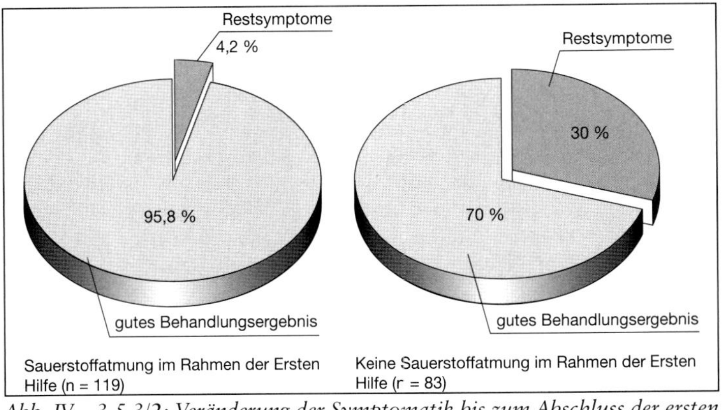

Abb. IV – 3.5.3/2: Veränderung der Symptomatik bis zum Abschluss der ersten Druckkammerbehandlung in Abhängigkeit vom Einsatz normobaren Sauerstoffs im Rahmen der Ersten Hilfe. Quelle: DAN

Im Hinblick auf ein möglichst kurzes *therapiefreies Intervall (→ Abb. IV – 3.7.2/2)*, gerade bei den oft weit ab gelegenen Tauchgewässern, sollen Taucher ein den HLW-Regeln vergleichbares, also leicht erlern- und durchführbares Procedere beherrschen. Nach ALMELING et al. sind zwei Ziele zu verfolgen:[27)]

1. Die Eingangsbedingungen für die durchzuführenden Maßnahmen müssen einfach festzustellen sein. Der Taucher darf nicht mit differenzialdiagnostischen Überlegungen konfrontiert werden, die im Ernstfall häufig zu einem Nicht-Handeln führen würden, weil der Taucher darüber im Zweifel ist, ob er denn wirklich alles für eine richtige Entscheidung berücksichtigt hat.
2. Die durchzuführenden Maßnahmen müssen einfach und sicher erlernbar sein. Komplexe Handlungsanweisungen werden auch nach Ende eines Lehrgangstages oft nur vom Ausbilder selbst wirklich routiniert beherrscht. Die Maßnahmen müssen entweder sehr regelmäßig wiederholt werden, um erfolgreich reproduziert werden zu können, oder sie müssen so simpel sein, dass sie selbst nach einem oder zwei Jahren noch dem Langzeitgedächtnis entlockt werden können.

Das Prinzip der Sauerstoffgabe mit den gängigsten Geräten ist einfach, so einfach, dass offenbar nie verifiziert wurde, ob die Geräte auch das leisten, was sie versprechen. Dies ist im Frühjahr 1999 in einer aufwendigen Untersuchung geschehen. Die ersten Ergebnisse wurden unmittelbar darauf auf dem Kongress der Europäischen Gesellschaft für Tauch- und Hyperbarmedizin (EUBS) präsentiert. Die ermittelten Resultate waren insgesamt enttäuschend, in Einzelfällen fast katastrophal. Während alle getesteten Geräte sich beim Erreichen der 100-%-Marke schwer taten, fiel vor allem das derzeit aktuelle DAN-Gerät deutlich nach unten aus dem Rahmen: Je nach Atemtiefe der Probanden lag der eingeatmete Sauerstoffwert deutlich unter 60 %, so dass hier von Seiten der Hersteller dringend Handlungsbedarf besteht.[153)] MUTH hat die bei Tauchern gebräuchlichen Sauerstoffversorgungssysteme erprobt und die Ergebnisse publiziert *(→ Anhang 1)*.

Ein anderes Problem der 100%igen O_2-Applikation stellen Taucher mit Bartwuchs dar. Wie in der *Abb. IV – 3.5.3/3* gut zu erkennen ist, schließen die Dichtlippen einer Maske im Bereich der Barthaare nicht einwandfrei ab. Bei Versuchen mit verschiedenen Masken und einem Massenspektrometer wurden nur bei glatt rasierten Versuchspersonen gute N_2-Ausspülungen (hohes pO_2) gemessen. Bei Bartträgern wurde hingegen von erhöhten Schwierigkeiten berichtet, um eine Maskendichtheit zu erreichen.[154)]

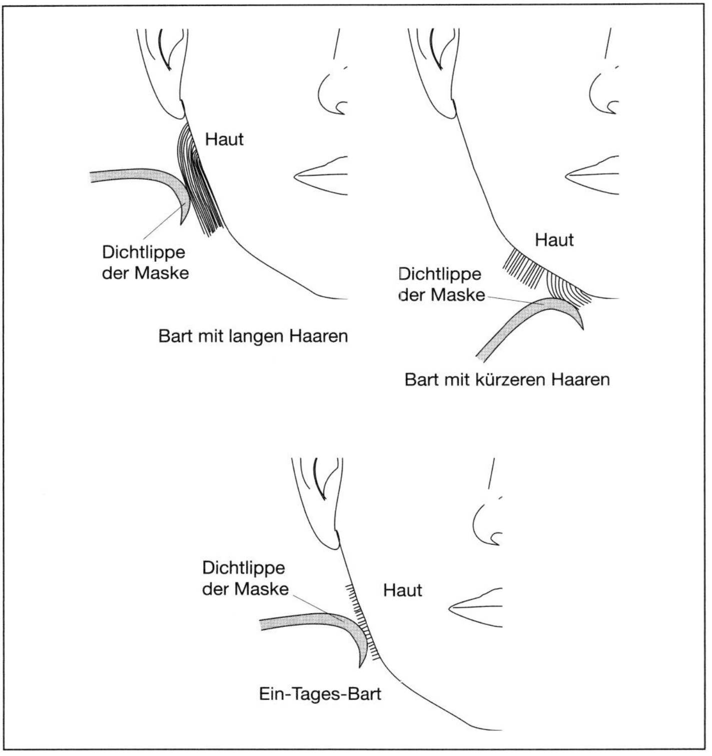

Abb. IV – 3.5.3/3: Problem der Maskenabdichtung bei Bartträgern.
Quelle: Brauer

Die erweiterten Reanimationsmaßnahmen bestehen aus Intubation und Applikation von Adrenalin und gehören zum eindeutigen Tätigkeitsfeld des Rettungsdienstes. Die Defibrillation ist auch durch besonders ausgebildete Ersthelfer (z. B. First-Responder-Systeme) möglich.

Erfahrungsberichte aus aller Welt haben gezeigt, dass medizinische Laien nach entsprechender Unterweisung im Rahmen der Reanimation eine automatisierte externe Defibrillation (AED) sicher und erfolgreich durchführen können. Aus diesem Grunde gibt es derzeit ausgeprägte Bestrebungen, die AED in den Rettungsdiensten und First-Responder-Systemen zu etablieren. Gleichzeitig wird das Thema AED von Wasserrettungsorganisationen und Tauchsportverbänden mit dem Ziel aufgegriffen, die Algorithmen zur Tauchunfallbehandlung entsprechend zu erweitern und Tauchsportvereinen den Kauf solcher Geräte zu empfehlen.[352) 353)]

Hierbei ist allerdings zu bedenken, dass beim klassischen Tauchunfall die AED eine sehr untergeordnete Rolle spielt. Und auch beim nicht tauchspezifischen, akuten kardialen Ereignis unter Wasser ist nicht zu übersehen, dass, je früher die Defibrillation erfolgt, desto größer die Wahrscheinlichkeit des Überlebens ohne bleibende körperliche Schäden ist. Jede Minute ohne wirksame Reanimation reduziert die Überlebenswahrscheinlichkeit um 10 %. Neuere Untersuchungen konnten sogar zeigen, dass es bereits nach knapp sechs Minuten Latenz zwischen dem Ereignis und dem Beginn der Defibrillation keine Outcome-Verbesserung bei den Patienten mehr gibt.[350)] Obwohl hier sicher noch weitere Untersuchungen notwendig sind, schließen die Autoren, dass es angeraten sein kann, bei Reaktions- bzw. Einsatzzeiten bis zur ersten Defibrillation von mehr als vier Minuten eher mit dem „normalen“ Algorithmus einer Herz-Lungen-Wiederbelebung anzufangen.[140) 354)]

Dies ist vor allem beim Ereignis unter Wasser von entscheidender Bedeutung, denn die Rettung an die Wasseroberfläche, ans Land oder auf ein Boot und das anschließende Ausziehen des Tauchanzuges werden in aller Regel mit einem deutlichen Zeitverzug einhergehen. Darüber hinaus sollte die Haut des Tauchers trocken sein, da sonst bei hohem transthorakalem Widerstand die Energie epicutan fortgeleitet wird und das Herz nur zum Teil erreicht.[357)] Aus diesem Grunde findet die AED in der aktuellen „Leitlinie Tauchunfall“ der Gesellschaft für Tauch- und Hyperbarmedizin (GTÜM) keine Erwähnung *(→ Kap. IV – 3.6.1)*.[355)]

Dessen ungeachtet ist es für Hilfsorganisationen durchaus sinnvoll, im Rahmen einer Reanimation die Vitalfunktionen mit einem AED-Gerät zu überprüfen und bei Bedarf eine Defibrillation durchzuführen. Selbstverständlich ist auch nichts dagegen einzuwenden, wenn Tauchclubs in Zukunft mit AED-Geräten an den Seen weilen und dabei nicht die primäre Behandlung eines Tauchunfalls, sondern die Behandlung von Herzkammerflimmern eines x-beliebigen Badegastes im Vordergrund steht.[352)] Die Zeit scheint allerdings dafür noch nicht reif zu sein, denn in einer – nicht repräsentativen – Studie wurde nachgewiesen, dass bei Tauchlehrern noch gravierende Wissenslücken (HLW, Sauerstoffsysteme etc.) in der Erstversorgung des verunfallten Tauchers bestehen.[356)] Daher sollte man erst Wege und Methoden finden, wie man die Grundbegriffe der Reanimation und Sauerstoffversorgung manifestiert, bevor man Geräte für die erweiterten Reanimationsmaßnahmen bei Tauchsportvereinen propagiert.

IV – 3.5.2.1
Besondere *Erste Hilfe* bei Dekompressionserkrankungen (DCI)

Die nach einem Tauchunfall zu treffenden Maßnahmen werden speziell im *Kapitel IV – 3.5.5 (Maßnahmenkatalog)* ausführlich besprochen.

Dieser Abschnitt befasst sich mit den allgemeinen Maßregeln der *Besonderen Ersten Hilfe bei Dekompressionserkrankungen.* Die *Dekompressionserkrankungen* sollen hier eine übergeordnete Zusammenfassung aller akuten Tauchunfälle analog der Übersetzung des englischen Begriffs *decompression illness (DCI)* ermöglichen. Der Dekompressionsunfall [englisch *decompression sickness (DCS)*, französisch *maladie de dècompression (MDD)*] schließt hier sowohl die DCS als auch die arterielle Gasembolie (AGE) ein. Andere „Tauchunfälle“ wie kleine Barotraumen (z. B. Trommelfellrupturen, Nebenhöhlenbarotraumen, Zahnschmerzen, Bauchschmerzen), aber auch schwere Traumen wie der Pneumothorax oder mechanische Verletzungen und Symptome lokaler oder allgemeiner Überanstrengung werden meist vom Laien richtig erkannt und gehören in den Bereich der üblichen Notfallmedizin. Eine besondere Besprechung ist deshalb an dieser Stelle nicht angezeigt.

Obwohl der DCS und der AGE ganz verschiedene pathogenetische Mechanismen zu Grunde liegen, haben die beiden Krankheitsbilder vieles gemeinsam:[156)]

- beide sind Folge einer unkorrekten Dekompression,
- beide sind Folge fehlerhafter Planung und Durchführung eines Tauchganges,
- beide haben als Ursache der Symptome Gasblasen im Körper,
- bei beiden sind sowohl die Symptome wie der Verlauf sehr variabel und nicht immer eindeutig diagnostisch verwertbar.

Wie in *Kap. IV – 3.5.3* erwähnt, ist eine Differenzierung zwischen Dekompressionsunfall und cerebraler Atemgasembolie für die primäre Therapieentscheidung ohne Bedeutung, da in beiden Fällen die schnellstmögliche Rekompression der Gasblasen in einer geeigneten Druckkammer erforderlich ist. Eine vorherige Abklärung des eintreffenden Notarztes durch apparative Untersuchungen (CT, NMR, neurophysiologische Untersuchungen) hat primär keine therapeutische Relevanz und kann zu einer erheblichen Verzögerung des Therapiebeginns führen.

Man muss sich darüber im Klaren sein, dass bei den hier möglichen, vital bedrohlichen Zustandsbildern ein nicht unerheblicher Anteil der diagnostischen Maßnahmen aus Zeitgründen erst nach Einleiten oder gar erst nach Abschluss einer symptomatischen bzw. kausalen Therapie durchgeführt werden kann.[185)]

Bei Verdacht auf eine Atemgasembolie infolge Lungenüberdehnung muss allerdings immer nach Hinweisen auf einen *Spannungspneumothorax* gesucht werden, der vor einem Hubschraubertransport *(→ Kap. IV – 3.7.3.4.6, Patientenvorbereitung)* und vor der Druckkammerbehandlung unbedingt drainiert werden muss.[159)]

Zum besseren Verständnis der therapeutischen Maßnahmen bei Tauchunfällen erscheint es sinnvoll, den Entstehungsmechanismus der Gasblasen kurz zu erläutern.

Bei der Dekompressionskrankheit kommt es durch den Einstrom von N_2 und durch den Zusammenschluss kleinerer Blasen zum Wachstum größerer Blasen im Gewebe und im venösen Blut. Die Blasen im Gewebe bleiben stationär und führen durch Verdrängung zu lokalen Symptomen. Die im venösen Blut befindlichen Blasen werden über den rechten Ventrikel zur Lunge transportiert. Dort bleiben sie im Kapillarnetz der Lungen hängen und werden abgeatmet. Durch Shuntgefäße auf Lungenebene oder durch ein offenes Foramen ovale (PFO) können die Blasen aber auch in den großen Kreislauf gelangen. In Gebieten mit einem sehr langsamen venösen Blutfluss können die Blasen auch durch Verlegung von Venen die Durchblutung stören.

Bei einer arteriellen Gasembolie als Folge einer Lungenüberdehnung gelangen die Blasen in die Lungenvenen und werden wie die arterialisierten Stickstoffblasen bei Dekompressionskrankheit über den linken Ventrikel in den großen Kreislauf gepumpt. In den ersten Stunden nach ihrer Entstehung im Gewebe oder im Blut wird die Blasenoberfläche durch verschiedene Mechanismen verändert und „organisiert". Insgesamt entsteht so in wenigen Stunden eine stabile Blasenhülle, die durch eine Rekompression im physiologischen Rahmen gemäß dem Gasgesetz von BOYLE-MARIOTTE nicht mehr zu verkleinern ist.[27)]

Nach dem Auftauchen entsättigen sich die mit N_2 gesättigten Körpergewebe und geben weiter N_2 in das Blut ab. Vorhandene Blasen können weiter wachsen, obwohl sich der Taucher bereits seit mehreren Minuten an der Oberfläche befindet. Wenn es erst einmal zu Symptomen kommt, ist das Ausmaß der Blasenbelastung des Körpers bereits erheblich. In den Gefäßen der kritischen Organe Gehirn, Rückenmark, Lungen und Herz finden sich längs-ovale Stickstoffblasen, welche den Blutfluss behindern und zu Gebieten mit Sauerstoffmangel führen.

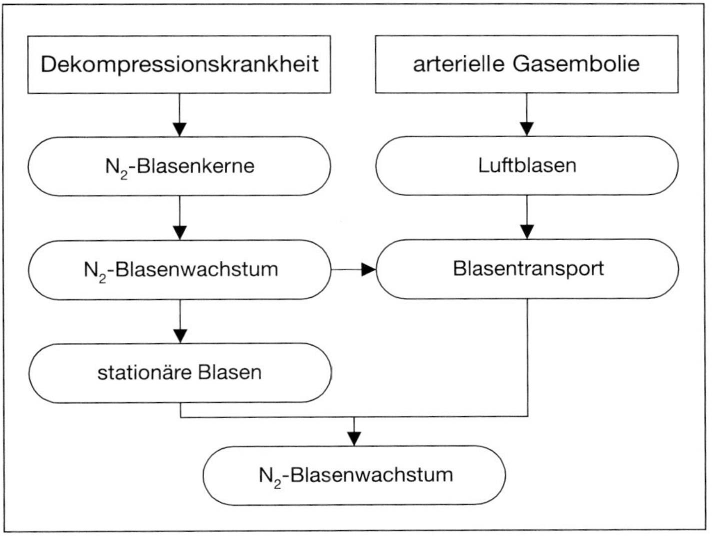

Abb. IV – 3.5.3.1/1: Entstehung von organisierten Blasen
Quelle: Divemaster 1/94 (mod. n. WELSLAU)

Durch die normobare*) Sauerstoffgabe wird zwischen dem stickstoffreichen Blaseninhalt und dem umgebenden Gewebe, in aller Regel das Blut, ein Diffusionsgradient erzeugt. Vereinfacht gesehen wird Stickstoff gegen Sauerstoff in der Blase ausgetauscht. Nachdem der Sauerstoff jedoch im schlecht versorgten Gebiet hinter der Blase dringend benötigt wird, verlässt er die Blase rasch, um dort verbraucht zu werden.

Auf diese Weise werden die Blasen entweder in ihrem Wachstum gehemmt, oder sie werden sogar kleiner. Der verhängnisvolle Effekt der kompletten Blockade von Blutgefäßen durch Gasblasen wird gestoppt.

*) unter Normaldruckbedingungen (Gegensatz: hyperbare Sauerstoffgabe)

Die Durchblutungsverhältnisse in den betroffenen Bereichen verbessern sich. Die für die empfindlichen Organe so bedrohlichen Fremdkörper „Stickstoffblasen“ werden immer weniger, die gefürchtete Verfestigung der Blasen durch körpereigene Abwehrreaktionen kann weitgehend verhindert werden.

Die Körpergewebe leiden bei einem Tauchunfall unter Sauerstoffmangel. Besonders empfindlich sind Gehirn und Rückenmark sowie das Herz. Für den Sauerstoffmangel gibt es mehrere Ursachen. Gasblasen können einmal wichtige Gefäße für die Durchblutung komplett verschließen, so dass dahinter ein mehr oder weniger großer Bezirk ausgeprägten Sauerstoffmangels entsteht. Mehrere, unter Umständen kleinere Gasblasen können durch verschiedene Reaktionen mit Bestandteilen des Bluts zu einer Verklumpung oder zum Verbacken von Gasblasen, Blutkörperchen und der Wand der Adern führen. Daraus resultiert eine deutliche Verlangsamung der Blutströmung bis hin zum Stillstand.

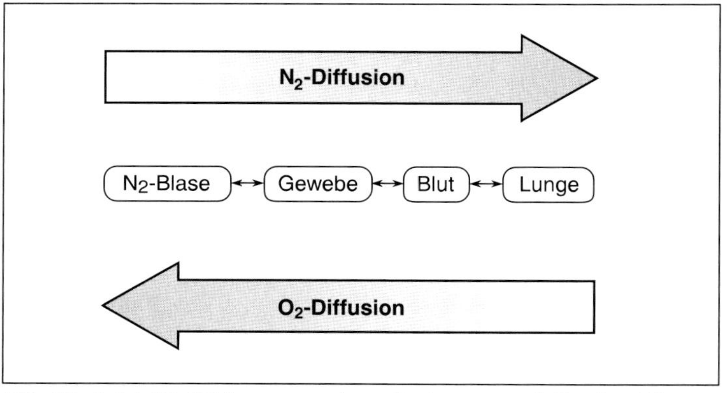

Abb. IV – 3.5.3.1/2: Wirkung normobarer O_2-Atmung nach Tauchunfall. Quelle: Divemaster 1/94 (mod. n. WELSLAU)

Der arterielle pO_2 kann bei 100 % Sauerstoffatmung unter normobaren Verhältnissen gemäß dem Gesetz von DALTON etwa verfünffacht werden. Dies führt neben der sicheren Aufsättigung des Hämoglobins von 97 %

auf beinahe 100 % zu einer Verfünffachung der physikalisch gelösten Sauerstoffmenge. Der erhöhte pO_2 führt zu einer Erhöhung der Eindringtiefe bei den Geweben und dadurch zu einer besseren Versorgung der Gewebebezirke mit Sauerstoffmangel.

Im Anschluss an die *Besondere Erste Hilfe bei Dekompressionserkrankungen* muss die ***Hyperbare Sauerstofftherapie*** in einer Druckkammer folgen. Die Rekompression mit Luftatmung ist weder in einer Transportdruckkammer noch in einer Behandlungsdruckkammer indiziert, da der Organismus weiter mit Stickstoff aufgesättigt wird und dadurch das Blasenwachstum eher gefördert als verhindert wird. Die klinische Versorgung des Tauchunfalls wird in *Kap. IV – 3.6* ausführlich besprochen.

IV – 3.5.3.2
Algorithmus zur cardiopulmonalen Reanimation durch den Arzt

Quelle: Nachdruck mit freundlicher Genehmigung des „Arbeitskreises Notfallmedizin und Rettungswesen e. V." der LMU München

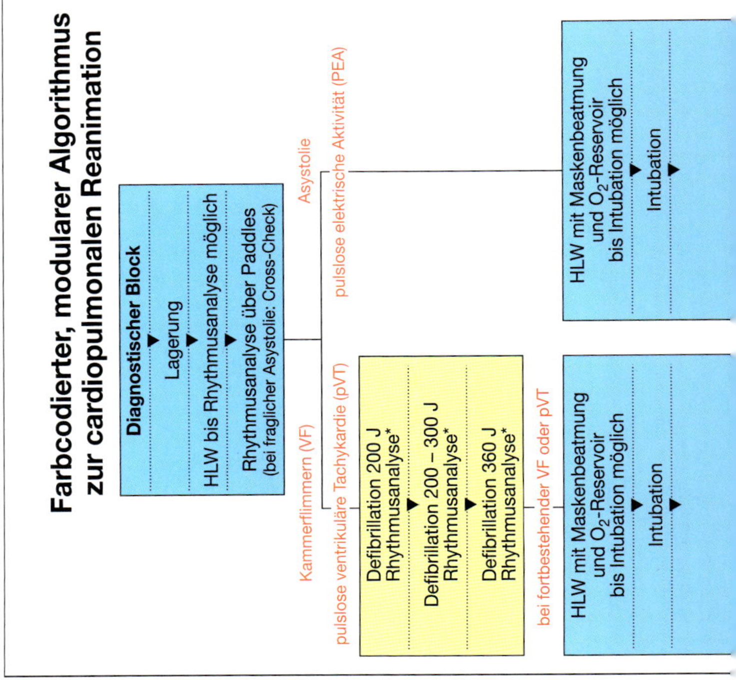

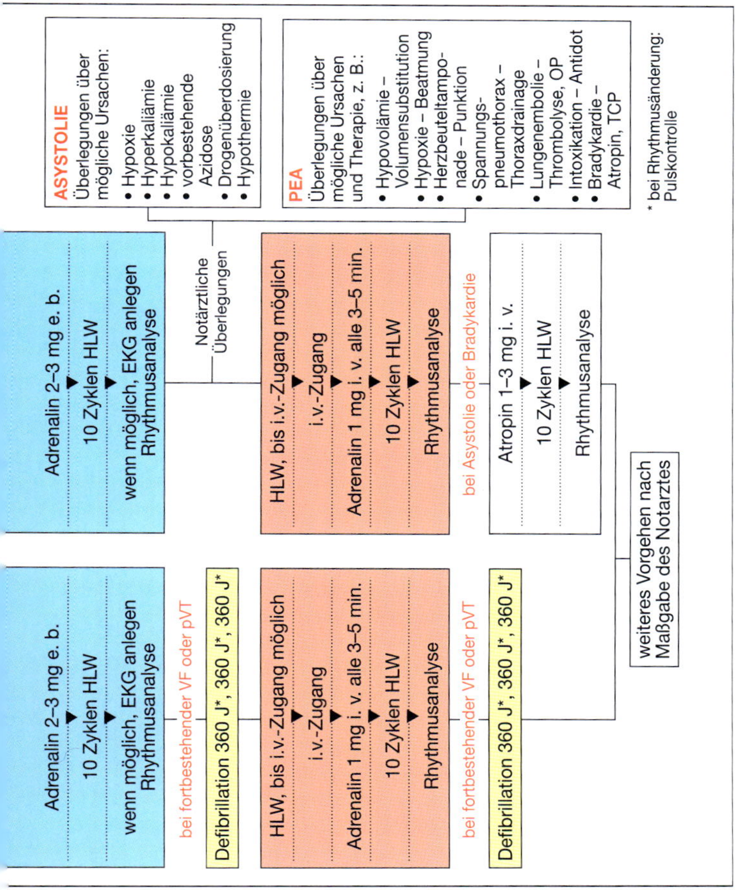

Adrenalin 2–3 mg e. b.
10 Zyklen HLW
wenn möglich, EKG anlegen
Rhythmusanalyse
bei fortbestehender VF oder pVT
Defibrillation 360 J*, 360 J*, 360 J*
HLW, bis i.v.-Zugang möglich
i.v.-Zugang
Adrenalin 1 mg i. v. alle 3–5 min.
10 Zyklen HLW
Rhythmusanalyse
bei fortbestehender VF oder pVT
Defibrillation 360 J*, 360 J*, 360 J*
Adrenalin 2–3 mg e. b.
10 Zyklen HLW
wenn möglich, EKG anlegen
Rhythmusanalyse
Notärztliche Überlegungen
HLW, bis i.v.-Zugang möglich
i.v.-Zugang
Adrenalin 1 mg i. v. alle 3–5 min.
10 Zyklen HLW
Rhythmusanalyse
bei Asystolie oder Bradykardie
Atropin 1–3 mg i. v.
10 Zyklen HLW
Rhythmusanalyse
weiteres Vorgehen nach Maßgabe des Notarztes
ASYSTOLIE
Überlegungen über mögliche Ursachen:
• Hypoxie
• Hyperkaliämie
• Hypokaliämie
• vorbestehende Azidose
• Drogenüberdosierung
• Hypothermie
PEA
Überlegungen über mögliche Ursachen und Therapie, z. B.:
• Hypovolämie – Volumensubstitution
• Hypoxie – Beatmung
• Herzbeuteltamponade – Punktion
• Spannungspneumothorax – Thoraxdrainage
• Lungenembolie – Thrombolyse, OP
• Intoxikation – Antidot
• Bradykardie – Atropin, TCP
* bei Rhythmusänderung: Pulskontrolle

IV – 3.5.4
Legende zum Maßnahmenkatalog

Der nachfolgende Maßnahmenkatalog von DR. MED. CLAUS-MARTIN MUTH deckt die gesamte Palette der Tauchunfälle und Verletzungen beim Tauchen ab. Der Aufbau des Index in kurzer und prägnanter Form sollte es auch in einer Notsituation ermöglichen, das Ereignis aufgrund der bestehenden Rahmenbedingungen und der wahrnehmbaren Symptome einer „Krankheit“ zuzuordnen, um daraus die adäquaten Maßnahmen ableiten zu können. Damit Sie diese Seiten im Ernstfall schnell finden, ist am Seitenrand eine durchgehende rote Markierung angebracht. Außerdem können Sie das rote Lesezeichen nach Ihrer Wahl einlegen. Die Hinweise in den farblich differierenden Kästen haben folgende Bewandtnis:

Der erste blaue Kasten listet zur Orientierung sowohl der Laienhelfer als auch des nichtärztlichen und ärztlichen Personals alle bekannten Symptome zu der in der Überschrift genannten Krankheit auf.

Der zweite blaue Kasten erläutert die Entstehungsgeschichte der Krankheit.

Der grüne Kasten erklärt die zu treffenden Maßnahmen des Laienhelfers (Taucher und ggf. Tauchlehrer) vor Ort.

Der gelbe Kasten definiert die zu treffenden Maßnahmen des nichtärztlichen Personals (RettAss, RettSan) im Rettungsdienst.

Der orangefarbene Kasten nennt die erlaubten Maßnahmen dieses Personenkreises im Zuge der *Notkompetenz*. Tauchlehrer **mit entsprechender Ausbildung** können die hier genannten Maßnahmen dann durchführen, wenn keine qualifizierte Hilfe zu erwarten ist. Dies kann auf Tauchbasen im Ausland zutreffen.

Der rote Kasten präzisiert die zu treffenden Maßnahmen des Notarztes oder ggf. des Taucherarztes.

IV – 3.5.4
Maßnahmenkatalog (von Dr. med. Claus-Martin Muth)

IV – 3.5.4.1
Anaphylaktoider Schock (allergischer Schock, anaphylaktische Reaktion, anaphylactic reaction)

- Allgemeine Symptome einer Unverträglichkeitsreaktion: entzündliche Rötung der Haut (Erythem), Quaddelbildung (Urtikaria), Schwellungen der Haut (Hautödem)
- Übelkeit, Erbrechen
- Schwierigkeiten beim Atmen, Hustenreiz
- Blutdruckabfall, flacher schneller Puls
- blasse, kaltschweißige Haut (seltener rote, warme Haut)
- Bewusstseinsstörung bis zur Bewusstlosigkeit
- verminderte Urinproduktion

- Schock aufgrund einer schweren allergischen Sofortreaktion (Antigen-Antikörper-Reaktion Typ I)
- mögliche Ursache beim Tauchen: allergische Reaktion auf tierische Gifte (z. B. Nesselgifte von Quallen)
- Auftreten in Binnengewässern unwahrscheinlich, sondern vor allem an Küsten möglich. Hier bevorzugt in warmen Gebieten, grundsätzlich aber auch in Nord- und Ostsee möglich

- Lebensgefahr!
- Erhaltung der Vitalfunktionen, ggf. HLW
- Sauerstoffgabe normobar, 4–12 l/min
- Rettungsdienst alarmieren, Notarztindikation
- im Ausland: lokalen Rettungsdienst aktivieren, wenn möglich

- Erythem, Urtikaria, Ödem der Haut
- Bronchospastik, Hustenreiz, Glottisödem: Sicherung der Atemwege, Sauerstoffgabe 4–12 l/min, wenn HLW erforderlich: Sauerstoffgabe 100 %
- Blutdruckabfall, Hypotension: EKG, Blutdruckkontrolle

- Tachykardie (klinisches Zeichen: flacher schneller Puls, selten auch: Bradykardie). Blasse, kaltschweißige Haut (seltener rote, warme Haut)
- Bewusstseinsstörung bis zur Bewusstlosigkeit: bis Eintreffen Notarzt Kontrolle und Sicherung der Vitalfunktionen
- wenn möglich: Venenpunktion, Infusion vorbereiten, ggf. Defibrillator bereithalten, Pulsoxymetrie

- Schocktherapie mit Volumenzufuhr

Respiratorische Therapie:
- Sauerstoffzufuhr 4–12 l/min über Sonde bei ausreichender Spontanatmung
- Intubation und Beatmung: bei schwerer Ateminsuffizienz und Bewusstlosigkeit

Volumenersatztherapie, vorzugsweise mit kolloidalen Volumenersatzmitteln, z. B. HAES 200 10 % 500–2000 ml i. v., ggf. auch mehr (Druckinfusion!)
- bei anaphylaktischen Reaktionen auf ein Volumenersatzmittel dieses sofort stoppen und ein andersartiges Volumenersatzmittel geben
- Katecholamine: Adrenalin 0,1 mg i. v. (repetitiv im Abstand von 1–3 Minuten)
- Kortikosteroide in hoher Dosis, z. B. Methylprednisolon 1000 mg i. v.
- Antihistaminika (Wirksamkeit im Schock umstritten)
- H_1-Blocker: Clemastin 2–4 mg i. v. plus
- H_2-Blocker: Cimetidin 200–400 mg i. v.
- Bronchodilatation: bei schwerer Bronchospastik evtl. zusätzlich:
- Theophyllin 200–400 mg (5 mg/kg KG) i. v.

Literatur:

[1] Bochner B. S., Lichtenstein B. S. Anaphylaxis. New Engl. J. 1991; 324: 1785–1790

[2] Neugebauer E., Dimmeler S. Pathophysiologie der Anaphylaxie. Anästhesiol. Intensivmed. Notfallmed. Schmerzther. 1993; 28: 303–306

[3] Tryba M. et al.: Akuttherapie anaphylaktoider Reaktionen. Ergebnisse einer Konsensuskonferenz. Anaesthesist 1994; 43: 211–222

[4] Ziegenfuss: Checkliste Rettungsmedizin. Thieme 1997
[5] Hügler P., Laubenthal H. Anaphylaxie. In: Madler C., Jauch K. W., Werdan K. (Hrsg.). Das NAW-Buch. Urban & Schwarzenberg 1995. Kapitel 37

IV – 3.5.4.2
Arterielle Gasembolie (AGE, arterial gas embolism – Sonderform: cerebrale arterielle Gasembolie, CAGE – hirnversorgende Arterien betroffen)

Auftreten der Symptome sehr rasch (i. d. R. innerhalb von ca. 15 Minuten) nach Ereignis. Die Symptomatik und das Erscheinungsbild hängen von den betroffenen Arterien ab:

Cerebrale arterielle Gasembolie (CAGE):
- Benommenheit, Schwindel
- Verwirrtheit, Desorientiertheit
- Sprach- und/oder Sehstörungen
- Nervenausfälle unterschiedlicher Ausprägung: von leichten Empfindungsstörungen über hängendes Augenlid und/oder Mundwinkel, Schwächegefühl und Taubheit in einzelnen Gliedmaßen bis zur kompletten Halbseitenlähmung und Bewusstlosigkeit
- bei Mitbeteiligung des Atemzentrums: Blutdruckabfall, Atemstörungen, Herzstillstand
- Pupillenasymmetrie möglich: einseitig weite Pupille

Koronare arterielle Gasembolie (Herzkranzgefäße betroffen, selten):
- Symptomatik wie beim Herzinfarkt: Schmerzen im Brustkorb, Ausstrahlen der Schmerzen in den linken (u. U. auch rechten) Arm und die Magengegend, Blutdruckabfall, Herzrhythmusstörungen, Herzstillstand

Gasembolie in andere Arterien
- Auge: Sehstörungen bis kompletter Verlust des Sehvermögens
- Extremitäten (selten als Folge von Gasembolien): Schmerzen, Blässe, Empfindungsstörungen, Pulslosigkeit jeweils in dem betroffenen Bereich

Übertritt von Gasblasen in die arterielle Strombahn beim Tauchen durch:
- Überblähung der Lunge und Einreißen von Lungengewebe
- Paradoxe Embolie durch
  a) Übertritt von venös (z. B. bei der Dekompression) entstandenen Gasblasen über die Lungengefäße. Normalerweise gute Filterfunktion der Lungenkapillaren für Gasbläschen, bei Überschreitung einer kritischen Menge Übertritt von Gas möglich

b) Übertritt von venös entstandenen Gasblasen über eine Öffnung der Scheidewand zwischen den Herzvorhöfen, nämlich ein entweder dauernd offenes oder auch nur funktionell offenes Foramen ovale (PFO), auf die arterielle Seite

Gasblasen in den Endarterien führen zu:
- embolischen Gefäßverschlüssen, dadurch
- Versorgungsstörungen mit Sauerstoffmangel in hinter dem Verschluss gelegenen Geweben (Ischämie und Hypoxie), dann zu
- funktionellen Ausfällen, zunächst noch reversibel
- schließlich Zelluntergang und dauernde Funktionsstörung im betroffenen Gebiet

Zusätzliche Folgen und Blaseneffekte:
- Aktivierung der Blutgerinnung
- Anlagerung von Blutplättchen (Thrombozyten) an die Gasblase und Blasenorganisation mit sehr stabilen Gebilden
- Entzündungsreaktion mit Schädigung der Gefäßwand und Austritt von Flüssigkeit
- Ödementwicklung mit kompressionsbedingter Versorgungsstörung auch benachbarter Gewebeareale und Ausweitung des Schadens

- Lebensgefahr!
- Wenn noch im Wasser: rasches Retten, Gefahr des Ertrinkens!
- Erhaltung der Vitalfunktionen, ggf. HLW
- Lagerung flach
- normobare Sauerstoffgabe 100 %
- Gabe von Flüssigkeit, wenn bewusstseinsklar
- Rettungsdienst alarmieren, Notarztindikation, dringender Hinweis auf Druckkammer
- im Ausland: lokalen Rettungsdienst aktivieren, wenn möglich, schnellstmöglich Druckkammerbehandlung
- Tauchgangsdaten und Besonderheiten notieren, Tauchcomputer sicherstellen, dem Rettungsdienst mitgeben

- wichtigste Erstmaßnahme: Gabe von 100 % Sauerstoff normobar
- Sicherung der Vitalfunktionen, HLW, wenn nötig

- **Achtung!** Mit rasch eintretenden Verschlechterungen rechnen
- bei Gasembolie in die Hirnarterien Bewusstseinsverlust und Krampfanfälle sehr häufig
- Sicherung der Atemwege und, wenn möglich, Beißkeil oder Guedel-Tubus (Achtung: bei Bewusstseinstrübung und noch erhaltenem Würgereflex: Gefahr des Erbrechens und der Aspiration!)
- bei Beteiligung des Hirnstamms mit massiven Blutdruckabfällen und mit Herzstillstand rechnen
- ständige Überwachung, Atmung, Puls und Blutdruckkontrolle, bis Notarzt anwesend
- wenn möglich: Venenpunktion, Infusion vorbereiten
- Tauchgangsdaten und Unfallhergang von Tauchpartner mitteilen lassen
- Tauchcomputer sicherstellen und beim Verunfallten lassen

- Beutelbeatmung mit 100 % Sauerstoff, wenn ateminsuffizient
- Volumenzufuhr

- Flachlagerung
- i.v.-Zugang schaffen
- Sicherung der Vitalfunktionen, ggf. kardiopulmonale Reanimation
- Beatmung mit 100 % Sauerstoff
- ggf. Intubation, wenn bewusstseineingetrübt oder bewusstlos
- wenn kreislaufinstabil: Katecholamintherapie
  - Dopamin 6–10–15 μg/kg/min, ggf.
  - Noradrenalin 0,05–0,3 μg/kg/min bei Bedarf
- Adrenalin bei Kreislaufstillstand 1 mg i. v.
- Volumengabe (500–1000 ml/h)
- kolloidale Lösungen sind zu bevorzugen
  (CAVE! Auf Höchstmengen und allergische Reaktionen achten!)
- Normovolämie anstreben
- schnellstmöglich HBO-Therapie veranlassen
- Tauchgangsdaten, Anamnese und Tauchcomputer mit zur Druckkammer bringen

Bei cerebralem Krampfanfall:

- Diazepam (Valium) bis 30 mg i. v. **oder** Clonazepam (Rivotril) bis 4 mg i. v.
- bei Versagen: Thiopental (Trapanal) 5 mg/kg KG i. v.

Achtung! Intubationsbereitschaft wegen Ateminsuffizienz, mit Blutdruckabfall rechnen

Sonstiges:

- möglichst bald Blasenkatheter, ZVK, evtl. invasive Blutdruckmessung
- bei sehr schweren Verläufen (noch nicht endgültig wissenschaftlich abgesichert):
  evtl. Lidocain 1,5 mg/kg KG als Bolus i. v. (CAVE! Höchstdosis 200 mg)

Literatur:

[1] MOON R. E. Gas Embolism. In: Oriani G., Marroni A., Wattel F. (Eds.). Handbook on Hyperbaric Medicine. Springer 1996: S. 229–248

[2] MUTH C. M. HBO-Therapie bei der Behandlung von Gasembolien. In: ALMELING M., BÖHM F., WELSLAU W. (Hrsg.). Handbuch Tauch- und Hyperbarmedizin. ecomed, Kap. IV – 3.1.2

[3] MOON R. E., GORMAN D. F. Treatment of decompression disorders. In: BENNETT P., ELLIOTT D. (Eds.). The physiology and medicine of diving, 4th ed. Saunders 1993: 506–541

[4] LEITCH D. R., GREEN R. D. Pulmonary barotrauma in divers and the treatment of cerebral arterial gas embolism. Aviat Space Environ Med 1986; 57: 931–938

[5] Workshop Panel. Final summary of recommendations: Diving accident workshop 1990. In: BENNETT P. B., MOON R. E. (Eds.). Diving accident management. Undersea and Hyperbaric Medical Society, Bethesda 1990: 366–369

[6] DIERICH O. In: BARTMANN H.: Taucher-Handbuch. Ecomed. Kap. II – 3.36.

[7] EDMONDS C., LOWRY C., PENNEFATHER J. (Eds.). Diving and Subaquatic Medicine, 3rd Ed. Butterworth-Heinemann 1992

[8] BOVE A. A., DAVIS J. C. (Eds.). Diving medicine 2nd Ed. Saunders 1990

IV – 3.5.4.3
Barotrauma der Lunge (Überblähung der Lungen, Lungenüberdruckbarotrauma, Lungenriss)

Hinweis: Theoretisch kann zwischen Unterdruck- und Überdruckbarotrauma der Lunge unterschieden werden. Ein Unterdruckbarotrauma der Lunge entsteht theoretisch beim Abtauchen mit angehaltener Luft ohne Tauchgerät, spielt aber in der Praxis keine Rolle.

Im Folgenden ist daher vom sehr wichtigen **Überdruckbarotrauma** die Rede.

Erscheinungsbild vielfältig und abhängig von der Lokalisation der betroffenen Areale:
- kurzer Schmerz beim Auftauchen
- Schmerzen und Luftnot auch nach dem Auftauchen
- Husten, blutiger Speichel und Auswurf
- Schwellungen des Halses und der Haut über den Schlüsselbeinen, Knistern der Haut beim Betasten
- Kreislaufschwäche, Blutdruckabfall
- kloßige Sprache
- Schwäche der Extremitäten bis zu Lähmungserscheinungen

u. a. m.

Wichtig: Die beschriebenen Symptome können einzeln, aber auch in jeder denkbaren Kombination auftreten. Schon das Vorliegen eines der Symptome sollte an ein Barotrauma der Lunge denken lassen!

- Ausdehnung der Atemgase in der Lunge bei abnehmendem Umgebungsdruck (Gesetz von Boyle und Mariotte) bei gleichzeitig behindertem Abstrom der Gase aus der Lunge (Air-Trapping, Stimmritzenkrampf, willentliches Luftanhalten bei vorbestehenden Schwachstellen, Zysten und Emphysemblasen) führt zur Überdehnung von Alveolarbereichen bis zum Riss.
- Die Symptomatik ergibt sich aus der frei werdenden Gasmenge und der Lokalisation der Schädigungen:
  a) in der Nähe der Pleura (Lungenfell): Eindringen von Gas in den Pleuraspalt → *Pneumothorax (IV – 3.5.5.26)*

b) in der Nähe größerer Gefäße/mit Gefäßbeteiligung: → *arterielle Gasembolie (IV – 3.5.5.2)*
c) in der Nähe der Einmündung der großen Gefäße und Bronchien → *Mediastinalemphysem (IV – 3.5.5.25)*
d) kleine Abschnitte in der Lunge betroffen: ohne erkennbare Symptome

Achtung! Auch hier gilt: Jede Kombination der Mechanismen a–c ist möglich!

- Lebensgefahr!
- Wenn noch im Wasser: rasches Retten, Gefahr des Ertrinkens!
- Erhaltung der Vitalfunktionen, ggf. HLW
- Lagerung flach
- normobare Sauerstoffgabe 100 %
- Gabe von Flüssigkeit, wenn bewusstseinsklar
- Rettungsdienst alarmieren, Notarztindikation, dringender Hinweis auf Druckkammer
- im Ausland: lokalen Rettungsdienst aktivieren, wenn möglich schnellstmöglich Druckkammerbehandlung
- Tauchgangsdaten und Besonderheiten notieren, Tauchcomputer sicherstellen, dem Rettungsdienst mitgeben

Wichtigste Erstmaßnahme: Gabe von 100 % Sauerstoff normobar

- Sicherung der Vitalfunktionen, HLW, wenn nötig
- **Achtung!** Mit rasch eintretenden Verschlechterungen rechnen
- **Achtung!** Mit Spannungspneumothorax rechnen → *Pneumothorax (IV – 3.5.5.26)*
- bei Gasembolie in die Hirnarterien Bewusstseinsverlust und Krampfanfälle sehr häufig → *arterielle Gasembolie (IV – 3.5.5.2)*
- mit Herzrhythmusstörungen rechnen → *Mediastinalemphysem (IV – 3.5.5.25)*
- Sicherung der Atemwege und, wenn möglich, Beißkeil oder Guedel-Tubus (Achtung! Bei Bewusstseinstrübung und noch erhaltenem Würgereflex: Gefahr des Erbrechens und der Aspiration!)
- ständige Überwachung, Atmung, Puls und Blutdruckkontrolle, bis Notarzt anwesend

- wenn möglich: Venenpunktion, Infusion vorbereiten
- Tauchgangsdaten und Unfallhergang von Tauchpartner mitteilen lassen
- Tauchcomputer sicherstellen und beim Verunfallten lassen

- Beutelbeatmung mit 100 % Sauerstoff, wenn ateminsuffizient
- Volumenzufuhr
- bei Spannungspneumothorax ggf. Entlastung mit Tiegel-Ventil

Grundsätzlich:
- Flachlagerung
- i.v.-Zugang schaffen
- Sicherung der Vitalfunktionen, ggf. kardiopulmonale Reanimation
- Beatmung mit 100 % Sauerstoff
- ggf. Intubation, wenn bewusstseinseingetrübt oder bewusstlos
- wenn kreislaufinstabil: Katecholamintherapie
  - Dopamin 6–10–15 µg/kg/min, ggf.
  - Noradrenalin 0,05–0,3 µg/kg/min bei Bedarf
- Adrenalin bei Kreislaufstillstand 1 mg i. v.
- Volumengabe (500–1000 ml/h)
- kolloidale Lösungen sind zu bevorzugen
- (CAVE! Auf Höchstmengen und allergische Reaktionen achten!)
- Normovolämie anstreben
- schnellstmöglich HBO-Therapie veranlassen
- Tauchgangsdaten, Anamnese und Tauchcomputer mit zur Druckkammer bringen

bei Spannungspneumothorax *(→ Pneumothorax):*
- Druckentlastung, Thoraxdrainage

bei *→ Mediastinalemphysem :*
- bei schwerer Schocksymptomatik: kollare Mediastinotomie

bei cerebralem Krampfanfall (*→ art. Gasembolie*):
- Diazepam (Valium) bis 30 mg i. v. oder Clonazepam (Rivotril) bis 4 mg i. v.

- bei Versagen: Thiopental (Trapanal) 5 mg/kg KG i. v.

Achtung! Intubationsbereitschaft wegen Ateminsuffizienz, mit Blutdruckabfall rechnen

Sonstiges:

- möglichst bald Blasenkatheter, ZVK, evtl. invasive Blutdruckmessung

Literatur:

[1] ALMELING M., BÖHM F., WELSLAU W. (Hrsg.). Handbuch Tauch- und Hyperbarmedizin. ecomed, Kap. II – 3.3

[2] DIERICH O. In: BARTMANN H. Taucher-Handbuch. ecomed. Kap. II – 3.3.2.

[3] EDMONDS C., LOWRY C., PENNEFATHER J. (Eds.): Diving and Subaquatic Medicine, 3rd Ed. Butterworth-Heinemann 1992

[4] BOVE A. A., DAVIS J. C. (Eds.). Diving medicine 2nd Ed. Saunders 1990; 200–222

[5] BENNETT P., ELLIOTT D. (Eds.). The physiology and medicine of diving, 4th ed. Saunders 1993: 506–541

[6] MOON R. E., GORMAN D. F. Treatment of decompression disorders. In: BENNETT P., ELLIOTT D. (Eds.). The physiology and medicine of diving, 4th ed. Saunders 1993: 506–541

[7] LEITCH D. R., GREEN R. D. Pulmonary barotrauma in divers and the treatment of cerebral arterial gas embolism. Aviat Space Environ Med 1986; 57: 931–938

[8] Workshop Panel. Final summary of recommendations: Diving accident workshop 1990. In: BENNETT P. B., MOON R. E. (Eds.). Diving accident management. Undersea and Hyperbaric Medical Society, Bethesda 1990: 366–369

IV – 3.5.4.4
Barotrauma der Nasen-Nebenhöhlen (NNH-Barotrauma, Barosinusitis)

Beim **Abtauchen:**

- heftiger, stechender Schmerz in der Stirn (Stirnhöhlen-Barotrauma)
- und/oder stechender Schmerz neben der Nase (Kieferhöhlen-Barotrauma)
- Auftreten der Schmerzsymptomatik meist schon bald nach dem Abtauchen
- Schmerzzunahme mit weiterer Drucksteigerung, häufig so stark, dass der Schmerz zum Auftauchen zwingt
- dann: blutiger Schleim in der Taucherbrille und „Nasenbluten"
- gelegentlich: länger andauernder Kopfschmerz

Barotraumen sind typisch für die Phase zunehmenden Druckes (Kompressionsphase), Nebenhöhlenbarotraumen können aber auch beim **Auftauchen** entstehen (Dekompressionsbarotrauma):

- dumpfer, starker (mitunter auch stechender) Schmerz, Lokalisation wie oben, dazu
- massive Druckempfindung im betroffenen Bereich
- bei Barotrauma der Kieferhöhlen: Zahnschmerzen der Zähne des Oberkiefers möglich
- bei Barotrauma der Stirnhöhlen: Augendruck möglich
- gelegentlich massiver Schleimabgang, teilweise blutig

Unvollständiger Druckausgleich in den Nebenhöhlen durch ganzen oder teilweisen Verschluss der Öffnungen (Ostien) zum Nasenrachenraum durch z. B.

- Schleimhautschwellungen (Erkältung, Reizung, allergische Reaktionen wie Heuschnupfen)
- akute und chronische Nebenhöhlenentzündung (Sinusitis)
- anatomische Fehlbildungen (Verkrümmte Nasenscheidewand [Septumdeviation] o. Ä.)
- Schleimhautpolypen

Dadurch beim **Abtauchen**:

- Entstehung eines relativen Unterdrucks in der betroffenen Nebenhöhle

- dadurch Sog auf die Schleimhäute, dann
- vermehrte Blutfülle der Schleimhautgefäße
- Abpressen von Gewebsflüssigkeit (Transsudation)
- Einreißen von Gefäßen, Blutung

Beim **Auftauchen**:
- Verlegung der Öffnungen z. B. durch Schleimhaut
- Ausbildung eines Überdrucks mit Druck auf die umliegenden Strukturen (Zahnwurzeln, Augenhöhlen)
- bei Erreichen des notwendigen Überdrucks explosives Entweichen der gefangenen Luft,
- dabei Mitreißen von Sekret und Einreißen von Blutgefäßen

Verletzung knöcherner Strukturen unwahrscheinlich, eher Entweichen über den natürlich vorgegebenen Weg

Bei Schmerzen beim **Abtauchen**:
- Tauchgang beenden
- Druckausgleich nicht erzwingen

Bei Schmerzen beim **Auftauchen**:
- Auftauchen unterbrechen
- Nase schnäuzen
- langsamer auftauchen

Maßnahmen:
- schleimhautabschwellende Nasentropfen
- ggf. rezeptfreies Schmerzmittel
- Schleimlöser
- Rotlicht
- Inhalationen mit ätherischen Ölen
- baldmöglichst HNO-ärztliche Kontrolle und Abklärung
- **KEINE** Alarmierung des Rettungsdienstes!

Grundsätzliches:
- keine schleimhautabschwellenden Mittel vor dem Tauchgang
- keine Tauchgänge mit Erkältung und/oder akuter Nebenhöhlenentzündung
- bei chronischer Nebenhöhlenentzündung sorgfältige Abklärung der Tauchtauglichkeit durch in Tauchmedizin erfahrenen HNO-Arzt, bei häufigen Problemen keine Tauchtauglichkeit

- entfällt

- entfällt

Literatur:

[1] DIERICH O. In: BARTMANN H. Taucher-Handbuch ecomed. Kap. II – 3.2 Barotrauma
[2] ALMELING M., BÖHM F., WELSLAU W. (Hrsg.). Handbuch Tauch- und Hyperbarmedizin. ecomed. Kap. II – 3.3 Barotraumen
[3] STRUTZ J. Otologische Aspekte beim Tauchen. HNO 1988; 36: 198–205
[4] STRUTZ J. Otorhinolaryngologische Aspekte zum Sporttauchen. HNO. 1993; 41: 401–411
[5] MOSER M., WOLF G. Gesundheitliche Schäden durch Tauchen und Fliegen. Fortschr. Med. 1990; 108 (25): 477–481
[6] NEBLETT L. M.: Otolaryngology and sport scuba diving Update and Guidelines. Ann Otol Rhinol Laryngol Suppl 1985; 115: 1–12
[7] EDMONDS C., LOWRY C., PENNEFATHER J. (Eds.). Diving and Subaquatic Medicine, 3rd Ed. Butterworth-Heinemann 1992
[8] FARMER J. C. Ear and sinus Problems in Diving. In: BOVE A. A., DAVIS J. C. (Eds.). Diving medicine 2nd Ed. Saunders 1990; 200–222
[9] ROYDHOUSE N. Underwater ear and nose care 2nd Ed. Best Publishers 1993
[10] EHM (Hrsg.). Tauchen – noch sicherer 7. Auflage. Müller-Rüschlikon 1996

IV – 3.5.4.5
Barotrauma des Gesichts und der Augen

- Schmerzen im von der Taucherbrille bedeckten Bereich
- Spannungsgefühl
- Hautrötung bis Bluterguss (Hämatom) in Form der Taucherbrille
- Einblutung in die Bindehaut (blutrote Augen)
- sehr selten: Sehstörungen

- durch Erhöhung des Umgebungsdrucks beim Abtauchen und unterlassenen Druckausgleich in der Taucherbrille → Unterdruck in der Taucherbrille
- Verwendung von Schwimmbrillen ohne Druckausgleichsmöglichkeit zum Tauchen
- Sog auf die Gesichtshaut und die Augen
- vermehrte Gefäßfülle im betroffenen Bereich
- Schwellung (Ödem) und Einblutung durch platzende Gefäße

Grundsätzlich:
- an Druckausgleich auch in der Taucherbrille denken

Therapie:
- keine spezifische
- bei stärkerer Einblutung des Auges und/oder sehr starkem Gesichtshämatom augenärztliche Kontrolle
- sonst keine besonderen Maßnahmen

- entfällt

- entfällt

- entfällt

Literatur:

[1] DIERICH O. In: BARTMANN H. Taucher-Handbuch ecomed. Kap. II – 3.2 Barotrauma

[2] ALMELING M., BÖHM F., WELSLAU W. (Hrsg.). Handbuch Tauch- und Hyperbarmedizin. ecomed. Kap. II – 3.3 Barotraumen
[3] EDMONDS C., LOWRY C., PENNEFATHER J. (Eds.). Diving and Subaquatic Medicine, 3rd Ed. Butterworth-Heinemann 1992
[4] BENNETT P., ELLIOTT D. (Eds.). The physiology and medicine of diving, 4th ed. Saunders 1993
[5] EHM (Hrsg.). Tauchen – noch sicherer 7. Auflage. Müller-Rüschlikon 1996

IV – 3.5.4.6
Barotrauma des Mittelohres und des Trommelfells

Hinweis: Das Barotrauma des Mittelohres ist in aller Regel ein Barotrauma der Kompressionsphase. In seltenen Fällen kann es auch beim Auftauchen zu einem *inversen Barotrauma* oder *Dekompressionsbarotrauma* kommen. Grund ist hier eine Verlegung des Verbindungsganges zwischen Nasen-Rachen-Raum und Mittelohr (Eustachische Röhre) während der Dekompression. Symptomatik und Therapie sind mit den im Folgenden beschriebenen identisch.

- Druckgefühl im Ohr beim Abtauchen, dann
- zunehmender stechender Schmerz, der abrupt nachlassen kann (Trommelfellriss)
- Schwindel und Übelkeit
- kurzzeitiger Verlust des Orientierungsvermögens, Panik
- evtl. Blutungen aus Ohr und/oder Nase beim Auftauchen
- Symptome nach dem Tauchen:
  bei stärkerem Barotrauma (→ *siehe auch Barotrauma des Innenohres, IV – 3.5.5.7)*
  - dumpfes, watteartiges Gefühl im Ohr
  - Hörminderung
  - evtl. Ohrgeräusche

- behinderter (Schleimhautschwellung) und/oder
- unvollständiger Druckausgleich im Mittelohr beim Abtauchen
- zunehmende Einwärtsdehnung des Trommelfells
- Ausbildung eines relativen Unterdrucks in der Paukenhöhle
- Einblutungen ins Trommelfell, Schleimhautödem
- Transsudation von Gewebsflüssigkeit (Flüssigkeitsansammlung hinter dem Trommelfell)
- Einblutungen in die Paukenhöhle
- Trommelfellriss

Durch Trommelfellriss:
- Eindringen kalten Wassers in die Paukenhöhle
- Irritation des Gleichgewichtsorgans

- rechtzeitiger Druckausgleich als vorbeugende Maßnahme
- Druckausgleich nicht erzwingen
- bei Druckausgleichsproblemen: Tauchgang beenden

Maßnahmen:
- schleimhautabschwellende Nasentropfen
- ggf. rezeptfreies Schmerzmittel
- wenn Symptome durch Druckreduktion nicht verschwinden und/oder bei Verdacht auf Trommelfellriss: baldmöglichst HNO-ärztliche Kontrolle und Abklärung
- **KEINE** Alarmierung des Rettungsdienstes!

Grundsätzliches:
- keine schleimhautabschwellenden Mittel vor dem Tauchgang
- keine Tauchgänge mit Erkältung
- kein mehrfaches Auf- und Abtauchen

- entfällt

- entfällt

- entfällt

Literatur:

[1] Dierich O. In: Bartmann H. Taucher-Handbuch. ecomed. Kap. II – 3.2 Barotrauma

[2] Almeling M., Böhm F., Welslau W. (Hrsg.). Handbuch Tauch- und Hyperbarmedizin. ecomed. Kap. II – 3.3 Barotraumen

[3] Strutz J. Otologische Aspekte beim Tauchen. HNO 1988; 36: 198–205

[4] Strutz J. Otorhinolaryngologische Aspekte zum Sporttauchen. HNO. 1993; 41: 401–411

[5] Moser M., Wolf G. Gesundheitliche Schäden durch Tauchen und Fliegen. Fortschr. Med. 1990; 108 (25): 477–481

[6] Neblett L. M. Otolaryngology and sport scuba diving Update and Guidelines. Ann Otol Rhinol Laryngol Suppl 1985; 115: 1–12

[7] EDMONDS C., LOWRY C., PENNEFATHER J. (Eds.). Diving and Subaquatic Medicine, 3rd Ed. Butterworth-Heinemann 1992
[8] FARMER J. C. Ear and sinus Problems in Diving. In: BOVE A. A., DAVIS J. C. (Eds.). Diving medicine 2nd Ed. Saunders 1990; 200–222
[9] ROYDHOUSE N. Underwater ear and nose care, 2nd Ed. Best Publishers 1993
[10] EHM (Hrsg.). Tauchen – noch sicherer 7. Auflage. Müller-Rüschlikon 1996

IV – 3.5.4.7
Barotrauma des Innenohres (Ruptur des runden Fensters, Rundfensterruptur)

Hinweis: Das Barotrauma des Innenohres kann sowohl beim Abtauchen als auch während der Auftauchphase auftreten. Symptomatik und Therapie sind identisch.

- Druckgefühl im Ohr beim Abtauchen
- zunehmender stechender Schmerz
- massiver Drehschwindel mit Übelkeit und Brechreiz
- Verlust des Orientierungsvermögens, Panik

Symptome nach dem Tauchen:
- dumpfes, watteartiges Gefühl im Ohr
- Hörminderung bis kompletter Hörverlust
- evtl. Ohrgeräusche
- anhaltender Drehschwindel

Achtung! Die Symptome können sich auch erst allmählich einstellen!

- unzureichender, verzögerter oder zu heftig durchgeführter Druckausgleich nach der Valsalva-Methode
- bei maximal eingedrücktem Trommelfell plötzliche Druckentlastung mit schlagartiger Rückstellung aller beteiligter Membranen
- dadurch heftigste Perilymphschwingungen (Innenohrflüssigkeit) im Innenohr
- bei hohem Druck der Flüssigkeit Zerreißen der Membranen von ovalem (selten) oder i. d. R. rundem Fenster möglich
- Austritt von Innenohrflüssigkeit

Maßnahmen:
- Flachlagerung mit leicht erhöhtem Kopf
- schleimhautabschwellende Nasentropfen
- ggf. rezeptfreies Schmerzmittel
- bei Verdacht auf Innenohrbarotrauma: schnellstmöglich HNO-ärztliche Kontrolle und Abklärung, ggf. plastische Deckung

- Alarmierung des Rettungsdienstes nicht zwingend erforderlich, keine Alarmierung des Notarztes

Grundsätzliches:
- keine schleimhautabschwellenden Mittel vor dem Tauchgang
- keine Tauchgänge mit Erkältung
- rechtzeitiger Druckausgleich als vorbeugende Maßnahme
- Druckausgleich nicht erzwingen
- bei Druckausgleichsproblemen: Tauchgang beenden

- keine zusätzlichen spezifischen Maßnahmen
- Transport zu HNO-ärztlicher Abteilung eines Krankenhauses

Achtung! Wichtigste Differenzialdiagnose → *Dekompressionskrankheit des Innenohres*

Entscheidungshilfe:
Innenohrbarotrauma:
- Auftreten schon beim Abtauchen oder während des Auftauchens, unabhängig von Tauchzeit und Tauchtiefe
- in der Vorgeschichte meist Druckausgleichsprobleme und erzwungener Druckausgleich

Dekompressionskrankheit des Innenohres (siehe auch unter → *Dekompressionskrankheit, IV – 3.5.5.13*)
- Auftreten während oder kurz nach dem Auftauchen (Sonderfall: hat der Taucher unterschiedliche Gasgemische genutzt, u. U. schon beim Tauchen)
- typischer Tauchgang: große Tauchtiefe, unzureichende Dekompression
- häufig weitere Symptome einer → *Dekompressionskrankheit*
- bei Verdacht: Druckkammerbehandlung!

- entfällt

- entfällt

Literatur:

[1] DIERICH O. In: BARTMANN H. Taucher-Handbuch. ecomed. Kap. II – 3.2 Barotrauma.

[2] ALMELING M., BÖHM F., WELSLAU W. (Hrsg.). Handbuch Tauch- und Hyperbarmedizin. ecomed. Kap. II – 3.3 Barotraumen

[3] STRUTZ J. Otologische Aspekte beim Tauchen. HNO 1988; 36: 198–205

[4] STRUTZ J. Otorhinolaryngologische Aspekte zum Sporttauchen. HNO. 1993; 41: 401–411

[5] MOSER M., WOLF G. Gesundheitliche Schäden durch Tauchen und Fliegen. Fortschr. Med. 1990; 108 (25): 477–481

[6] NEBLETT L. M. Otolaryngology and sport scuba diving Update and Guidelines. Ann Otol Rhinol Laryngol Suppl 1985; 115: 1–12

[7] EDMONDS C., LOWRY C., PENNEFATHER J. (Eds.): Diving and Subaquatic Medicine, 3rd Ed. Butterworth-Heinemann 1992

[8] FARMER J. C. Ear and sinus Problems in Diving. In: Bove A. A., Davis J. C. (Eds). Diving medicine 2nd Ed. Saunders 1990; 200–222

[9] BENNETT P., ELLIOTT D. (Eds.). The physiology and medicine of diving, 4th ed. Saunders 1993: 506–541

[10] ROYDHOUSE N. Underwater ear and nose care 2nd Ed. Best Publishers 1993

[11] KOZUKA M., NAKASHIMA T., FUKUTA S., YANAGITA N. Inner ear disorders due to pressure change. Clin Otolaryngol 1997; 22 (2): 106–110

[12] EHM (Hrsg.). Tauchen – noch sicherer 7. Auflage. Müller-Rüschlikon 1996

IV – 3.5.4.8
Barotrauma des Gehörgangs

- Druckgefühl im Ohr beim Abtauchen, dann
- zunehmender stechender Schmerz
- Trommelfellriss
- Schwindel und Übelkeit
- evtl. leichte Blutungen aus dem betroffenen Ohr

- Verschluss des äußeren Gehörgangs meist durch Ohrstopfen, gelegentlich auch durch Neoprenhaube des Tauchanzuges, Ohrenschmalzpfropf (Cerumen-Pfropf), Gehörgangsentzündungen und Verwachsungen (Exostosen)
- dadurch behinderter Druckausgleich
- Unterdruck zwischen Trommelfell und Verschluss
- zunehmender Sog auf Trommelfell und Gehörgangswand
- Trommelfellriss
- Blutungen in die Gehörgangswand

Maßnahmen:
- HNO-ärztliche Kontrolle und Abklärung
- **KEINE** Alarmierung des Rettungsdienstes!

Grundsätzliches:
- keine Verwendung von Ohrenstöpseln beim Tauchen!

- entfällt

- entfällt

- entfällt

Literatur:

[1] DIERICH O. In: BARTMANN H. Taucher-Handbuch. ecomed. Kap. II – 3.2 Barotrauma

[2] ALMELING M., BÖHM F., WELSLAU W. (Hrsg.). Handbuch Tauch- und Hyperbarmedizin. ecomed. Kap. II – 3.3 Barotraumen
[3] STRUTZ J. Otologische Aspekte beim Tauchen. HNO 1988; 36: 198–205
[4] STRUTZ J. Otorhinolaryngologische Aspekte zum Sporttauchen. HNO. 1993; 41: 401–411
[5] MOSER M., WOLF G. Gesundheitliche Schäden durch Tauchen und Fliegen. Fortschr. Med. 1990; 108 (25): 477–481
[6] NEBLETT L. M. Otolaryngology and sport scuba diving Update and Guidelines. Ann Otol Rhinol Laryngol Suppl 1985; 115: 1–12
[7] EDMONDS C., LOWRY C., PENNEFATHER J. (Eds.). Diving and Subaquatic Medicine, 3rd Ed. Butterworth-Heinemann 1992
[8] FARMER J. C. Ear and sinus Problems in Diving. In: Bove A. A, Davis J. C. (Eds.). Diving medicine 2nd Ed. Saunders 1990; 200–222
[9] ROYDHOUSE N. Underwater ear and nose care 2nd Ed. Best Publishers 1993
[10] EHM (Hrsg.). Tauchen – noch sicherer 7. Auflage. Müller-Rüschlikon 1996

IV – 3.5.4.9
Barotrauma der Haut (*ältere, nicht mehr gebräuchliche Bezeichnung:* **äußeres Blaukommen)**

- streifenförmige Hautrötungen
- streifenförmige Blutergüsse
- in der Regel schmerzfrei

- durch Erhöhung des Umgebungsdrucks beim Abtauchen und unterlassene Belüftung in den Trockentauchanzug zum Druckausgleich → Unterdruck im Tauchanzug
- bei Nass- und Halbtrocken-Anzügen: regional gefangene Luft
- Sog auf die Haut und Hautgefäße
- vermehrte Gefäßfülle im betroffenen Bereich
- Schwellung (Ödem) und Einblutung durch Blutaustritt und/oder platzende Gefäße

Grundsätzlich:
- bei Trockentauchanzügen an Druckausgleich denken

Therapie:
- keine spezifische Therapie notwendig

- entfällt

- entfällt

- entfällt

Literatur:

[1] DIERICH O. In: BARTMANN H. Taucher-Handbuch. ecomed. Kap. II – 3.2 Barotrauma

[2] ALMELING M., BÖHM F., WELSLAU W. (Hrsg.). Handbuch Tauch- und Hyperbarmedizin. ecomed. Kap. II – 3.3 Barotraumen

[3] EDMONDS C., LOWRY C., PENNEFATHER J. (Eds.). Diving and Subaquatic Medicine, 3rd Ed. Butterworth-Heinemann 1992

[4] EHM (Hrsg.). Tauchen – noch sicherer 7. Auflage. Müller-Rüschlikon 1996

IV – 3.5.4.10
Barotrauma der Zähne

Zahnschmerzen unterschiedlicher Ausprägung beim Auftauchen
- plötzlicher scharfer Schmerz
- heftig bohrender Schmerz
- länger anhaltende Schmerzen bei Druckwechsel
- es können einzelne Zähne sowohl des Unterkiefers als auch des Oberkiefers betroffen sein
- oder ganze Zahngruppen

Entstehung und Pathomechanismus nicht endgültig geklärt.
Häufigste Erklärung:
- bei schadhaften Füllungen Eintritt von Gas in den Zwischenraum zwischen Zahn und Füllung
- bei nachlassendem Umgebungsdruck Ausdehnung des Gases und Nervenreizung

Auch: Wurzelreizung durch → *Barotrauma der Kieferhöhlen (IV – 3.5.5.4)*

Therapie:
- keine spezifische
- zahnärztliche Kontrolle und ggf. Sanierung
- sonst keine besonderen Maßnahmen

- entfällt

- entfällt

- entfällt

Literatur:

[1] DIERICH O. In: BARTMANN H. Taucher-Handbuch. ecomed. Kap. II – 3.2 Barotrauma

[2] Almeling M., Böhm F., Welslau W. (Hrsg.). Handbuch Tauch- und Hyperbarmedizin. ecomed. Kap. II – 3.3 Barotrauma
[3] Edmonds C., Lowry C., Pennefather J. (Eds.). Diving and Subaquatic Medicine, 3rd Ed. Butterworth-Heinemann 1992
[4] Ehm (Hrsg.). Tauchen – noch sicherer 7. Auflage. Müller-Rüschlikon 1996

IV – 3.5.4.11
Barotrauma des Magen-Darm-Trakts

- Schmerzen im Oberbauch und Bauchraum
- Völlegefühl
- Aufstoßen
- Blähungen (Flatulenz)
- möglich: Gefühl der Atembehinderung und Luftnot

- Luft- und/oder Gasansammlung im Magen und Darm
- Ausdehnung der Gase bei Dekompression
- Dehnung der Magenwände und Darmwände
- Verdrängung umliegender Strukturen (z. B. Zwerchfell und Lunge)
- denkbar, aber nahezu ausgeschlossen: Ruptur (Platzen) von Magen oder Darm

- Hauptgrund für das Auftreten der Symptomatik:
  wiederholtes Schlucken von kleinen Mengen Luft bei der Durchführung des Druckausgleichs

- Auftreten wird begünstigt durch:
  - Genuss von blähenden Speisen bis 24 h vor dem Tauchgang
  - größere Mengen kohlesäurehaltiger Getränke unmittelbar vor dem Tauchen
  - Stickstoffdiffusion in die gasgefüllten Räume

Grundsätzlich:
- blähende Speisen und kohlensäurehaltige Getränke beim Tauchen meiden

Therapie:
- keine besonderen Maßnahmen
- Gas verlässt den Körper auf dem natürlichen Weg
- gelegentlich gründliches Ausspülen des Tauchanzuges notwendig

- entfällt

- entfällt

- entfällt

Literatur:

[1] DIERICH O. In: BARTMANN H. Taucher-Handbuch. ecomed. Kap. II – 3.2 Barotrauma

[2] ALMELING M., BÖHM F., WELSLAU W. (Hrsg.). Handbuch Tauch- und Hyperbarmedizin. ecomed. Kap. II – 3.3 Barotrauma

[3] EDMONDS C., LOWRY C., PENNEFATHER J. (Eds.). Diving and Subaquatic Medicine, 3rd Ed. Butterworth-Heinemann 1992

[4] EHM (Hrsg.). Tauchen – noch sicherer 7. Auflage. Müller-Rüschlikon 1996

IV – 3.5.4.12
Beinahe-Ertrinken (near drowning)

Hinweis: Die Bezeichnungen → *Ertrinken* und → *Beinahe-Ertrinken* werden häufig synonym gebraucht. Das ist nicht korrekt. Ertrinken bezeichnet einen abgeschlossenen Vorgang, nämlich den Erstickungstod unter Wasser. Beim Beinahe-Ertrinken liegt ein Atmungs- und Kreislaufversagen unter Wasser vor, der Vorgang wird jedoch zumindest zeitweilig und ggf. unter Maßnahmen der Herz-Lungen-Wiederbelebung überlebt.

- kalte, blasse Haut
- Blaufärbung von Lippen und Fingernägeln (Zyanose)
- Atemnot
- evtl. Erbrechen
- evtl. schaumiger Auswurf und Husten
- ggf. sehr langsamer Puls (Bradykardie)
- kein Puls und keine Atmung feststellbar
- ggf. Bewusstlosigkeit
- zerebraler Krampfanfall
- häufig: begleitend → *Unterkühlung (IV – 3.5.5.32)*
- **Achtung! Mit Zustandsverschlechterung rechnen!**

Hauptursache für Ertrinken beim Tauchen: Bewusstlosigkeit unter Wasser

Ursache für Bewusstlosigkeit: multipel (Atemgasintoxikationen, internist. Erkrankungen wie Herzinfarkt o. Ä., Sauerstoffmangel, Blutdruckprobleme, Panik u. a. m.)

Klassisch wird zwischen Salz- und Süßwasserertrinken unterschieden. Diese Unterscheidung ist für den Notfall ohne Belang.

Salzwasserertrinken – Schädigungsmechanismus:
- Eindringen von hypertoner Flüssigkeit in die Lungenbläschen (Alveolen)
- Einstrom intravasaler und interstitieller Flüssigkeit in die betroffenen Alveolargebiete

Folgen:
- intraalveoläres Lungenödem in den betroffenen Alveolargebieten
- Verlust von Gasaustauschfläche
- Ausbildung von Rechts-links-Shunts, Übertritt von sauerstoffarmem Blut in die arterielle Strombahn
- ausgeprägter Sauerstoffmangel (Hypoxie)
- eine Blutvolumenverminderung und Hämokonzentration ist nur initial zu beobachten und pathophysiologisch von geringer Bedeutung

Süßwasserertrinken – Schädigungsmechanismus:
- Eindringen hypotoner Flüssigkeit in die Alveolen
- Einstrom intraalveolärer Flüssigkeit aus den betroffenen Alveolargebieten in das Gefäßsystem

Folgen:
- Zerstörung des Surfactantsystems
- Alveolarkollaps im betroffenen Alveolargebiet
- Verlust von Gasaustauschfläche
- Ausbildung von Rechts-links-Shunts, Übertritt von sauerstoffarmem Blut in die arterielle Strombahn
- ausgeprägter Sauerstoffmangel (Hypoxie)
- eine Blutvolumenvermehrung und Hämolyse ist, wenn überhaupt, nur initial zu beobachten und pathophysiologisch von geringer Bedeutung

Beachte: Die Unterscheidung zwischen Salz- und Süßwasserertrinken ist für die präklinische Therapie unwichtig! Im Vordergrund steht in beiden Fällen der Verlust von Gasaustauschfläche und die damit verbundene Gasaustauschstörung!

schnellstmöglich retten:
- Ereignis unter Wasser: Taucher schnellstmöglich zur Oberfläche bringen
- Ereignis als Badeunfall: beim Retten an mögliche Verletzungen der Halswirbelsäule denken (Kopfsprung ins Wasser), bei Verdacht: Bewegungen des Kopfes vermeiden
- wenn nötig: schnellstmöglich Beginn HLW
- wenn vorhanden: Sauerstoffgabe, möglichst 100 %
- Lagerung flach

- vor weiterer Unterkühlung schützen
- engmaschig überwachen

- Fortführung der Laienmaßnahmen
- engmaschig überwachen
- Sicherung der Vitalfunktionen
- Durchführung der HLW möglichst mit Beatmungsbeutel und hohem Sauerstoffanteil
- Pulsoxymetrie (meist nicht möglich!)
- Puls, Blutdruck, EKG
- Infusion vorbereiten
- bei Verdacht auf HWS-Verletzung: Schienung der HWS durch immobilisierende Halskrause

- ggf. Venenpunktion
- ggf. Intubation
- ggf. Magensonde

Patient bei Bewusstsein:
- engmaschig überwachen
- jederzeit mit Zustandsverschlechterung rechnen
- in **jedem Fall** Krankenhauseinweisung

Patient ohne Bewusstsein:
- schnellstmöglich Sicherung der Atemwege
- Intubation
- Beatmung mit 100 % Sauerstoff und PEEP (5–10 mbar)
- bei Pulslosigkeit sofort externe Herzmassage
- **Hinweis: bei gleichzeitig bestehender Unterkühlung verlängerte Ischämietoleranz**
- Defibrillation bei Kammerflimmern (wenn Körpertemperatur nicht unter 28 °C)
- Venenpunktion, Infusionstherapie
- Katecholamintherapie, wenn nötig
- Magensonde
- vor weiteren Wärmeverlusten schützen

- evtl. Temperaturmessung mit Spezialthermometer für niedrige Temperaturen

Bei zerebralem Krampfanfall *(→ art. Gasembolie, IV – 3.5.5.2)*:

- Diazepam (Valium) bis 30 mg i. v. **oder** Clonazepam (Rivotril) bis 4 mg i. v.

Literatur:

[1] KONTOKOLLIAS J. S., CENGEL N., MUSSAFIROPULOSE P., LINDE I. Der Ertrinkungsunfall – Eine Übersicht – Rettungsdienst 1989; 12: 497–503

[2] SCHÖCHEL H., HOFMANN N., MILLER K., PIERINGER R. Ertrinkungsnotfälle, eine retrospektive Untersuchung an 45 Patienten Notfallmedizin, 1994; 20: 588–591

[3] JOST U., Beinahe-Ertrinken Notfallmedizin, 1996; 22: 566–568

[4] WOINOFF S., NATHRATH W., FORST H. Pathophysiologie und Therapie des Beinahe-Ertrinkens. Notfallmedizin, 1991; 4: 97–106

[5] WOINOFF S., NATHRATH W., FORST H. Pathophysiologie und Therapie des Beinahe-Ertrinkens. Anästhesiologie und Intensivmedizin 1991; 32: 97–106

[6] FRETSCHNER R., KLÖSS T., BOROWCZK C., BERKEL H. Erstversorgung und Prognose nach Ertrinkungsunfällen. Anästhesiol. Intensivmed. Notfallmed. Schmerzther. 1993; 28: 363–368

[7] ANTRETTER H., MÜLLER L. C., COTTOGNI M., DAPUNT O. E. Erfolgreiche Reanimation bei ausgeprägter Hypothermie nach Beinahe-Ertrinken. DMW 1994; 119 Nr. 23: 837–840

Algorithmus Beinahe-Ertrinken

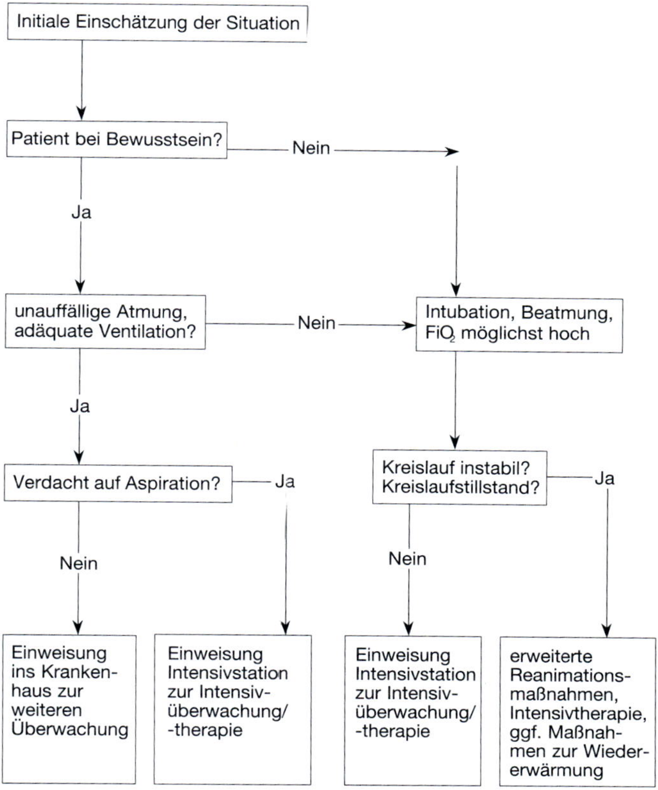

IV – 3.5.4.13
Dekompressionskrankheit (DCS, Decompression sickness, nicht mehr gebräuchlich: Caissonkrankheit, Caissonunfall, Druckfallerkrankung)

Symptomatik/Schweregradeinteilung:
Zeit bis zum Auftreten der Symptome: Minuten bis Stunden

DCS Typ 1: nur Schmerz
Hautsymptome („Taucherflöhe"):
- Juckreiz
- punktförmige Rötungen
- Schwellung
- Marmorierung der Haut

Muskel- und Gelenkschmerzen („Bends"):
- große Gelenke (belastungsabhängig)
- Skelettmuskulatur
- selten: Hand- und Fußgelenke

Lymphsystem:
geschwollene, druckschmerzhafte Lymphknoten (selten)
Sonstiges: extreme Müdigkeit, Apathie

DCS Typ 2: wie Typ 1, **zusätzlich** mit neurologischer und/oder pulmonaler Symptomatik
- Muskel-/Gelenkschmerz u. U. schon beim Auftauchen (Verteilung wie bei Typ 1)
- Schwindel/Erbrechen
- Hör-/Seh-/Sprachstörungen
- gestörte Muskelkoordination („Staggers")
- häufig ab Nabel abwärts: Sensibilitätsstörungen, Paresen, Paraplegie
- Blasen- und Mastdarmschwäche
- Akute Dyspnoe („Chokes") mit Brustschmerz, Husten, Erstickungsgefühl
- bei paradoxer Embolie *(→ art. Gasembolie, IV – 3.5.5.2)* auch Halbseitensymptomatik möglich

- mit steigender Tauchtiefe zunehmend hohe Umgebungsdrücke
- dadurch Partialdruckerhöhung der Atemgase

- Aufsättigung der Körpergewebe mit Stickstoff (bzw. anderen Inertgasen [= Gase, die im Körper nicht an biochemischen Reaktionen teilnehmen] bei Verwendung künstlicher Gasgemische)
- zu rasches Auftauchen ohne Einhalten der Dekompressionszeiten nach längeren und/oder tiefen Tauchgängen mit hoher Aufsättigung
- Abfall des Umgebungsdrucks beim Auftauchen führt zum Ausperlen des während des Tauchens vermehrt in den Körpergeweben aufgesättigten Inertgases (bei Tauchen mit Luft: Stickstoff)
- Folge: Gasblasenbildung im Gewebe und Gasblasen vor allem im venösen Blut, Versorgungsstörungen der betroffenen Gewebe

Sonderfall: bei Vorliegen eines offenen Foramen ovale (PFO) oder bei massivem Anfall von Gasblasen auch Übertritt von Gasblasen in die arterielle Strombahn möglich → *arterielle Gasembolie*

Vorkommen: Außer bei Tauchern auch bei Arbeitern auf Druckluftbaustellen (z. B. Tunnel- und U-Bahn-Bau) sowie bei Beschäftigten in Luft- und Raumfahrt.

- Lagerung flach
- normobare Sauerstoffgabe 100 %, so lange wie möglich
- Gabe von Flüssigkeit, wenn bewusstseinsklar
- Verunfallten warm halten
- psychische Betreuung
- wenn nötig HLW, Erhaltung der Vitalfunktionen
- Rettungsdienst alarmieren, Notarztindikation, dringender Hinweis auf Druckkammer
- im Ausland: lokalen Rettungsdienst aktivieren, wenn möglich, schnellstmöglich Druckkammerbehandlung
- Tauchgangsdaten und Besonderheiten notieren, Tauchcomputer sicherstellen, dem Rettungsdienst mitgeben

- wichtigste Erstmaßnahme: Gabe von 100 % Sauerstoff normobar
- Sicherung der Vitalfunktionen, HLW wenn nötig
- ständige Überwachung Atmung, Puls und Blutdruckkontrolle, bis Notarzt anwesend

- wenn möglich: Venenpunktion, Infusion vorbereiten
- Tauchgangsdaten und Unfallhergang von Tauchpartner mitteilen lassen
- Tauchcomputer sicherstellen und beim Verunfallten lassen
- schnellstmöglicher Transport zur nächsten einsatzbereiten Therapiedruckkammer
- Transport zur Behandlungseinrichtung möglichst erschütterungsfrei

- Beutelbeatmung mit 100 % Sauerstoff, wenn ateminsuffizient
- Volumenzufuhr

Diagnostik:
- Anamnese, Sicherstellen von Tauchcomputer/Tauchgangsdaten (Hinweis: langer und/oder tiefer Tauchgang > 20 m erforderlich)
- Inspektion (Hautveränderungen, auffällige Lymphknoten)
- Auskultation des Thorax (begleitender Pneumothorax? Lungenödem?)
- neurologische Untersuchung (mit Befunddokumentation)
- Puls- und Blutdruckmessung
- Pulsoxymetrie

Therapie:
wichtigste Therapiemaßnahmen auch bei guter Spontanatmung:
1. Gabe von 100 % Sauerstoff so rasch wie möglich ohne Pausen, möglichst bis zum Erreichen einer Therapiedruckkammer, mindestens aber über 45 Minuten.
Effekt: beschleunigte Inertgas-Elimination, Verkleinerung von Gasblasen durch Schaffung von Diffusionsgradienten
2. Flüssigkeitsgabe: Infusionstherapie mit kristalloiden, glukosefreien Lösungen, z. B. Ringer-Lösung. In den ersten 2 Stunden jeweils 1000 ml i. v., danach kontinuierlich 2fachen Erhaltungsbedarf (1,5 ml/kg KG/h). Hinweis: keine Vorteile durch kolloidale Lösungen nachweisbar. Begründung für Flüssigkeitsgabe: Nach dem Tauchen besteht immer eine Hypovolämie mit einem Volumendefizit von ca. 1,5 l durch vermehrte Abgabe (Taucherdiurese, trockene Atemgase).

Weitere Therapiemaßnahmen:

- Lagerung: flach
- ggf. cardiopulmonale Reanimation
- ggf. Intubation und Beatmung mit **100 % Sauerstoff** bei drohender oder manifester Ateminsuffizienz (massive Dyspnoe, Hypoxie, $pSaO_2 < 85–90\ \%$)
- ggf. Kreislaufstabilisierung:
- Katecholamin-Therapie im Schock evtl. zusätzlich zur Infusionstherapie
  - z. B. Akrinor 0,5–2 ml i. v. oder Dopamin 5–20 μg/kg KG/min.
- Analgesie: nicht-steroidale Antiphlogistika (NSAID), z. B. ASS bis 1 g
- Opioid-Gabe nur, wenn unabdingbar und nach sorgfältiger Dokumentation der neurologischen Befunde, z. B. Morphin 5–10 mg i. v.

wichtigste weiterführende Therapiemaßnahme:

- schnellstmögliche Rekompression und hyperbare Sauerstofftherapie in nächster einsatzbereiter Therapiedruckkammer
- optimal: Druckkammer an Krankenhaus angebunden (adäquate Versorgung auch im therapiefreien Intervall)
- zur Beachtung: Transport zur Behandlungseinrichtung möglichst erschütterungsfrei

wenn Lufttransport:

- Flugzeug: höchstmöglicher Kabinendruck
- Hubschrauber: max. Flughöhe 300 m
  (jede weitere Druckreduktion führt zur Symptomverschlechterung)

Bei Patienten mit Pneumothorax stets mit dem Auftreten von Spannungspneumothorax rechnen!

Umstrittene Maßnahmen (Effektivität nicht eindeutig belegt):

- Gabe von Thrombozytenaggregationshemmern: ASS 0,5–1,0 g i. v. (umstritten als spezifisches Therapeutikum, als Analgetikum geeignet)
- Kortikosteroide, z. B. Dexamethason 100 mg i. v.
- Lidocain 1,5 mg/kg KG i. v. als Bolusgabe

Literatur:

[1] ALMELING M., BÖHM F., WELSLAU W. (Hrsg.). Handbuch Tauch- und Hyperbarmedizin. ecomed, Kap. II – 4.3

[2] DIERICH O. In: BARTMANN H. Taucher-Handbuch. ecomed. Kap. II – 3.3.

[3] EDMONDS C., LOWRY C., PENNEFATHER J. (Eds.): Diving and Subaquatic Medicine, 3rd Ed. Butterworth-Heinemann 1992

[4] BOVE A. A., DAVIS J. C. (Eds.). Diving medicine 2nd Ed. Saunders 1990; 200–222

[5] MOON R. E., GORMAN D. F. Treatment of decompression disorders. In: BENNETT P., ELLIOTT D. (Eds.) The physiology and medicine of diving, 4th ed. Saunders 1993: 506–541

[6] Workshop Panel. Final summary of recommendations: Diving accident workshop 1990. In: BENNETT P. B., MOON R. E. (Eds.). Diving accident management. Undersea and Hyperbaric Medical Society, Bethesda 1990: 366–369

[7] MOON R. E., SHEFFIELD P. J. Guidelines for treatment if decompression illness. Aviat Space Environ Med 1997; 68: 234–243

[8] ZAFREN, HONIGMAN. Diving-Related Emergencies. Emergency Medicine Clinics of North America Feb. 97, Nr. 1; 15: 223–240

[9] THOMAS J., BECKMAN M. D. A Review of Decompression Sickness and Arterial Gas Embolism. Arch Fam Med. 1997; 6: 491–494

[10] ARTHUR D. C., MARGULIES R. A. A Short Course in Diving Medicine. Ann Emerg Med. June 1987; 16: 689–701

[11] MELAMED Y., SHUPAK A., BITTERMAN H. Medical Problems Associated with Underwater Diving. The New England Journal of Medicine 1992; Vol. 326 No. 1: 30–34

[12] EHM (Hrsg.). Tauchen – noch sicherer 7. Auflage. Müller-Rüschlikon 1996

IV – 3.5.4.14
Ertrinkungsunfall (drowning)

Hinweis: Die Bezeichnungen → *Ertrinken* und → *Beinahe-Ertrinken* werden häufig synonym gebraucht. Das ist nicht korrekt. Ertrinken bezeichnet einen abgeschlossenen Vorgang, nämlich den Erstickungstod unter Wasser. Beim Beinahe-Ertrinken liegt ein Atmungs- und Kreislaufversagen unter Wasser vor, der Vorgang wird jedoch zumindest zeitweilig und ggf. unter Maßnahmen der Herz-Lungen-Wiederbelebung überlebt.

- kalte, blasse Haut
- Blaufärbung von Lippen und Fingernägeln (Zyanose)
- evtl. Schaumpilz vor dem Mund
- evtl. Verwesungserscheinungen

Im Rahmen von Notfällen sollte zunächst immer von *Beinahe-Ertrinken* ausgegangen werden und auch bei Atem- und Kreislaufstillstand unverzüglich mit HLW begonnen werden.
Lediglich bei Vorliegen von auch für den Laien eindeutig erkennbaren Todeszeichen keine Wiederbelebungsversuche.

Auflistung möglicher Ursachen für Beinahe-Ertrinken/Ertrinken beim Tauchen:

Ursachen für Ertrinken:
- Erschöpfung
- Unterkühlung
- Panik
- Bewusstlosigkeit

Ursachen für Bewusstlosigkeit beim Tauchen:
- Hyperventilation
- Flachwasserohnmacht, Schwimmbad-Black-out
- verminderter venöser Rückstrom durch Luftanhalten beim Auftauchen
- Gasembolie
- Dekompressionskrankheit (sehr selten!)
- individuelle Krankheiten

- Gerätedefekt
- Gasintoxikationen
- Unterkühlung
- Verletzung

u. a. m.

IV – 3.5.4.15
Essoufflement

Anzeichen für Begleiter:
- schnelle Atmung
- hektische Bewegungen
- Anzeichen beginnender Panik
- u. U. Handzeichen für Luftnot, Wechselatmung nicht möglich, Zweitautomat wird nach wenigen Versuchen weggegeben
- plötzliche Panikreaktion, unkontrollierter Notaufstieg
- möglicherweise Bewusstlosigkeit

Anzeichen für den Betroffenen:
- Gefühl der Luftnot
- Verdacht auf Gerätedefekt
- Unruhe und beginnende Panik

alveoläre Ventilationsstörung und Hyperkapnie:
- mit zunehmender Dichte des Atemgases und bei großer Strömungsgeschwindigkeit Wechsel der Strömungscharakteristik in den kleinen Atemwegen
- Entstehung turbulenter Strömung, dadurch
- relativer Unterdruck und Lumeneinengung der Bronchiolen, dadurch
- Behinderung des Gasaustausches in den Alveolen (alveoläre Hypoventilation)
- dadurch erhöhte CO_2-Werte im Blut (Hyperkapnie)
- maximaler Atemreiz, doch trotz forcierter Atmung wegen des zugrunde liegenden Mechanismus (s. o.) keine adäquate Abatmung von CO_2
- Überforderung des Systems, Dekompensation

begünstigende Faktoren:
- große Tauchtiefe
- körperliche Anstrengung
- zusätzlich: hoher Atemwiderstand des Lungenautomaten, zu enger Tauchanzug

Betroffener:
- Tauchtiefe reduzieren
- zur Ruhe kommen
- ggf. kontrollierter Aufstieg zur Oberfläche

Begleiter:
- auf Symptome achten
- Tauchtiefe reduzieren
- Taucher beruhigen
- ggf. Tauchgang kontrolliert beenden

- sonst keine weitere spezifische Therapie
- bei Panik und unkontrollierten Notaufstiegen: Gefahr des → *Lungenbarotraumas (IV – 3.5.5.3)* und des → *Ertrinkens bzw. Beinahe-Ertrinkens (IV – 3.5.5.12)*

Alarmierung Rettungsdienst nur bei lebensbedrohlichen Folgeschäden wie:
- → *Lungenbarotrauma* und
- → *Ertrinken/Beinahe-Ertrinken*

- entfällt. Sonderfall: → *Lungenbarotrauma* und → *Beinahe-Ertrinken*

- entfällt. Sonderfall: → *Lungenbarotrauma* und → *Beinahe-Ertrinken*

- entfällt. Sonderfall: → *Lungenbarotrauma* und → *Beinahe-Ertrinken*

Literatur:

[1] DIERICH O. In: BARTMANN H. Taucher-Handbuch. ecomed. Kap. II – 3.4.3
[2] ALMELING M., BÖHM F., WELSLAU W. (Hrsg.). Handbuch Tauch- und Hyperbarmedizin. ecomed. Kap. II – 3.4.3
[3] EHM (Hrsg.). Tauchen – noch sicherer 7. Auflage. Müller-Rüschlikon 1996

IV – 3.5.4.16
Herzanfall (Herzinfarkt, Myokardinfarkt, Sonderform: → *koronararterielle Gasembolie)*

- Schmerzen im Brustkorb und hinter dem Brustbein
- Ausstrahlen der Schmerzen in vor allem linke Schulter und Arm
- gelegentlich Schmerzausstrahlung auch in Hals, Rücken und Oberbauch
- Engegefühl in der Brust
- Kaltschweißigkeit
- Übelkeit, Erbrechen
- Schwächegefühl
- Todesangst
- *kardiogener Schock*

- Verlegung der Herzkranzgefäße durch Blutgerinnsel, Gasblasen (Sonderform: → *koronararterielle Gasembolie, IV – 3.5.5.23*) o. Ä. mit nachfolgender Versorgungsstörung des Herzmuskels
- chronische Verengung der Herzkranzgefäße (KHK, Arteriosklerose) und gleichzeitig Gefäßengstellung und/oder erhöhter Bedarf mit nachfolgender inadäquater Versorgung
- Versorgungsstörung führt zu Schädigung der Herzmuskelzellen, nachfolgend
- Erregungsleitungsstörungen
- Pumpschwäche
- → *kardiogener Schock (IV – 3.5.5.19)*

beim Tauchen:
- Engstellung der Blutgefäße (auch der Herzkranzgefäße) durch Kältereiz
- erhöhter Bedarf durch körperliche Anstrengung (z. B. Strömung)
- sowie durch vermehrte Volumenbelastung (vermehrte Blutfülle im Brustkorb beim Tauchen)

Sonderform beim Tauchen: → *koronararterielle Gasembolie*
- an diese Form ist besonders bei jungen, schlanken und körperlich aktiven Betroffenen zu denken

- vor allem dann, wenn Symptomatik unmittelbar oder kurz nach der Dekompressionsphase auftritt und das Auftauchen beschleunigt oder unkontrolliert geschah. Behandlung: *siehe dort (IV – 3.5.5.2)*

- HLW, wenn nötig
- Sauerstoffgabe, wenn vorhanden
- Lagerung: Oberkörper hoch, wenn bewusstlos: stabile Seitenlage
- Überwachung: Puls, Atmung, Bewusstsein
- Alarmierung Rettungsdienst

- wie Laienmaßnahmen, zusätzlich:
- engmaschig überwachen
- Kontrolle der Vitalfunktionen
- Blutdruck messen
- EKG

- ggf. Venenpunktion, Infusionstherapie. Beachte:
- vorsichtige Volumenzufuhr beim → *kardiogenen Schock (IV – 3.5.5.19)!*
- ggf. Intubation

- Sauerstoffgabe, im Schock Intubation und Beatmung
- cardiopulmonale Reanimation, wenn nötig
- Gabe von Nitraten: z. B. Nitroglyzerin 0,8–1,6 mg s. l. (nicht bei RR < 100 mmHg syst.)
- Thrombozytenaggregationshemmer, z. B. ASS 500 mg i. v.
- Analgetikagabe, z. B. Morphin 5–10 mg i. v.
- Sedierung und Anxiolyse: z. B. Diazepam 5–10 mg i. v.

Achtung: an Atem- und Kreislaufdepression denken!

- schwere Rhythmusstörungen: Antiarrhythmika, z. B. Lidocain 100 mg i. v.
- Kammerflimmern: Defibrillation
- *kardiogener Schock:* Katecholamintherapie
- schnellstmöglicher Transport in Klinik

Literatur:

[1] PSCHYREMBEL. Klinisches Wörterbuch, de Gruyter. Berlin, New York. 1998
[2] MADLER et al. Das NAW Buch. Praktische Notfallmedizin, Urban & Schwarzenberg, München. 1995
[3] ZIEGENFUSS. Checkliste Rettungsmedizin. Thieme 1997
[4] ZIEGENFUSS. Notfallmedizin. Springer 1996
[5] JUNGE-HÜLSING et al. Interne Notfallmedizin, 4. Auflage. Springer 1988

IV – 3.5.4.17
Hitzekomplikationen

Hinweis: Hitze und Überwärmung des Körpers insgesamt oder auch nur teilweise können zu Problemen und gesundheitlichen Störungen führen. Obwohl beim Tauchen der Gedanke nahe liegt, dass vor allem das Gegenteil, nämlich die → *Unterkühlung (IV – 3.5.5.32)* eine Rolle spielt, kann es tatsächlich im Umfeld Tauchen zu hitzebedingten Komplikationen kommen. In diesem Zusammenhang kommen vor allem 4 Mechanismen zum Tragen, die zweckmäßigerweise separat besprochen werden sollen:

Hitzschlag: Globale Überwärmung des Gesamtorganismus
Sonnenstich (Insolation): Überwärmung des Gehirns
Hitzeerschöpfung: Dehydratation durch starke Volumenverluste aufgrund starken Schwitzens
Hitzekrämpfe: Muskelkrämpfe durch Salzverlust aufgrund starken Schwitzens

IV – 3.5.4.17a
Hitzekomplikationen – Hitzschlag

- trockene, warme Haut
- trügerisch, wenn Hitzschlag durch Tragen von Tauchanzug in der Sonne, dann Haut u. U. feucht und schwitzig
- Desorientiertheit
- Bewusstseinstrübung
- Übelkeit, Erbrechen
- Herzrasen (Tachykardie)
- Blutdruckabfall (Hypotension), Schock
- anfangs möglicherweise auch hoher Blutdruck
- zerebrale Krampfanfälle

- Wärmezufuhr plus Wärmeproduktion übersteigen die Wärmeabgabe;
- Versagen der Temperaturregulationsmechanismen, beim Tauchen z. B. durch:
  - längere Bootsfahrt im Tauchanzug bei praller Sonne

- längerer Anmarsch ans Wasser in voller Ausrüstung bei praller Sonne
- voll angekleidete Sicherungstaucher der Feuerwehr oder Rettungsorganisationen bei Einsätzen und Übungen und hoher Umgebungstemperatur

Folge: lebensbedrohliche Hyperthermie (Überwärmung)
begünstigender Faktor: körperliche Anstrengung (Anstrengungshitzschlag)

- Kühlung des Patienten:
- weitgehende Entkleidung
- in kühle Umgebung verbringen (Schatten, Haus)
- externe Kühlungsmaßnahmen, z. B. mit kühlem Wasser besprengen

Lagerung:
- stabile Kreislaufverhältnisse: Oberkörperhochlagerung
- niedriger Blutdruck: Flach- oder Schocklagerung

Fortführung der Laienmaßnahmen, zusätzlich:
- Sauerstoffgabe 4–12 l/min
- Infusion vorbereiten
- Puls-, Blutdruckmessung
- EKG
- Pulsoxymetrie

- ggf. wenn möglich Venenpunktion
- ggf. endotracheale Intubation und Beatmung
- ggf. Infusionstherapie: Vollelektrolytlösung, z. B. Ringer-Lösung 500–1500 ml i. v.

Diagnostik:
- Inspektion
- neurologische Untersuchung
- ggf. Temperaturmessung

Therapie:
- Fortführung der o. g. Maßnahmen, ggf. endotracheale Intubation und Beatmung

- Infusionstherapie: Vollelektrolytlösung, z. B. Ringer-Lösung 500–1500 ml i. v.
- ggf. Schocktherapie
- bei zerebralen Krampfanfällen *(→ art. Gasembolie, IV – 3.5.5.2)*: antikonvulsive Therapie, z. B. mit Diazepam 5–10 mg i. v. oder Clonazepam (Rivotril) bis 4 mg i. v.
- immer Krankenhauseinweisung

Literatur:

[1] MADLER et al. Das NAW Buch. Praktische Notfallmedizin, Urban & Schwarzenberg, München. 1995
[2] ZIEGENFUSS. Checkliste Rettungsmedizin. Thieme 1997
[3] ZIEGENFUSS. Notfallmedizin. Springer 1996
[4] JUNGE-HÜLSING et al. Interne Notfallmedizin, 4. Auflage. Springer 1988

IV – 3.5.4.17b Hitzekomplikationen – Sonnenstich

- roter, heißer Kopf
- Schwindel
- Übelkeit, Erbrechen
- Kopfschmerzen; Verstärkung durch Beugung des Kopfes (Meningismuszeichen)
- Bewusstseinstrübung, Verwirrtheit
- zerebrale Krampfanfälle

Überhitzung des Gehirns, meist durch direkte, lang anhaltende, intensive Sonneneinstrahlung bei unbedecktem Kopf, z. B. bei langen Bootsausfahrten

Folge: Reizung der Hirnhäute, Hirnschwellung

- Kühlung des Patienten, insbesondere des Kopfes:
  - weitgehende Entkleidung
  - in kühle Umgebung verbringen (Schatten, Haus)

- externe Kühlungsmaßnahmen des Kopfes, z. B.
- Auflegen kalter, wassergetränkter Tücher

Lagerung:

- stabile Kreislaufverhältnisse: Oberkörperhochlagerung
- niedriger Blutdruck: Flach- oder Schocklagerung

Fortführung der Laienmaßnahmen, zusätzlich:

- Sauerstoffgabe 4–12 l/min
- Infusion vorbereiten
- Puls-, Blutdruckmessung
- EKG
- Pulsoxymetrie

- ggf. wenn möglich Venenpunktion
- ggf. endotracheale Intubation und Beatmung
- ggf. Infusionstherapie: Vollelektrolytlösung, z. B. Ringer-Lösung 500–1500 ml i. v.

Diagnostik:

- Inspektion
- neurologische Untersuchung
- ggf. Temperaturmessung

Therapie:

- Fortführung der o. g. Maßnahmen, ggf. endotracheale Intubation und Beatmung
- Infusionstherapie: Vollelektrolytlösung, z. B. Ringer-Lösung 500–1500 ml i. v.
- bei zerebralen Krampfanfällen *(→ art. Gasembolie, IV – 3.5.5.2)*: antikonvulsive Therapie, z. B. mit Diazepam 5–10 mg i. v. **oder** Clonazepam (Rivotril) bis 4 mg i. v.
- in schweren Fällen: Krankenhauseinweisung

Literatur:

[1] MADLER et al. Das NAW Buch. Praktische Notfallmedizin, Urban & Schwarzenberg, München. 1995

[2] ZIEGENFUSS. Checkliste Rettungsmedizin. Thieme 1997
[3] ZIEGENFUSS. Notfallmedizin. Springer 1996
[4] JUNGE-HÜLSING et al. Interne Notfallmedizin, 4. Auflage. Springer 1988

IV – 3.5.4.17c Hitzekomplikationen – Hitzeerschöpfung

- Erschöpfung, Schwächegefühl
- Unwohlsein
- erhöhte Körpertemperatur
- Durst
- Kopf- und Muskelschmerzen
- Verwirrtheit, Bewusstseinstrübung

- Flüssigkeitsverluste bei hohen Umgebungstemperaturen und mangelhaftem Ausgleich

Folge:

- Dehydratation

wichtig für Taucher: Leistungsabfall, erhöhte Gefahr für Dekompressionsprobleme

- Kühlung des Patienten:
- weitgehende Entkleidung
- in kühle Umgebung verbringen (Schatten, Haus)
- externe Kühlungsmaßnahmen, z. B. mit kühlem Wasser besprengen
- wenn bewusstseinsklar: kühle Getränke schluckweise trinken lassen

Lagerung:

- stabile Kreislaufverhältnisse: Oberkörperhochlagerung
- niedriger Blutdruck: Flach- oder Schocklagerung

Fortführung der Laienmaßnahmen, zusätzlich:

- Infusion vorbereiten
- Puls-, Blutdruckmessung
- EKG
- Pulsoxymetrie

- ggf. wenn möglich Venenpunktion
- ggf. Infusionstherapie: Vollelektrolytlösung, z. B. Ringer-Lösung 500–1500 ml i. v.

Diagnostik:
- Inspektion
- neurologische Untersuchung
- ggf. Temperaturmessung

Therapie:
- Fortführung der o. g. Maßnahmen
- Infusionstherapie: Vollelektrolytlösung, z. B. Ringer-Lösung 500–1500 ml i. v.
- In schweren Fällen: Krankenhauseinweisung

Literatur:

[1] MADLER et al. Das NAW Buch. Praktische Notfallmedizin, Urban & Schwarzenberg, München. 1995

[2] ZIEGENFUSS. Checkliste Rettungsmedizin. Thieme 1997

[3] ZIEGENFUSS. Notfallmedizin. Springer 1996

[4] JUNGE-HÜLSING et al. Interne Notfallmedizin, 4. Auflage. Springer 1988

IV – 3.5.4.17d
Hitzekomplikationen – Hitzekrämpfe

- Muskelkrämpfe (keine zerebralen Krämpfe),
  - vor allem schon bei leichter Belastung und Flossenschwimmen,
  - aber auch ohne Belastung

- Elektrolytimbalancen durch Salzverlust,
- dadurch Störungen der muskulären Erregung und Krampfbildung

Ursache:
- starkes Schwitzen und inadäquate Volumenzufuhr

- Trinken von Elektrolytlösungen
- oder zusätzlich zum normalen Volumenausgleich Einnahme von Mineraltabletten
- in schweren Fällen: Infusionslösungen durch den Hausarzt
- keine Alarmierung des Rettungsdienstes

- entfällt

- entfällt

- entfällt

Literatur:

[1] MADLER et al. Das NAW Buch. Praktische Notfallmedizin, Urban & Schwarzenberg, München. 1995
[2] ZIEGENFUSS. Checkliste Rettungsmedizin. Thieme 1997
[3] ZIEGENFUSS. Notfallmedizin. Springer 1996
[4] JUNGE-HÜLSING et al. Interne Notfallmedizin, 4. Auflage. Springer 1988

IV – 3.5.4.18
Hypovolämischer Schock (Volumenmangelschock)

Hinweis: beinhaltet auch den *Hämorrhagischen Schock,* da dieser Sonderform des Volumenmangelschocks mit massivem Blutverlust als Ursache

- **allgemeine Schocksymptomatik**
- Blutdruckabfall
- schneller, flacher Puls (Tachykardie)
- blasse, kaltschweißige Haut
- Bewusstseinsstörung
- weiße Nagelbetten, verzögerte oder fehlende Kapillarfüllung bei Druck auf Fingernagel
- evtl. offensichtliche Blutungsquelle
- verminderte Urinproduktion

- kritisch vermindertes Herzminutenvolumen aufgrund unzureichenden intravasalen Volumens

Ursachen
- **Blutung: (Hämorrhagischer Schock:** zusätzlich zum Flüssigkeitsverlust gehen auch Erythrozyten [Sauerstoffträger] verloren.)
  traumatische Ursachen: z. B. Verletzungen durch Propeller von Außenbordmotoren, Bissverletzungen
- **Flüssigkeitsverluste:** Diarrhoe/Erbrechen, Seekrankheit, starkes Schwitzen in Kombination mit Taucherdiurese

- Sauerstoffgabe
- HLW, wenn nötig
- Schocklagerung: Kopf tief, Beine hoch
- Überwachen
- Rettungsdienst alarmieren

- wie Laienmaßnahmen, zusätzlich:
- engmaschig überwachen
- Kontrolle der Vitalfunktionen

- Blutdruck messen
- EKG

- ggf. Venenpunktion, Infusionstherapie
- ggf. Intubation

- **Schocklagerung:** Autotransfusion
- Sauerstoffgabe 4–12 l/min, bei ausreichender Spontanatmung über Maske/Sonde
- Intubation und Beatmung (Vorsicht bei PEEP-Anwendung), wenn nötig
- **Volumenersatztherapie** mit kristalloidem und/oder kolloidem Volumenersatzmittel, bei schweren Blutungen über mindestens 2 venöse Zugänge: z. B.
  - Ringer-Lösung 500–1500 ml i. v. oder mehr und/oder
  - HAES 200 10 % 500–1500 ml i. v.
- **Katecholamine (Vasopressoren):** Begleitend zur Infusionstherapie indiziert, wenn durch Volumenzufuhr allein kein ausreichender Blutdruck erzielt werden kann:
  z. B. Akrinor 0,5–2 ml i. v. oder Dopamin 5–20 ml mg/kg KG/min i. v.
- **Adjuvante Analgesie, Sedierung und Narkose,** wenn erforderlich.
- Hypotensive Wirkung der Analgetika/Sedativa und kleineres Verteilungsvolumen im Schock beachten! Daher: vorsichtig dosieren, Wirkung titrieren!

Literatur:

[1] PSCHYREMBEL. Klinisches Wörterbuch, de Gruyter. Berlin, New York. 1998

[2] MADLER et al. Das NAW Buch. Praktische Notfallmedizin, Urban & Schwarzenberg, München. 1995

[3] ZIEGENFUSS. Checkliste Rettungsmedizin. Thieme 1997

[4] ZIEGENFUSS. Notfallmedizin. Springer 1996

[5] JUNGE-HÜLSING et al. Interne Notfallmedizin, 4. Auflage. Springer 1988

IV – 3.5.4.19
Kardiogener Schock (Schock durch Herzversagen)

- **Allgemeine Schocksymptomatik**
- Blutdruckabfall
- schneller, flacher Puls (Tachykardie)
- blasse, kaltschweißige Haut
- Bewusstseinsstörung
- weiße Nagelbetten, verzögerte oder fehlende Kapillarfüllung bei Druck auf Fingernagel
- verminderte Urinproduktion

- **Speziell:**
  - evtl. Atemnot
  - evtl. brodelnde Geräusche beim Atmen
  - evtl. prall gestaute Halsvenen

- Klinisch verminderter Herzauswurf bzw. vermindertes Herzminutenvolumen aufgrund eines Herzversagens

Ursachen:
- Herzinfarkt, koronararterielle Gasembolie
- Sauerstoffmangel (z. B. nach Beinahe-Ertrinken)
- Herzrhythmusstörungen (z. B. nach Beinahe-Ertrinken, Unterkühlung, art. Gasembolie)
- Gasembolie der Lunge, durch massiven Anfall von Gasbläschen (Chokes) partieller Verschluss großer Teile der Lungengefäße und Rechts-Herz-Versagen

- Sauerstoffgabe
- HLW, wenn nötig
- bei sehr schweren Verläufen: Flachlagerung/stabile Seitenlage, sonst:
- Oberkörperhochlagerung (Besonderheit beim Schock!)
- Überwachen
- Rettungsdienst alarmieren

- wie Laienmaßnahmen, zusätzlich:
- engmaschig überwachen

- Kontrolle der Vitalfunktionen
- Blutdruck messen
- EKG

- ggf. Venenpunktion, Infusionstherapie. Beachte:
- vorsichtige Volumenzufuhr beim kardiogenen Schock!
- ggf. Intubation

- **Lagerung:**
- Dekompensierter Schock (RR_{syst} < 90 mmHg): Flachlagerung
- Kompensierter Schock (RR_{syst} ≥ 90 mmHg): Oberkörperhochlagerung
- Sauerstoffgabe 4–12 l/min, bei ausreichender Spontanatmung über Maske/Sonde
- Intubation und Beatmung: bei persistierender Hypoxie, ausgeprägtem Lungenödem oder im schweren Schock am besten mit PEEP (5 cm H_2O)
- Katecholamintherapie:
  - Dekompensierter Schock (RR_{syst} < 90 mmHg):
    Dopamin 2–10 (– 20) µg/kg KG/min. Im schwersten Schock Gabe von Adrenalin oder Noradrenalin erwägen
  - Kompensierter Schock (RR_{syst} ≥ 90mmHg):
    Dopamin oder Dobutamin, evtl. auch als Kombination:
    je 2–10 µg/kg KG/min.
- Antiarrhythmische Therapie, wenn nötig
- Vasodilatatortherapie zur Vorlastsenkung und myokardialen Entlastung im kompensierten Schock: z. B.
  Nitroglycerin 2 Hübe s. l. wiederholt alle 5–10 Minuten bzw. Nitroglycerin 0,3–3 µg/kg KG/min i. v.; evtl. zunächst Bolus von 50–200 µg i. v. (0,5–3 µg/kg KG) i. v.
  Kombination mit Katecholaminen möglich und sinnvoll.
- Diuretische Therapie zur Vorlastsenkung im kompensierten Schock: z. B. Furosemid
  10–80 mg i. v.
- Adjuvante Analgesie, Sedierung oder Narkose, wenn erforderlich (Achtung! Vorsichtig dosieren, Wirkung titrieren!)

Wenn als Ursache Gasembolie *(→ Koronararterielle Gasembolie, IV – 3.5.5.23)* oder Gasembolie der Lunge *(→ DCS Typ II mit Chokes, IV – 3.5.5.13)* wahrscheinlich:

- auch spezifische Therapiemaßnahmen einleiten!
- an Druckkammerbehandlung denken!

Literatur:

[1] PSCHYREMBEL. Klinisches Wörterbuch, de Gruyter. Berlin, New York. 1998
[2] MADLER et al. Das NAW Buch. Praktische Notfallmedizin, Urban & Schwarzenberg, München. 1995
[3] ZIEGENFUSS. Checkliste Rettungsmedizin. Thieme 1997
[4] ZIEGENFUSS. Notfallmedizin. Springer 1996
[5] JUNGE-HÜLSING et al. Interne Notfallmedizin, 4. Auflage. Springer 1988

IV – 3.5.4.20
Karotissinus-Syndrom (Karotissinussyndrom)

- Schwindel
- evtl. kurzzeitiger Bewusstseinsverlust
- extreme Pulsverlangsamung (Bradycardie)
- evtl. auch Herzstillstand (Asystolie)
- mangelhafte Hirndurchblutung im Anfall

- spontan auftretende oder durch Druck auf den Karotissinus (= Stelle, wo sich die Halsschlagader *A. carotis communis* in einen äußeren *A. carotis externa*- und einen inneren *A. carotis interna*-Ast aufzweigt. Sitz von speziellen *Pressorezeptoren*) ausgelöste Bradycardie, gel. auch Asystolie und ggf. Blutdruckabfall
- Ursache: hyperaktiver Karotissinusreflex, meist durch Schädigung der Pressorezeptoren der A. carotis durch Arteriosklerose.
- Reflexauslösung durch Seitwärtsdrehung des Kopfes und/oder durch externen Druck auf den Hals
- beim Tauchen z. B. durch enge Halsmanschette bei Trocken- und Semitrockentauchanzügen oder eng anliegendes Neopren

- Gefahr des Ertrinkens!

- Retten
- ggf. HLW
- ggf. Gabe von Sauerstoff
- Rettungsdienst alarmieren

- Sicherung der Vitalfunktionen
- bei Bewusstlosigkeit zusätzlich zu den allgemeinen Maßnahmen Beatmung mit O_2
- psychische Betreuung und Wärmeerhaltung
- wenn möglich, Venenpunktion und Infusion vorbereiten

- ggf. Schocktherapie mit Volumenzufuhr

- bei Bradycardie:
- Sauerstoffgabe
- Venenpunktion, Infusionstherapie
- EKG
- Atropin 0,5 mg i. v., ggf. repetitive Gaben bis 3 mg gesamt
- ggf. externe Schrittmachertherapie
- ggf. cardiopulmonale Reanimation
- Krankenhauseinweisung, Abklärung (auch bei blanden Verläufen)

Bei gleichzeitig vorliegendem *Ertrinken/Beinahe-Ertrinken* → siehe dort

Literatur:

[1] PSCHYREMBEL. Klinisches Wörterbuch, de Gruyter. Berlin, New York. 1998
[2] MADLER et al. Das NAW Buch. Praktische Notfallmedizin, Urban & Schwarzenberg, München. 1995
[3] ZIEGENFUSS. Checkliste Rettungsmedizin. Thieme 1997
[4] ZIEGENFUSS. Notfallmedizin. Springer 1996
[5] JUNGE-HÜLSING et al. Interne Notfallmedizin, 4. Auflage. Springer 1988

IV – 3.5.4.21
Kohlendioxidintoxikation (Kohlendioxidvergiftung, CO_2-Vergiftung, Hyperkapnie)

Hinweis: Auch bei den Unfallmechanismen → *Essoufflement (IV – 3.5.5.15)* und → *Sparatmung (IV – 3.5.5.30)* handelt es sich streng genommen um Kohlendioxidintoxikationen. Die folgende Aufstellung bezieht sich auf eine massive Kohlendioxidintoxikation aus technischer Ursache.

- beschleunigte, vertiefte Atmung, trotzdem:
- Lufthunger, Atemnot
- Übelkeit, Schwindel
- massive Kopfschmerzen
- Herzrasen
- Schwäche, beginnende Panik
- Bewusstseinsstörungen bis Bewusstlosigkeit
- ggf. zerebrale Krämpfe

- durch erhöhte CO_2-Werte und damit verbundene Azidose maximale Stimulation des Atemzentrums, Katecholaminausschüttung
- Gefäßweitstellung im Bereich der hirnversorgenden Arterien, Hirndruck
- Erhöhung der neuronalen Erregbarkeit, dadurch erhöhte Krampfgefahr
- bei sehr hohen CO_2-Werten: narkotische Wirkung

Ursachen:
- Abgase der Verbrennungsmotoren von Füllanlagen (Kompressoren)
- Überschreitung des Grenzwertes nach DIN EN 12 021
- falsche Schmiermittel, dadurch Verbrennung mit CO- und CO_2-Rückständen auch bei E-Motoren
- bei Verwendung von Rebreather-Tauchgeräten: mangelhafte Absorptionsleistung des Atemkalks (Nässe im System, Atemkalk gesättigt)
- Pendelatmung, z. B. im Helmtauchgerät (mangelhafte Belüftung) bzw. bei Rückatmung aus Tariermittel (Westenmundstücke älterer Bauart/bauliche Veränderungen, die Rückatmung ermöglichen). Hier vor allem auch in Verbindung mit CO_2-Patronen und Detonatoren

Wenn betroffen:
- bei Verdacht: Tauchgang rasch beenden, ggf. unter Wechselatmung mit Partner, wenn möglich

Tauchpartner:
- bei Verdacht: Tauchgang rasch beenden, ggf. unter Wechselatmung mit Partner, wenn möglich
- Frischluftzufuhr
- bei eingeschränktem Bewusstsein: Sauerstoffgabe

normalerweise rasche Erholung (Kopfschmerzen können anhalten!)
bei schwerer Vergiftung Gefahr des → *Ertrinkens/Beinahe-Ertrinkens (IV – 3.5.5.12)*
Bei schwerer Vergiftung und nicht rascher Erholung bzw. bei Folgezuständen wie Ertrinken/Beinahe-Ertrinken und/oder Krampfanfällen:
- Überwachung
- ggf. HLW
- Rettungsdienst alarmieren

- Sicherung der Vitalfunktionen
- bei Bewusstlosigkeit zusätzlich zu den allgemeinen Maßnahmen Beatmung mit O_2
- psychische Betreuung und Wärmeerhaltung
- wenn möglich, Venenpunktion und Infusion vorbereiten

- ggf. Schocktherapie mit Volumenzufuhr

- Sauerstoffgabe
- ggf. Schocktherapie mit Volumenzufuhr
- bei begleitendem Beinahe-Ertrinken → *siehe IV – 3.5.5.12*
- bei zerebralem Krampfanfall → *siehe IV – 3.5.5.36*

Literaturhinweise:

[1] EDMONDS C., LOWRY C., PENNEFATHER J. (EDS.). Diving and Subaquatic Medicine 3rd Ed. Butterworth-Heinemann. 1992

[2] ALMELING M., BÖHM F., WELSLAU W. (Hrsg.). Handbuch Tauch- und Hyperbarmedizin. ecomed. Kap. II – 3.4.3
[3] DIERICH O. IN: BARTMANN H. Taucher-Handbuch. ecomed. Kap. II – 3.4.3
[4] BRAUER. Handbuch Atemschutz. ecomed.

IV – 3.5.4.22
Kohlenmonoxidintoxikation (Kohlenmonoxidvergiftung, CO-Vergiftung, Karboxyhämoglobin, carbon monoxide poisoning)

- Bewusstseinsstörungen bis Bewusstlosigkeit unklarer Ursache
- Übelkeit, Schwindel, Atemnot, Schwäche, Kopfschmerzen
- Atemstörungen bis hin zum Atemstillstand
- kirschrote Hautverfärbung

- nach Inhalation von CO erfolgende Sauerstofftransportstörung des Organismus durch Bildung von Carboxy-Hämoglobin (CO-Hb);
- entsteht durch die im Vergleich zu O_2 250-mal festere Bindung von CO am Hämoglobin, daher schon durch relativ geringe Mengen CO höhergradige CO-Hb-Bildung
- Sauerstoffverwertungsstörung in den Zellen durch Blockade der zellulären Atmungsenzyme (Cytochrom a und c)
- Abgase der Verbrennungsmotoren von Füllanlagen (Kompressoren), schadhafte CO-Filter
- Überschreitung des Grenzwertes nach DIN EN 12 021: 15 ml/m^3
- falsche Schmiermittel, dadurch Verbrennung mit CO-Rückständen auch bei E-Motoren

- **Lebensgefahr**
- Erhaltung der Vitalfunktionen, ggf. HLW
- atemerleichternde Lagerung
- normobare Sauerstoffgabe 100 % (hohe Sauerstoffkonzentrationen verdrängen das CO vom Hämoglobin)
- Rettungsdienst alarmieren, Notarztindikation, Hinweis auf Druckkammer
- weitere Druckgasbehälter sofort sicherstellen, Wiederholungsgefahr!

- erniedrigter Blutdruck
- tachycarder, eventuell arrhythmischer Puls
- bei Bewusstlosigkeit zusätzlich zu den allgemeinen Maßnahmen Beatmung mit reinem O_2 bis zum Eintreffen des NA, ständige Kontrolle der Vitalfunktionen

- psychische Betreuung und Wärmeerhaltung
- wenn möglich, Venenpunktion und Infusion vorbereiten

- Schocktherapie mit Volumenzufuhr

- Sauerstoffgabe 100 % als spezifisches Antidot, in schweren Fällen PEEP-Beatmung
- Schocktherapie mit Volumenzufuhr
- schwere CO-Intoxikation gilt als Indikation zur hyperbaren Sauerstofftherapie
- ggf. Transport zur einsatzklaren Druckkammer

Literatur:

[1] BARTMANN H. Taucher-Handbuch Kap. II – 3.4., III – 3.2.3
[2] PSCHYREMBEL. Klinisches Wörterbuch, de Gruyter. Berlin, New York. 1998
[3] MADLER et al. Das NAW Buch. Praktische Notfallmedizin, S. 605. Urban & Schwarzenberg, München. 1995
[4] KONTOKOLLIAS, REGENSBURGER. Arzt im Rettungsdienst. 2. Auflage, S. 325–326. Stumpf & Dossendey, Edewecht. 1994
[5] DITTMER. Der Notfall abseits der Routine. S. 145. Springer, Berlin. 1989
[6] ROTHE, SKWAREK. Erste Hilfe Konkret – Für Ausbildung und Praxis. S. 267. Gehlen. Bad Homburg v. d. Höhe. 1997
[7] WALTER, MEYER. Praxis des Rettungsdienstes. Schattauer, Stuttgart. 1994
[8] SEINFELD, WEINMANN. Diagnostisches Therapeutisches Referenz System – DTRS. 1998 Loseblattwerk, Kennzahl 7-287.7.4. ecomed. Landsberg. 1998
[9] MUGGENTHALER K. H., BUSCH R., HELM M., LACKNER C. K. Akute Kohlenmonoxidvergiftung. Notfall & Rettungsmedizin 1999; 2: 51–59

IV – 3.5.4.23
Koronararterielle Gasembolie (Gasembolie in den Herzkranzgefäßen)

Symptomatik wie beim Herzinfarkt:
- Schmerzen im Brustkorb
- Übelkeit, Erbrechen
- Ausstrahlen der Schmerzen in den linken (u. U. auch rechten) Arm und die Magengegend
- Blutdruckabfall
- Herzrhythmusstörungen
- Bewusstseinsverlust
- Herzstillstand
- kardiogener Schock

Übertritt von Gasblasen in die arterielle Strombahn beim Tauchen durch:
- Überblähung der Lunge und Einreißen von Lungengewebe
- Paradoxe Embolie durch
  a) Übertritt von venös (z. B. bei der Dekompression) entstandenen Gasblasen über die Lungengefäße. Normalerweise gute Filterfunktion der Lungenkapillaren für Gasbläschen, bei Überschreitung einer kritischen Menge Übertritt von Gas möglich
  b) Übertritt von venös entstandenen Gasblasen über eine Öffnung der Scheidewand zwischen den Herzvorhöfen, nämlich ein entweder dauernd offenes oder auch nur funktionell offenes Foramen ovale (PFO), auf die arterielle Seite

Gasblasen in den Koronar-Arterien führen zu:
- embolischen Gefäßverschlüssen, dadurch
- Versorgungsstörungen mit Sauerstoffmangel in hinter dem Verschluss gelegenen Geweben (Ischämie und Hypoxie), dann zu
- funktionellen Ausfällen, zunächst noch reversibel
- schließlich Zelluntergang und dauernde Funktionsstörung im betroffenen Gebiet

zusätzliche Folgen und Blaseneffekte:
- Aktivierung der Blutgerinnung

- Anlagerung von Blutplättchen (Thrombocyten) an die Gasblase und Blasenorganisation mit sehr stabilen Gebilden
- Entzündungsreaktion mit Schädigung der Gefäßwand und Austritt von Flüssigkeit
- Ödementwicklung mit kompressionsbedingter Versorgungsstörung auch benachbarter Gewebeareale und Ausweitung des Schadens

- Lebensgefahr!
- wenn noch im Wasser: rasches Retten, Gefahr des Ertrinkens!
- Erhaltung der Vitalfunktionen, ggf. HLW
- Lagerung flach, wenn darunter Zustandsverschlechterung: leicht erhöhter Oberkörper
- normobare Sauerstoffgabe 100 %
- Gabe von Flüssigkeit, wenn bewusstseinsklar
- Rettungsdienst alarmieren, Notarztindikation

- wichtigste Erstmaßnahme: Gabe von 100 % Sauerstoff normobar
- Sicherung der Vitalfunktionen, HLW wenn nötig
- mit Herzrhythmusstörungen rechnen
- ständige Überwachung, Atmung, Puls und Blutdruckkontrolle, bis Notarzt anwesend
- EKG
- Pulsoxymeter
- wenn möglich: Venenpunktion, Infusion vorbereiten
- Tauchgangsdaten und Unfallhergang von Tauchpartner mitteilen lassen
- Tauchcomputer sicherstellen und beim Verunfallten lassen

- Beutelbeatmung mit 100 % Sauerstoff, wenn ateminsuffizient
- ggf. Intubation
- ggf. Defibrillation
- Volumenzufuhr

- schwierige Unterscheidung zwischen konventionellem → *Herzinfarkt (IV – 3.5.5.16)* und koronarer Gasembolie: Anamnese, Unfallhergang, evtl. auch Alter und Konstitution des Betroffenen
- i.v.-Zugang schaffen

- Sicherung der Vitalfunktionen, ggf. kardiopulmonale Reanimation
- Beatmung mit 100 % Sauerstoff
- ggf. Intubation, wenn bewusstseinseingetrübt oder bewusstlos
- wenn kreislaufinstabil: Katecholamintherapie
- Dopamin 6–10–15 μg/kg/min, ggf.
- Noradrenalin 0,05–0,3 μg/kg/min bei Bedarf
- Adrenalin bei Kreislaufstillstand 1 mg i. v.
- vorsichtige Volumengabe (500–1000 ml/h)
- kolloidale Lösungen sind zu bevorzugen
- (CAVE! Auf Höchstmengen und allergische Reaktionen achten!)
- schnellstmöglich HBO-Therapie veranlassen
- Tauchgangsdaten, Anamnese und Tauchcomputer mit zur Druckkammer bringen

Literatur:

[1] ALMELING M., BÖHM F., WELSLAU W. (Hrsg.). Handbuch Tauch- und Hyperbarmedizin. ecomed, Kap. II – 3.3

[2] DIERICH O. In: Bartmann H. Taucher-Handbuch. ecomed. Kap. II – 3.3

[3] EDMONDS C., LOWRY C., PENNEFATHER J. (Eds.). Diving and Subaquatic Medicine, 3rd Ed. Butterworth-Heinemann 1992

[4] BOVE A. A., DAVIS J. C. (Eds.). Diving medicine 2nd Ed. Saunders 1990; 200–222

[5] BENNETT P., ELLIOTT D. (Eds.). The physiology and medicine of diving, 4th ed. Saunders 1993: 506–541

[6] MOON R. E., GORMAN D. F. Treatment of decompression disorders. In: BENNETT P., ELLIOTT D. (Eds.). The physiology and medicine of diving, 4th ed. Saunders 1993: 506–541

[7] LEITCH D. R., GREEN R. D. Pulmonary barotrauma in divers and the treatment of cerebral arterial gas embolism. Aviat Space Environ Med 1986; 57: 931–938

[8] Workshop Panel. Final summary of recommendations: Diving accident workshop 1990. In: BENNETT P. B., MOON R. E. (Eds.). Diving accident management. Undersea and Hyperbaric Medical Society, Bethesda 1990: 366–369

IV – 3.5.4.24
Laugenverätzung

- seifiger Geschmack im Mund
- Schleimhäute weißlich-glasig verfärbt, geschwollen
- Schmerzen, u. U. auch heftigste Schmerzen im Mund, Rachen, hinter dem Brustbein und im Bauch
- Schluckstörungen

wenn zusätzlich Atemwege betroffen:

- evtl. Stimmritzenkrampf
- maximale Engstellung der Bronchien (Bronchospasmus)
- Atemnot
- Bewusstlosigkeit

- Schädigung der Schleimhäute des Mund-Rachen-Raumes, der Speiseröhre und (bei Aspiration) der Atemwege
- bis in tiefe Gewebeschichten reichende Verätzungen mit Gewebsuntergang (Nekrosen)
- Entzündung des geschädigten Gewebes

Vorkommen beim Tauchen:

- Rebreather-Geräte im geschlossenen oder halbgeschlossenen Kreislauf mit Atemkalkpatronen
- Wassereinbruch (z. B. über fehlerhafte Bedienung und Gerätemundstück) in die Kalkpatrone führt zur Laugenbildung
- abhängig von der Körperlage kann es in Folge zum Verschlucken und/oder Einatmen der Lauge kommen

wenn Verdauungstrakt betroffen:

- reichlich Wasser trinken lassen (keine anderen Flüssigkeiten, möglichst kohlensäurearm)
- AUF KEINEN FALL ERBRECHEN lassen

wenn Atemwege betroffen:

- Sauerstoffgabe, wenn vorhanden
- HLW, wenn nötig

Rettungsdienst alarmieren

- Sicherung der Vitalfunktionen
- Pulsoxymetrie
- EKG

- ggf. Venenpunktion, Infusionstherapie
- ggf. Intubation und Beatmung

Ingestionsverätzung:
- viel Wasser trinken lassen
- KEINEN Magenschlauch legen (Perforationsgefahr)
- NICHT erbrechen lassen
- rascher Transport in Klinik

Laugenaspiration:
- Atemwegssicherung
- Sauerstoffgabe
- Gabe inhalativer Kortikoide (z. B. Auxiloson® 2 Hübe)
- bei Bronchospasmus inhalative b-Sympathomimetika
- bei schweren Verläufen zusätzlich Theophyllin i. v.

- schnellstmöglicher Transport in Klinik

Literatur:

[1] PSCHYREMBEL. Klinisches Wörterbuch, de Gruyter. Berlin, New York. 1998
[2] MADLER et al. Das NAW Buch. Praktische Notfallmedizin, Urban & Schwarzenberg, München. 1995
[3] ZIEGENFUSS. Checkliste Rettungsmedizin. Thieme 1997
[4] ZIEGENFUSS. Notfallmedizin. Springer 1996
[5] JUNGE-HÜLSING et al. Interne Notfallmedizin, 4. Auflage. Springer 1988

IV – 3.5.4.25
Mediastinalemphysem

- Schmerzen und Luftnot auch nach dem Auftauchen
- Husten, blutiger Speichel und Auswurf
- Schwellungen des Halses und der Haut über den Schlüsselbeinen, Knistern der Haut beim Betasten
- Kreislaufschwäche, Blutdruckabfall
- kloßige Sprache

- Ausdehnung der Atemgase in der Lunge bei abnehmendem Umgebungsdruck (Gesetz von Boyle und Mariotte) bei gleichzeitig behindertem Abstrom der Gase aus der Lunge (Air-Trapping, Stimmritzenkrampf, willentliches Luftanhalten bei vorbestehenden Schwachstellen, Cysten und Emphysemblasen) führt zur Überdehnung von Alveolarbereichen bis zum Riss
- abhängig von der Stelle der Schädigung Eintritt von Gas ins Mediastinum (Zwischenraum zwischen den Lungen, Raum unter dem Brustbein, in dem das Herz liegt und die großen Gefäße verlaufen)
- hier abhängig von der frei werdenden Gasmenge u. U. Behinderung und Verdrängung von Herz und unterer bzw. oberer Hohlvene
- bei Mitbeteiligung des Halses und der Haut durch aufsteigendes Gas Druck auf Kehlkopf (kloßige Sprache) und Luftröhre

- wenn noch im Wasser: rasches Retten, Gefahr des Ertrinkens!
- Erhaltung der Vitalfunktionen, ggf. HLW
- Lagerung flach
- normobare Sauerstoffgabe 100 %
- Gabe von Flüssigkeit, wenn bewusstseinsklar
- Rettungsdienst alarmieren, Notarztindikation, dringender Hinweis auf Druckkammer
- im Ausland: lokalen Rettungsdienst aktivieren, wenn möglich, schnellstmöglich Druckkammerbehandlung
- Tauchgangsdaten und Besonderheiten notieren, Tauchcomputer sicherstellen, dem Rettungsdienst mitgeben

- wichtigste Erstmaßnahme: Gabe von 100 % Sauerstoff normobar
- Sicherung der Vitalfunktionen, HLW wenn nötig
- mit Herzrhythmusstörungen rechnen
- ständige Überwachung Atmung, Puls und Blutdruckkontrolle, bis Notarzt anwesend
- wenn möglich: Venenpunktion, Infusion vorbereiten
- Tauchgangsdaten und Unfallhergang von Tauchpartner mitteilen lassen
- Tauchcomputer sicherstellen und beim Verunfallten lassen

- Beutelbeatmung mit 100 % Sauerstoff, wenn ateminsuffizient
- Volumenzufuhr

- Flachlagerung
- i.v.-Zugang schaffen
- Sicherung der Vitalfunktionen, ggf. kardiopulmonale Reanimation
- Beatmung mit 100 % Sauerstoff
- ggf. Intubation, wenn bewusstseinseingetrübt oder bewusstlos
- wenn kreislaufinstabil: Katecholamintherapie
  - Dopamin 6–10–15 µg/kg/min
  - ggf. Noradrenalin 0,05–0,3 µg/kg/min bei Bedarf
- Adrenalin bei Kreislaufstillstand 1 mg i. v.
- Volumengabe (500–1000 ml/h)
- kolloidale Lösungen sind zu bevorzugen
- (CAVE! Auf Höchstmengen und allergische Reaktionen achten!)
- Normovolämie anstreben
- bei schwerer Schocksymptomatik: u. U. kollare Mediastinotomie (Maßnahme umstritten)
- schnellstmöglich HBO-Therapie veranlassen
- Tauchgangsdaten, Anamnese und Tauchcomputer mit zur Druckkammer bringen

Literatur:

[1] Almeling M., Böhm F., Welslau W. (Hrsg.). Handbuch Tauch- und Hyperbarmedizin. ecomed, Kap. II – 3.3

[2] DIERICH O. In: BARTMANN H. Taucher-Handbuch. ecomed. Kap. II – 3.3

[3] EHM (Hrsg). Tauchen – noch sicherer 7. Auflage. Müller-Rüschlikon 1996

[4] EDMONDS C., LOWRY C., PENNEFATHER J. (Eds.). Diving and Subaquatic Medicine, 3rd Ed. Butterworth-Heinemann 1992

[5] BOVE A. A., DAVIS J. C. (Eds.). Diving medicine 2nd Ed. Saunders 1990; 200–222

[6] BENNETT P., ELLIOTT D. (Eds.). The physiology and medicine of diving, 4th ed. Saunders 1993: 506–541

[7] MOON R. E., GORMAN D. F. Treatment of decompression disorders. In: BENNETT P., ELLIOTT D. (Eds.). The physiology and medicine of diving, 4th ed. Saunders 1993: 506–541

[8] LEITCH D. R., GREEN R. D. Pulmonary barotrauma in divers and the treatment of cerebral arterial gas embolism. Aviat Space Environ Med 1986; 57: 931–938

[9] Workshop Panel. Final summary of recommendations: Diving accident workshop 1990. In: BENNETT P. B., MOON R. E. (Eds.). Diving accident management. Undersea and Hyperbaric Medical Society, Bethesda 1990

IV – 3.5.4.26
Pneumothorax

- Atemnot
- evtl. blutiger Auswurf

- bei Spannungspneumothorax: dramatischer Verlauf
- Blutdruckabfall
- Kreislaufzusammenbruch

zusätzlich Symptome für den Arzt:
- abgeschwächtes oder fehlendes Atemgeräusch auf der betroffenen Seite
- hypersonorer Klopfschall
- bei Spannungspneu: prall gefüllte Halsvenen

Eindringen von Gas zwischen Lungen- und Rippenfell, dadurch
- Luftansammlung im Pleuraraum
- Lungenkollaps
- Abnahme der Gasaustauschfläche, Störung der Atmung und der Sauerstoffversorgung

Sonderfall: Spannungspneumothorax. Akut lebensbedrohlich!
- Luft wird bei jeder Einatmung in den Pleuraraum gesogen, kann aber durch Ventilmechanismus bei Ausatmung nicht entweichen
- Folge: betroffene Seite wird zunehmend aufgepumpt und verdrängt gesunde Lunge und Herz
- rasch zunehmende Sauerstoffversorgungsstörung und Pumpversagen des Herzens (obstruktiver Schock)

Ursache beim Tauchen:
→ *Barotrauma der Lunge (IV – 3.5.5.3)*

allgemein:
Thoraxtrauma, Spontanruptur von Lungenbläschen

- Gabe von Sauerstoff
- Sicherung der Vitalfunktionen
- ggf. HLW
- Alarmierung Rettungsdienst

- Sicherung der Vitalfunktionen
- Gabe von Sauerstoff
- HLW, wenn nötig
- Überwachung von Atmung, Puls und Blutdruck
- Pulsoxymetrie
- EKG
- Infusion vorbereiten
- Thoraxdrainage vorbereiten

ggf. Notfallpunktion der Pleurahöhle bei extrem dramatischem Verlauf:

- mit großlumiger Venenverweilkanüle vorsichtig zwischen 3. und 4. Rippe in einer gedachten Linie senkrecht von der Mitte des Schlüsselbeins Druckentlastung herbeiführen

wichtigste Maßnahme: Entlastung des Pleuraraumes

- lebensrettend bei Spannungspneumothorax, daher Durchführung schon bei Verdacht

Thoraxdrainage entweder über

- lateralen Zugangsweg (4.–6. ICR, mittlere Axillarlinie) oder
- anterioren Zugangsweg (2.–3. ICR, Medioclavicularlinie)

- optimal mit Thoraxdrainage
- nötigenfalls mit großlumiger Venenverweilkanüle
- ggf. mit eingeschnittenem Fingerling versehen

- Sicherung der Vitalfunktionen
- Sauerstoffgabe
- ggf. CPR

Literatur:

[1] PSCHYREMBEL. Klinisches Wörterbuch, de Gruyter. Berlin, New York. 1998

[2] MADLER et al. Das NAW Buch. Praktische Notfallmedizin, Urban & Schwarzenberg, München. 1995

[3] ZIEGENFUSS. Checkliste Rettungsmedizin. Thieme 1997

[4] ZIEGENFUSS. Notfallmedizin. Springer 1996
[5] JUNGE-HÜLSING et al. Interne Notfallmedizin, 4. Auflage. Springer 1988

IV – 3.5.4.27
Sauerstoffmangel (Hypoxie, auch: Hypoxämie – herabgesetzter Sauerstoffgehalt des Blutes)

Hinweis: Hypoxie ist der globalere Begriff, Hypoxämie stellt eine Sonderform dar. Dennoch werden beide Begriffe im Folgenden synonym behandelt, da für die Notfallbehandlung ohne Belang.

- Bewusstseinstrübung
- ungerichtete Bewegungen
- Bewusstseinsverlust
- evtl. Blaufärbung der Lippen, der Nagelbetten (Zyanose) – spätes Zeichen!
- blau-graue Hautfärbung bei starker Hypoxie

Sauerstoffmangel infolge behinderter Atmung:
- Unruhe, ungerichtete Aufgeregtheit

- verminderter Sauerstoffteildruck im Blut, den Organen, Geweben und Zellen mit der Folge
- Zell- und Organschäden
- Organversagen, vor allem Hirnschäden und Herz-Kreislauf-Versagen

Ursachen (allgemein):
- gestörte Lungenfunktion
- Störung der Atemsteuerung
- Einatmung hypoxischer Gasgemische
- Blockade des Sauerstofftransports im Blut (z. B. → *Kohlenmonoxidvergiftung, IV – 3.5.5.22*)
- Fehlen von Sauerstoffträgern im Blut (z. B. starker Blutverlust)

Tauchspezifische Ursachen:
- Schwimmbad-Black-out (Bewusstlosigkeit nach Weittauchversuchen mit vorhergehender Hyperventilation)
- Flachwasserbewusstlosigkeit (Bewusstlosigkeit nach Tieftauchversuchen, vor allem in Verbindung mit Hyperventilation vor dem Abtauchen)

- → *Beinahe-Ertrinken (IV – 3.5.5.12)*
- → *Pneumothorax/Spannungspneumothorax (IV – 3.5.5.26)*
- → *Kohlenmonoxidvergiftung (IV – 3.5.5.22)*

- schnellstmöglich retten
- frühestmöglich Atemspende (wenn im Wasser, dann nur so, dass keine Gefahr für Retter: z. B. Beginn Atemspende bei Erreichen von hüfttiefem Wasser. Atemspende während Transportschwimmens ist ineffektiv, verzögert die Rettung und gefährdet den Retter!)
- ggf. komplette HLW
- Sauerstoffgabe, möglichst 100 %
- Rettungsdienst alarmieren

- wie Laienhilfe
- Oxigenierung steht im Vordergrund
- Pulsoximetrie

- ggf. Intubation und Beatmung
- ggf. Venenpunktion und Infusionstherapie

- wenn möglich: Beseitigung der Ursache
- immer: Beatmung mit Sauerstoff, möglichst 100 %
- ggf. Intubation und Beatmung
- wenn → *Beinahe-Ertrinken:* PEEP-Beatmung *(siehe auch dort)*
- wenn → *Pneumothorax/Spannungspneumothorax:* Entlastung *(siehe auch dort)*
- wenn → *Kohlenmonoxidvergiftung* ggf. Druckkammerbehandlung, *(siehe dort)*
- Transport in Klinik

Literatur:

[1] EHM (Hrsg.). Tauchen – noch sicherer 7. Auflage. Müller-Rüschlikon 1996

[2] DIERICH O. In: BARTMANN H. Taucher-Handbuch ecomed. Kap. II – 3

[3] ALMELING M., BÖHM F., WELSLAU W. (Hrsg.). Handbuch Tauch- und Hyperbarmedizin. ecomed. Kap. II – 3

[4] EDMONDS C., LOWRY C., PENNEFATHER J. (Eds.). Diving and Subaquatic Medicine, 3rd Ed. Butterworth-Heinemann 1992

[5] BOVE A. A., DAVIS J. C. (Eds.). Diving medicine 2nd Ed. Saunders 1990

[6] PSCHYREMBEL. Klinisches Wörterbuch, de Gruyter. Berlin, New York. 1998

[7] MADLER et al. Das NAW Buch. Praktische Notfallmedizin, Urban & Schwarzenberg, München. 1995

[8] ZIEGENFUSS. Checkliste Rettungsmedizin. Thieme 1997

[9] ZIEGENFUSS. Notfallmedizin. Springer 1996

[10] JUNGE-HÜLSING et al. Interne Notfallmedizin, 4. Auflage. Springer 1988

IV – 3.5.4.28
Sauerstoffintoxikation (akute Sauerstoffvergiftung, Sauerstoffvergiftung des ZNS, Paul-Bert-Effekt)

Hinweis: Bei der Sauerstoffintoxikation kann in die akute Form und die chronische Form unterschieden werden. Bei der akuten Form ist das betroffene Zielorgan das zentrale Nervensystem, bei der chronischen Form die Lunge (Lorrain-Smith-Effekt).

Beim Tauchen mit Luft als Atemgas spielt die Sauerstoffintoxikation KEINE Rolle. Beim Tauchen mit Atemgasgemischen mit erhöhtem Sauerstoffanteil nur die akute Form. Selbst beim Tauchen mit reinem Sauerstoff als Atemgas steht die akute Form absolut im Vordergrund. Nur sie ist im Zusammenhang mit Tauchen von notfallmedizinischem Interesse.

- KEINE sicheren Vorboten, grundsätzlich aber möglich:

Frühzeichen
- Ruhelosigkeit, Angst, Schweißausbrüche
- Gesichtsblässe, Bradycardie
- Lippenzittern

Warnzeichen
- Übelkeit, Schwindel
- Sehstörungen (Röhrensehen)
- akustische Halluzinationen
- vereinzelte Muskelzuckungen
- Euphorie
- Schläfrigkeit

Symptome
- massiver Schwindel und Erbrechen
- Parästesien und Schmerzen in Fingern und Händen
- generalisierter zerebraler Krampfanfall
- Gefahr des Ertrinkens!
- Beim Auftauchem im Krampfanfall: Gefahr der Überdehnung der Lunge!

Merke: Der generalisierte zerebrale Krampfanfall kann das erste und einzige Symptom sein!

der Vollständigkeit halber: **Symptome der chronischen Sauerstoffvergiftung:**
- Engegefühl in der Brust
- Hustenreiz
- Schmerzen in der Brust
- Kurzatmigkeit
- Abfall der Vitalkapazität

Akute Sauerstoffintoxikation:
- Mechanismus nicht letztendlich geklärt
- Möglicherweise reversible Schädigung der Membranen von Nervenzellen durch freie Sauerstoffradikale
- dadurch „neuronale Kurzschlüsse", zerebraler Krampfanfall

sicher bekannt: Hauptfaktoren für das Auftreten der akuten Sauerstoffintoxikation
- Sauerstoffpartialdruck größer als 1,6 bar
- Expositionsdauer länger als 45 min
- inter- und intraindividuelle Schwankungen in der Verträglichkeit

begünstigende Faktoren:
- körperliche Arbeit
- Aufenthalt unter Wasser (Immersion)
- Kälteexposition
- erhöhte CO_2-Werte (akute Hyperkapnie)
- fieberhafte Erkrankungen

chronische Form (Lunge):
- Schädigung des Alveolarepithels
- Entzündungsreaktion, Verdickung der Alveolarmembran
- Diffusionsbehinderung für Sauerstoff ins Blut
- Sauerstoffversorgungsstörung des Körpers.

Auftreten durch:
- Sauerstoffpartialdrücke über 0,5 bar
- lange Expositionszeiten (je höher der Sauerstoffpartialdruck, desto kürzer die Zeit bis zur Schädigung)

- Unterbrechungen der Sauerstoffexposition führen zur vollständigen Erholung bei beginnender Schädigung

Auftreten beim Tauchen:
- insgesamt unwahrscheinlich
- möglich bei: Sauerstoffkreislaufgeräten und Sättigungstauchgängen

VORBEUGUNG!
- Bei Tauchen mit Atemgasgemischen mit erhöhtem Sauerstoffanteil: max. mögliche Tauchtiefe strikt beachten!

Verhalten unter Wasser:
- Mundstück im Mund festhalten
- Betroffenen sichern
- Gefahr des → *Ertrinkens (IV – 3.5.5.14)* bzw. *Beinahe-Ertrinkens (IV – 3.5.5.12)*
- kontrolliert auftauchen (Gefahr des → *Barotraumas der Lunge, IV – 3.5.5.3*)

wenn als Folge → *Beinahe-Ertrinken* und/oder → *Barotrauma der Lunge:*
- HLW
- Gabe von Sauerstoff (**trotz** vorheriger Sauerstoffintoxikation)
- Rettungsdienst alarmieren

in jedem Fall: Krankenhausüberwachung

Verhalten in Druckkammer:
- Gaszufuhr auf Luft umschalten
- Betroffenen vor Verletzungen schützen
- auf keinen Fall Druckreduktion, bis Krampfanfall vorüber
- nach Wegnahme von Sauerstoff und Gabe von Luft als Atemgas i. d. R. rasche Beendigung des Krampfes

- wie Laienmaßnahmen

Sonderfall: gleichzeitig → *Lungenbarotrauma* und/oder → *Beinahe-Ertrinken*:
- Sicherung der Vitalfunktionen
- Beatmung mit Sauerstoff (**trotz** Sauerstoffintoxikation als ursprünglicher Mechanismus)

- ggf. Venenpunktion, Infusionstherapie
- ggf. Beatmung

- akute Sauerstoffintoxikation per se keine Notarztindikation, da bei Wegfall des auslösenden Agens rasche Symptomrückbildung
- bei persistierenden Krampfanfällen: Diazepam (Valium) bis 30 mg i. v. **oder** Clonazepam (Rivotril) bis 4 mg i. v.
- bei Versagen: Thiopental (Trapanal) 5 mg/kg KG i. v.

Achtung! Intubationsbereitschaft wegen Ateminsuffizienz nach Gabe von Thiopental, mit Blutdruckabfall rechnen!

- persistierend Krampfanfälle im Zusammenhang mit Vorfall unter Wasser: an → *Lungenbarotrauma (IV – 3.5.5.3)* und → *zerebrale arterielle Gasembolie* denken (siehe *IV – 3.5.5.35)*
- bei gleichzeitigem → *Beinahe-Ertrinken*: spezifische Maßnahmen, siehe dort *(Beinahe-Ertrinken, IV – 3.5.5.12)*

Literatur:

[1] Dierich O. In: Bartmann H. Taucher-Handbuch ecomed. Kap. II – 3.4.2

[2] Almeling M., Böhm F., Welslau W. (Hrsg.). Handbuch Tauch- und Hyperbarmedizin. ecomed. Kap. II – 3.4.1

[3] Edmonds C., Lowry C., Pennefather J. (Eds.). Diving and Subaquatic Medicine, 3rd Ed. Butterworth-Heinemann 1992

[4] Bove A. A., Davis J. C. (Eds.). Diving medicine 2nd Ed. Saunders 1990

[5] Bennett P., Elliott D. (Eds.). The physiology and medicine of diving, 4th ed. Saunders 1993

[6] Ehm (Hrsg.). Tauchen – noch sicherer, 7. Auflage. Müller-Rüschlikon 1996

IV – 3.5.4.29
Schock

Hinweis: Unter der Bezeichnung Schock werden unterschiedliche Mechanismen zusammengefasst, die alle wie folgt definiert sind:
Schock – Definition: Durch Kreislaufversagen hervorgerufene kritische Organminderdurchblutung mit Störung der zellulären Sauerstoffversorgung.

Aus tauchmedizinischer Sicht kommen nicht alle der im Folgenden aufgezählten Schockformen zum Tragen. Die in diesem Zusammenhang wichtigen Schockformen werden unter den im Folgenden aufgeführten Bezeichnungen separat abgehandelt. Siehe dort.

Einteilung der Schockformen und prinzipielle Ursachen

Einteilung (nach Weil):

- *Kardiogener Schock* durch akutes Herzversagen
- *Obstruktiver Schock* durch Obstruktion der großen Gefäße
- *Hypovolämischer Schock* durch akuten Volumenmangel
- *Distributiver Schock* durch akutes Versagen der Mikrozirkulation

Andere übliche Schockbezeichnungen lassen sich unter eine der vier genannten Schockformen subsumieren bzw. stellen eine Kombination aus mehreren der vier genannten Schockformen dar:

- *Hämorrhagischer Schock:* akuter Blutverlust; Sonderform des hypovolämischen Schocks
- *Anaphylaktischer/anaphylaktoider Schock:* Mikrozirkulationsversagen aufgrund einer schweren, akuten Unverträglichkeitsreaktion; Sonderform des distributiven Schocks
- *Neurogener Schock:* Mikrozirkulationsversagen aufgrund einer akuten neurogenen Fehlreaktion; Sonderform des distributiven Schocks
- *Septischer Schock:* Durch schwere Infektion ausgelöstes Mikrozirkulationsversagen mit Hypovolämie und Myokarddepression; Sonderform des distributiven Schocks mit Komponenten des hypovolämischen und kardiogenen Schocks

Allgemeine Schockfolgen:
- Missverhältnis zwischen zellulärem Sauerstoffangebot und Sauerstoffbedarf
- Gewebehypoxie
- Organschäden, Organversagen, Multiorganversagen, v. a.:
- zerebrale Schäden
- Lungenversagen (nicht-kardiogenes Lungenödem, ARDS)
- Nierenversagen
- Leberversagen
- Gerinnungsstörungen

u. a. m.

Allgemeine Schocksymptomatik
- Blutdruckabfall
- schneller, flacher Puls (Tachykardie)
- blasse, kaltschweißige Haut
- Bewusstseinsstörung
- weiße Nagelbetten, verzögerte oder fehlende Kapillarfüllung bei Druck auf Fingernägel
- verminderte Urinproduktion

Allgemeine Therapie

Ziele:
- Beseitigung der Schockursache, wenn möglich
- Wiederherstellung eines ausreichenden Blutdrucks
- Wiederherstellung eines ausreichenden Blutflusses (Herzminutenvolumen) bzw. einer ausreichenden Organdurchblutung
- Wiederherstellung eines ausreichenden Sauerstoffangebots
- **Sauerstoffzufuhr,** ggf. Intubation und Beatmung
- **Katecholamintherapie:** insbesondere bei kardiogenem, obstruktivem und distributivem Schock, z. B. Dopamin 2–20 mg/kg KG/min
- **Volumentherapie:** insbesondere bei hypovolämischem und distributivem Schock, z. B. Ringer-Lösung und/oder HAES 200 10 % 500–1500 ml i. v. oder mehr
  Beachte: Vorsichtige Volumenzufuhr beim kardiogenen Schock!

- **Adäquate Lagerung:**
  - *Schocklagerung* besonders bei hypovolämischem und distributivem Schock.
  - *Flachlagerung* im dekompensierten obstruktiven und kardiogenen Schock.
  - *Oberkörperhochlagerung* im kompensierten kardiogenen Schock.

Literatur:

[1] PSCHYREMBEL. Klinisches Wörterbuch, de Gruyter. Berlin, New York. 1998

[2] MADLER et al. Das NAW Buch. Praktische Notfallmedizin, Urban & Schwarzenberg, München. 1995

[3] ZIEGENFUSS. Checkliste Rettungsmedizin. Thieme 1997

[4] ZIEGENFUSS. Notfallmedizin. Springer 1996

[5] JUNGE-HÜLSING et al. Interne Notfallmedizin, 4. Auflage. Springer 1988

IV – 3.5.4.30
Sparatmung

- Lufthunger, Atemnot
- Übelkeit, Schwindel
- massive Kopfschmerzen
- Herzrasen
- beginnende Panik

- durch erhöhte CO_2-Werte und damit verbundene Azidose maximale Stimulation des Atemzentrums, Katecholaminausschüttung
- Gefäßweitstellung im Bereich der hirnversorgenden Arterien, Hirndruck
- Folge: lang anhaltende, heftige Kopfschmerzen

Definition Sparatmung:
Nach tiefer Einatmung mehr oder minder bewusstes Luftanhalten mit dem Ziel, weniger Luft aus dem Tauchgerät zu verbrauchen und so länger mit ihr auszukommen

Begünstigende Faktoren:
- Beginner
- mangelhafte Leistungsfähigkeit
- hoher Sauerstoffverbrauch aufgrund großer Körpermasse

- wichtigste Maßnahme: Vorbeugung; d. h. keine besonderen Atemtechniken, sondern ruhige, bedarfsorientierte Atmung
- Einschreiten bei Sparatmung
- ggf. Tauchgang beenden

Gefahren:
Übelkeit mit Erbrechen unter Wasser → *Gefahr des Ertrinkens bzw. Beinhahe-Ertrinkens*
Panik, Gefahr des → *Lungenbarotraumas (IV – 3.5.5.3)* und des → *Beinahe-Ertrinkens (IV – 3.5.5.12)*
keine besonderen weiterführenden Maßnahmen
bei lang anhaltenden Kopfschmerzen:
- Kopfschmerztabletten (häufig ohne ausreichende Wirkung)
- Ruhe

Alarmierung Rettungsdienst nur bei lebensbedrohlichen Folgeschäden wie:

- → *Lungenbarotrauma* und
- → *Beinahe-Ertrinken*

- entfällt. Sonderfall: → *Lungenbarotrauma* und → *Beinahe-Ertrinken*

- entfällt. Sonderfall: → *Lungenbarotrauma* und → *Beinahe-Ertrinken*

- entfällt. Sonderfall: → *Lungenbarotrauma* und → *Beinahe-Ertrinken*

Literatur:

[1] MUTH. Sparatmung – Gefährdung für den Taucher? In: HOFFMANN (Hrsg.). Ausbildung im Sporttauchen Bd. 2. MTI-Press 1998

[2] MUTH. Sparatmung. Flug- und Reisemedizin 3/99

IV – 3.5.4.31
Stickstoff-Narkose (Inertgas-Narkose, Tiefenrausch, rapture of the deep, nitrogen narcosis)

Symptomatik abhängig vom Stickstoffpartialdruck und somit von der Tauchtiefe. Beim Tauchen mit Luft:

- **um 30 m:** logisches Denkvermögen und Kurzzeitgedächtnis sind stärker betroffen als motorische Koordination; verlängerte Reaktionszeit auf audiovisuelle Reize
- **30–50 m:** Neigung zum Lachen. Redefluss noch unter Kontrolle; Verlust der Feindiskriminierung; Ideenfixierung und gesteigertes Selbstvertrauen treten auf; gehäuft Rechenfehler. Evtl. metallener Geschmack und Ohrensausen. Neben Euphorie (eher bei erfahrenen Tauchern) auch Panikreaktionen möglich!
- **um 50 m:** eingeschränkte Urteilskraft; Schläfrigkeit; Halluzinationen
- **50–70 m:** logisches Denken und Urteilsvermögen fast aufgehoben; Reflexverlangsamung; periphere Parästhesien; gesprächige Stimmung mit unkontrolliertem Gelächter, das in einzelnen Fällen an Hysterie grenzt; einige Probanden zeigen Furchtreaktionen; vereinzelt Auftreten von Benommenheit; erheblich verzögerte Reaktion auf Signale u. a. Reize, deutlich vermindertes Sicherheitsdenken
- **um 70 m:** schwere Beeinträchtigung aller geistigen Funktionen
- **70–90 m:** sehr abgeschwächtes Konzentrationsvermögen, geistige Verwirrung; neuro-muskuläre Koordination erheblich eingeschränkt, depressive Stimmung
- **um 90 m:** zunehmende sensorische Depression mit akustischen und optischen Halluzinationen; manisch-depressive Zustände; Amnesie; praktische Tätigkeiten fast unmöglich; Urteilsvermögen erloschen
- **ab 100 m:** halluzinatorische Erlebnisbilder (wie unter Drogen), Bewusstlosigkeit, etwa 130 m Tod

Entstehungsmechanismus nicht mit letzter Sicherheit geklärt. Bekannt ist:

- fettlösliche Gase haben narkotische Potenz (die mit der Fettlöslichkeit korreliert)
- Stickstoff ist gut fettlöslich
- Ablauf einer Stickstoffnarkose ähnelt der von Lachgas
- Annahme: Modulation der Erregungsübertragung der Nervenzellen im zentralen Nervensystem

begünstigende Faktoren:

- hohe CO_2-Werte in Atemluft und Blut
- sehr trübe, dunkle und kalte Gewässer
- Abwesenheit jeglicher Orientierungspunkte
- vorbestehende leichte Aufgeregtheit
- Restalkohol

wichtigste Maßnahme: Tauchtiefe reduzieren, ggf. Tauchgang beenden

Vorbeugung:

- keine tiefen Tauchgänge
- Reduktion des Stickstoffanteiles im Atemgas (Verwendung von Mischgas)
- Tauchen nur bei körperlichem und seelischem Wohlbefinden
- Tauchen nur ohne Restalkohol im Blut

sonst keine spezifischen Maßnahmen

Besondere Risiken:

- Panikaufstieg mit der Gefahr des → *Lungenbarotraumas (IV – 3.5.5.3)*
- → *Beinahe-Ertrinken (IV – 3.5.5.12)*

Alarmierung Rettungsdienst nur bei lebensbedrohlichen Folgeschäden wie:

- → *Lungenbarotrauma* und
- → *Beinahe-Ertrinken*

- entfällt. Sonderfall: → *Lungenbarotrauma* und → *Beinahe-Ertrinken*

- entfällt. Sonderfall: → *Lungenbarotrauma* und → *Beinahe-Ertrinken*

- entfällt. Sonderfall: → *Lungenbarotrauma* und → *Beinahe-Ertrinken*

Literatur:

[1] Dierich O. In: Bartmann H. Taucher-Handbuch. ecomed. Kap. II – 3.4.1
[2] Edmonds C., Lowry C., Pennefather J. (Eds.). Diving and Subaquatic Medicine, 3rd Ed. Butterworth-Heinemann 1992
[3] Bove A. A., Davis J. C. (Eds.). Diving medicine 2nd Ed. Saunders 1990
[4] Bennett P., Elliott D. (Eds.). The physiology and medicine of diving, 4th ed. Saunders1993
[5] Ehm (Hrsg.). Tauchen – noch sicherer 7. Auflage. Müller-Rüschlikon 1996

IV – 3.5.4.32
Unterkühlung (Hypothermie)

Symptomatik der Unterkühlung ist abhängig vom Grad des Wärmeverlustes:

34–36 °C: Phase der Erregungssteigerung (leichte Hypothermie) und Frier-Reaktion:

- Kältezittern
- Unruhe, Bewegungsdrang
- Hyperventilation
- schneller Puls (Tachykardie)
- Schmerzen (Finger, Zehen, Ohren, Nase etc.)
- metabolische Azidosen
- hohe Blutzuckerwerte (Hyperglykämie)

30–34 °C: Phase der Erregungsabnahme (mäßige Hypothermie):

- Teilnahmslosigkeit
- Bewusstseinstrübung, Schläfrigkeit (Somnolenz)
- Muskelstarre
- Zunahme der Azidose
- Pulsverlangsamung, Entwicklung einer Bradykardie
- Unterzuckerung (Hypoglykämie)

27–30 °C: Phase der Lähmung (tiefe Hypothermie):

- Zunahme der Bewusstseinstrübung: Sopor, Koma
- Blutdruckabfall (Hypotension)
- Zunahme der Bradykardie
- langsame Atmung (Bradypnoe)
- EKG: Rhythmusstörungen
- Gefahr: Kammerflimmern!

24–27 °C: Phase des Scheintodes (sehr tiefe Hypothermie):

- kein tastbarer Puls
- keine sichtbare Atmung
- EKG: sehr langsame Herzaktionen

- ungeschützte oder schlecht geschützte Kälteexposition des Körpers, dadurch:

- Wärmeabgabe übersteigt Summe aus Wärmezufuhr und körpereigener Wärmeproduktion, Folge: Abfall der Körperkerntemperatur unter 35 °C

Begünstigende Faktoren:
- kalte Umgebung
- hohe Windgeschwindigkeit
- unzureichende Bekleidung
- lange Kälteexpositionszeit
- besonders: Aufenthalt im kalten Wasser (→ *Beinahe-Ertrinken, IV – 3.5.5.12*), im Vergleich zu Luft sehr hohe Wärmeleitungsfähigkeit des Wassers
- beim Tauchen zusätzlich:
  Wärmeverluste durch Taucherdiurese, Atmung kalten Atemgases, schlechte Isolation des Tauchanzuges, geringes Körpervolumen, starke körperliche Anstrengung
- Tauchen in „over-head-environments" wie z. B. Höhlen, unter Eis etc.

Stadium I (bis 34 °C Kerntemperatur)
- nasse Kleidung vorsichtig entfernen
- Isolation (Thermodecke, Alufolie o. Ä.)
- warme Umgebung
- heiße Dusche, Bad unter Aufsicht
- heiße Getränke (kein Alkohol!)
- Inhalation angewärmten Atemgases (z. B. mit *Wenoll-System → Kap. VIII – 2)*
- Hotpacks im Rumpfbereich (Achtung! Gefahr der Verbrennung)

Stadium II (34–27 °C Kerntemperatur)
- nasse Kleidung vorsichtig entfernen, möglichst mit Schere
- starke Bewegungen der Extremitäten führen zum Einstrom kalten Blutes in den Rumpfbereich ⇒ weiterer Temperaturabfall
- Isolation (s. o.), ggf. „Dampfsperre" (wenn nasse Kleidung nicht entfernbar: Pat. mit Plastikfolie einwickeln, dann erst Isolation
- Achtung! Keine warmen/heißen Bäder oder Duschen mehr, außer unter ärztlicher Kontrolle im Krankenhaus!

- HLW, wenn nötig
- Rettungsdienst alarmieren!

Stadium III (unter 27 °C Kerntemperatur)
- wie Stadium II, HLW!

Grundsätzlich:
- Vitalfunktionsstabilisierung
- Beendigung der Kälteexposition und vorsichtige Wiedererwärmung
- Vermeidung von Rettungskomplikationen
- schonende Rettungsmaßnahmen: unnötige Bewegungen und Erschütterungen vermeiden! (Immobilisation des Patienten)

- Stadium I (bis 34 °C Kerntemperatur)
- wie oben

- Stadium II (34–27 °C Kerntemperatur)
- Isolation (s. o.)
- Sauerstoffgabe
- HLW, wenn nötig
- Krankenhaus, Intensivstation

- Stadium III (unter 27 °C Kerntemperatur)
- wie Stadium II, HLW!!
- Temperaturmessung mit Spezialthermometer für niedrige Temperaturen, wenn vorhanden
- **EKG:** Ableitung u. U. mit Nadelelektroden (EKG-Clips an subkutan eingestochene Kanüle klemmen)
- Pulsoxymetrie meist nicht möglich

- KEINE Defibrillationsversuche ohne Arzt bei Körpertemperaturen unter 27 °C
- Venenpunktion, ggf. warme Infusionslösungen

- Stabilisierung der Vitalfunktionen
- Beendigung der Kälteexposition und vorsichtige Wiedererwärmung
- Vermeidung von Rettungskomplikationen

- Sauerstoff 4–12 l/min
- Intubation und Beatmung bei Atemstillstand oder schwerer respiratorischer Insuffizienz; Beatmung wenn möglich mit angewärmtem Atemgas

Kreislauftherapie:
- Kardiopulmonale Reanimation: bei stark unterkühlten Patienten mit nicht feststellbaren Vitalfunktionen und bei tiefer und sehr tiefer Hypothermie gilt: Kammerflimmern: maximal 3 Defibrillationen!
- keine medikamentöse Therapie
- mit längeren Reanimationsdauern als üblich rechnen, ggf. unter Reanimation in die Klinik fahren

Beachte: Bradykardie ist bei Hypothermie physiologisch! Daher:
- keine Katecholamintherapie der Bradykardie bei suffizientem Kreislauf (Gefahr des Kammerflimmerns!)
- Vorgehen bei extrem niedrigen Frequenzen: Beginn von Reanimationsmaßnahmen

- Infusionstherapie: möglichst angewärmte Infusionslösung
- Transport von Patienten mit tiefer und sehr tiefer Hypothermie vorzugsweise in Kliniken mit Herz-Thorax-chirurgischer Abteilung. Möglichkeit der extrakorporalen Zirkulation bei Kreislaufstillstand und Wiedererwärmung!

Risiken bei Wiedererwärmung:
Afterdrop
weiterer Abfall der Körpertemperatur nach beendetem Kälteaufenthalt durch weiteren Zustrom kalten Blutes aus der Peripherie (Arme, Beine etc.) und Abstrom vergleichsweise warmen Blutes aus dem Kern. Wird im negativen Sinne begünstigt durch falsche Lagerung beim und nach dem Retten und falsche Wiedererwärmung

Afterfall
Kreislaufkollaps durch Blutdruckabfall beim und nach dem Retten. Begünstigt durch falsche Lagerung und falsche Wiedererwärmung, Blut sackt in die erwärmte Peripherie

Literatur:

[1] DIERICH O. In: BARTMANN H. Taucher-Handbuch. ecomed. Kap. II – 3.7

[2] EDMONDS C., LOWRY C., PENNEFATHER J. (Eds.). Diving and Subaquatic Medicine, 3rd Ed. Butterworth-Heinemann 1992

[3] BOVE A. A., DAVIS J. C. (Eds.). Diving medicine 2nd Ed. Saunders 1990

[4] BENNETT P., ELLIOTT D. (Eds.). The physiology and medicine of diving, 4th ed. Saunders 1993

[5] HANAINIA N. A. et al. Accidental hypothermia. Critical Care Clinics 1999; 15 (2): 235–249

[6] JOLLY B. T. et al. Accidental hypothermia. Emergency Medicine Clinics of North America 1992; 10 (2): 311–327

[7] DANZL D., POZOS R. S. Accidental hypothermia. New England Journal of Medicine 1994; 331 (26): 1756–1760

[8] LARACH M. G. Accidental hypothermia. Lancet 1995; 345: 493–498

[9] LLOYD E. L. Accidental hypothermia. Resuscitation. 1996; 32: 111–124

[10] ANTRETTER H., DAOUNT O. E. Therapie der akzidentellen Hypothermie. DMW 1997; 122: 373–377

[11] EHM (Hrsg.). Tauchen – noch sicherer 7. Auflage. Müller-Rüschlikon 1996

Algorithmus Hypothermiebehandlung
(nach AHA 1998)

bei allen Patienten:
- nasse Kleidung vorsichtig entfernen
- heftige Bewegungen und Manipulationen vermeiden
- Patient vor weiteren Wärmeverlusten und Zugluft schützen (Decken, isolierende Materialien)
- Patient in der Waagerechten lagern
- Überwachung der Körper(kern)temperatur
- EKG-Überwachung wenn möglich (möglicherweise Nadelelektroden erforderlich)

↓

Überprüfung von Vigilanz, Ansprechbarkeit, Atmung und Puls

Puls und Atmung vorhanden →

Wie ist die Körperkerntemperatur?

34 °C–36 °C (milde Hypothermie):
- passive Wiedererwärmung
- aktive externe Wiedererwärmung

30 °C–34 °C (mäßige Hypothermie):
- passive Wiedererwärmung
- aktive externe Wiedererwärmung nur im Körperstamm-Bereich

Puls und Atmung **nicht** vorhanden →

- umgehend mit CPR beginnen
- bei Kammerflimmern/-flattern bis 3 Defibrillationsversuche (mit 200 J, 300 J, 360 J)
- Intubation und Beatmung mit erwärmtem, angefeuchtetem Sauerstoff
- Infusionstherapie mit erwärmten Infusionslösungen

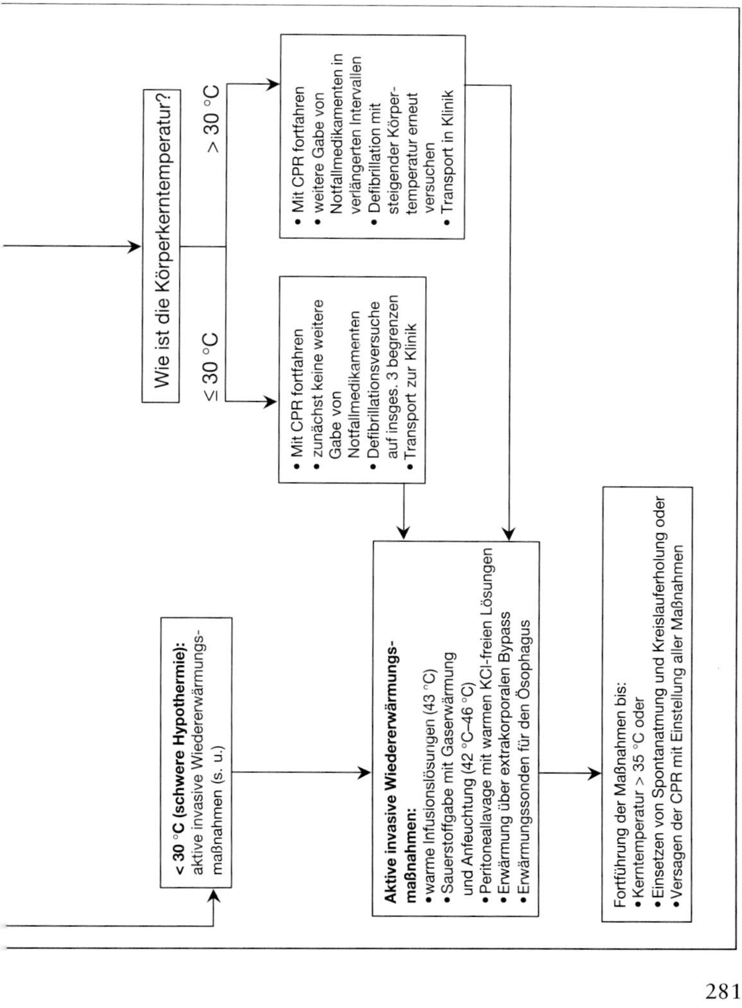
Wie ist die Körperkerntemperatur?
≤ 30 °C
> 30 °C
• Mit CPR fortfahren
• zunächst keine weitere Gabe von Notfallmedikamenten
• Defibrillationsversuche auf insges. 3 begrenzen
• Transport zur Klinik
• Mit CPR fortfahren
• weitere Gabe von Notfallmedikamenten in verlängerten Intervallen
• Defibrillation mit steigender Körpertemperatur erneut versuchen
• Transport in Klinik
< 30 °C (schwere Hypothermie): aktive invasive Wiedererwärmungsmaßnahmen (s. u.)
Aktive invasive Wiedererwärmungsmaßnahmen:
• warme Infusionslösungen (43 °C)
• Sauerstoffgabe mit Gaserwärmung und Anfeuchtung (42 °C–46 °C)
• Peritoneallavage mit warmen KCl-freien Lösungen
• Erwärmung über extrakorporalen Bypass
• Erwärmungssonden für den Ösophagus
Fortführung der Maßnahmen bis:
• Kerntemperatur > 35 °C oder
• Einsetzen von Spontanatmung und Kreislauferholung oder
• Versagen der CPR mit Einstellung aller Maßnahmen

IV – 3.5.4.33
Vergiftungen durch Lebensmittel

Lebensmittelvergiftungen können überall vorkommen, auch in Mitteleuropa.
Hier sind es vor allem Mikroorganismen (z. B. Salmonellen), die zu einer Lebensmittelvergiftung führen.
Die Symptomatik beeinhaltet vor allem Brechdurchfälle und Krämpfe von Magen und Darm.
Die Betroffenen sollten bei minderschweren Fällen den Hausarzt aufsuchen, bei schweren Fällen mit massiven Flüssigkeitsverlusten, Kreislaufbeschwerden und Elektrolytstörungen den Rettungsdienst alarmieren und ins Krankenhaus eingewiesen werden.
Eine spezifische Notfalltherapie erfolgt nicht.

Für Taucher von Besonderheit sind Tauchurlaube in tropischen Tauchgebieten und warmen Ländern, u. U. mit geringeren Hygienestandards als in Mitteleuropa.
Eine adäquate Organisation des Rettungsdienstes ist in diesen Ländern häufig nicht gegeben, so dass die konsequente Beibehaltung der Therapieschemata dieses Kapitels nicht immer möglich ist.

IV – 3.5.4.33a
Reisedurchfall

- Auftreten meist in der ersten Reisewoche
- mehrere breiige, ungeformte Stühle/24 h
- kolikartige Schmerzen
- evtl. Erbrechen
- Gefühl des „Krank-Seins“
- Gliederschmerzen

- mangelhafte Hygienestandards des Gastlandes
- sorgloser Umgang mit Lebensmitteln
- Genuss von nicht abgepacktem Wasser oder von Eiswürfeln aus nicht abgepacktem Wasser

wichtigste Maßnahme: Vorbeugung!

- nur gekochte und/oder geschälte Nahrungsmittel
- Getränke nur verpackt (nur aus unbeschädigter Verpackung)
- keine Eiswürfel, wenn nicht sicher aus abgekochtem oder hygienisch einwandfreiem Wasser!

bei minderschweren Fällen:

- Diät
- erhöhte Flüssigkeitszufuhr (Fruchtsäfte, gesüßtes Mineralwasser)

mittelschwere Durchfälle:

- Diät
- erhöhte Flüssigkeitszufuhr (Elektrolytlösungen, z. B. Elotrans®)
- Tauchverbot
- ggf. Mittel zur Motilitätshemmung des Darmes (z. B. Imodium®; Achtung! Ändert nichts an der Ursache!)
- ggf. nach Heimkehr Kontrolle beim Hausarzt

in schweren Fällen:

- wie oben,
- zusätzlich Arzt aufsuchen (vor Reisebeginn über deutschsprachige Ärzte informieren, Auslandskrankenversicherung abschließen)

- entfällt

- entfällt

- entfällt

Literatur:

[1] Müller-Sacks. Ärztlicher Ratgeber für Auslandsaufenthalte, 3. Auflage. Springer 1999

[2] Horn, Oberdoerster, Opitz. Gesundheitstaschenbuch für die warmen Länder. Verlag Volk und Gesundheit 1987

IV – 3.5.4.33b
Muschelvergiftungen (shellfish poisoning)

Es werden drei Formen unterschieden:

IV – 3.5.4.33b.1
Paralytische Muschelvergiftungen (paralytic shellfish poisoning, PSP)

kurze Zeit nach Verzehr erste Symptome:

- Kribbeln und Brennen der Zunge
- Ausbreitung zunächst über Lippen auf das Gesicht
- langsam fortschreitend auch auf Hals, Arme, Beine und Füße
- Taubheitsgefühl (länger anhaltend)
- Schwäche
- Lähmungserscheinungen
- Schluck- und Atembeschwerden
- unbehandelt Tod durch Atemlähmung
- evtl. auch Magen-Darm-Beschwerden
- Symptommaximum nach ca. 12 Stunden

- Auftreten in allen Weltteilen möglich, auch bei Nordsee-Muscheln!
- Muscheln sind Planktonfiltrierer – Aufnahme giftiger Planktonteilchen (Panzeralgen, Dinoflagellaten) und Anreicherung ihrer Gifte
- Hauptgift: Saxitoxin
- Angriffspunkt im Körper: alle erregbaren Membranen, hier Erregungshemmung

bei ersten Anzeichen:

- Erbrechen provozieren
- Arzt/Krankenhaus aufsuchen
- ggf. HLW-Maßnahmen

- entfällt

- entfällt

- kein spezifisches Gegengift vorrätig!
- Magenspülung
- Instillation von Aktivkohle
- Hospitalisierung und Beobachtung für mind. 24 Stunden
- bei Atemlähmung: Intubation und Beatmung
- bei *anaphylaktoidem Schock:* siehe *IV – 3.5.5.1*

Literatur:

[1] MEBS. Gifttiere. Wissenschaftliche Verlagsgesellschaft 1992
[2] EDMONDS. Dangerous Marine Creatures. Best Publishers 1995

IV – 3.5.4.33b.2
Neurotoxische Muschelvergiftungen (neurotoxic shellfish poisoning, NSP)

kurze Zeit nach Verzehr erste Symptome:
- Kribbeln und Brennen der Zunge
- Ausbreitung zunächst über Lippen auf das Gesicht
- langsam fortschreitend auch auf Hals, Arme, Beine und Füße
- Taubheitsgefühl (länger anhaltend)
- also ähnlich der paralytischen Form, nur weniger dramatisch

- Auftreten in allen Weltteilen möglich, auch bei Nordsee-Muscheln!
- Muscheln sind Planktonfiltrierer – Aufnahme giftiger Planktonteilchen (Panzeralgen, Dinoflagellaten) und Anreicherung ihrer Gifte
- Hauptgift: Brevetoxine
- Angriffspunkt im Körper: alle erregbare Membranen, hier Hyperaktivierung

bei ersten Anzeichen:
- Erbrechen provozieren
- Arzt/Krankenhaus aufsuchen
- ggf. HLW-Maßnahmen

- entfällt

- entfällt

- kein spezifisches Gegengift vorrätig!
- Magenspülung
- Instillation von Aktivkohle
- Hospitalisierung und Beobachtung für mind. 24 Stunden

- bei Atemlähmung: Intubation und Beatmung
- bei *anaphylaktoidem Schock:* siehe *IV – 3.5.5.1*

Literatur:

[1] MEBS. Gifttiere. Wissenschaftliche Verlagsgesellschaft 1992
[2] EDMONDS. Dangerous Marine Creatures. Best Publishers 1995

IV – 3.5.4.33b.3
Muschelvergiftung – gastro-enterale Form (Magen-Darm-Symptomatik)

Auftreten meist nach ca. 6 Stunden und mehr:
- Übelkeit
- Erbrechen
- Magen-Darm-Krämpfe
- heftiger Durchfall (bis zu 20 Stuhlentleerungen/Tag)

- Auftreten vorwiegend in gemäßigten Breiten, nicht in tropischen Ländern
- Muscheln sind Planktonfiltrierer – Aufnahme giftiger Planktonteilchen (hier: Dinoflagellaten) und Anreicherung ihrer Gifte

- Hauptgift: Okadasäure, Pectenotoxin, Yessotoxin
- Angriffspunkt im Körper: nicht bekannt

- bei Auftreten der Symptome erst nach Stunden: Erbrechen provozieren wirkungslos
- Arzt/Krankenhaus aufsuchen
- Therapie wie bei starkem Reisedurchfall:
- Diät

- erhöhte Flüssigkeitszufuhr (Elektrolytlösungen, z. B. Elotrans®)

- entfällt

- entfällt

- kein spezifisches Gegengift vorrätig!
- Flüssigkeits- und Elektrolytausgleich
- bei *anaphylaktoidem Schock:* siehe *IV – 3.5.5.1*

Literatur:

[1] MEBS. Gifttiere. Wissenschaftliche Verlagsgesellschaft 1992
[2] EDMONDS. Dangerous Marine Creatures. Best Publishers 1995

IV – 3.5.4.33c
Fischvergiftungen (fish poisoning)

Es werden im Wesentlichen drei Formen unterschieden:

IV – 3.5.4.33c.1
Vergiftungen durch tetrodotoxische Fische

kurze Zeit nach Verzehr erste Symptome:
- Kribbeln und Brennen der Zunge
- Ausbreitung zunächst über Lippen auf das Gesicht
- langsam fortschreitend auch auf Hals, Arme, Beine und Füße
- Taubheitsgefühl (länger anhaltend)
- Schwäche
- Lähmungserscheinungen
- Schluck- und Atembeschwerden
- unbehandelt Tod durch Atemlähmung
- evtl. auch Magen-Darm-Beschwerden

- Tetrodotoxische Fische: enthalten von Natur aus Gift in ihren Körpergeweben bzw. in bestimmten Organen. Das sind:
  - Kugelfische (Fugu)

– Igelfische
– Mondfische

Hauptgrund für Vergiftung: unsachgemäße Zubereitung als Speisefisch

- Hauptgift: Tetrodotoxin (TTX)
- Angriffspunkt im Körper: alle erregbaren Membranen
- hier Erregungshemmung der Signalübertragung zwischen Nerven, bzw. Nerven und Muskel

bei ersten Anzeichen:

- Erbrechen provozieren
- Arzt/Krankenhaus aufsuchen
- bei fortgeschrittenen Symptomen: kein Erbrechen mehr, da Aspirationsgefahr!
- bei Atemlähmung: Atemspende
- ggf. HLW-Maßnahmen

- entfällt

- entfällt

- kein spezifisches Gegengift vorrätig!
- Magenspülung
- Instillation von Aktivkohle
- Hospitalisierung und Beobachtung für mind. 24 Stunden
- bei Atemlähmung: Intubation und Beatmung
- bei *anaphylaktoidem Schock:* siehe *IV – 3.5.5.1*

Literatur:

[1] MEBS. Gifttiere. Wissenschaftliche Verlagsgesellschaft 1992
[2] EDMONDS. Dangerous Marine Creatures. Best Publishers 1995

IV – 3.5.4.33c.2
Vergiftungen durch ciguatoxische Fische (Ciguatera)

kurze Zeit nach Verzehr erste Symptome:
- Magen-Darm-Beschwerden mit
- Erbrechen, Durchfall, Bauchkrämpfen
- metallener Geschmack im Mund
- Kribbeln und Brennen der Zunge
- Ausbreitung zunächst über Lippen auf das Gesicht
- langsam fortschreitend auch auf Hals, Arme, Beine und Füße
- Taubheitsgefühl (länger anhaltend)
- Schwäche
- Lähmungserscheinungen
- **Wichtig!** Umkehrung des Warm-Kalt-Empfindens
- Juckreiz an den Handinnenflächen und Fußsohlen
- Muskel- und Gelenkschmerzen
- Schwächegefühl
- Bewusstlosigkeit

- weltweites Auftreten, vorwiegend in den Tropen
- hier streng regionales Auftreten möglich
- sporadisches Auftreten durch ansonsten normale Speisefische
- Fische an sich ungiftig, Giftaufnahme durch Fressen bei Pflanzenfressern bzw. durch Fressen betroffener Beutefische durch Raubfische
- Giftproduzent: Dinoflagellaten
- Hauptgift: Ciguatoxin
- Angriffspunkt im Körper: alle erregbaren Membranen,
- hier Übererregbarkeit der Nervenzellen, Dauererregung

Vorbeugung kaum möglich, außer durch konsequentes Meiden von Fisch als Speise, vor allem aber Fischinnereien.

bei ersten Anzeichen:
- Erbrechen provozieren
- keinen Alkohol trinken
- Arzt/Krankenhaus aufsuchen
- ggf. HLW-Maßnahmen

- entfällt

- entfällt

- kein spezifisches Gegengift vorrätig!
- Magenspülung
- Instillation von Aktivkohle
- Hospitalisierung und Beobachtung für mind. 24 Stunden, zusätzlich:
- möglicherweise Mannit-Infusionen 1g/kg KG/45 min

(in Fallbeschreibungen Besserung beschrieben, Achtung: allergische Reaktionen auf Mannit möglich. Mit Promit vorbehandeln)

- bei Atemlähmung: Intubation und Beatmung
- bei *anaphylaktoidem Schock:* siehe *IV – 3.5.5.1*

Literatur:

[1] MEBS. Gifttiere. Wissenschaftliche Verlagsgesellschaft 1992

[2] EDMONDS. Dangerous Marine Creatures. Best Publishers 1995

IV – 3.5.4.33c.3
Vergiftungen durch scombrotoxische Fische (Scombrotoxismus, scombroid fish poisoning)

- wie allergische Reaktion:
- Rötung der Haut
- fleckige Verfärbung wie Hautausschlag
- roter Kopf
- geschwollenes Aussehen
- Schweißausbruch
- Übelkeit, Erbrechen, Durchfall sind häufig, aber nicht zwingend

- Vergiftung durch Verzehr bestimmter Fischarten, vor allem in Form von Fischkonserven, die unsachgemäß gelagert wurden,
- aber auch bei unsachgemäß gelagertem Frischfisch

- Betroffen vor allem: Makrelen, Heringe, Tunfisch, Sardinen und Sardellen
- durch bakterielle Kontamination bestimmter Bakterien Produktion von Histamin
- dadurch allergoide Symptomatik

- Möglichst nur frischen Fisch essen, der adäquat gelagert wurde
- bei Konserven auf Beschädigungen achten

- keine spezifischen Maßnahmen
- bei schweren Verläufen Arzt aufsuchen

- entfällt

- entfällt

- spezifisches Antidot: Antihistaminika
- daher: Gabe von Antihistaminika i. v., in leichteren Fällen auch oral

- bei Atemlähmung: Intubation und Beatmung
- bei *anaphylaktoidem Schock:* siehe *IV – 3.5.5.1*

Literatur:

[1] MEBS. Gifttiere. Wissenschaftliche Verlagsgesellschaft 1992
[2] EDMONDS. Dangerous Marine Creatures. Best Publishers 1995

IV – 3.5.4.34
Verletzungen durch Meerestiere

Verletzungen durch Meerestiere sind bei adäquatem Verhalten des Tauchers seltene Ereignisse.
Fast nie kommt es selbst durch als extrem gefährlich geltende Tiere, wie z. B. Haie, unmotiviert zu Angriffen.
Die meisten Schädigungen sind daher fast immer durch provozierendes Verhalten (bewusst oder unbewusst) des Tauchers selbst verschuldet.
Eine Ausnahme stellen Nesselungen durch Quallen dar, da diese oft meterlange, kaum sichtbare Tentakeln besitzen, in die selbst achtsame Taucher hineingeraten können.
Auch hier ist wieder in unterschiedliche Schädigungsmechanismen zu unterteilen.
Da bei allen Verletzungen zu dem eigentlichen Mechanismus auch immer eine Infektion der Wunde, und vor allem bei Stichverletzungen auch ein Wundstarrkrampf auftreten kann, empfiehlt sich grundsätzlich bei Auslandsreisen

- Überprüfung des Tetanus-Schutzes durch den Hausarzt
- ggf. Auffrischimpfung

IV – 3.5.4.34a
Verletzungen durch Meerestiere – Bissverletzungen

- blutende Wunde
- evtl. stark blutend, Arterienverletzung
- evtl. Schockreaktion

- Bissverletzungen können auftreten besonders durch Attacken von
- Haien
- Drückerfischen
- Muränen
- Barrakudas (selten)

u. a. m.

Attacken erfolgen fast nie unprovoziert, wobei die Provokation dem Taucher nicht immer bewusst sein muss (z. B. Eindringen in das Revier eines Drückerfisches mit Gelege)

- bei Arterienverletzung: Schlagader abdrücken
- rasches Retten
- Wundverband
- ggf. Schocklagerung
- rasch ärztliche Versorgung veranlassen

- entfällt

- entfällt

- chirurgische Wundversorgung
- ggf. Tetanusprophylaxe
- ggf. Schocktherapie
- Achtung! Entzündliche und allergische Reaktionen möglich!

Literatur:

[1] Mebs. Gifttiere. Wissenschaftliche Verlagsgesellschaft 1992

[2] Edmonds. Dangerous Marine Creatures. Best Publishers 1995

[3] Mebs. Gifte im Riff. Wissenschaftliche Verlagsgesellschaft 1989

[4] Halstead. Poisonous and Venomous Marine Animals of the world 2nd Ed. Darwin Press 1988

[5] De Cort et al. Gefährliche Meerestiere. Jahr Verlag 1981

[6] Junghanss, Bodio. Notfall-Handbuch Gifttiere. Thieme 1996

[7] Auerbach P. S. A medical guide to hazardous marine life. Best Publishers 1997

[8] Eichler. Gefährliche Meerestiere erkennen. BLV-Verlag 1998

IV – 3.5.4.34b
Verletzungen durch Meerestiere – Schnittverletzungen

- blutende Wunde
- evtl. stark blutend, Arterienverletzung
- evtl. Schockreaktion

- Schnittverletzungen können auftreten besonders durch Attacken oder Abwehrreaktionen von Doktorfischen, aber auch durch Schläge mit dem Schwanz von Rochen
- Doktorfische verfügen am Schwanzende beidseits über einen oder mehrere messerscharfe Knochensporne, die sowohl ständig abstehen als auch bei einigen Arten zur Verteidigung ausgeklappt werden können

- bei Arterienverletzung: Schlagader abdrücken
- rasches Retten
- Wundverband
- ggf. Schocklagerung
- rasch ärztliche Versorgung veranlassen

- entfällt

- entfällt

- chirurgische Wundversorgung
- ggf. Tetanusprophylaxe
- ggf. Schocktherapie
- Achtung! Entzündliche und allergische Reaktionen möglich!

Literatur:

[1] MEBS. Gifttiere. Wissenschaftliche Verlagsgesellschaft 1992
[2] EDMONDS. Dangerous Marine Creatures. Best Publishers 1995
[3] MEBS. Gifte im Riff. Wissenschaftliche Verlagsgesellschaft 1989
[4] HALSTEAD. Poisonous and Venomous Marine Animals of the world 2nd Ed. Darwin Press 1988
[5] DE CORT et al. Gefährliche Meerestiere. Jahr Verlag 1981
[6] JUNGHANSS, BODIO. Notfall-Handbuch Gifttiere. Thieme 1996
[7] AUERBACH P. S. A medical guide to hazardous marine life. Best Publishers 1997
[8] EICHLER. Gefährliche Meerestiere erkennen. BLV-Verlag 1998

IV – 3.5.4.34c
Verletzungen durch Meerestiere – Vergiftungen

Kein einheitliches Erscheinungsbild, daher Untergliederung notwendig

IV – 3.5.4.34c.1
Verletzungen durch Meerestiere – Nesselgifte

Hinweis: Symptomatik kann von mild bis lebensbedrohlich reichen. Erneut Untergliederung, zunächst die eher harmlosen Nesselungen

- Hautkontakt mit Nesselkapseln bewirkt sofortigen Schmerz
- Hautrötung
- Schwellung
- Quaddelbildung
- evtl. allergische Reaktion

- Nesseltiere (bestimmte Korallen-, Polypen- und Quallenarten, Seeanemonen) verfügen über Nesselkapseln (Nematocysten), die bei Berührung aufplatzen und Eiweißgifte abgeben
- Struktur der Gifte nicht letztendlich geklärt
- Wirkungsweise ebenfalls nicht im Detail bekannt, Gifte haben aber hämolytische und nekrotisierende Eigenschaften, d. h. führen zum Absterben von Zellen und Geweben

- Achtung! Ausnahmen beachten!

milde Formen der Nesselvergiftung:

- Abwaschen der betroffenen Hautregionen mit **Seewasser**
- auf keinen Fall Süßwasser oder Alkohol benutzen
- bei Nutzung von Zitronensaft: in Kombination mit starker Sonneneinstrahlung allergische Hautreaktionen möglich, Anwendung daher nicht empfohlen!
- ggf. Auftragen von Antihistaminika-Gels (z. B. Fenistil® Gel oder kortisonhaltigen Salben, nicht immer wirksam!)
- bei allergischer Reaktion: Arzt aufsuchen, ggf. HLW

- entfällt

- entfällt

- keine spezifische Therapie
- ggf. Analgetika-Gabe
- Antihistaminika und Kortikosteroide in Salben- oder Gelform häufig ohne Effekt
- evtl. Linderung durch Gels mit Lokalanästhetika
- Sonderfall: → *Anaphylaktoider Schock (IV – 3.5.5.1)*

Literatur:

[1] MEBS. Gifttiere. Wissenschaftliche Verlagsgesellschaft 1992
[2] EDMONDS. Dangerous Marine Creatures. Best Publishers 1995
[3] MEBS. Gifte im Riff. Wissenschaftliche Verlagsgesellschaft 1989
[4] HALSTEAD. Poisonous and Venomous Marine Animals of the world 2nd Ed. Darwin Press 1988
[5] DE CORT et al. Gefährliche Meerestiere. Jahr Verlag 1981
[6] JUNGHANSS, BODIO. Notfall-Handbuch Gifttiere. Thieme 1996
[7] AUERBACH P. S. A medical guide to hazardous marine life. Best Publishers 1997
[8] EICHLER. Gefährliche Meerestiere erkennen. BLV-Verlag 1998
[9] DIERICH O. In: BARTMANN H. Taucher-Handbuch. ecomed. Kap. II – 3.8

IV – 3.5.4.34c.1.1

Verletzungen durch Meerestiere – Nesselung durch Portugiesische Galeere (Physalia physalis, *engl.* Portuguese man-of-war) und durch Würfelqualle/Seewespe (Chironex fleckeri, engl.: sea wasp, box jellyfish)

- Hautkontakt mit Nesselkapseln bewirkt sofortigen extrem starken Schmerz
- wenn größere Hautareale betroffen: Schmerz unerträglich
- Hautrötung
- Schwellung
- Quaddelbildung
- schwere Vergiftungssymptomatik mit Hämolyse und Nierenversagen

- Übelkeit, Erbrechen
- Kreislaufschwäche bis zum Kreislaufversagen
- Bewusstseinsstörung
- evtl. allergische Reaktion (selten)

- Nesselkapseln (Nematocysten), die bei Berührung aufplatzen und Eiweißgifte abgeben
- Struktur der Gifte nicht letztendlich geklärt
- Wirkungsweise ebenfalls nicht im Detail bekannt, Gifte haben aber hämolytische und nekrotisierende Eigenschaften, d. h. führen zum Absterben von Zellen und Geweben
- Freisetzung von Histamin und gewebsverdauenden Enzymen

- umgehend Wasser verlassen bzw. Betroffenen retten
- beruhigen, starke Bewegungen vermeiden
- Überwachung von Atmung, Herz und Kreislauf
- ggf. HLW
- auf der Haut verbliebene Nesselkapseln entfernen:
- am besten mit Haushaltsessig (5%ige Essigsäure)
- wenn nicht vorhanden: Abwaschen der betroffenen Hautregionen mit Seewasser
- auf keinen Fall Süßwasser oder Alkohol benutzen
  ggf. Hautregionen mit Sand bestreuen, antrocknen lassen, dann vorsichtig mit Messerrücken abschaben
- Transport zur ärztlichen Versorgung

- entfällt

- entfällt

- keine spezifische Therapie bei Portugiesischer Galeere
- für Würfelquallen-Nesselung gibt es ein spezifisches Antiserum
- Analgetika-Gabe
- evtl. Linderung durch Gels mit Lokalanästhetika

- Antihistaminika und Kortikosteroide in Salben- oder Gelform häufig ohne Effekt
- ebenso Anwendung von heißem Wasser, daher unterlassen!
- bei ausgedehnter Vernesselung: mit plötzlichem Atemstillstand rechnen!
- ggf. HLW
- Sonderfall: → *Anaphylaktoider Schock (IV – 3.5.5.1)*

Literatur:

[1] Mebs. Gifttiere. Wissenschaftliche Verlagsgesellschaft 1992
[2] Edmonds. Dangerous Marine Creatures. Best Publishers 1995
[3] Mebs. Gifte im Riff. Wissenschaftliche Verlagsgesellschaft 1989
[4] Halstead. Poisonous and Venomous Marine Animals of the World 2nd Ed. Darwin Press 1988
[5] De Cort et al. Gefährliche Meerestiere. Jahr Verlag 1981
[6] Junghanss, Bodio. Notfall-Handbuch Gifttiere. Thieme 1996
[7] Auerbach P. S. A medical guide to hazardous marine life. Best Publishers 1997
[8] Eichler. Gefährliche Meerestiere erkennen. BLV-Verlag 1998
[9] Dierich O. In: Bartmann H. Taucher-Handbuch. ecomed. Kap. II – 3.8

IV – 3.5.4.34c.2
Verletzungen durch Meerestiere – Vergiftungen durch Petermännchen, Himmelsgucker und Skorpionsfische

Hinweis: Symptomatik kann von mild bis lebensbedrohlich reichen. Besonders gefährlich: Steinfischvergiftung

- Stichverletzung:
- Schmerz (je nach Art unterschiedlich stark)
- Ödementwicklung an der betroffenen Stelle
- Übelkeit
- Schweißausbruch, Blässe
- Schwächegefühl
- allergische Reaktionen

- Gifteinsatz zur Verteidigung. Flossenstrahlen des Rückens, u. U. auch der Bauch- und Afterflossen (Drachenkopf, Feuerfische, Steinfisch) mit Giftdrüsen versehen
- Fische liegen regungslos und gut getarnt im Riff oder halb bedeckt im Sand
- unabsichtliches Darauftreten oder -knien führt zum Stich und zum Gifteintritt
- Gift: komplexes Eiweiß, führt zu Gewebsnekrosen

Achtung! Keine Anwendung von heißem Wasser oder brennenden Zigaretten! Obgleich häufig empfohlen, ohne ausreichende Wirkung, stattdessen zusätzliche Gewebsschädigung durch Verbrühen!

Petermännchen, Himmelsgucker, Drachenkopf:

- keine spezifischen Maßnahmen
- Schmerzmedikamente

Steinfisch:

- rasches Retten des Verunfallten aus dem Wasser
- schnellstmöglich Arzt aufsuchen
- bei allergischer Reaktion: immer Arzt aufsuchen, ggf. HLW

- entfällt

- entfällt

Petermännchen, Himmelsgucker, Drachenkopf:

- keine spezifische Therapie
- Analgetika-Gabe
- ggf. Benzodiazepine bei stark erregten Patienten
- Tetanusschutz kontrollieren, ggf. Auffrischimpfung
- ggf. Wundreinigung

Steinfisch:

- lokale Infiltration der Stichstelle mit Lokalanästhetika

- in schweren Fällen, bei Kindern (und wenn verfügbar): spezifisches Antiserum (bei 1–2 Stichen 1 Ampulle, bei 3–4 Stichen 2 Ampullen, bei 5–6 Stichen 3 Ampullen, jeweils auf 100 ml Kochsalzlösung als Kurzinfusion)
- Analgetika-Gabe
- ggf. Benzodiazepin-Gabe bei stark erregten Patienten
- Tetanusschutz kontrollieren, ggf. Auffrischimpfung
- ggf. Wundreinigung
- Sonderfall: → *Anaphylaktoider Schock (IV – 3.5.5.1)*

Literatur:

[1] MEBS. Gifttiere. Wissenschaftliche Verlagsgesellschaft 1992
[2] EDMONDS. Dangerous Marine Creatures. Best Publishers 1995
[3] MEBS. Gifte im Riff. Wissenschaftliche Verlagsgesellschaft 1989
[4] HALSTEAD. Poisonous and Venomous Marine Animals of the world 2nd Ed. Darwin Press 1988
[5] DE CORT et al. Gefährliche Meerestiere. Jahr Verlag 1981
[6] JUNGHANSS, BODIO. Notfall-Handbuch Gifttiere. Thieme 1996
[7] AUERBACH P. S. A medical guide to hazardous marine life. Best Publishers 1997
[8] EICHLER. Gefährliche Meerestiere erkennen. BLV-Verlag 1998
[9] DIERICH O. In: BARTMANN H. Taucher-Handbuch. ecomed. Kap. II – 3.8

IV – 3.5.4.34c.3
Verletzungen durch Meerestiere – Kegelschnecken

- Schmerz
- nach ca. 30 min Gefühllosigkeit der Einstichstelle
- Taubheitsgefühl von betroffener Region auf ganze Körperteile ausdehnend
- Muskellähmung mit:
  - Muskelschwäche
  - unkoordinierten Bewegungen
  - Schluckbeschwerden

- verwaschener Sprache
- Atemnot
- in schweren Fällen: Bewusstlosigkeit
- Tod durch Atemlähmung

- Anfassen lebender Kegelschnecken
- Gifteinsatz bei Berührung durch Giftpfeile
- Gift: Eiweißgift, bestehend aus 3 neurotoxischen Toxinen

- Beruhigen des Patienten
- engmaschig überwachen
- Kontrolle von Puls und Atmung
- ggf. Atemspende/HLW
- schnellstmöglich ärztliche Versorgung
- wenn möglich: Schnecke unter größter Vorsicht (Selbstschutz! Schnecke kann weiter stechen!) zur Identifizierung mitnehmen

- entfällt

- entfällt

- keine spezifische Therapie
- Analgetika-Gabe
- ggf. Benzodiazepine bei stark erregten Patienten
- bei Atemlähmung: Intubation und Beatmung, bis Giftwirkung abgeklungen
- Sonderfall: → *Anaphylaktoider Schock (IV – 3.5.5.1)*

Literatur:

[1] Mebs. Gifttiere. Wissenschaftliche Verlagsgesellschaft 1992
[2] Edmonds. Dangerous Marine Creatures. Best Publishers 1995
[3] Mebs. Gifte im Riff. Wissenschaftliche Verlagsgesellschaft 1989
[4] Halstead. Poisonous and Venomous Marine Animals of the world 2nd Ed. Darwin Press 1988
[5] De Cort et al. Gefährliche Meerestiere. Jahr Verlag 1981

[6] JUNGHANSS, BODIO. Notfall-Handbuch Gifttiere. Thieme 1996
[7] AUERBACH P. S. A medical guide to hazardous marine life. Best Publishers 1997
[8] EICHLER. Gefährliche Meerestiere erkennen. BLV-Verlag 1998
[9] DIERICH O. In: BARTMANN H. Taucher-Handbuch. ecomed. Kap. II – 3.8

IV – 3.5.4.34c.4
Verletzungen durch Meerestiere – Blauring-Oktopus

- Kribbeln und Brennen der Zunge
- Ausbreitung zunächst über Lippen auf das Gesicht
- langsam fortschreitend auch auf Hals, Arme, Beine und Füße
- Taubheitsgefühl (länger anhaltend)
- Schwäche
- Lähmungserscheinungen
- Schluck- und Atembeschwerden
- unbehandelt Tod durch Atemlähmung

- Anfassen und unvorsichtiges Hantieren mit lebendem Oktopus
- dieser beißt bei Erregung
- Biss bleibt häufig unbemerkt
  Gift: Tetrodotoxin
- Angriffspunkt im Körper: alle erregbaren Membranen,
- hier Erregungshemmung der Signalübertragung zwischen Nerven, bzw. Nerven und Muskel

- Beruhigen des Patienten
- engmaschig überwachen
- Kontrolle von Puls und Atmung
- ggf. Atemspende/HLW
- schnellstmöglich ärztliche Versorgung

- entfällt

- entfällt

- keine spezifische Therapie
- Analgetika-Gabe
- ggf. Benzodiazepine bei stark erregten Patienten
- bei Atemlähmung: Intubation und Beatmung, bis Giftwirkung abgeklungen
- bei ausgeprägten Kreislaufreaktionen: Schocktherapie
- Sonderfall: → *Anaphylaktoider Schock (IV – 3.5.5.1)*

Literatur:

[1] MEBS. Gifttiere. Wissenschaftliche Verlagsgesellschaft 1992
[2] EDMONDS. Dangerous Marine Creatures. Best Publishers 1995
[3] MEBS. Gifte im Riff. Wissenschaftliche Verlagsgesellschaft 1989
[4] HALSTEAD. Poisonous and Venomous Marine Animals of the world 2nd Ed. Darwin Press 1988
[5] DE CORT et al. Gefährliche Meerestiere. Jahr Verlag 1981
[6] JUNGHANSS, BODIO. Notfall-Handbuch Gifttiere. Thieme 1996
[7] AUERBACH P. S. A medical guide to hazardous marine life. Best Publishers 1997
[8] EICHLER. Gefährliche Meerestiere erkennen. BLV-Verlag 1998
[9] DIERICH O. In: BARTMANN H. Taucher-Handbuch. ecomed. Kap. II – 3.8

IV – 3.5.4.35
Zerebrale arterielle Gasembolie (CAGE)

Auftreten der Symptome sehr rasch (i.d.R. innerhalb von ca. 15 Minuten) nach Ereignis.

- Benommenheit, Schwindel
- Verwirrtheit, Desorientiertheit
- Sprach- und/oder Sehstörungen

Nervenausfälle unterschiedlicher Ausprägung:
- von leichten Empfindungsstörungen über
- hängendes Augenlid und/oder Mundwinkel
- Schwächegefühl und Taubheit in einzelnen Gliedmaßen bis zur
- kompletten Halbseitenlähmung
- Bewusstlosigkeit
- bei Mitbeteiligung des Atemzentrums: Blutdruckabfall, Atemstörungen, Herzstillstand
- Pupillenasymmetrie möglich: einseitig weite Pupille

Übertritt von Gasblasen in die arterielle Strombahn beim Tauchen durch:
- Überblähung der Lunge und Einreißen von Lungengewebe
- Paradoxe Embolie durch
  a) Übertritt von venös (z. B. bei der Dekompression) entstandenen Gasblasen über die Lungengefäße. Normalerweise gute Filterfunktion der Lungenkapillaren für Gasbläschen, bei Überschreitung einer kritischen Menge Übertritt von Gas möglich
  b) Übertritt von venös entstandenen Gasblasen über eine Öffnung der Scheidewand zwischen den Herzvorhöfen, nämlich ein entweder dauernd offenes oder auch nur funktionell offenes Foramen ovale (PFO), auf die arterielle Seite

Gasblasen in den Endarterien führen zu:
- embolischen Gefäßverschlüssen, dadurch
- Versorgungsstörungen mit Sauerstoffmangel in hinter dem Verschluss gelegenen Geweben (Ischämie und Hypoxie), dann zu
- funktionellen Ausfällen, zunächst noch reversibel

- schließlich Zelluntergang und dauernde Funktionsstörung im betroffenen Gebiet

zusätzliche Folgen und Blaseneffekte:
- Aktivierung der Blutgerinnung
- Anlagerung von Blutplättchen (Thrombocyten) an die Gasblase und Blasenorganisation mit sehr stabilen Gebilden
- Entzündungsreaktion mit Schädigung der Gefäßwand und Austritt von Flüssigkeit
- Ödementwicklung mit kompressionsbedingter Versorgungsstörung auch benachbarter Gewebeareale und Ausweitung des Schadens

- Lebensgefahr!
- wenn noch im Wasser: rasches Retten, Gefahr des Ertrinkens!
- Erhaltung der Vitalfunktionen, ggf. HLW
- Lagerung flach
- normobare Sauerstoffgabe 100 %
- Gabe von Flüssigkeit, wenn bewusstseinsklar
- Rettungsdienst alarmieren, Notarztindikation, dringender Hinweis auf Druckkammer
- im Ausland: lokalen Rettungsdienst aktivieren, wenn möglich, schnellstmöglich Druckkammerbehandlung
- Tauchgangsdaten und Besonderheiten notieren, Tauchcomputer sicherstellen, dem Rettungsdienst mitgeben

- wichtigste Erstmaßnahme: Gabe von 100 % Sauerstoff normobar
- Sicherung der Vitalfunktionen, HLW, wenn nötig
- **Achtung!** Mit rasch eintretenden Verschlechterungen rechnen
- bei Gasembolie in die Hirnarterien Bewusstseinsverlust und Krampfanfälle sehr häufig
- Sicherung der Atemwege und wenn möglich Beißkeil oder Guedel-Tubus (Achtung: bei Bewusstseinstrübung und noch erhaltenem Würgereflex: Gefahr des Erbrechens und der Aspiration!)
- bei Beteiligung des Hirnstamms mit massiven Blutdruckabfällen und mit Herzstillstand rechnen
- ständige Überwachung Atmung, Puls und Blutdruckkontrolle, bis Notarzt anwesend

- wenn möglich: Venenpunktion, Infusion vorbereiten
- Tauchgangsdaten und Unfallhergang von Tauchpartner mitteilen lassen
- Tauchcomputer sicherstellen und beim Verunfallten lassen

- Beutelbeatmung mit 100 % Sauerstoff, wenn ateminsuffizient
- Volumenzufuhr

- Flachlagerung
- i.v.-Zugang schaffen
- Sicherung der Vitalfunktionen, ggf. kardiopulmonale Reanimation
- Beatmung mit 100 % Sauerstoff
- ggf. Intubation, wenn bewusstseinseingetrübt oder bewusstlos
- wenn kreislaufinstabil: Katecholamintherapie
  - Dopamin 6–10–15 µg/kg/min,
  - ggf. Noradrenalin 0,05–0,3 µg/kg/min bei Bedarf
- Adrenalin bei Kreislaufstillstand 1 mg i. v.
- Volumengabe (500–1000 ml/h)
- kolloidale Lösungen sind zu bevorzugen
  (Achtung! Auf Höchstmengen und allergische Reaktionen achten!)
- Normovolämie anstreben
- schnellstmöglich HBO-Therapie veranlassen
- Tauchgangsdaten, Anamnese und Tauchcomputer mit zur Druckkammer bringen

bei zerebralem Krampfanfall:
- Diazepam (Valium) bis 30 mg i. v. **oder** Clonazepam (Rivotril) bis 4 mg i. v.
- bei Versagen: Thiopental (Trapanal) 5 mg/kg KG i. v.

Achtung! Intubationsbereitschaft wegen Ateminsuffizienz, mit Blutdruckabfall rechnen

Sonstiges:
- möglichst bald Blasenkatheter, ZVK, evtl. invasive Blutdruckmessung
- bei sehr schweren Verläufen (noch nicht endgültig wissenschaftlich abgesichert):

- evtl. Lidocain 1,5 mg/kg KG als Bolus i. v. (Achtung! Höchstdosis 200 mg)

Literatur:

[1] MOON R. E. Gas Embolism. In: ORIANI G., MARRONI A., WATTEL F. (Eds.). Handbook on Hyperbaric Medicine. Springer 1996 S. 229–248

[2] MUTH C.-M. HBO-Therapie bei der Behandlung von Gasembolien In: ALMELING M., BÖHM F., WELSLAU W. (Hrsg.). Handbuch Tauch- und Hyperbarmedizin. ecomed, Kap. IV – 3.1.2

[3] MOON R. E., GORMAN D. F. Treatment of decompression disorders. In: BENNETT P., ELLIOTT D. (Eds.). The physiology and medicine of diving, 4th ed. Saunders 1993: 506–541

[4] LEITCH D. R., GREEN R. D. Pulmonary barotrauma in divers and the treatment of cerebral arterial gas embolism. Aviat Space Environ Med 1986; 57: 931–938

[5] Workshop Panel. Final summary of recommendations: Diving accident workshop 1990. In: BENNETT P. B., MOON R. E. (Eds.). Diving accident management. Undersea and Hyperbaric Medical Society, Bethesda 1990: 366–369

[6] DIERICH O. In: BARTMANN H. Taucher-Handbuch. ecomed. Kap. II – 3.3

[7] EDMONDS C., LOWRY C., PENNEFATHER J. (Eds.). Diving and Subaquatic Medicine, 3rd Ed. Butterworth-Heinemann 1992

[8] BOVE A. A., DAVIS J. C. (Eds.). Diving medicine 2nd Ed. Saunders 1990

[9] EHM (Hrsg.). Tauchen – noch sicherer 7. Auflage. Müller-Rüschlikon 1996

IV – 3.5.4.36
Zerebraler Krampfanfall (epileptiformer Anfall, generalisierter Krampfanfall)

Hinweis: Menschen mit einem bestehenden Krampfleiden sind nicht tauchtauglich. Bei Auftreten von zerebralen Krampfanfällen also immer an tauchspezifische Besonderheiten denken!

- Verlust der Muskelkontrolle, generalisierte Krämpfe
- Bewusstseinsverlust bei weit geöffneten Augen
- krampfartiges Luftanhalten
- krampfartiges Wegstrecken der Extremitäten und Hohlkreuzhaltung
- Zungenbiss

danach:
- rhythmische Kontraktionen der Muskulatur und Zuckungen
- unkontollierter Abgang von Urin und Kot

nach dem Krampf:
- kurz andauerndes Koma (wenige Minuten), dann länger anhaltendes Schlafbedürfnis

- Gefahr des → *Ertrinkens (IV – 3.5.5.14)* bei Krampf unter Wasser!

Mögliche Krampfursachen beim Tauchen:
- → *akute Sauerstoffintoxikation (IV – 3.5.5.28)*
- → *zerebrale arterielle Gasembolie (IV – 3.5.5.35)*
- Unterzuckerung (Hypoglykämie)

Krampfursache: fehlgeleitete Nervenerregungen im zentralen Nervensystem

Verhalten unter Wasser:
- Mundstück im Mund festhalten
- Betroffenen sichern
- Gefahr des → *Ertrinkens bzw. Beinahe-Ertrinkens*
- kontrolliert auftauchen (Gefahr des → *Barotraumas der Lunge, IV – 3.5.5.3*)

wenn als Folge → *Beinahe-Ertrinken* und/oder → *Barotrauma der Lunge:*
- HLW
- Gabe von Sauerstoff (**trotz** vorheriger Sauerstoffintoxikation)
- Rettungsdienst alarmieren

Verhalten an Land:
- Versuch, Betroffenen vor Verletzungen zu schützen
- Überwachen
- Rettungsdienst alarmieren

wenn Ursache → *akute Sauerstoffintoxikation* in Druckkammer:
- Gaszufuhr auf Luft umschalten
- Betroffenen vor Verletzungen schützen
- auf keinen Fall Druckreduktion, bis Krampfanfall vorüber!

- bei Eintreffen Rettungsdienst Krampf in der Regel beendet
- dann keine spezifischen Maßnahmen
- Transport in Klinik

bei Fortbestehen des Krampfanfalls (status epilepticus) an → *zerebrale arterielle Gasembolie* denken *(siehe IV – 3.5.5.35)*

- bei Eintreffen Rettungsdienst Krampf in der Regel beendet,
- dann keine spezifischen Maßnahmen,
- Transport in Klinik

- bei Fortbestehen des Krampfanfalls (status epilepticus) an → *zerebrale arterielle Gasembolie* denken *(siehe IV – 3.5.5.35)*

- bei Eintreffen Rettungsdienst Krampf in der Regel beendet,
- dann keine spezifischen Maßnahmen,
- Transport in Klinik

- bei Fortbestehen des Krampfanfalls (status epilepticus) an → *zerebrale arterielle Gasembolie* denken *(siehe IV – 3.5.5.35)*

Grundsätzlich bei zerebralem Krampfanfall:
- Diazepam (Valium) bis 30 mg i. v.
- **oder** Clonazepam (Rivotril) bis 4 mg i. v.

- bei Versagen: Thiopental (Trapanal) 5 mg/kg KG i. v.

Achtung! Intubationsbereitschaft wegen Ateminsuffizienz, mit Blutdruckabfall rechnen

Literatur:

[1] PSCHYREMBEL. Klinisches Wörterbuch, de Gruyter. Berlin, New York. 1998
[2] MADLER et al. Das NAW Buch. Praktische Notfallmedizin, Urban & Schwarzenberg, München. 1995
[3] ZIEGENFUSS. Checkliste Rettungsmedizin. Thieme 1997
[4] ZIEGENFUSS. Notfallmedizin. Springer 1996
[5] JUNGE-HÜLSING et al. Interne Notfallmedizin, 4. Auflage. Springer 1988

IV – 3.6
Klinische Versorgung von Dr. med. Claus-Martin Muth

IV – 3.6.1
Indikationsfragebogen[1)]

Wichtiger Hinweis!
Der nachfolgende Indikationsfragebogen stellt eine Hilfe für die Beurteilung von Tauchunfällen dar. Er ist von Tauchmedizinern nach dem Stand der Wissenschaft und Technik zum Zeitpunkt der Drucklegung entworfen worden. Er soll den Betroffenen und den Helfern die Einschätzung der Situation erleichtern. Aufgrund der Eigenheiten jedes Einzelfalles kann er keine absolute Geltung beanspruchen. Er ersetzt insbesondere nicht die Begutachtung des Einzelfalles durch einen besonders geschulten und erfahrenen Tauch- und Notfallmediziner und die Anordnung von Maßnahmen durch diesen.

Einleitung

Dekompressionsbedingte gesundheitliche Störungen bei Tauchern können in einem weiten Spektrum in Schweregrad und Erscheinungsbild variieren. Dazu gehört auch, dass die Erscheinungsform nicht immer eindeutig ist, sondern z. B. auch internistische Erkrankungen differenzialdiagnostisch in Betracht kommen können. Daher ist folgende Grundregel zu beachten:

Alles, was in einem gewissen zeitlichen Rahmen nach dem Tauchen an gesundheitlichen Störungen auftritt, ist bis zum Beweis des Gegenteils zunächst als **Tauchunfall** anzusehen!

In diesem Zusammenhang ist zu beachten, dass in der überwiegenden Zahl der Fälle die Symptomatik **innerhalb von 6 Stunden** auftritt und eine Erstsymptomatik später als 24 Stunden (bei besonderer Konstellation wie etwa mehrere aufeinander folgende dekompressionspflichtige Tauchgänge und/oder Flugreise nach dem Tauchen in Ausnahmefällen auch bis zu 48 Stunden) nach Exposition mit sehr hoher Wahrscheinlichkeit nicht unmittelbar auf das Tauchen zurückzuführen ist.

---

1) In Anlehnung an die „Leitlinien Tauchunfall“ (Stand: 10/2005) der Gesellschaft für Tauch- und Überdruckmedizin e. V. (GTÜM).

Ferner ist unbedingt zu beachten, dass schon bei Verdacht auf das Vorliegen eines Tauchunfalls unverzüglich Sauerstoff normobar in einer möglichst hohen inspiratorischen Konzentration (möglichst 100 %) zu geben ist. Außerdem ist der Transport zu einer dem Unfallort am nächsten gelegenen einsatzbereiten Therapiedruckkammer zu organisieren, wobei das unmittelbare Transportziel die nächste erreichbare Notfallaufnahme eines Krankenhauses mit Grundversorgung sein kann, um von hier aus gezielt den Weitertransport zu planen. Insgesamt sind kurze Transportwege primär vorrangig, wohingegen die Weiterverlegung in ein hyperbarmedizinisches Zentrum mit optimaler Begleitversorgung (z. B. eine in ein Klinikum der Maximalversorgung integrierte Therapieeinrichtung) im Bedarfsfall während der ersten DK-Behandlung in der nächst erreichbaren Therapiedruckkammer (DK) organisiert werden kann.

Es gibt keine prinzipielle Präferenz für ein bestimmtes Transportmittel, es ist das im Hinblick auf die Gesamttransportzeit schnellste und schonendste Transportmittel zu verwenden.

Basischeck

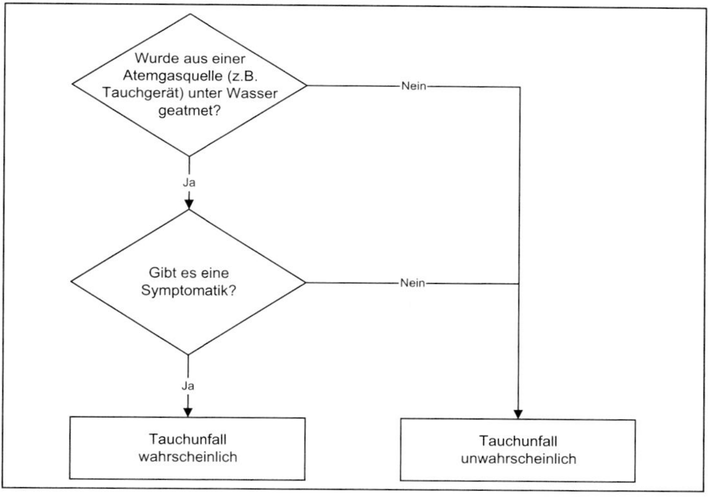

Achtung! In Sonderfällen kommen auch Luftblasen in Autowracks oder überfluteten Höhlen als Atemgasquelle in Betracht. Des Weiteren sind Tauchunfälle auch beim Tauchen ohne Tauchgerät (Apnoe-Tauchen) grundsätzlich möglich, z. B. insbesondere nach mehreren tieferen Tauchgängen oder beim Apnoe-Tauchen nach vorangegangenen Tauchgängen mit Tauchgerät.

Tauchtiefe und Tauchzeit sind in oben gezeigtem Flussdiagramm unerheblich und werden auch im folgenden *Scoring-System* nicht erfasst, da schwere Verlaufsformen (z. B. zerebrale arterielle Gasembolien) auch nach Tauchen in sehr geringen Wassertiefen auftreten können!

Scoring-Liste „Situationseinschätzung Tauchunfall"[1]

Symptomatik	Kriterien		
	Kategorie 1	Kategorie 2	Kategorie 3
Müdigkeit		☐	
Hautjucken	☐		
Umschriebene hämatomartige Hauteffloreszenzen[2]		☐	
Umschriebene Schwellungen der Haut		☐	
Geschwollene, druckschmerzhafte Lymphknoten	☐		
Schmerzen (in einem Bereich)		☐	
Schmerzen (in mehreren Bereichen)			☐
Atembeschwerden			☐
Trockener Reizhusten			☐
Hautemphysem[3]			☐
Sensibilitätsstörungen, Missempfindungen in einem Bereich			☐
Sensibilitätsstörungen in mehreren Bereichen			☐
Muskelschwäche			☐
Lähmungen			☐
Seh-, Hör-, Sprachstörungen			☐
Schwindel			☐
Eingeschränktes Bewusstsein			☐
Bewusstlosigkeit			☐

[1] *Kopiervorlage*
[2] *Hautveränderungen*
[3] *Gasansammlungen unter der Haut*

Zeitraum zwischen Exposition und Auftreten der Symptomatik

	Kategorie 1	Kategorie 2	Kategorie 3
Mehr als 6 Stunden	☐		
Mehr als 1 Stunde		☐	
Innerhalb von 1 Stunde			☐
Noch während des Auftauchens			☐

Verlauf (Entwicklung der Symptomatik)

Gleich bleibend geringe Symptomatik	☐		
Langsam fortschreitend		☐	
Rasch sich verschlechternd			☐
Komplett rückläufig unter Sauerstoffatmung	☐		
Nur gering rückläufig oder gleich bleibend unter Sauerstoffatmung		☐	
Unter Sauerstoffatmung weitere Verschlechterung			☐

Zustand des Patienten

Stabil ohne weitere Maßnahmen		☐	
Stabil unter notärztlicher Behandlung			☐
Instabil			☐

Auswertung

Kreuze überwiegend bei Kategorie 1 und **kein** Kreuz bei Kategorie 3:

Schonender Transport im KTW (Fortführung der Sauerstoffatmung obligat!), Transportziel: nächste Notaufnahme. Empfohlen: rasche, zeitnahe Konsultation eines Taucherarztes und ggf. Druckkammerbehandlung.

Kreuze überwiegend bei Kategorie 2 und Patient stabil:

Schonender Transport im RTW, je nach Zustand des Patienten mit Notarztbegleitung, Fortführung der Sauerstoffatmung in jedem Fall obligat. Transportziel: nächste Notaufnahme, wenn möglich in der Nähe einer Therapiedruckkammer. Während des Transportes soll zeitnaher Therapiebeginn organisiert werden.

Kreuze überwiegend bei Kategorie 3:

Schnellstmögliches Transportmittel wählen, je nach Zustand des Patienten mit Notarztbegleitung. Fortführung der Sauerstoffatmung in jedem Fall obligat. Wenn ohne Zeitverzug möglich, einsatzbereites Therapiezentrum anfahren. Wenn nicht: nächstmögliche Notaufnahme, Notfallverlegung und Notfallbehandlung initiieren.

Kreuze Kategorie 3 **und** Kombination: rasches Auftreten, rasche Progression, Neurologische Symptomatik **und/oder** Bewusstlosigkeit/instabil:

Nach Abklärung der Einsatzbereitschaft durch die Rettungsleitstelle schnellstmöglicher Transport in ein nächstgelegenes Therapiezentrum mit der Möglichkeit der Maximalversorgung. Das heißt entweder direkt Hubschraubertransport (Achtung: Maximale Flughöhe möglichst nicht über 300 m über Grund) oder Transport über Land, wenn unter Berücksichtigung aller Gegebenheiten schneller. Fortführung der Sauerstoffatmung während des Transports in jedem Fall obligat.

Hinweis für die Leitstelle:

Für Deutschland wird eine taucherärztliche Telefonberatung angeboten. Die schnellstmögliche Kontaktaufnahme wird empfohlen, um das Vorgehen zu koordinieren:

- nationale DAN-Hotline in Deutschland: 04 31-5 40 90, Stichwort „Tauchunfall“
- internationale DAN-Hotline: +39-03 96 05 78 58, Stichwort „Tauchunfall“
- VDST-Hotline (nur für Mitglieder) 01 80/3 32 21 05
- Telefonnummern weiterer Hotlines finden Sie auf der Website der GTÜM e. V. unter http://www.gtuem.org

Hinweis für den Notarzt/Rettungsdienst:

Ist eine Dokumentation von Tauchgangsdaten, Symptomverlauf und bisherigen Behandlungsmaßnahmen durch Ersthelfer vorhanden, so ist diese mit den rettungsdienstlichen Unterlagen bei der Übergabe des Patienten an die weiterversorgende Stelle mitzugeben. Alle Geräte, die zur Rekonstruktion des Unfall-Tauchgangs beitragen können (z. B. Tauchcomputer, Tiefenmesser), sollten dem Taucher ebenfalls mitgegeben werden.

Bei Übernahme des Patienten sind eine orientierende neurologische Untersuchung und eine wiederholte Verlaufkontrolle sowie der Ausschluss eines Spannungs-Pneumothorax dringend empfohlen.

Als wichtigste Sofortmaßnahmen stehen die kontinuierliche Gabe normobaren Sauerstoffs mit höchstmöglicher inspiratorischer Konzentration sowie die Infusionstherapie im Vordergrund. Die Gabe von Sauerstoff muss auch bei guten SaO_2-Werten erfolgen bzw. kontinuierlich fortgeführt werden. Dabei reicht es nicht, wie häufig fälschlich dargestellt, die Atemluft über eine nicht dicht sitzende Maske oder Nasensonde mit Sauerstoff anzureichern, sondern die inspiratorische Sauerstoffkonzentration (FiO_2) muss so hoch wie irgend möglich, am besten nahe 100 % sein. Es steht bei dieser Maßnahme nicht die partielle Hypoxie, die in jenen von den Gasblasen betroffenen Abschnitten herrscht, sondern die Verkleinerung der Gasblasen im Vordergrund.

Die rasche Gabe von Sauerstoff mit möglichst hohem FiO_2 kann daher zu einem Rückgang der Symptomatik führen. Zudem ist nach empirischen Erkenntnissen die Effektivität der weiterführenden Therapiemaßnahmen bei jenen Tauchern verbessert, die mit normobarem Sauerstoff vorbehandelt wurden.

Die Gabe von Flüssigkeit stellt daher bei der Akutbehandlung des schweren Tauchunfalls ähnlich wie beim Schock einen wesentlichen Therapiepfeiler dar. Zum Volumenausgleich eignen sich bei einer DCS sowohl kolloidale als auch kristalloide Infusionslösungen. Lediglich glukosehaltige Flüssigkeiten sollten nicht verabreicht werden. Der empfohlene Flüssigkeitsersatz beträgt als Initialdosis 1000 bis 2000 ml in der ersten Stunde mit einer Erhaltungsdosis von 500 bis 1000 ml/h in der Folge, ggf. abhängig von den klinischen Parametern.

Es gibt derzeit keine gesicherte zusätzliche medikamentöse Therapie beim Tauchunfall. Bei entsprechenden Begleitindikationen kann aber nach notfallmedizinischen Standards verfahren werden.

IV – 3.6.2
Begleitende Therapie – Intensivmedizinische Maßnahmen

Ein Teil der unter IV – 3.5.5 dargestellten gesundheitlichen Störungen bedarf keiner weitergehenden Behandlung auf einer Intensivstation. Bei einem weiteren Teil der oben genannten Erkrankungen ist eine weiterführende Therapie auf der Intensivstation zwar unumgänglich, folgt aber den grundsätzlichen Prinzipien einer modernen Intensivtherapie. Bei einem weiteren Teil schließlich handelt es sich um sehr spezielle Erkrankungen und Unfallmechanismen, die nicht zur täglichen Routine auf Intensivstationen gehören.

Eine der größten Besonderheiten abseits der Routine stellt die begleitende Therapie mit hyperbarem Sauerstoff in einer Therapiedruckkammer dar. Zur optimalen Betreuung und Versorgung eines lebensgefährlich erkrankten Patienten, der als Notfall oder im Rahmen der Intensivtherapie einer Behandlung mit Sauerstoff im Überdruck unterzogen werden muss, trägt die Kenntnis der Besonderheiten von notfall- und intensivmedizinischen Maßnahmen in einer Therapiedruckkammer (wie im Folgenden dargestellt) bei:

IV – 3.6.2.1
Notfall- und intensivmedizinische Maßnahmen unter hyperbaren Bedingungen

Patienten, die akut einer hyperbaren Therapie in einer Therapiedruckkammer bedürfen, haben in der Regel eine mehr oder minder starke, die Vitalfunktionen bedrohende gesundheitliche Störung. Neben den Regeln der hyperbaren Therapie gelten hier selbstverständlich die allgemeinen Grundsätze der Notfallmedizin. Es kommen jedoch einige Besonderheiten hinzu, die dringend beachtet werden müssen, um eine adäquate Versorgung des Patienten zu gewährleisten. Ist also die notfallmedizinische Versorgung schon in der Regel durch ungünstige äußere Umstände erschwert, so potenziert sich dieser Sachverhalt in einer Anlage zur hyperbaren Therapie.

Die Kenntnis der Bedingungen in und um eine solche Anlage erleichtert dem Behandelnden das Entwickeln einer Behandlungsstrategie, die einerseits größtmögliche Sicherheit für den Patienten zum Ziel hat, andererseits die weitestgehende Vermeidung von Schwierigkeiten. Angehörige des Rettungsdienstes, aber auch Notärzte sowie das Personal von Druckkammeranlagen sollten daher regelmäßige gemeinsame Übungen im Management von Notfallpatienten durchführen.

Ein Hauptproblem der meisten Anlagen für hyperbare Therapie ist das geringe Platzangebot und die damit verbundene Enge, die in der Behandlungseinheit herrscht. Das bedeutet für den Behandelnden sowohl eingeschränkte Bewegungsfreiheit als auch die Notwendigkeit, gegebenenfalls aus äußerst ungünstiger Position agieren zu müssen.

Dazu kommt, dass nach Schließen der Schotte und Beginn der Therapie eine Nachschubversorgung mit Notfallmaterial nur über Schleusen erfolgen kann. Das bedeutet Zeitverlust und erfordert Planung im Vorfeld.

Als weiterer Erschwernisfaktor kommt der unter Therapie erhöhte Umgebungsdruck hinzu, der, abhängig vom erforderlichen Behandlungsschema, zu einer mehr oder weniger deutlichen Beeinträchtigung sowohl der intellektuellen Leistungsfähigkeit als auch der manuellen Fertigkeiten des Behandelnden führen kann.

Besonderheiten der Druckkammertherapie:

- geringes Platzangebot, damit verbunden Enge
- stark eingeschränkte Bewegungsfreiheit
- Nachschubversorgung nur über Druckschleusen
- druckbedingte Beeinträchtigung der manuellen und intellektuellen Leistungsfähigkeit

Allgemeines

Vor Einleitung der hyperbaren Therapie muss eine erneute orientierende Untersuchung des Patienten stattfinden, auch wenn diese schon vor Ort durch den Notarzt stattgefunden hat. Dabei ist neben den allgemein gültigen Regeln für Notfallpatienten besonderes Augenmerk auf Auskultation und Perkussion der Lunge sowie (beim schweren Tauchunfall und bei der Kohlenmonoxidintoxikation) auf neurologische Befunderhebung zu richten. Gibt es dokumentierte Vorbefunde, so sind die zwischenzeitlichen Veränderungen im Zustand des Patienten zu dokumentieren.

Da sowohl bei der Dekompressionskrankheit als auch bei der arteriellen Gasembolie eine wesentliche Komponente die neurologische Symptomatik ist, ist es im Rahmen dieser Untersuchung unerlässlich, soweit wie möglich einen kompletten Reflexstatus zu erheben. Die Prüfung der Pupillenreflexe gehört ebenso dazu.

Die Erhebung des Ausgangsbefundes ist sinnvoll, um eine Kontrolle über den Therapieverlauf zu haben. Die Befunderhebung sollte daher, wenn möglich, **vor** der Gabe sedierender oder relaxierender Medikamente erfolgen.

Bei der Befunderhebung der Lunge sollte besonders auf klinische Zeichen für das Vorliegen eines Pneumothorax geachtet werden.

Bei allen Patienten, die eingetrübt, bewusstlos oder aus sonstigen Gründen nicht zur Kooperation in der Lage sind, sollte eine **Parazentese** beidseits durchgeführt werden. Dieser Trommelfellschnitt kann mit Parazenteseinstrumentarium geschehen, aber auch mit einer Kanüle oder dem Mandrin einer Venenverweilkanüle, jedoch möglichst unter Sicht.

Es empfiehlt sich, Patienten mit neurologischer Symptomatik der unteren Körperhälfte sowie bewusstseinseingetrübten und bewusstlosen Patienten einen Blasenkatheter zu legen (sofern nicht schon während des Transportes geschehen). Als Nebeneffekt ermöglicht diese Maßnahme in Grenzen die Einschätzung der Volumensubstitution anhand der Urinproduktion, die Urinmenge sollte bei herz- und nierengesunden Patienten bei ca. 50 ml/Stunde liegen.

Bei der Logistik der Druckkammer sollte darauf geachtet werden, dass die Kammer mit einer Absaugvorrichtung ausgerüstet ist, bei der gewährleistet ist, dass sie auch unter hyperbaren Bedingungen funktioniert. Ferner sind in die Kammer installierte, drucktaugliche Perfusoren zur kontinuierlichen Gabe intravenöser Medikamente auch unter hyperbaren Bedingungen sinnvoll.

IV – 3.6.2.2
Besondere Hinweise zur Therapiedurchführung

Venöser Zugang

Das Legen von Zugängen, insbesondere auch von venösen, ist unter hyperbaren Bedingungen erschwert. Dies begründet sich zum einen durch vergleichsweise enge Platz- und häufig auch schlechte Lichtverhältnisse, zum anderen aber durch physiologische Besonderheiten. So kommt es unter einer Therapie, bei der Sauerstoff im Überdruck geatmet wird (kurz: HBO-Therapie), regelhaft zu einer Vasokonstriktion. Diese Gefäßengstellung, aber auch die vorgenannten einschränkenden Begleitumstände verlangen, dass sichere venöse Zugänge daher schon vor Beginn der Kompression vorhanden sein sollten.

Doch auch bei sicher liegenden Zugängen sind, strenger noch als unter normalen Umständen, gewisse Regeln zu beachten. Katheterdiskonnektionen können zur Luftembolie führen, dies gilt ganz besonders für zentral-venöse Zugänge. Auf diese Weise eingedrungenes Gas folgt den physikalischen Gesetzmäßigkeiten und expandiert unter der Dekompression. Daher sind auch geringe in das Gefäßsystem eingedrungene Luftmengen durch die während der Dekompression erfolgende Ausdehnung der Gase möglicherweise kritisch.

Vor der intravenösen Gabe von Medikamenten z. B. mittels Spritze über einen Dreiwegehahn o. Ä. sollte aus dem gleichen Grunde immer etwas Flüssigkeit aus der Infusionsleitung aspiriert werden. Eine weitgehende Entlüftung des Ansatzes des Hahnes ist so gewährleistet und minimiert die Gefahr der Injektion von Luft. Dies ist vor allem auch bei Patienten mit zentral-venösen Kathetern in hyperbarer Umgebung zu beachten.

Infusionstherapie

Grundsätzlich besteht hier, vor allem während der Dekompression, die Gefahr einer massiven Luftembolie. Durch Einlaufen der Infusionslösung wird über ein Druckausgleichsventil an der Tropfenkammer Luft in die Flasche gezogen. Diese Luft dehnt sich bei der Dekompression entsprechend den physikalischen Gesetzmäßigkeiten aus, so dass sich ein Überdruck in der Infusionsflasche ausbildet. Durch diesen Mechanismus kommt es zu einer Druckinfusion mit der Gefahr des massiven Übertritts von Luft aus der Flasche in die Vene, wenn nach vollständigem Einlaufen der Infusionsflüssigkeit noch ein Überdruck in der Flasche besteht.

Infusionsflaschen aus Kunststoff sollten daher mit einer Kanüle angestochen werden, um die Möglichkeit des Druckausgleichs zu schaffen und ein Entweichen des in der Flasche entstehenden Überdrucks über diese Kanüle zu ermöglichen. Wird dieses unterlassen, kommt es druckbedingt zu Verformungen der Infusionsflasche als sichtbares Zeichen der Druckverhältnisse in der Flasche. Glasflaschen hingegen bleiben äußerlich unverändert, auch können sie nicht in gleicher Weise angestochen werden. Aus diesem Grunde sind Infusionsflaschen aus Glas für den Gebrauch in einer Druckkammer wenig geeignet und sollten vor Beginn der Kompression daher gegen Kunststoffbehälter ausgetauscht werden. Ist dies nicht möglich, muss dennoch für eine adäquate Belüftung gesorgt weren. Dies kann z. B. mithilfe einer großlumigen Kanüle durch Durchstechen des Verschlussstopfens geschehen. Ferner müssen Infusionen sorgfältig kontrolliert und überwacht werden.

Die Verwendung von Infusionspumpen ist grundsätzlich möglich, wenn diese über Batterie oder Akku und Gleichstrom zu betreiben sind. Allerdings kann es bei neueren Geräten mit LCD-Display und Soft-touch-Tasten zu Gerätestörungen kommen.

Arterieller Blutdruck

Die Überwachung des arteriellen Blutdrucks ist auch während einer hyperbaren Therapie auf verschiedene Weise möglich. Die manuelle Messung mit Blutdruckmanschette und Stethoskop nach RIVA-ROCCI wird nur durch störende Umgebungsgeräusche und veränderte Schallleitungseigenschaften bei erhöhter Dichte der Kammerluft beeinträchtigt. Die

Messung mit sich automatisch aufpumpenden Blutdruckmanschetten, die sog. oszillierende Messung, ist prinzipiell ebenfalls möglich, häufig sind die entsprechenden Geräte jedoch nicht hyperbartauglich. Auch die invasive Messung des arteriellen Blutdrucks über arterielle Katheter ist durchführbar. Es ist jedoch zu beachten, dass durch Gasbläschen in der Spülflüssigkeit auch hier eine gewisse Gefahr einer Gasembolie in die jeweilige Endstrombahn besteht. Diskonnektionen können ebenfalls zu Problemen führen. Da die Beutel der Spülflüssigkeit in der Regel entlüftet sind und die Flüssigkeitsleitung des Spülsystems nicht mit Druckausgleichsventilen versehen ist, durch die Luft in das System dringen kann, ist eine Entlüftung wie bei Infusionssystemen nicht notwendig. Druckbeutel müssen während der Kompression nachbefüllt und während der Dekompression kontrolliert entlastet werden. Besonders die Entlastung während der Dekompression ist von Bedeutung, da es andernfalls durch die expandierende Luft im Beutel zu einem Platzen des Beutels kommen kann.

Thoraxdrainagen

Vor allem bei Zustand nach Lungenriss mit einem nachfolgenden Pneumothorax ist die Anlage von Thoraxdrainagen unumgänglich. Im Zusammenhang mit einer ebenfalls notwendigen Druckkammerbehandlung ist jedoch dringend zu beachten, dass Thoraxdrainagen unter hyperbaren Bedingungen niemals abgeklemmt werden dürfen. Stattdessen werden Thoraxdrainagen entweder offen gehalten oder mit einem Wasserschloss versehen, da andernfalls besonders während Druckentlastung ein lebensbedrohlicher Spannungspneumothorax entstehen kann.

Defibrillation

Zunächst sei festzuhalten, dass in der Regel dann, wenn eine Defibrillation notwendig wird, auch weitere Maßnahmen zur kardiopulmonalen Reanimation notwendig sind. Hier ist zu bedenken, dass körperliche Arbeit im Überdruck und Atmung von Luft als Atemgas zu einer vermehrten Aufsättigung mit Stickstoff führt. Hiervon sind in besonderem Maße die den Patienten begleitenden Therapeuten betroffen, wenn unter Überdruckbedingungen eine längere Herzmassage durchzuführen ist. Neben der grundsätzlichen Empfehlung der Sauerstoffatmung auch für Begleiter während der Dekompression ist daher an eine entsprechend verlängerte Dekompressionsphase zu denken.

In den für die Behandlung von verunfallten Tauchern in der Regel benutzten Mehrplatzkammern ist eine Defibrillation theoretisch grundsätzlich möglich, wenn die Kammeratmosphäre keine erhöhten Volumenanteile Sauerstoff aufweist. Dennoch ist die Durchführung kritisch und mit einer deutlich erhöhten Brandgefahr verbunden. Sollte trotzdem eine Defibrillation in der Druckkammer unter der Therapie notwendig werden, muss wie folgt vorgegangen werden:

- Verwendung von Elektroden mit möglichst großer Auflagefläche
- für möglichst geringen Hautwiderstand sorgen (Elektroden-Gel!)
- optimal: Klebe-Elektroden!
- Defibrillator möglichst außerhalb der Kammer, per Kabeldurchführung mit Elektroden verbunden
- Feuerlöschbereitschaft in der Kammer bei Durchführung der Defibrillation

Narkose unter hyperbaren Bedingungen

Nur an wenigen Einrichtungen zur hyperbaren Sauerstofftherapie besteht die Möglichkeit zur Durchführung einer Gasnarkose. Diese ist jedoch unter hyperbaren Bedingungen nicht problemlos durchzuführen:

Die Verwendung von Lachgas unter erhöhten Umgebungsdrücken und längerer Expositionszeit kann zur Entstehung einer Dekompressionserkrankung bei der Dekompression führen, da es während der Isopression zu einer Aufsättigung der Gewebe mit diesem Gas kommt. Darüber hinaus kann es bei der Verwendung von Lachgas zu einer Kontamination der Kammeratmosphäre kommen, was zu einer Beeinträchtigung sowohl der intellektuellen als auch der manuellen Leistungsfähigkeit der Therapeuten führen kann. Diese Effekte sind auch deshalb besonders zu beachten, weil additiv bei den üblichen Notfall-Therapieregimen und den hierfür notwendigen Drücken ein gewisser Stickstoffeffekt zum Tragen kommt, der ohne Lachgas zu vernachlässigen ist (Ausnahme: Tabelle 6A nach US Navy, hier ist mit deutlichen Tiefenrauschsymptomen auch beim Therapeuten zu rechnen).

Schließlich ist bei Verwendung von Lachgas zu beachten, dass es eine hohe diffusible Potenz besitzt und sich rasch in luft- bzw. gasgefüllten Hohlräumen anreichert (z. B. Tubuscuff). Diesem Umstand ist gemeinsam mit den physikalischen Effekten in hyperbarer Umgebung (siehe auch unten: beatmeter Patient) Rechnung zu tragen.

Der narkotische Effekt volatiler Anästhetika verhält sich proportional zu ihrem Partialdruck. Daher ist z. B. der narkotische Effekt von 1 % Isofluran normobar äquivalent zu 0,5 % Isofluran bei 2 bar. Dies ist bei Durchführung einer Gasnarkose während der Therapie mit hyperbarem Sauerstoff zu bedenken. Vaporen für Narkosegase sind üblicherweise unter normobaren Bedingungen kalibriert. Durch die Verwendung unter hyperbaren Bedingungen kommt es zu einer mäßigen Abweichung zwischen eingestellten und erreichten Werten.

Auch durch volatile Anästhetika kann es zu einer Kontamination der Kammeratmosphäre kommen, die ebenfalls zu einer Beeinträchtigung der Therapeuten führen kann.

Da unter hyperbaren Bedingungen eine komplett intravenös durchgeführte Anästhesie (TIVA) problemlos durchzuführen ist, sollte dieser der Vorzug gegeben werden, wenn eine Vollnarkose notwendig ist.

Medikamente unter hyperbaren Bedingungen

In den für die hyperbare Sauerstofftherapie genutzten Druckbereichen gibt es für die meisten in Anästhesie, Notfall- und Intensivmedizin genutzten Medikamente keine Hinweise für unerwünschte, therapiespezifische und durch die Therapie induzierte Nebenwirkungen.

Mit folgenden Ausnahmen:

Bei vasoaktiven Substanzen mit vasokonstriktorischer Wirkung ist zu beachten, dass auch hyperbarer Sauerstoff vasokonstriktiv wirkt. Hier kann es durch Synergismus zu einer Wirkungsverstärkung kommen. Diese Vasokonstriktion unter der Therapie ist auch zu beachten, wenn Medikamente intramuskulär appliziert werden, weil es durch Normalisierung des Gefäßtonus am Ende der Therapie verzögert zu einer unerwünscht raschen Aufnahme des Medikaments kommen kann.

Verschiedene Medikamente erhöhen die Auftretenswahrscheinlichkeit eines sauerstoffinduzierten Krampfanfalls. Hierzu zählen insbesondere der Carboanhydrasehemmer Acetazolamin, Kortikosteroide und Insulin, aber auch Adrenalin. Die Ursachen hierfür sind unterschiedlich. Durch Acetazolamin wird die sauerstoffbedingte zerebrale Vasokonstriktion blockiert, so dass unter der HBO-Therapie ein erhöhter zerebraler Blutfluss erhalten bleibt. Insulin kann indirekt durch Absenkung des Blut-Glukose-Spiegels und Induktion einer Hypoglykämie zu einem Krampfanfall führen. Der Mechanismus, der den Hormonen der Nebenniere und ihren Analoga zugrunde liegt, ist nicht letztlich geklärt.

Die Einnahme von Disulfiram (Antabus) kann bei einmaliger Exposition die Sauerstofftoleranz des ZNS erhöhen, führt bei mehrfacher Exposition jedoch zu einer erhöhten pulmonalen Sauerstoffempfindlichkeit und ist daher im Zusammenhang mit einer HBO-Therapie kontraindiziert.

Beatmeter Patient

Es ist unter hyperbaren Bedingungen möglich, einen beatmeten Patienten zu therapieren. Dies gilt ebenso für die Beatmung von Hand wie auch für die maschinelle Beatmung. Grundsätzlich gelten für die Durchführung einer solchen Beatmungstherapie im Überdruck die gleichen Therapieprinzipien wie für Beatmung auf Intensivstationen. Darüber hinaus gibt es jedoch auch hier einige zu beachtende Besonderheiten.

Vorbedingungen:
Intubierte Patienten sind nicht in der Lage, einen Druckausgleich zum Mittelohr durchzuführen, selbst dann nicht, wenn sie wach und zur Kooperation fähig sind. Um eine traumatische Ruptur des Trommelfells zu vermeiden, ist vor Therapiebeginn daher eine beidseitige Parazentese zwingend erforderlich. Einen Spezialfall stellen nasal intubierte, langzeitbeatmete Intensivpatienten dar, bei denen häufig durch die Verlegung der Ostien der Nasennebenhöhlen (NNH) ein Sekretstau und dadurch eine Sinusitis besteht. Die Gefahr eines Barotraumas der Nebenhöhlen ist gegen den potenziellen Nutzen einer HBO-Behandlung abzuwägen.

Obwohl grundsätzlich schon von großer Bedeutung, ist die sicher seitengleiche Belüftung der Lunge vor allem bei der HBO-Therapie beatmeter

Patienten regelmäßig zu kontrollieren. Besonders **vor jeder Druckreduktion** muss eine solche Kontrolle erfolgen. Durch einseitige Intubation, auch bei Verlegungen von bronchialen Abgängen durch den Tubus, besteht neben der auch normobar gegebenen Gefahr der Atelektasenbildung die Gefahr eines massiven Barotraumas der Lunge bei Druckabnahme. Die Ursache hierfür liegt abermals in den zugrunde liegenden physikalischen Gesetzmäßigkeiten und der Ausdehnung des Gases bei Druckreduktion. Kommt es infolge eines solchen Barotraumas zur Ruptur der Lunge, bildet sich fast stets ein Spannungspneumothorax aus. Aus diesem Grunde sollten bei der Behandlung von beatmeten Patienten im Überdruck Thoraxdrainagen bereitgehalten werden.

Darüber hinaus ist bei diesem Mechanismus mit Kreislaufreaktionen zu rechnen, weil es zur Kompression der oberen und unteren Hohlvenen (Vv. Cavae) und des rechten Herzens mit Verminderung des venösen Rückstroms kommen kann.

Wie alle nicht starrwandig umschlossenen, gasgefüllten Hohlräume unterliegt auch der Tubuscuff dem Gesetz von Boyle und Mariotte. Durch Kompression und Volumenabnahme kommt es bei Therapiebeginn und Druckanstieg daher zu Leckagen, die ein Nachblocken erforderlich machen. Bei der Dekompression kommt es dagegen zur Ausdehnung der Luft im Cuff, so dass ein kontrolliertes Entblocken erforderlich wird. Die relativ größten Volumeneffekte ergeben sich erst zum Ende der Dekompression, zu einer Zeit also, in der die Aufmerksamkeit häufig schon der Vorbereitung des Rücktransportes gilt. Es ist dann eine Überblähung des Cuffs mit Ruptur der Blockermanschette mit evtl. Trachealschädigung möglich. Die Verwendung eines Cuffdruck-Manometers ist bei Luftblockung daher zwingend. Besser ist jedoch die Blockung mit Flüssigkeit, wobei hier Aqua dest. am besten geeignet ist. Durch Verwendung von physiologischer Kochsalzlösung und mehrfaches Be- und Entblocken kann die Blockung oder Entlastung des Cuffs durch Auskristallisation von Salz unmöglich werden.

Zu den Besonderheiten der hyperbaren Umgebung gehört die mit zunehmendem Umgebungsdruck erhöhte Dichte des Atemgases und dadurch eine erhöhte Strömungsgeschwindigkeit in den kleinen Atemwegen.

Während die Trachea und die größeren Bronchien mit Knorpelspangen verstärkte Wände haben, sind die Wandungen der kleinen Bronchien und der Bronchiolen elastisch. Im Bereich der großen Atemwege liegt auch physiologisch eine turbulente Strömung der Atemgase vor. Durch den relativ großen Durchmesser dieser Strukturen und durch ihre knorpelige Verspannung sind jedoch keine störenden Auswirkungen auf die Atmung gegeben. Im Gegenteil, sorgen die Wirbelbildungen doch für eine optimale Durchmischung, Anfeuchtung und Reinigung der Atemgase. Nach der Aufzweigung in die kleineren Bronchialäste und die Bronchiolen liegt beim Gesunden und unter normobaren Bedingungen jedoch eine laminare Strömung vor. Dies ist einerseits von Bedeutung, um einen guten Gasaustausch in den Alveolen zu gewährleisten, andererseits, um den Energieaufwand für das Atmen so gering wie möglich zu halten. Unter hyperbaren Bedingungen nimmt nun die Dichte des Atemgases zu, d. h., dass pro Zeiteinheit mehr Gasmoleküle die Atemwege durchströmen müssen, was aus der laminaren Strömung in den kleinen Luftwegen zunehmend eine turbulente Strömung werden lässt. Dies allein führt schon zu einer erhöhten Atemarbeit und einem verschlechterten Gasaustausch in der Lunge mit zunehmender CO_2-Retention. Wandnahe Wirbelbildungen in den Bronchiolen erzeugen zusätzlich einen relativen Unterdruck, der den Durchmesser der elastischen Bronchiolen reduziert. Die Folge ist eine weitere Erhöhung des Atemwiderstands, eine weitere Zunahme der Turbulenzen und somit eine weitere Verschlechterung des Gasaustausches.

Im Bereich der kleinen Atemwege kommt es also unter hyperbaren Bedingungen zur Ausbildung einer energetisch ungünstigen turbulenten Strömung und zu steigenden Atemwegswiderständen. Die Folge ist eine mäßige Behinderung des Gasaustausches und eine Erhöhung des physiologischen Totraums. Darüber hinaus ist unter Bedingungen der HBO das venöse Hämoglobin sauerstoffgesättigt, so dass eine verminderte Transportkapazität für CO_2 vorliegt. Beide Faktoren führen zu einer mäßigen Hyperkapnie.

Überwachung der Beatmungstherapie unter hyperbaren Bedingungen

Obwohl grundsätzlich möglich, sind die aus Anästhesie und Intensivmedizin bekannten Möglichkeiten der Therapieüberwachung beatmeter

Patienten nur mit Einschränkungen anwendbar und verwertbar. Die visuelle Kontrolle und die Auskultation sind nur durch die Beleuchtungsverhältnisse und Begleitgeräusche beeinflusst, im Übrigen aber uneingeschränkt durchführbar.

Die Durchführung arterieller Blutgasanalysen ist grundsätzlich sowohl hyperbar als auch, nach Ausschleusung der Probe, normobar möglich. Für die hyperbare Blutgasanalyse ist jedoch ein spezielles, in der Druckkammer installiertes Gerät erforderlich. Diese Möglichkeit besteht daher nur in wenigen Therapiezentren. Die Ausschleusung von Blutproben ist jedoch immer möglich. Es ist allerdings zu beachten, dass es durch die rasche Dekompression der Probe beim Ausschleusen zu einer Entsättigung der Gase in der Probe kommen kann. Da üblicherweise Proben zur Blutgasanalyse bestmöglich entlüftet werden, bevor sie in die Analysegeräte gegeben werden, andererseits das frei gewordene Gas ebenso über der Flüssigkeit steht wie die zu verwerfende Luft, besteht eine Fehlermöglichkeit durch erneute Entlüftung der Probe nach Dekompression. Dieser Fehler betrifft im besonderen Maße den Sauerstoffgehalt der Probe, wohingegen die Messung des CO_2-Gehaltes nur wenig beeinflusst ist. Darüber hinaus kann bei adäquater Beatmung und Oxigenation der pO_2 der Probe außerhalb der Anzeigekapazität vieler Analysegeräte liegen.

Auch die kapnometrische Bestimmung der endexspiratorischen CO_2-Konzentration zur Abschätzung einer adäquaten Beatmung ist unter hyperbaren Bedingungen nur erschwert durchzuführen. Bei der Hauptstrom-Kapnometrie kommt es systembedingt zu einem erheblichen Fehler mit größerer Differenz zwischen tatsächlichen und angezeigten CO_2-Werten, weil die Infrarotabsorptionslinien von CO_2 sich unter hyperbaren Bedingungen und erhöhter Dichte der Atemgase ändern. Die Nebenstrom-Kapnometrie ist prinzipiell verlässlich möglich. Die erhältlichen Analysegeräte sind jedoch im Normalfall nicht hyperbartauglich, so dass eine technisch aufwendige Wanddurchführung des Probenschlauchs durch die Wandung der Druckkammer nötig ist.

Die *transkutane Messung der Sauerstoffsättigung* ist unter hyperbaren Bedingungen nur wenig aussagekräftig, da auch bei inadäquater Beatmung, aber ventilierter Lunge eine ausreichende Sättigung zu erwarten ist. Nur bei völligem Fehlen einer alveolären Ventilation oder bei hochgradig eingeschränkten Kreislaufverhältnissen bietet die SaO_2-Messung in der Kammer eine gewisse Kontrollmöglichkeit.

Im Gegensatz dazu bietet die transkutane Messung des Sauerstoffpartialdrucks im Gewebe ($tcpO_2$) einen guten Hinweis auf adäquate Oxigenation, da der Gewebs-pO_2 unmittelbar von dem des arteriellen Blutes abhängt. Bei adäquater Ventilation und nomaler Perfusion sowohl der Lunge als auch des Gewebes korreliert der pO_2 des Gewebes daher gut mit dem arteriellen Wert. Selbst in chronisch hypoxischen Arealen mit erhaltener Restperfusion werden unter hyperbaren Bedingungen erhöhte pO_2-Werte gemessen, so dass dieses Verfahren zumindest als Prädiktor für hinreichende Oxigenation geeignet ist. Druckkammern, die für die Behandlung von Notfallindikationen und von chronisch hypoxischen Wunden zur Verfügung stehen, sind in der Regel mit der Möglichkeit einer $tcpO_2$-Messung ausgestattet.

Eine Aussage über die adäquate Ventilation ist allein mit der $tcpO_2$-Messung jedoch nicht möglich. In Verbindung mit einer transcutanen Messung des pCO_2 im Gewebe und der arteriellen Blutgasanalyse, bei der die CO_2-Bestimmung weniger gravierenden Störeinflüssen unterliegt, ist aber eine hinreichende Kontrollmöglichkeit der Beatmung gegeben.

Beatmungsgeräte

Grundsätzlich ist zu bemerken, dass es bei Respiratoren in hyperbarer Umgebung zu erheblichen Abweichungen zwischen eingestelltem und vom Gerät tatsächlich erbrachtem Atemzugvolumen kommen kann, so dass eine Anpassung, entweder manuell oder über die Gerätesoftware, erforderlich wird. Grund für diese Besonderheit sind wiederum die höhere Dichte des Atemgases und die bereits weiter oben beschriebenen Effekte, die sich aus diesem Umstand ergeben. Darüber hinaus kann es bei niedrigen Drücken bis 0,3 bar Überdruck (entsprechend 3 m WS) Probleme auf der Exspirationsseite geben, so dass wohl adäquat Gas in den Patienten hineingeblasen wird, dieses aber nicht entweichen kann. Die Folgen sind ähnlich dem Luftanhalten beim Auftauchen, und es kann zum Kreislaufversagen und/oder zur Überblähung der Lunge mit Ruptur kommen. Aus diesem Grunde sollte die Beatmung über ein Beatmungsgerät entweder normobar bei offener Kammertür und offenem Ausatemschenkel oder hyperbar erst ab 0,3 bar Überdruck erfolgen. Obwohl diese Einschränkung nicht für jeden Kammertyp gilt, kann ein Ausprobieren nicht empfohlen werden.

In Deutschland sind zurzeit vier unterschiedliche Typen von Beatmungsgeräten bei Beatmungspatienten in der hyperbaren Therapie im Gebrauch.

Es handelt sich hierbei um die folgenden Geräte:

Dräger Hyperlog

Dieses Gerät ist das älteste für diesen Bereich zugelassene Gerät. Es bietet nur sehr wenig Möglichkeiten und verfügt über keinerlei Alarme, ist dafür jedoch sehr einfach zu bedienen.

Beim Hyperlog handelt es sich im Prinzip um einen für den hyperbaren Betrieb adaptierten Oxylog. Beide Beatmungsgeräte sind einfache Notfallbeatmungsgeräte, die keine komplexen Beatmungsregime erlauben, jedoch für die kurzzeitige Beatmung Erwachsener und Kinder ab 5 kg KG geeignet sind. Die alleinige Betriebsart ist die kontrollierte Beatmung (CMV), beim Hyperlog bis max. 5 bar Überdruck. Das verwendete Steuerprinzip ist pneumatisch und zeitgesteuert. Als Beatmungsparameter können das Atemminutenvolumen und die Beatmungsfrequenz eingestellt werden. Die Beatmung mit PEEP wird durch ein externes PEEP-Ventil ermöglicht, welches an den distalen Enden der Beatmungsschläuche angebracht werden kann.

Dräger Oxylog 2000 hyperbar

Bei diesem Gerät handelt es sich um eine für den hyperbaren Bereich adaptierte Version des aus der Rettungs- und Intensivmedizin bekannten Notfall- und Transportbeatmungsgerätes Oxylog 2000. Das Steuerprinzip ist zeitgesteuert und volumenkonstant. Als Beatmungsformen stehen IPPV, SIMV und Spontanatmung mit CPAP zur Verfügung. Außerdem bietet das Gerät die Möglichkeit der stufenlosen Einstellbarkeit des Atemzeitverhältnisses (I:E-Verhältnis) bis zu einem umgekehrten Atemzeitverhältnis und eines ebenfalls stufenlos einstellbaren, integrierten PEEP. Angezeigt werden u. a. der Atemwegsdruck und das exspiratorische Minutenvolumen. Äußerlich baugleich mit dem normalen Oxylog 2000, ist die hyperbare Version durch eine auf der Gehäuseoberseite aufgeklebte Korrekturtabelle zu unterscheiden. Mithilfe dieser Korrekturtabelle muss unter hyperbaren Bedingungen das Atemzugvolumen angeglichen werden, um die weiter oben beschriebene, druckbedingte Abweichung im angezeigten und abgegebenen Volumen zu korrigieren.

EKU MAV3-H (Hyperbar) Ventilator

Dieses Gerät wurde speziell für die Anwendung unter Hochdruckbedingungen konzipiert, so dass Wert auf hohe Volumenleistung und automatische Korrektur des oben beschriebenen Effektes gelegt wurde. Das Gerät stellt sich daher selbsttätig auf den jeweiligen Umgebungsdruck um. Das Gerät kann volumenkontrolliert und druckgesteuert betrieben werden, außerdem bietet es Druckunterstützung mit ASB sowie ebenfalls einstellbaren PEEP.

Siemens Servo 900 C

Beim Servo 900 C handelt es sich um den aus Anästhesie und Intensivmedizin langjährig bekannten zeitgesteuerten volumenkonstanten Respirator, der zur Langzeitbeatmung aller Patientengruppen geeignet ist. Für den Betrieb in der hyperbaren Umgebung wurden der Pneumatikteil und der Elektronikteil baulich getrennt, so dass die Bedienelemente sich außerhalb der Kammer befinden.

Obwohl primär zeitgesteuert volumenkonstant, können vielfältige Beatmungsmuster dadurch realisiert werden, dass Drucksteuerung, Volumensteuerung und/oder Flowsteuerung bei entsprechender Einstellung als Begrenzungs- oder Alarmfunktion wirksam werden.

Ferner verfügt das Gerät über vielfältige Überwachungs- und Alarmmöglichkeiten, die dem Betreiber eine gute Kontrolle ermöglichen.

Ein Nachteil des Gerätes ist die, bedingt durch die vielfältigen Möglichkeiten, relativ komplizierte Handhabung, die ein genaues Kennen des Gerätes und spezielle Kenntnis in der Beatmungstherapie erfordert. Ist diese Voraussetzung jedoch erfüllt, stellt der Servo 900 C ein gutes Hilfsmittel für die Behandlung aller beatmungspflichtigen Patienten im Überdruck dar. Ein weiterer, konstruktionsbedingter Nachteil ist die Trennung von Pneumatik- und Bedienteil, die ein unmittelbares Einstellen durch den Therapeuten in der Kammer nicht ermöglicht.

Literatur:

[1] ALMELING M., BÖHM F., HÄNERT W. Notfallmedizinische Besonderheiten bei der Druckkammerbehandlung von Überdruckunfällen. Arbeitsmed Sozialmed Umweltmed 1994; 29: 244–246

[2] BOCK K. H., FREY G., LAMPL L. Kapitel 21: Hyperbare Oxygenation. In: LAWIN P. (Hrsg). Praxis der Intensivbehandlung. Thieme 1994, S. 415–437

[3] FREY G., LAMPL L., RADERMACHER P., BOCK K. H. Hyperbare Oxygenation – Ein Betätigungsfeld für Anästhesisten? Anaesthesist 1998; 47: 269–289

[4] HENCKE J. Die hyperbare Sauerstofftherapie in Notfall- und Intensivmedizin. Notfallmedizin 1998; 24: 136–143

[5] HOLCOMB J. R., MATOS-NAVARRO A. Y., GOLDMANN R. W. Critical Care in the hyperbaric chamber. In: DAVIS J. C., HUNT T. K. (Eds.): Problem Wounds: The role of oxygen. Elsevier 1988, S. 187–209

[6] KINDWALL E. P., GOLDMANN R. W. Hyperbaric Medicine Procedures. St. Luke's Medical Center, Milwaukee 1995, S. 64–86

[7] KLUGER M. Implications of hyperbaric medicine for Anaesthesia and Intensive Care. SPUMS Journal 1997; 27 (2): 62–73

[8] MOON R. E., CAMPORESI E. M. Clinical care in the hyperbaric environment. In. MILLER R. D. (Ed.) Anesthesia third edition, Vol. 2. Churchill Livingstone 1990; S. 2089–2111

[9] MUTH C. M. Notfallmedizinische Maßnahmen bei hyperbarer Therapie. Mitt. Ges. Tauch. Überdruckmed., Caisson 1992; (4): 156–168

[10] MUTH C. M. Intensivmedizin unter hyperbaren Bedingungen. In: ALMELING M., BÖHM F., WELSLAU W. (Hrsg): Handbuch Tauch- und Hyperbarmedizin. ecomed. Kap. IV – 4.3.1

[11] RADERMACHER P., FREY G., BERGER R. Hyperbaric oxygen therapy – intensive care in a hostile Environment? In: VINCENT J. L. (Ed.) Yearbook of Intensive Care and Emergency Medicine 1997. Springer 1997, S. 821–835

IV – 3.6.3
Druckkammer-Behandlungsschemata

Die Darstellung der Behandlungsschemata folgt im Wesentlichen den Empfehlungen der Gesellschaft für Tauch- und Überdruckmedizin (GTÜM), wie sie in ausführlicher Weise von ALMELING *und* WELSLAU *zusammengefasst und für die GTÜM publiziert worden sind.*[1]

IV – 3.6.3.1
Dekompressionskrankheit

Für die Behandlung von Dekompressionskrankheiten existiert weltweit eine Reihe von Tabellen, die allerdings zum Teil große Ähnlichkeit zueinander aufweisen. In Europa sind die Behandlungstabellen der NATO auch im zivilen Bereich am weitesten verbreitet und werden regional mit verschiedenen Modifizierungen durchgeführt. Im deutschen Sprachraum wurden die Modifizierungen aufgrund der Erfahrungen des Schiffahrtmedizinischen Instituts der Marine vorgenommen und von der Gesellschaft für Tauch- und Überdruckmedizin (GTÜM e. V.) empfohlen. Sättigungsbehandlungskonzepte und die im französischen Raum verbreiteten COMEX-Behandlungstabellen sind in Deutschland unüblich und werden im Folgenden nicht weiter betrachtet. Grundsätzlich sollten bei der Dekompressionskrankheit lange Sauerstofftabellen zur Anwendung kommen.

Die Dekompressionskrankheit mit leichter Schmerzsymptomatik (Typ 1) wird mit ein- oder zweimaligem Therapieschema TS 280-40 (modifizierte US-Navy-Tabelle 5) oder, bei fehlender unmittelbarer Besserung unter Therapie, mit dem Therapieschema TS 280-60 (modifizierte US-Navy-Tabelle 6) behandelt. Der initiale Behandlungsdruck beträgt 280 kPa (2,8 bar) und wird im Folgenden phasenweise vermindert. Das Atemgas ist 100 % Sauerstoff mit Pausen und Luftatmung.

Das Therapieschema TS 280-40 (modifizierte US-Navy-Tabelle 5) wird auch zur prophylaktischen Behandlung bei versäumten Austauchzeiten eingesetzt, solange noch keine Symptome einer Dekompressionskrankheit vorliegen.

Die Dekompressionskrankheit mit schwerwiegenderer oder schwerer Symptomatik (Typ II) wird grundsätzlich mit dem Therapieschema TS

280-60 (modifizierte US-Navy-Tabelle 6), ggf. mit Verlängerungen, behandelt. Der initiale Behandlungsdruck beträgt 280 kPa (2,8 bar) und wird im Folgenden phasenweise vermindert. Das Atemgas ist 100 % Sauerstoff mit Pausen und Luftatmung. Dieses Schema wird initial ein- bis zweimal angewandt. Das Therapieschema TS 280-60 mit und ohne Verlängerungen ist die Standardbehandlungstabelle für alle akuten Formen der Dekompressionskrankheit.

Das Therapieschema TS 280-60 wird auch zu Beginn einer Nach- oder Spätbehandlungsserie als Startbehandlung eingesetzt.

Das Schema für die Tauchunfall-Spätbehandlung, das so genannte Problemwundenschema bei 240 kPa (2,4 bar) über 90 Minuten (TS 240-90), wird für die Spät- und Langzeitbehandlung eingesetzt. Das Atemgas ist 100 % Sauerstoff mit Pausen, in denen Luft geatmet wird. Dieses kurze Schema kann zu Beginn einer Nachbehandlungsserie auch bis zu zweimal täglich, nach einigen Tagen gefolgt von einer Anwendung täglich, eingesetzt werden. Die Anzahl der erforderlichen Behandlungen ist abhängig vom individuellen Krankheitsverlauf.

Wenn eine Behandlungsdruckkammer nach einem schwersten Tauchunfall, bei dem unklar ist, ob es sich um eine Dekompressionskrankheit oder eine Lungenüberdehnung mit arterieller Gasembolie handelt, notfallmäßig innerhalb kürzester Zeit (z. B. direkt am Unfallort) erreicht werden kann, ist ein initialer Behandlungsversuch mit dem Therapieschema TS 600-30 (modifizierte US-Navy-Tabelle 6A) indiziert. Hierzu ist jedoch notwendig, dass zu Beginn der Behandlung, die mit einem Druck von 600 kPa (6 bar) beginnt und dann phasenweise im Druck reduziert wird, Mischgas zur Verfügung steht. Ab 280 kPa (2,8 bar) ist das Atemgas 100 % Sauerstoff mit Pausen und Luftatmung. Die Tabelle entspricht ab diesem Zeitpunkt dem Therapieschema TS 280-60.

IV – 3.6.3.2
Arterielle Gasembolie

Für die Behandlung von AGE existiert weltweit eine Reihe von Tabellen, die allerdings zum Teil große Ähnlichkeit zueinander aufweisen. In Europa sind die Behandlungstabellen der NATO auch im zivilen Bereich am weitesten verbreitet und werden regional mit verschiedenen Modifizierungen durchgeführt. Im deutschen Sprachraum wurden die Modifizierungen aufgrund der Erfahrungen des Schiffahrtmedizinischen Instituts der Marine vorgenommen und von der Gesellschaft für Tauch- und Überdruckmedizin (GTÜM e. V.) empfohlen. Sättigungsbehandlungskonzepte und die im französischen Raum verbreiteten COMEX-Behandlungstabellen sind in Deutschland unüblich und werden im Folgenden nicht weiter betrachtet. Grundsätzlich sollten bei der AGE lange Sauerstofftabellen zur Anwendung kommen, also analog zur Behandlung der Dekompressionskrankheit.

Die arterielle Gasembolie wird generell mit dem Schema TS 280-60 (modifizierte US-Navy-Tabelle 6), ggf. mit Verlängerungen, behandelt. Der initiale Behandlungsdruck liegt bei 280 kPa (2,8 bar) und wird im Folgenden phasenweise vermindert. Das Atemgas ist 100 % Sauerstoff, unterbrochen von Pausen mit Luftatmung. Diese Tabelle wird initial ein- bis zweimal angewandt. Das Schema TS 280-60 mit und ohne Verlängerungen ist die Standardbehandlungstabelle für alle Formen der arteriellen Gasembolie nach Überschreiten des Zeitintervalls.

Das Schema TS 280-60 wird auch zu Beginn einer Nach- oder Spätbehandlungsserie als Startbehandlung eingesetzt.

Das Schema für die Tauchunfall-Spätbehandlung, das so genannte Problemwundenschema bei 240 kPa (2,4 bar) über 90 Minuten (TS 240-90), wird für die Spät- und Langzeitbehandlung eingesetzt. Das Atemgas ist 100 % Sauerstoff mit Pausen, in denen Luft geatmet wird. Dieses kurze Schema kann zu Beginn einer Nachbehandlungsserie auch bis zu zweimal täglich, nach einigen Tagen gefolgt von einer Anwendung täglich, eingesetzt werden. Die Anzahl der erforderlichen Behandlungen ist abhängig vom individuellen Krankheitsverlauf.

Ist eine Behandlung innerhalb kürzester Zeit (z. B. am Unfallort) möglich, so ist eine Behandlung der arteriellen Gasembolie mit dem Therapieschema TS 600-30 (modifizierte US-Navy-Tabelle 6A), ggf. mit Verlängerungen, indiziert. Der initiale Behandlungsdruck liegt bei 600 kPa (6,0 bar) und wird im Folgenden phasenweise vermindert. Das Atemgas ist initial Mischgas, z. B. 50/50 O_2/N_2, ab 280 kPa (2,8 bar) 100 % Sauerstoff mit Pausen und Luftatmung. Diese Tabelle wird initial maximal einmal angewandt. TS 600-30 mit und ohne Verlängerungen ist die Standardbehandlungstabelle für alle akuten Formen der arteriellen Gasembolie.

IV – 3.6.3.3
Kohlenmonoxid- und Rauchgasvergiftungen

Dieses von Prof. BOEREMA eingeführte Schema (daher: „Boerema-Schema“) TS 300-90 wird für die Behandlung von akut lebensbedrohlichen bakteriellen Infektionen wie Gasbrand und anderer nekrotisierender Weichteilinfektionen angewandt. Gleichzeitig dient dieses sehr aggressive Schema auch der Behandlung von Kohlenmonoxid- und Rauchgasvergiftungen.

In der Behandlung o. g. notfallmedizinischer Indikationen hat sich das Schema TS 300-90 („Boerema-Schema“) durchgesetzt, wobei von einigen Kliniken Modifikationen vorgeschlagen wurden. Es sieht aufgrund der vitalen Gefährdung des Patienten einen sehr hohen Behandlungsdruck von 300 kPa (3,0 bar) Gesamtdruck vor. Die Sauerstoffphase von 90 Minuten kann auch in zwei 45-minütige Abschnitte mit 5 Minuten Pause oder in drei 25-minütige und eine 15-minütige Periode mit jeweils 5 Minuten Pause untergliedert werden. Sollte während der Sauerstoffatmung bei 300 kPa (3,0 bar) Gesamtdruck eine Sauerstoffintoxikation auftreten, wird eine Pause von 15 Minuten und eine Weiterbehandlung bei einem reduzierten Gesamtdruck von 280 kPa (2,8 bar) notwendig. Die Sauerstoffintervalle werden dann auf 20 Minuten mit je 5-minütiger Pause begrenzt.

Die Patienten müssen während der gesamten Dauer durch einen Begleiter betreut werden, der ab 160 kPa (1,6 bar) Gesamtdruck zur Dekompression Sauerstoff atmen muss. Bei beatmeten Patienten wird eine Parazentese (Schnitt ins Trommelfell) zur Herstellung eines Druckausgleichs des Mittelohrs notwendig. In einem solchen Fall kann auch die Kompression unter Sauerstoffatmung erfolgen.

Literatur:

[1] Gesellschaft für Tauch- und Überdruckmedizin e. V. (GTÜM) Hyperbare Sauerstofftherapie – Qualitätsstandards. Archimedes 1996.

IV – 3.6.4 Behandlung von akuten Tauchunfällen – Ablaufschema

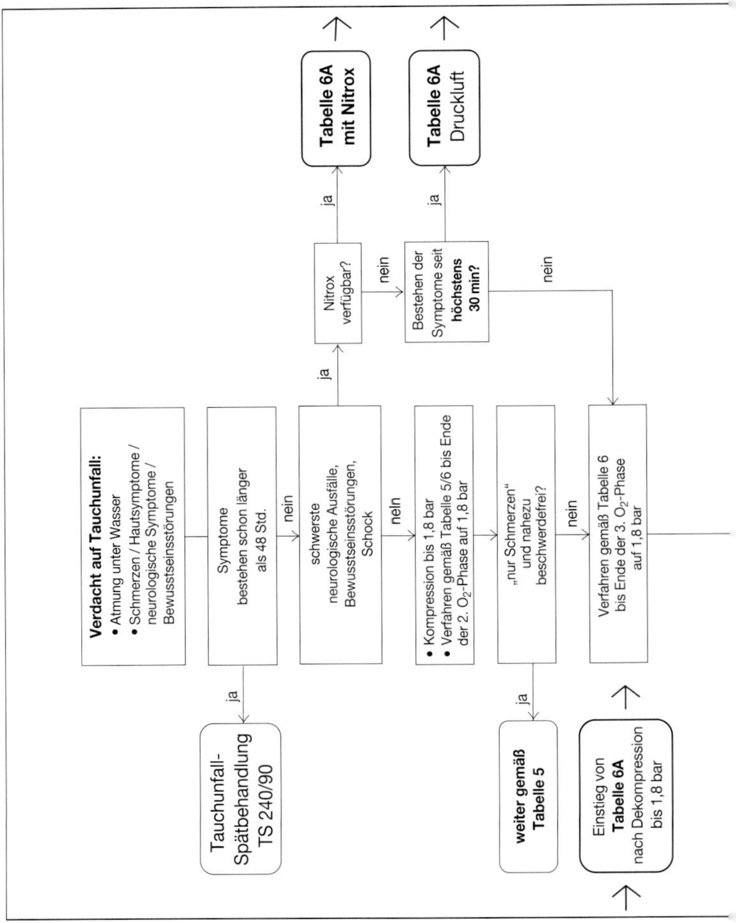

nahezu beschwerdefrei?

ja →

- Dekompression auf 0,9 bar gemäß Tabelle 6
- weiter gemäß Tabelle 6 ohne Verlängerung
  (O_2-Atmung für Begleiter s. u.)

nein ↓

1. Verfahren auf 1,8 bar:
5 min. Druckluft-Atmung
20 min. O_2-Atmung (4. Phase)

nahezu beschwerdefrei?

ja →

- Dekompression auf 0,9 bar gemäß Tabelle 6
- weiter gemäß Tabelle 6 ohne Verlängerung
  (O_2-Atmung für Begleiter s. u.)

nein ↓

1. Verfahren auf 1,8 bar :
5 min. Druckluft-Atmung
20 min. O_2-Atmung (4. Phase)
Dekompression bis 0,9 bar gemäß Tabelle 6
Verfahren gemäß Tabelle 6 bis Ende der 3. O_2-Phase auf 0,9 bar

nahezu beschwerdefrei?

ja →

weiter gemäß Tabelle 6 ohne Verlängerung (O_2-Atmung für Begleiter s. u.)

nein ↓

Verlängerung auf 0,9 bar :
- 5 min Druckluft-Atmung, 20 min O_2-Atmung (7. Phase)
- 5 min Druckluft-Atmung, 20 min O_2-Atmung (8. Phase)
- 5 min Druckluft-Atmung, 20 min O_2-Atmung (9. Phase)

Dekompression bis 0 bar gemäß Tabelle 6
(O_2-Atmung für Begleiter s. rechts)

O_2-Atmung für Begleiter:
- bei Tabelle 6 mit / ohne Verlängerung in den letzten 60 min inkl. Dekompression
- bei Tabelle 6A mit / ohne Verlängerung in den letzten 60 min inkl. Dekompression

IV – 3.6.5
Behandlungstabellen

Die nachfolgenden Behandlungstabellen entsprechen formal und in der indikationsbezogenen Zuordnung den Empfehlungen der Gesellschaft für Tauch- und Überdruckmedizin e. V. (GTÜM), wie sie in ausführlicher Weise von ALMELING *und* WELSLAU *zusammengefasst und für die GTÜM publiziert worden sind.*[1]

IV – 3.6.5.1
Behandlungsschema nach US-Navy-Tabelle 5, modifiziert nach Erfahrungen des Schiffahrtmedizinischen Instituts der Marine (TS 280-40)

Zeit (Minuten)	Überdruck (bar)	Gas	Phase
in tolerierter Zeit	0 bar auf 1,8 bar	Druckluft	Kompression
0–20	1,8 bar	Sauerstoff	Isopression
20–25	1,8 bar	Druckluft	Isopression
25–45	1,8 bar	Sauerstoff	Isopression
45–75	1,8 bar–0,9 bar	Sauerstoff	Dekompression
75–80	0,9 bar	Druckluft	Isopression
80–100	0,9 bar	Sauerstoff	Isopression
100–105	0,9 bar	Druckluft	Isopression
105–135	0,9 bar–0 bar	Sauerstoff*)	Dekompression

*) Herstellerhinweise beachten, teilweise nur O_2-Atmung bei $P_{Kammer} \geq 0{,}3$ barÜ erlaubt, dann Druckluft oder Kammerluft

Bemerkungen:

Gesamtexpositionsdauer: 135 Minuten (ohne Kompression)
Sauerstoffzeit auf 1,8 bar: 40 Minuten
Kompression ohne Maskenatmung wegen Druckausgleich
Dieses Schema erfordert für die Gesamtbehandlungsdauer eine medizinische Betreuung in der Kammer (mindestens Krankenschwester/-pfleger mit Qualifikation Hyperbarmedizin)

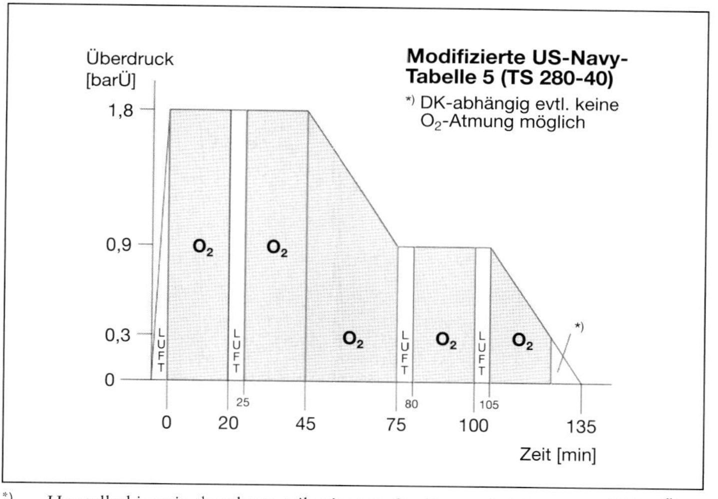

*) Herstellerhinweise beachten, teilweise nur O_2-Atmung bei $P_{Kammer} \geq 0{,}3$ barÜ erlaubt, dann Druckluft oder Kammerluft

IV – 3.6.5.2
Behandlungsschema nach US-Navy-Tabelle 6, modifiziert nach Erfahrungen des Schiffahrtmedizinischen Instituts der Marine (TS 280-60)

Zeit (Minuten)	Überdruck (bar)	Gas	Phase
in tolerierter Zeit	0 bar auf 1,8 bar	Druckluft	Kompression
0–20	1,8 bar	Sauerstoff	Isopression
20–25	1,8 bar	Druckluft	Isopression
25–45	1,8 bar	Sauerstoff	Isopression
45–50	1,8 bar	Druckluft	Isopression
50–70	1,8 bar	Sauerstoff	Isopression
70–75	1,8 bar	Druckluft	Isopression
75–105	1,8 bar–0,9 bar	Sauerstoff	Dekompression
105–110	0,9 bar	Druckluft	Isopression
110–130	0,9 bar	Sauerstoff	Isopression
130–135	0,9 bar	Druckluft	Isopression
135–155	0,9 bar	Sauerstoff	Isopression
155–160	0,9 bar	Druckluft	Isopression
160–180	0,9 bar	Sauerstoff	Isopression
180–185	0,9 bar	Druckluft	Isopression
185–205	0,9 bar	Sauerstoff	Isopression
205–210	0,9 bar	Druckluft	Isopression
210–230	0,9 bar	Sauerstoff	Isopression
230–235	0,9 bar	Druckluft	Isopression
235–255	0,9 bar	Sauerstoff	Isopression
255–285	0,9 bar–0 bar	Sauerstoff*)**)	Dekompression

*) Sauerstoffatmung auch für Begleiter

**) Herstellerhinweise beachten, teilweise nur O_2-Atmung bei $P_{Kammer} \geq 0{,}3$ barÜ erlaubt, dann Druckluft oder Kammerluft

Bemerkungen:

Gesamtexpositionsdauer: 285 Minuten (ohne Kompression)
Angestrebte Kompressionszeit 3 Minuten; Kompression ohne Maskenatmung wegen Druckausgleich
Verlängerungsmöglichkeit auf 1,8 bar (ein oder zwei Phasen mit je 20 min Sauerstoff/5 min Druckluft) und/oder auf 0,9 bar (3 Phasen mit je 20 min Sauerstoff/5 min Druckluft)

Verlängerungsmöglichkeit auf 1,8 bar (ein oder zwei Phasen Sauerstoff/Druckluft) und/oder auf 0,9 bar (3 Phasen Sauerstoff/Druckluft)
Dieses Schema erfordert für die Gesamtbehandlungsdauer eine medizinische Betreuung in der Kammer (mindestens Krankenschwester/-pfleger mit Qualifikation Hyperbarmedizin)
Begleiter muss unabhängig von eventuellen Verlängerungen in den letzten 30 Minuten Sauerstoff atmen (Expositionszeit/N_2-Sättigung)

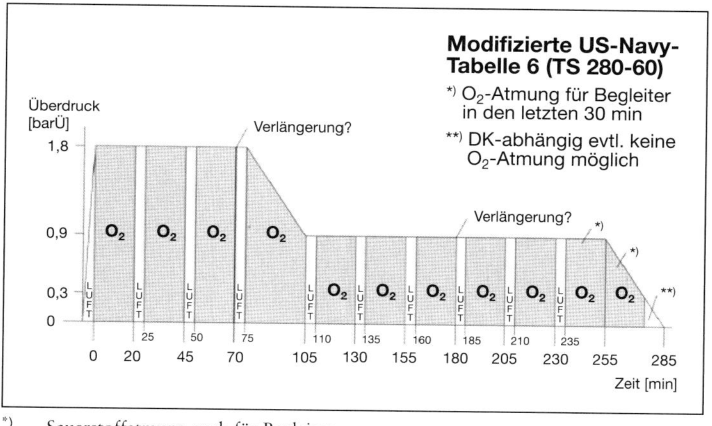

*) Sauerstoffatmung auch für Begleiter

**) Herstellerhinweise beachten, teilweise nur O_2-Atmung bei $P_{Kammer} \geq 0{,}3$ barÜ erlaubt, dann Druckluft oder Kammerluft

IV – 3.6.5.3
Behandlungsschema nach US-Navy-Tabelle 6A, modifiziert nach Erfahrungen des Schiffahrtmedizinischen Instituts der Marine

Behandlung schwerster, akuter Tauchunfälle und iatrogener Gasembolien (DCS II/CAGE nach Tauchunfall, nach thoraxchirurgischem Eingriff, Gefäßpunktionen u. a. mit ausgeprägten neurologischen Ausfällen/Bewusstlosigkeit)
Hinweis: Durchführung dieses Schemas nur empfohlen im absolut akuten Stadium (Ereignis liegt weniger als 30 min zurück und möglichst nur, wenn Nitrox verfügbar!)

Zeit (Minuten)	Überdruck (bar)	Gas	Phase
in tolerierter Zeit	0 bar auf 5 bar	Druckluft*)	Kompression
0–30	5 bar	Nitrox/Druckluft**)	Isopression
30–60	5 bar–1,8 bar	Nitrox/Druckluft**)	Dekompression
60–80	1,8 bar	Sauerstoff	Isopression
80–85	1,8 bar	Druckluft	Isopression
85–105	1,8 bar	Sauerstoff	Isopression
105–110	1,8 bar	Druckluft	Isopression
110–130	1,8 bar	Sauerstoff	Isopression
130–135	1,8 bar	Druckluft	Isopression
135–165	1,8 bar–0,9 bar	Sauerstoff	Dekompression
165–170	0,9 bar	Druckluft	Isopression
170–190	0,9 bar	Sauerstoff	Isopression
190–195	0,9 bar	Druckluft	Isopression
195–215	0,9 bar	Sauerstoff	Isopression
215–220	0,9 bar	Druckluft	Isopression
220–240	0,9 bar	Sauerstoff	Isopression
240–245	0,9 bar	Druckluft	Isopression
245–265	0,9 bar	Sauerstoff	Isopression
265–270	0,9 bar	Druckluft	Isopression
270–290	0,9 bar	Sauerstoff	Isopression
290–295	0,9 bar	Druckluft	Isopression
295–315	0,9 bar	Sauerstoff***)	Isopression
315–345	0,9 bar–0 bar	Sauerstoff***)****)	Dekompression

Bemerkungen:

Gesamtexpositionsdauer: 345 Minuten (ohne Kompression)
Angestrebte Kompressionszeit 7 Minuten; Kompression ohne Maskenatmung wegen Druckausgleich bei kooperativen, wachen Patienten, bei beatmeten Patienten*) Verlängerungsmöglichkeit auf 1,8 bar (ein oder zwei Phasen mit je 20 min Sauerstoff/5 min Druckluft) und/oder auf 0,9 bar (3 Phasen mit je 20 min Sauerstoff/5 min Druckluft)
Dieses Schema erfordert für die Gesamtbehandlungsdauer eine medizinische Betreuung in der Kammer (mindestens Krankenschwester/-pfleger mit Qualifikation Hyperbarmedizin)
Begleiter muss unabhängig von eventuellen Verlängerungen in den letzten 60 Minuten Sauerstoff atmen (Expositionszeit/N_2-Sättigung)

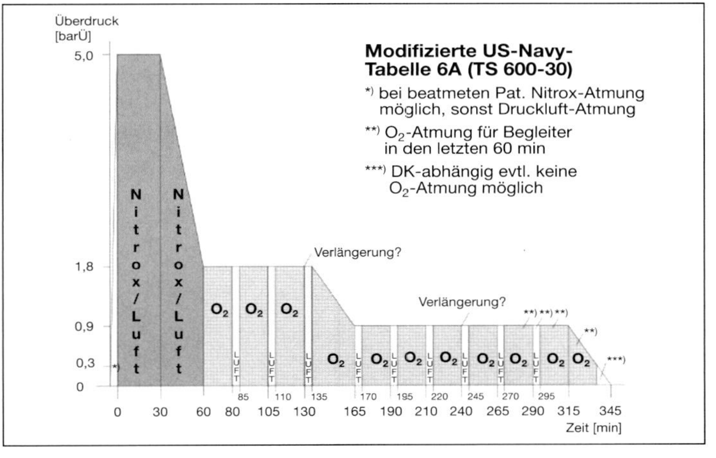

*) bei beatmeten Patienten wird sofort mit Nitrox begonnen (CAVE: Druckausgleich Parazentese o. Ä.), wenn vorhanden

**) Verwendung von Druckluft anstelle von Nitrox nur innerhalb von 30 Minuten nach Unfallereignis

***) Sauerstoffatmung auch für Begleiter

****) Herstellerhinweise beachten, teilweise nur O_2-Atmung bei $P_{Kammer} \geq 0{,}3$ barÜ erlaubt, dann Druckluft oder Kammerluft

Hinweis zur Ausschleusung des Personals

Auf die Registrierung von Anzahl und Dauer der einzelnen hyperbaren Expositionen (Logbuch) für das exponierte Personal wird hingewiesen, ebenfalls auf die zwangsläufige Kontrolle eventuell kurzfristiger Wiederholungsexpositionen und ihrer additiven Wirkung (Wiederholungstauchgänge).
Die grundsätzliche Entscheidung zur Dekompression des Personals mit Sauerstoff wird in die Verantwortlichkeit des einzelnen ärztlichen Leiters gestellt.
Maximale Dekompressionsgeschwindigkeit für das auszuschleusende Personal 0,7 bar/min

IV – 3.6.5.4
Tauchunfall-Spätbehandlung (auch: Behandlung von Problemwunden) (TS 240-90)

Tauchunfälle nach initialer Behandlung oder 2 Tage nach dem Tauchunfall, falls keine primäre Durckkammer-Behandlung erfolgt ist.

Behandlungsschema nach Prof. MARX (Universität Miami), modifiziert nach GTÜM

Zeit (Minuten)	Überdruck (bar)	Gas	Phase
0–10	0 bar auf 1,4 bar	Druckluft	Kompression
10–40	1,4 bar	Sauerstoff	Isopression
40–50	1,4 bar	Druckluft	Isopression
50–80	1,4 bar	Sauerstoff	Isopression
80–90	1,4 bar	Druckluft	Isopression
90–120	1,4 bar	Sauerstoff	Isopression
120–135	1,4 bar–0 bar	Sauerstoff*)	Dekompression

*) Herstellerhinweise beachten, teilweise nur O_2-Atmung bei $P_{Kammer} \geq 0,3$ barÜ erlaubt, dann Druckluft oder Kammerluft

Bemerkungen:

Gesamtexpositionsdauer: 135 Minuten
Sauerstoffzeit auf 1,4 bar: 90 Minuten

Kompression ohne Masken-/Kopfzeltatmung wegen Druckausgleich
Dekompression mit Sauerstoff zur Minimierung des AGE-Risikos
Vorschlag: Die Kompression muss nicht linear erfolgen (0,14 bar pro 1 Minute), sondern kann in den ersten Minuten langsamer, dann zunehmend schneller erfolgen (Druckausgleich/Boyle-Mariotte)
Wenn der Begleiter über die gesamte Behandlungsdauer in der Kammer verweilt, erfolgt für ihn die Dekompression (Minuten 120–135*)) mit Sauerstoff.

Problemwunden-Schema (TS 240-90)

*) Herstellerhinweise beachten, teilweise nur O_2-Atmung bei $P_{Kammer} \geq 0{,}3$ barÜ erlaubt, dann Druckluft oder Kammerluft

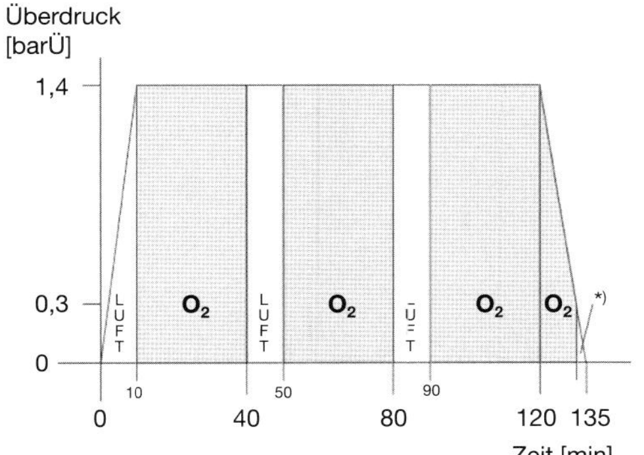

*) Herstellerhinweise beachten, teilweise nur O_2-Atmung bei $P_{Kammer} \geq 0{,}3$ barÜ erlaubt, dann Druckluft oder Kammerluft

IV – 3.6.5.5
Behandlung von CO-, Rauchgas- und CN-Intoxikationen sowie von clostridialen Myonekrosen (Gasbrand) und anderen nekrotisierenden Weichteilinfektionen (TS 300-90)

Behandlungsschema nach Prof. Boerema, Universität Amsterdam

Zeit (Minuten)	Überdruck (bar)	Gas	Phase
in tolerierter Zeit	0 bar auf 2,0 bar	Druckluft*)	Kompression
0–90	2,0 bar	Sauerstoff	Isopression
90–100	2,0 bar–0,6 bar	Sauerstoff	Dekompression
100–110	0,6 bar	Sauerstoff**)	Isopression
110–115	0,6 bar–0,3 bar	Sauerstoff**)	Dekompression
115–145	0,3 bar	Sauerstoff**)	Isopression
145–150	0,3 bar–0 bar	Sauerstoff**)***)	Dekompression

*) bei beatmeten Patienten wird sofort mit Sauerstoff begonnen (CAVE: Druckausgleich, Parazentese o. Ä.)

**) Sauerstoffatmung auch für Begleiter

***) Herstellerhinweise beachten, teilweise nur O_2-Atmung bei $P_{Kammer} \geq 0{,}3$ barÜ erlaubt, dann Druckluft oder Kammerluft

Bemerkungen:

Gesamtexpositionsdauer: 150 Minuten (ohne Kompression)
Sauerstoffzelt auf 2,0 bar: 90 Minuten
Sauerstoffatmung auf 2,0 bar kann auch erfolgen als: ****)
45 Minuten Sauerstoff, 5 Minuten Druckluft, 45 Minuten Sauerstoff oder
25 Minuten Sauerstoff, 5 Minuten Druckluft, 25 Minuten Sauerstoff, 5 Minuten Druckluft, 25 Minuten Sauerstoff, 5 Minuten Druckluft, 15 Minuten Sauerstoff, dann Dekompression wie Boerema-Schema

****) Modifikationen nach: Kindwall, Hyperbaric Medicine Practice

Bei Sauerstoffintoxikation während 2,0 bar Sauerstoffatmung erfolgt eine Sauerstoffpause für 15 Minuten. Dann weiter an dem Punkt, bei dem die Tabelle unterbrochen wurde, jedoch bei einem reduzierten Druck von 1,8 bar mit Sauerstoffatmung (CAVE: kein Druckwechsel, solange keine regelmäßige Atmung erkennbar ist). Zusätzlich sollen die Sauerstoffintervalle auf 20 Minuten mit je 5 Minuten Luftpause verkürzt werden.[*)]

Kompression ohne Maskenatmung wegen Druckausgleich bei kooperativen, wachen Patienten. Bei beatmeten Patienten (Parazentese, ggf. Paukenröhrchen) Kompression mit Sauerstoff.

Dieses Schema erfordert für die Gesamtbehandlungsdauer eine medizinische Betreuung in der Kammer (mindestens Krankenschwester/-pfleger mit Qualifikation für Hyperbarmedizin).

Begleiter muss Sauerstoff in der Dekompressionsphase ab 0,6 bar atmen (Expositionszeit/N_2-Sättigung).

Für Gasbranderkrankungen gilt: Es müssen drei Therapiezyklen in den ersten 24 Stunden durchgeführt werden. Chirurgische Interventionen sollten nach Beginn der HBO-Therapie frühestens nach der 2. Druckkammerbehandlung erfolgen. Am zweiten und dritten Behandlungstag zwei Therapieeinheiten, danach sollte fallabhängig weiter verfahren werden.

Es werden bei Verdacht auf Gasbrand nie weniger als fünf HBO-Behandlungen durchgeführt.

Die Begleiter in der Druckkammer müssen am ersten, zweiten und dritten Tag zwischen den Druckkammerexpositionen ausgetauscht werden.

*) Modifikationen nach: Kindwall, Hyperbaric Medicine Practice

Boerema-Schema (TS 300-90)

*) bei beatmeten Patienten wird sofort mit Sauerstoff begonnen (CAVE: Druckausgleich Parazentese o. Ä.)

**) Sauerstoffatmung auch für Begleiter

***) Herstellerhinweise beachten, teilweise nur O_2-Atmung bei $P_{Kammer} \geq 0{,}3$ barÜ erlaubt, dann Druckluft oder Kammerluft

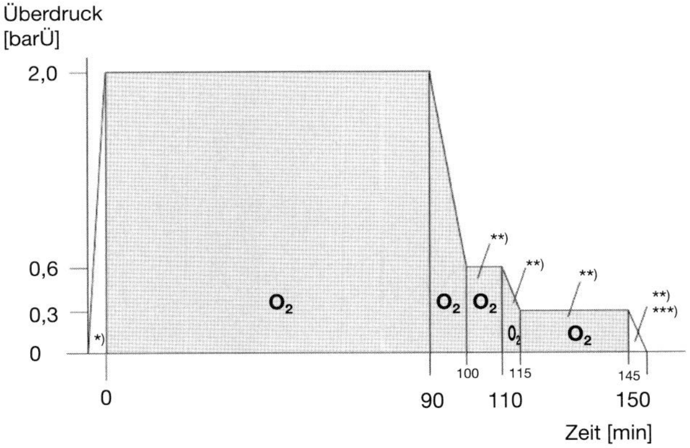

*) bei beatmeten Patienten wird sofort mit Sauerstoff begonnen (CAVE: Druckausgleich Parazentese o. Ä.)

**) Sauerstoffatmung auch für Begleiter

***) Herstellerhinweise beachten, teilweise nur O_2-Atmung bei $P_{Kammer} \geq 0{,}3$ barÜ erlaubt, dann Druckluft oder Kammerluft

IV – 3.6.6
Anwesenheit von Personal in der Therapiekammer

In der ersten Druckbehandlung eines Patienten besteht über die Kompressionsphase hinaus für das Personal so lange Anwesenheitspflicht in der Druckkammer, bis dem Patienten die Überwachungs- und Notfunktionen erklärt und der Patient in deren Handhabung eingewiesen wurde.

Ist nur ein einziger Patient in der Druckkammer, besteht grundsätzlich Anwesenheitspflicht in der Druckkammer während der gesamten Behandlung (CAVE: Kontrolle einer eventuellen Dekopflicht des Begleiters!).

Soll ein Patient über die Vorkammer ein- oder ausgeschleust werden, so ist er grundsätzlich von Druckkammer-Personal zu begleiten.

Literatur:

[1] Gesellschaft für Tauch- und Überdruckmedizin e. V. (GTÜM). Hyperbare Sauerstofftherapie – Qualitätsstandards. Archimedes 1996

[2] Welslau et al. Hyperbare Sauerstofftherapie – wissenschaftliche Bewertung ausgesuchter Indikationen. Archimedes 1998, Kap. 15: Behandlungsverfahren

[3] Almeling M., Busch. Kap. 22: Voruntersuchungen und Therapieschema. In: Almeling, Welslau (Hrsg). Grundlagen der hyperbaren Sauerstofftherapie, 2. Aufl. Archimedes 1998

[4] Almeling M., Böhm F., Welslau W. Handbuch Tauch- und Hyperbarmedizin. ecomed. Kap. X – 3

IV – 3.7
Management

IV – 3.7.1
Taktikschemata „Tauchunfall“

Taktikschemata sind aus dem Bereich Brand- und Katastrophenschutz bekannt und haben sich dann bewährt, wenn es z. B. darum geht, sich wiederholende Einsatzabläufe darzustellen. Der chronologische Ablauf eines Tauchunfalles ist in vier wesentliche Bereiche einteilbar:

Taktikschema I → Das Ereignis „Tauchunfall“ im Wasser
Taktikschema II → Die Erstversorgung durch Laien
Taktikschema III → Die präklinische Versorgung durch den Rettungsdienst
Taktikschema IV → Die Organisation

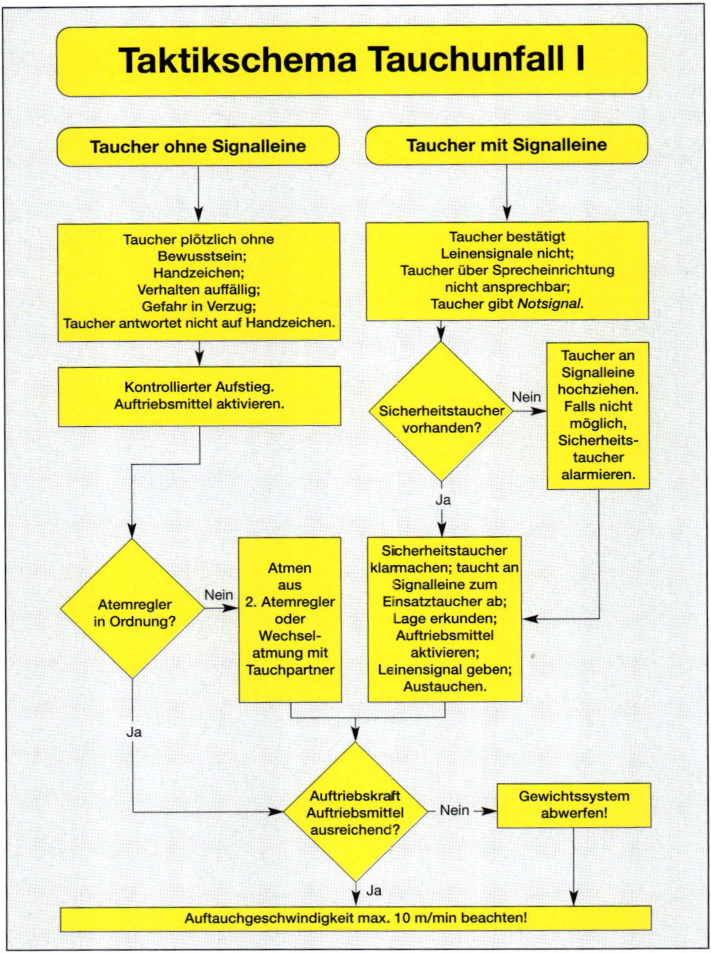
Taktikschema Tauchunfall I
Taucher ohne Signalleine
Taucher mit Signalleine
Taucher plötzlich ohne Bewusstsein; Handzeichen; Verhalten auffällig; Gefahr in Verzug; Taucher antwortet nicht auf Handzeichen.
Taucher bestätigt Leinensignale nicht; Taucher über Sprecheinrichtung nicht ansprechbar; Taucher gibt *Notsignal.*
Kontrollierter Aufstieg. Auftriebsmittel aktivieren.
Sicherheitstaucher vorhanden?
Nein
Taucher an Signalleine hochziehen. Falls nicht möglich, Sicherheits-taucher alarmieren.
Ja
Atemregler in Ordnung?
Nein
Atmen aus 2. Atemregler oder Wechsel-atmung mit Tauchpartner
Sicherheitstaucher klarmachen; taucht an Signalleine zum Einsatztaucher ab; Lage erkunden; Auftriebsmittel aktivieren; Leinensignal geben; Austauchen.
Ja
Auftriebskraft Auftriebsmittel ausreichend?
Nein
Gewichtssystem abwerfen!
Ja
Auftauchgeschwindigkeit max. 10 m/min beachten!

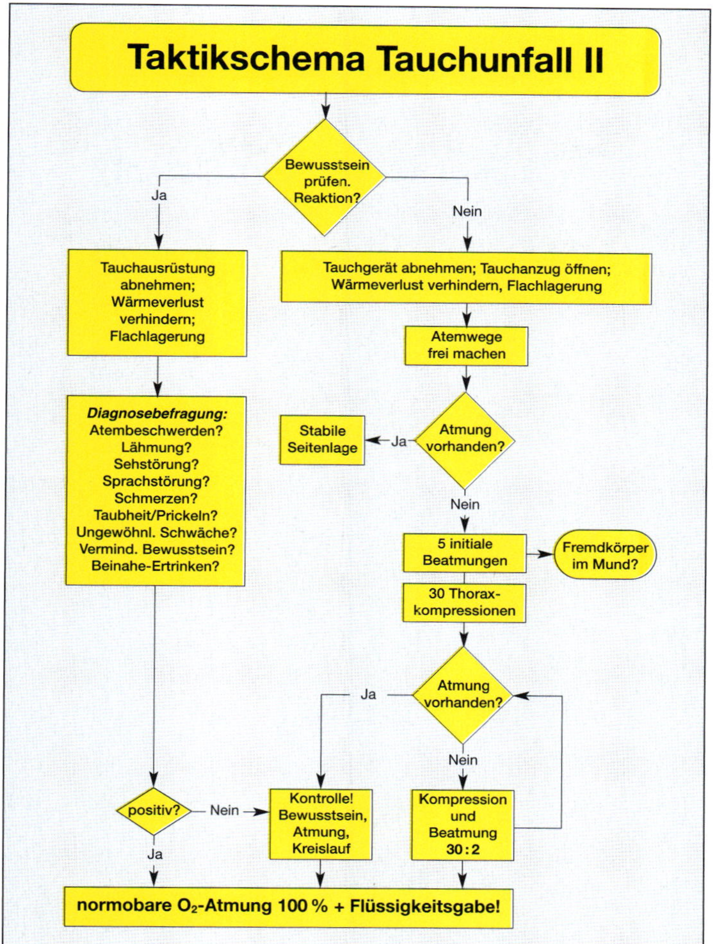
Taktikschema Tauchunfall II
Bewusstsein prüfen. Reaktion?
Ja
Nein
Tauchausrüstung abnehmen; Wärmeverlust verhindern; Flachlagerung
Tauchgerät abnehmen; Tauchanzug öffnen; Wärmeverlust verhindern, Flachlagerung
Atemwege frei machen
Atmung vorhanden?
Ja
Stabile Seitenlage
Nein
Diagnosebefragung: Atembeschwerden? Lähmung? Sehstörung? Sprachstörung? Schmerzen? Taubheit/Prickeln? Ungewöhnl. Schwäche? Vermind. Bewusstsein? Beinahe-Ertrinken?
5 initiale Beatmungen
Fremdkörper im Mund?
30 Thorax-kompressionen
Atmung vorhanden?
Ja
Nein
positiv?
Nein
Ja
Kontrolle! Bewusstsein, Atmung, Kreislauf
Kompression und Beatmung 30 : 2
normobare O2-Atmung 100 % + Flüssigkeitsgabe!

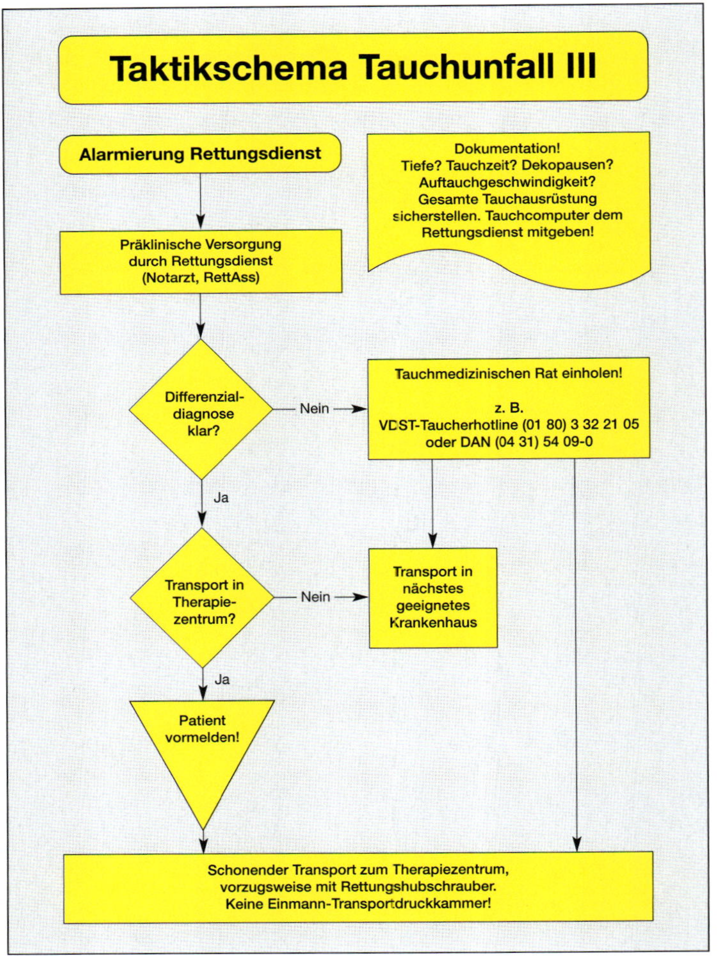
Taktikschema Tauchunfall III
Alarmierung Rettungsdienst
Dokumentation! Tiefe? Tauchzeit? Dekopausen? Auftauchgeschwindigkeit? Gesamte Tauchausrüstung sicherstellen. Tauchcomputer dem Rettungsdienst mitgeben!
Präklinische Versorgung durch Rettungsdienst (Notarzt, RettAss)
Differenzial-diagnose klar?
Nein
Tauchmedizinischen Rat einholen!
z. B. VDST-Taucherhotline (01 80) 3 32 21 05 oder DAN (04 31) 54 09-0
Ja
Transport in Therapie-zentrum?
Nein
Transport in nächstes geeignetes Krankenhaus
Ja
Patient vormelden!
Schonender Transport zum Therapiezentrum, vorzugsweise mit Rettungshubschrauber. Keine Einmann-Transportdruckkammer!

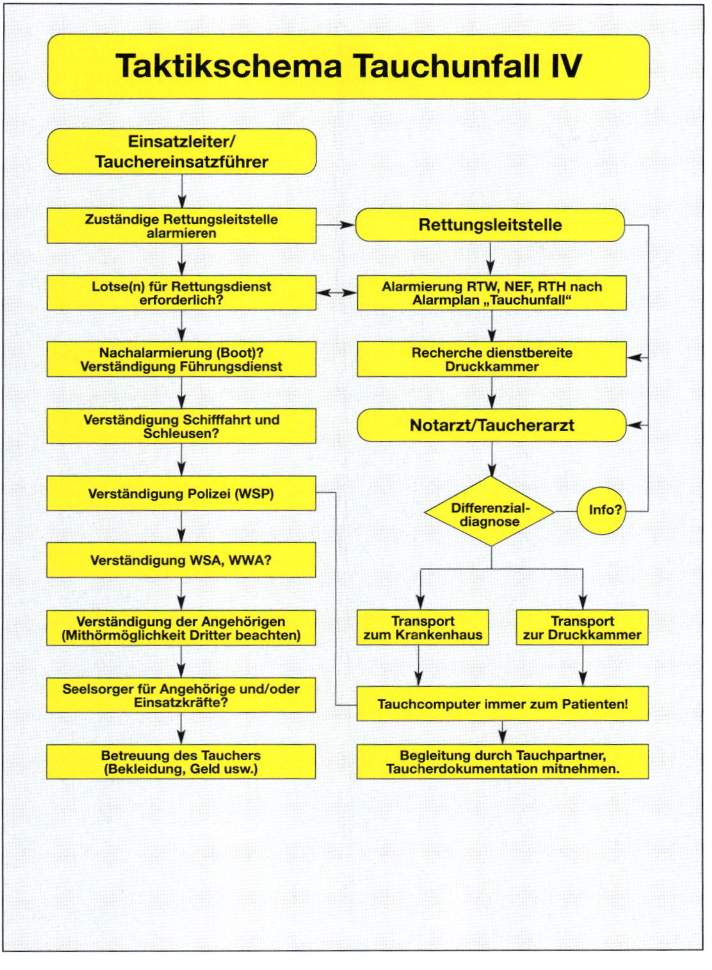
Taktikschema Tauchunfall IV
Einsatzleiter/ Tauchereinsatzführer
Zuständige Rettungsleitstelle alarmieren
Rettungsleitstelle
Lotse(n) für Rettungsdienst erforderlich?
Alarmierung RTW, NEF, RTH nach Alarmplan „Tauchunfall“
Nachalarmierung (Boot)? Verständigung Führungsdienst
Recherche dienstbereite Druckkammer
Verständigung Schifffahrt und Schleusen?
Notarzt/Taucherarzt
Verständigung Polizei (WSP)
Differenzial-diagnose
Info?
Verständigung WSA, WWA?
Verständigung der Angehörigen (Mithörmöglichkeit Dritter beachten)
Transport zum Krankenhaus
Transport zur Druckkammer
Seelsorger für Angehörige und/oder Einsatzkräfte?
Tauchcomputer immer zum Patienten!
Betreuung des Tauchers (Bekleidung, Geld usw.)
Begleitung durch Tauchpartner, Taucherdokumentation mitnehmen.

IV – 3.7.2
Rettungskette

Der in den 1960er-Jahren von Prof. AHNEFELD entwickelte Begriff der Rettungskette macht als sichtbares Symbol deutlich, dass die Hilfe des Rettungsdienstes und des Arztes stets im Verbund mit einer Laienhilfe gesehen werden muss.

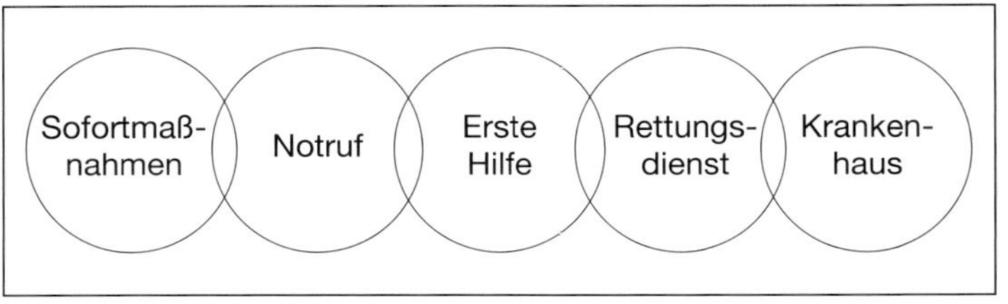

Abb. IV – 3.7.2/1: Vereinfachte Darstellung der Rettungskette

Die ohne Zweifel einprägsame Darstellungsweise hat indes auch ihre Nachteile, da entscheidende Hintergrundinformationen nicht genannt werden und damit auch nicht ins Bewusstsein, besonders der Ersthelfer, gelangen. Eine Optimierung aller „Kettenglieder" ist nur möglich, wenn sich Laien wie Profis damit auseinander setzen, was sich hinter den Gliedern verbirgt. Hinzu kommt, dass der Begriff als solcher mehrfach überstrapaziert und so die Kernaussage oft verwässert wird.

So teilte ein Referent den Terminus in eine primäre und sekundäre Rettungskette ein, wobei er unter der primären Rettungskette die „einwandfreie Planung, vorschriftsmäßige Ausrüstung, Einhaltung der Sicherheitsvorschriften, Rücksicht auf unerfahrene Mittaucher" usw. verstand.[186)] Sicher gut gemeint, aber mit der Rettungskette haben diese – durchaus wichtigen – Kriterien nichts zu tun. Vielmehr gehören sie zu den Präventivmaßnahmen. Abträglich und unprofessionell wirkte auch der Begriff „Bergemaßnahmen" im Zusammenhang mit der *Rettung* von verunfallten Tauchern.

Die Begriffe sind in DIN 14 011 Teil 6 wie folgt definiert und sollten so auch angewandt werden:

Retten ist das Abwenden eines lebensbedrohlichen Zustandes von Menschen oder Tieren durch lebensrettende Maßnahmen und/oder durch Befreien aus einer lebensbedrohlichen Zwangslage.

Bergen ist das Einbringen von Leichen, Kadavern oder gefährdeten Sachwerten.

Eine differenzierte Darstellung der Rettungskette wurde anlässlich des 28. Kongresses der Deutschen Gesellschaft für Allgemeinmedizin gezeigt. In modifizierter Form soll sie hier vorgestellt werden:[187)]

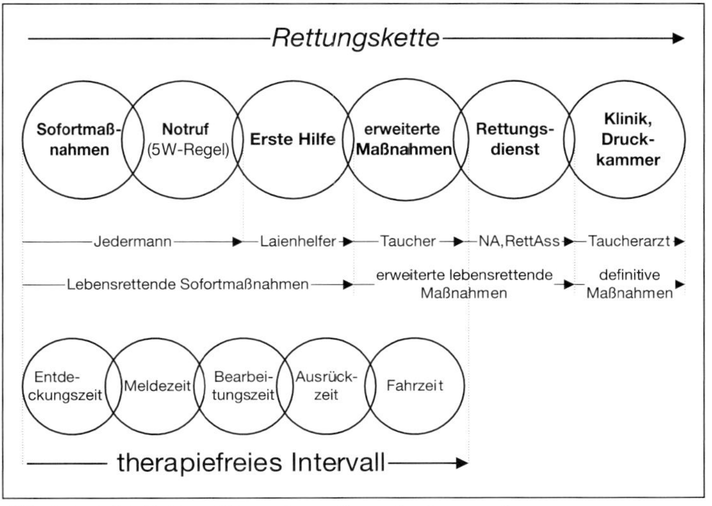

Abb. IV – 3.7.2/2: Detaillierte Darstellung der Rettungskette

Angesichts der zu erwartenden Hilfsfristen *(→ Kap. IV – 3.7.3.2)* an abgelegenen Gewässern muss es die vordringliche Aufgabe aller Taucher sein, das therapiefreie Intervall innerhalb der Rettungskette durch geeignete Maßnahmen zu verkürzen. Die *Abb. IV – 3.7.2/2* zeigt sehr anschaulich, dass die „erweiterten Maßnahmen“ in der Regel erst mit dem

Eintreffen des Rettungsdienstes beginnen. Ist dagegen ein Tauchpartner in der Lage, dem verunfallten Taucher unmittelbar nach dem Unfallereignis Sauerstoff unter normobaren Bedingungen zu verabreichen, lässt sich das „therapiefreie Intervall" erheblich kürzen, denn die Gabe von 100 % Sauerstoff ist die fundamentalste aller „erweiterten Maßnahmen" *(→ Kap. IV – 3.5.3 Erweiterte Sofortmaßnahmen).*

Am Beginn der Rettungskette stehen die Laienhelfer. Von ihrem entschlossenen Handeln hängt es ab, wie erfolgreich die Rettungskette ist. Notwendige Hilfeleistung wird oftmals verzögert, weil Hemmschwellen ein schnelles Eingreifen verhindern.

Bei spontaner Hilfeleistung kann die Hilfe innerhalb von wenigen Sekunden gegeben werden. Zum Verständnis der Dynamik von Hilfeleistung, insbesondere zum Verständnis von Hemmschwellen, die zu einer Verzögerung oder Unterlassung der Hilfeleistung führen, ist es angebracht, den Prozess der Hilfeleistung im Detail zu analysieren.

Von besonderer Bedeutung sind die Entscheidungsschritte, die dem Entschluss, einzugreifen oder nichts zu unternehmen, vorausgehen:

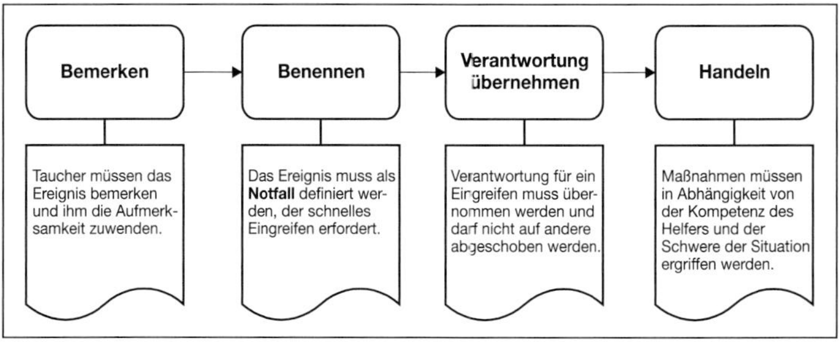

Abb. IV – 3.7.2/3: Entscheidungsschritte bis zur Einleitung der Rettungskette

Für die Einleitung der Rettungskette ist das Kompetenzgefühl des potenziellen Helfers von zentraler Bedeutung. Das Kompetenzgefühl wird von vier Faktoren bestimmt.[188)] Neben dem Vorhandensein einer Ausbildung in Erster Hilfe ist der Zeitpunkt der Ausbildung wichtig. Je weiter zurück die letzte Ausbildung liegt, desto geringer ist das Kompetenzgefühl.

Hieran wird auch deutlich, dass eine einmalige Ausbildung, langfristig betrachtet, nicht ausreicht. Das Kompetenzgefühl sollte gestärkt werden, indem die Ausbildung häufiger wiederholt wird *(s. a. Kap. IV – 3.4.4.5 Erste Hilfe)*.

Auffällig ist auch der starke Einfluss des Geschlechts auf das Kompetenzgefühl. Männer schätzen nach der Studie von BIERHOFF und KLEIN bei gleichem Ausbildungsgrad ihre Kompetenz wesentlich höher ein als Frauen. Dieser Unterschied sollte in der Ausbildung berücksichtigt werden, z. B. durch das Angebot spezieller Kurse nur für Frauen.

Der vierte wichtige Einflussfaktor auf das Kompetenzgefühl ist das Alter. Ältere Befragte schätzten ihre Kompetenz höher ein als jüngere Befragte. Die Auswertung der EMNID-Befragung zeigte, dass ab etwa 40 Jahren das Kompetenzgefühl wieder abnimmt und bei den über 60-Jährigen einen besonders niedrigen Grad erreicht. Eine ständige Wiederholung der Ausbildung ist deshalb immer und nach dem 40. Lebensjahr dringend angezeigt.[189)]

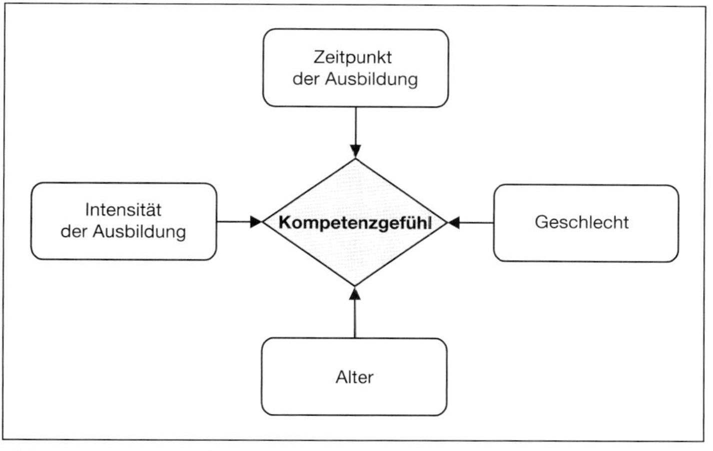

Abb. IV – 3.7.2/4: Einflussfaktoren auf das Kompetenzgefühl

Der Weg von der Erste-Hilfe-Ausbildung zur Hilfsbereitschaft verläuft über folgende Stufen:[188)]

- Eine gute Erste-Hilfe-Ausbildung steigert das Kompetenzgefühl.
- Ein hohes Kompetenzgefühl steigert die Entschlusssicherheit in einer Unfallsituation.
- Hohe Entschlusssicherheit steigert die Bereitschaft, Verantwortung zu übernehmen.
- Eine Zuschreibung von Verantwortlichkeit an die eigene Person steigert die Hilfsbereitschaft.
- Hohe Hilfsbereitschaft führt mit großer Wahrscheinlichkeit zur Ausführung von Hilfehandlungen.

Für das Funktionieren der Rettungskette ist ferner der frühe Notruf unabdingbar. Die Praxis der Notfallrettung zeigt jedoch, dass erhebliche Schwierigkeiten beim Ausführen eines Notrufes und Unkenntnis über die Zusammenhänge bestehen. Der Verfasser erinnert sich an ein Tauchsicherheitsseminar in Württemberg, wo der referierende Arzt die richtige Rufnummer der Rettungsleitstelle in seinem Wirkungskreis nicht wusste. Oder an einen Arzt, der dem Auditorium erklärte, die Taucherdruckkammer der Berufsfeuerwehr Frankfurt am Main sei über die Rufnummer 069/112 rund um die Uhr erreichbar. Ein Institut für Hyperbarmedizin inserierte im „Sporttaucher“ 12/1998, die Druckkammer wäre u. a. über die Rufnummer 0941/112 zu alarmieren. Die Beispiele ließen sich beliebig fortsetzen.

Die Alarmierung des Rettungsdienstes scheitert vielfach an der Unkenntnis der Notrufnummern. Eine Umfrage in Göttingen hat 1989 nachgewiesen, dass der Bekanntheitsgrad der Rufnummern „110“ und „112“ von 70 % im Jahre 1987 um 10 % zurückgegangen ist.

In einer kürzlich veröffentlichten Umfrage wurden 1079 Probanden einer Befragung über ihr Notrufverhalten unterzogen.[190)] 60,3 % hatten bereits einmal einen Notruf abgesetzt. Trotzdem belief sich der Anteil derjenigen, denen die Notrufnummer der Rettungsleitstelle (19 222) bekannt war, nur auf 17 %. Bei einem medizinischen Notfall würden 44,9 % die Notrufnummer der Polizei wählen. Abgeschlagen folgten die Notrufnummer der Feuerwehr 112 (17,2 %) und die 19 222 mit 16 %. Als weiteres Problem war das Fehlen der Notrufnummer der Leitstelle im öffentlichen Telefonbuch auszumachen, obwohl zwei Drittel der Befragten die Notrufnummer dort suchen würden.

DIEHL et al. und SEFRIN stellen fest, dass derzeit der Notruf „die eigentliche Schwachstelle des Rettungssystems" darstellt.[191)] [192)] In den nachfolgenden Abschnitten werden aus diesem Grund die Sachverhalte zum Thema „Notruf" ausführlich erläutert. Die 1989 begonnenen Bemühungen um eine einheitliche Notrufnummer für die Rettungsleitstelle als zentrale Einsatzkoordinationsstelle und die Bereitstellung einer bundeseinheitlichen Telefonnummer 19 222 hat nicht zu dem gewünschten Erfolg geführt. Eine fünfstellige Notrufnummer neben den seit 25 Jahren bestehenden dreistelligen Nummern von Feuerwehr und Polizei ist für den Normalbürger nicht nachvollziehbar.[193)]

Um die Arbeit des Rettungsdienstes zu vereinfachen, müssen folgende Punkte beim Notruf berücksichtigt werden (5-W-Regel):[194)]

– **Was** ist passiert?	*Tauchunfall*
– **Wo** ist es passiert?	*Am Steinberger See, Ostseite, Zufahrt Hafen*
– **Wie viele** Verletzte sind betroffen?	*Ein Taucher*
– **Welche** Verletzungen liegen vor? Ist technische Hilfe nötig?	*Taucher ist nach Notaufstieg bewusstlos; Verdacht auf Lungenüberdruckunfall*
– **Warten** auf Rückfragen!	

Die Rettungskette hat ohne Frage auch in ihren letzten Gliedern gelegentlich Schwachpunkte, die hier nicht verhehlt werden dürfen.[195)] ANTCZAK verweist darauf, dass gerade in Gebieten mit geringer Notarzteinsatzfrequenz und entfernt von größeren Zentren damit zu rechnen ist, dass der eintreffende Notarzt mit der Situation des Ereignisses „Tauchunfall" völlig überfordert ist.[196)] Seine schelmische Anmerkung, nicht überall sitzt ein *Notarzt* im Auto, wo *Notarzt* draufsteht, hat sich nach den Erfahrungen des Verfassers leider als ernsthafte Realität erwiesen.

Von SPIECKER werden drei weitere Mankos genannt:[197)] Bemängelt wird die oft unterlassene Möglichkeit des Rückrufes durch die Rettungsleitstelle. Nicht um evtl. unvollständige Daten (Ortsangaben usw.) nachzufragen, sondern um die Laien vor Ort über sinnvolle Erstmaßnahmen bis zum Eintreffen des Rettungsdienstes zu informieren. In äußerst kritischen Worten geht der Autor beispielhaft auf die Notfallaufnahmen der Kliniken ein. Fehlende Fachärzte, junge Assistenten ohne fertige Fachausbildung und Hubschrauberbesatzungen, die mühsam den Transport vom Landeplatz in die Notfallaufnahme sogar bei verzweifelten Fällen selbst organisieren müssen, sind noch nicht alles, was der Verfasser tadelt. Zum Schluss der Abhandlung geht der Schreiber auf die Zahl der Notärzte speziell in ländlichen Regionen zurückhaltend ein. Obwohl vor knapp 10 Jahren geschrieben, noch immer aktuell. Als diese Zeilen abgefasst wurden, kündigten im Einzugsbereich des Verfassers einige niedergelassene Ärzte, welche bis dahin den Notarztdienst auf freiwilliger Basis aufrechterhielten, ihre Mitarbeit.

Zu denken gibt auch die Kenntnis über das Dilemma „innerklinischer Transporte“. So wurde von KEMMER die durchschnittliche Transportzeit eines Notfallpatienten innerhalb seiner Klinik mit 45 Minuten und einer daraus resultierenden Komplikationsrate von ca. 5–6 % angegeben.[198)]

IV – 3.7.2.1
Notruf

Definition

Der Begriff Notruf wird in der Bundesrepublik sowohl für die Polizei als auch für die Feuerwehr benutzt. Korrekt betrachtet, ist der Terminus Notruf ausschließlich dem Hilfeersuchen vorbehalten, das an die Polizei gerichtet ist. Diejenigen Hilfeersuchen, die an die Feuerwehr gerichtet sind, werden Feuerwehrruf genannt. In der Bundesrepublik Deutschland wird der Notruf mit der Rufnummer „110“ an die Polizei und der Feuerwehrruf mit der Rufnummer „112“ in der Regel an die Feuerwehr gerichtet.[199)] Zur Vereinfachung des Sprachgebrauchs wird in diesem Kapitel jedoch allgemein vom Notruf gesprochen, zumal man davon ausgehen kann, dass derjenige, der die Rufnummer „112“ wählt, in irgendeiner Form auch in „Not“ ist.

„Gefährlicher Notruf-Salat“

... So definierte es die Deutsche Presseagentur (dpa) am 12.08.1998 unter Berufung auf eine Veröffentlichung der Deutschen Herzstiftung und des

Bundesverbandes der Notärzte. Angesichts des „Notruf-Nummern-Wirrwarrs“ in Deutschland fordern sie eine einheitliche Notrufnummer. Wie das Beispiel Hamburg zeigt, ein mehr als berechtigtes Verlangen. Dort gibt es vier „Notrufnummern“. Neben den bekannten Rufnummern „110“ und „112“ die „19 219“ für das DRK und die „19 223“ für das Trio ASB, JUH und MHD.[200)]

Die unterschiedlichen Notrufnummern haben historischen Hintergrund: Nach dem 2. Weltkrieg wurde der öffentliche Rettungsdienst im Wesentlichen durch die Besatzungsmächte bestimmt. In der amerikanischen und französischen Besatzungszone wurde er wieder Aufgabe der Rot-Kreuz-Gliederungen, während in der britischen Besatzungszone neben dem Roten Kreuz auch die Feuerwehren entsprechend den Verhältnissen in England involviert wurden. Die Länder Schleswig-Holstein und Niedersachsen rückten später von der britischen Vorstellung ab; während die amerikanische Besatzungsmacht sehr bald anordnete, dass die nach Auflösung des DRK neu zu gründenden Rot-Kreuz-Verbände den Rettungs- und Krankentransportdienst zu übernehmen hatten, durften sich in der französischen Besatzungszone die entsprechenden Gruppierungen erst ab 1948 offiziell wieder als Rot-Kreuz-Verbände bezeichnen.[201)] Diese divergierende Organisation wurde 1949 im Grundgesetz der Bundesrepublik Deutschland festgeschrieben und beeinflusst bis heute die strukturbedingten unterschiedlichen Notrufnummern.

Daraus resultieren z. B. die „Notrufnummern“ 19 222 für den Rettungsdienst in einigen Bundesländern. Die Situation hat sich mit der Zulassung privater Rettungsdienste noch verschlechtert. Denn sie akquirieren und steuern diese Einsätze über eigene Einsatzzentralen mit eigenen Rufnummern – s. Beispiel Hamburg –, was zu einer weitgehenden Abschottung zum öffentlichen Rettungsdienst führt. Die Folge ist, dass Einsätze nicht wechselseitig abgegeben werden, auch wenn das Rettungsmittel des Konkurrenten im Einzelfall günstiger positioniert ist. Mangels einheitlicher Einsatzlenkung fahren nicht selten mehrere Rettungsmittel unkoordiniert zum Einsatz. Streitigkeiten und unnötige Kosten sind die Folge. Die Arbeitsgemeinschaft der in Bayern tätigen Notärzte (agbn) hat sich deshalb für die bundesweit einheitliche Notrufnummer „112“ stark gemacht.[203)] [204)] Eine Besserung wurde z. B. mit dem neuen Bayerischen Rettungsdienstgesetz ab 1. Januar 1998 erreicht, da alle Notfalleinsätze –

auch die der privaten Unternehmer – über die zuständige Rettungsleitstelle abgewickelt werden.[293]

Europaweiter Notruf

Eine neue Qualität der Diskussion wurde mit der Einführung der europaweiten Notrufes erreicht. Der Rat der EG hat mit seiner Entschließung vom 13.02.1989 den Willen bekundet, den innerhalb Europas länderübergreifend reisenden Bürgern eine europaweit einheitliche Rufnummer zur Verfügung zu stellen, unter der die Reisenden Hilfe erwarten können. Im Zuge der Realisierung wurden die europäischen Fernmeldeverwaltungen beauftragt, eine europaeinheitliche Rufnummer für diesen Dienst zu suchen. Die Rufnummer „112“ wurde, nachdem die Bundesregierung durch die Deutsche Bundespost diesen Vorschlag schon 1976 einbrachte, als europaweit einheitliche Notrufnummer festgelegt, weil diese Rufnummer in den Rufnummernplänen der meisten europäischen Fernmeldeverwaltungen unbenutzt und somit verfügbar war.[205]

Zur Missstimmung zwischen Polizei und Feuerwehr kam es, weil die Polizeien der Länder (außer Berlin) verlangten, dass mit Einführung des Euro-Notrufs 112 dieser Notruf generell auf eine Leitstelle der Polizei aufgeschaltet wird. Eine ähnliche Debatte gab es schon einmal, als die Polizeien der Länder mit Einführung des „Notrufsystems 73“ die Abschaffung der „112“ anstrebte. Das Vorhaben hätte bedeutet, dass die Feuerwehren in Deutschland nicht mehr direkt über Notruf erreichbar gewesen wären.[206] Die Auseinandersetzung wurde inzwischen beigelegt.

Mit seinem nachstehend zitierten Beschluss vom 29.07.1991 hat der Rat der Europäischen Gemeinschaft seine Mitgliedstaaten verpflichtet, bis 31.12.1992, spätestens jedoch bis zum 31.12.1996, die Notrufnummer „112“ (ggf. parallel zu anderen bereits vorhandenen nationalen Notrufnummern) als europaeinheitliche Notrufnummer aufzunehmen:

Beschluss des Europäischen Rates vom 29.07.1991 (91/396/EWG):

„Artikel 1

(1) Die Mitgliedstaaten tragen dafür Sorge, daß die Nummer 112 als einheitliche europäische Notrufnummer in die öffentlichen Fernsprech-

netze sowie künftige diensteintegrierende digitale Netze und öffentliche Mobilfunknetze aufgenommen wird.

(2) Die einheitliche europäische Notrufnummer wird ggf. parallel zu anderen vorhandenen nationalen Notrufnummern eingeführt.“

...

Welchen Notruf?

Die Frage ist berechtigt, kann aber nicht pauschal beantwortet werden, wie ein kurzes Beispiel verständlichen soll. Ein im ländlichen Raum Bayerns weilender Taucher aus Hamburg möchte mit seinem Mobiltelefon einen Tauchunfall melden und wählt die „112“. Die Aufschaltung erfolgt zu der an der Empfangsstation nächstgelegenen Polizeiinspektion, weil die Abfrageeinrichtung für die 112 sich in ländlichen Gebieten Bayerns – ohne Berufsfeuerwehr – bei der zuständigen Polizeidienststelle befindet. Der Taucher wird zunächst überrascht sein, dass er bei der Polizei „gelandet“ ist, wo er doch die Feuerwehr gerufen hat. Der Polizeibeamte wird sicher sein Hilfeersuchen aufnehmen und weiterleiten. Das ist aber auch schon alles. Ein Polizeibeamter ist kein ausgebildeter Fachmann im Rettungsdienst und wird daher die entscheidenden, fachkundigen Fragen nicht stellen. Die Abfrage medizinischer Sachverhalte muss aber in der Regel bei Notfallgesprächen immer Grundvoraussetzung sein.[207)] Zudem kommt die Zeitverzögerung für die Weitergabe des Hilfeersuchens und die zwangsläufige doppelte Abfrage durch den Rettungsdienst hinzu.

Obwohl in Bayern über die Rufnummern 110 und 112 grundsätzlich auch medizinische Hilfe herbeigerufen werden kann, gehen doch 40 % der Informationen des Anrufers auf diese Weise verloren. Dies ergab eine Untersuchung der Universität Würzburg.[208)] Eine andere Studie der FORPLAN Forschungs- und Planungsgesellschaft für das Rettungswesen belegt, dass die Geschehen am Notfallort nur unvollständig übermittelt werden. Der „Informationsgehalt im Meldebild“ wird bei 55,1 % mit „mittel“ angegeben.[207)] Es wäre im oben genannten Beispiel deshalb besser gewesen, die Rufnummer „19 222“ der Rettungsleitstelle anzurufen. Dies ist übrigens seit Oktober 1998 in Bayern auch ohne Vorwahl möglich, jedoch nicht mit einem Mobiltelefon!

> Prinzipiell kann für die Bundesrepublik Deutschland die Empfehlung gegeben werden, bei einem Tauchunfall die regional unterschiedliche Notrufnummer für den Rettungsdienst zu rufen. Ist sie nicht bekannt, sollte unverzüglich und unabhängig vom Fest- und Mobilfunknetz die 112 gerufen werden.

Für die Abgabe eines Notrufes ist es von Bedeutung, ob er vom Festnetz oder aus dem Mobilfunknetz erfolgt. Für ein solides Notfallmanagement ist es daher wissenswert, die Unterschiede zu kennen. Eine Darstellung erfolgt in den nachfolgenden Unterkapiteln.

Kostenfreier Notruf

Nach § 13 Telekommunikationsgesetz hat ein Lizenznehmer, der Sprachkommunikationsleistungen für die Öffentlichkeit anbietet, für jeden Endbenutzer unentgeltliche Notrufmöglichkeiten bereitzustellen. Er hat ferner auf Antrag des zuständigen Bundeslandes oder eines ermächtigten Notdienstträgers in öffentlichen, besonders zu kennzeichnenden Telefonstellen zusätzlich Notrufeinrichtungen zu schaffen, die es dem Benutzer ermöglichen, durch einfache Handhabung und möglichst unter automatischer Anzeige des Standortes Sprachverbindung mit einer Notrufabfragestelle aufzunehmen. Für die Abgabe eines Notrufes ist deshalb weder eine Telefonkarte nötig, noch sind passende Münzen bereitzuhalten. Dies gilt jedoch nur für die Notrufnummern 110 und 112. Andere Rufnummern, wie die 19 222 und natürlich auch die durchaus wichtigen „Taucher-Notrufnummern“, wie z. B. von Divers Alert Network (DAN), sind (noch) kostenpflichtig! Fernmeldetechnisch könnte man dies freilich mit einer kostenfreien Servicenummer ändern.

Notruftechnik

Für die Notruftechnik ist es unerheblich, ob der eigentliche Notruf oder aber der Feuerwehrruf über die Technik abgewickelt wird. Aufgrund der sicherheitsrelevanten Informationen und zur Sicherung der Verfügbarkeit der Anschlusstechnik wird für beide Notrufarten die gleiche Notruftechnik betrieben. Notrufanschlüsse werden von der Deutschen Telekom ständig auf Funktionsfähigkeit und die Übertragungsqualität überprüft.

Unterschreitet der Anschluss die Mindestqualität, wird der Anschluss gesperrt und eine Überprüfung eingeleitet.

Für den Fall, dass die Vermittlungsstelle gestört ist, die eine Notrufabfragestelle versorgt, ist, unabhängig von der Größe des Ortsnetzes, die Notrufabfragestelle nicht mehr erreichbar. Der Rufende erhält keinen Hinweis darauf, dass die Notrufabfragestelle nicht erreicht werden kann. Der gleiche Effekt tritt dann auf, wenn die Vermittlungsstelle zwar funktionsfähig ist, die Übertragungswege zu der Notrufabfragestelle aber unterbrochen oder gestört sind. Auch hier ist die Notrufabfragestelle nicht erreichbar. Wichtig ist in diesem Zusammenhang, dass in dem fraglichen Bereich der Notruf auch über ein Mobiltelefon (Handy) nicht abgesetzt werden kann! Nach den bisher vorliegenden Erfahrungen nutzen die neuen Netzbetreiber die Netzübergänge zur Weiterleitung von Notrufen aus dem eigenen Netz in das der Deutschen Telekom zur Übermittlung der Notrufe an die zuständigen Abfragestellen.[209)]

Die Notruftechnik der Deutschen Telekom verhindert den unberechtigten bzw. unbewussten Verbindungsaufbau zu einem nicht zuständigen Notrufanschluss. Die Einwahl in ein fremdes Ortsnetz und die Anwahl der dortigen Notrufnummer ist, wie eingangs zu diesem Abschnitt erwähnt, deshalb technisch nicht möglich.

Für das Notfallmanagement von Tauchunfällen ist es deshalb zweckmäßig und gehört zu den Grundprinzipien taktischer Einsatzplanung, neben den Notrufnummern auch Ausweichrufnummern von benachbarten Rettungsleitstellen, Rettungshubschrauberstationen und Druckkammerzentren mit regulären Amtsanschlüssen im Voraus festzulegen.

Weitere Kenntnisse über die Notruftechnik müssen Taucher nicht haben. Erwähnenswert sind jedoch die wichtigsten Leistungsmerkmale einer Notruf-Abfrageeinrichtung, soweit es sich um Notrufe aus dem Festnetz handelt. Nicht alle Merkmale sind bei eingehenden Notrufen aus dem Mobilfunknetz ausführbar. Weitere Einzelheiten dazu finden Sie im Abschnitt *IV – 3.7.2.1.2* Notruf über Mobilfunk.

– Übermittlung von Standortinformationen von öffentlichen Meldern oder Telefonzellen (wichtig, wenn der Tauchpartner die Örtlichkeiten nicht genau kennt),

- ständige Überwachung des Notrufanschlusses,
- Einleitung einer Rückverfolgung,
- Fangen eines Anrufes (Fangen bedeutet, dass die Verbindung auch dann bestehen bleibt, wenn der Anrufer aufgelegt hat, um ggf. eine Rückverfolgung durchzuführen) oder
- gezieltes Freischalten der Abfrageeinrichtung (wenn ein Anrufer den Notrufanschluss durch Nichtauflegen blockiert),
- Sichtbare Kennzeichnung eines nicht abgefragten Anrufs über Amtsleitungen von Notrufanschlüssen, wenn ein Anruf nach ca. 40 Sekunden nicht abgefragt wurde und der Direktrufende eingehängt hat,
- Anzeige aller Rufnummern (angezeigt werden auch die Rufnummern, welche vom ISDN-Teilnehmer unterdrückt werden oder solche, die ihre Rufnummer geheimhalten).

IV – 3.7.2.1.1
Notruf über Festnetz

Zu den bekanntesten öffentlichen Notrufstellen im Festnetz gehören die Telefonzellen. Für das Notfallmanagement der Taucher spielen sie jedoch mehr und mehr eine untergeordnete Rolle, da in den seltensten Fällen dort, oder in der Nähe, eine Telefonzelle anzutreffen ist, wo getaucht wird. Hinzu kommt, dass die Deutsche Telekom in jüngster Zeit drastische Verluste einräumt, einen aggressiven Preiskampf angekündigt hat und in diesem Zusammenhang nach eigenen Angaben ein „Sparpotenzial bei den Telefonzellen“ sieht.

Ist jedoch eine Telefonzelle in der Nähe der Tauchstelle, ist sie in die Planung mit einzubeziehen, auch wenn ein Mobiltelefon vorhanden ist. Bei Kartentelefonen ist die Wahl der Notrufnummern 110 und 112 auch ohne Einschieben einer Telefonkarte möglich. Auch Münztelefone sind so geschaltet, dass diese Rufnummern kostenfrei gerufen werden können.

Eine Besonderheit stellen die Telefonzellen mit besonderen Einrichtungen für den münzfreien Notruf dar. Hier ist zunächst der Hörer abzunehmen und dann der Hebel des automatischen Wählgerätes in die Stellung „Feuerwehr“ oder „Notruf“ zu bringen. Wichtig ist zu wissen, dass es 17 Sekunden dauert, bis im Hörer das erste Klingelzeichen ertönt. Im Notfall eine lange Zeit, die schon manchen Helfer veranlasst hat, wieder aufzulegen, weil er dachte, die Einrichtung sei defekt.[210)]

Auf weitere Notrufmöglichkeiten, wie etwa die Notrufsäulen auf den Bundesautobahnen oder vereinzelten Bundesstraßen, soll hier nicht näher eingegangen werden, da sie im Zeitalter der Mobilfunktelefone zumindest für das Management eines Tauchunfalles nicht relevant sind.

IV – 3.7.2.1.2
Notruf über Mobiltelefon

Mit Einschränkung die sicherste Möglichkeit, einen Notruf abzugeben, ist die Mitnahme eines Mobiltelefons an die Tauchstelle. Die Forderung nach einer generellen Notruf-Möglichkeit, wie sie in den EU-Normen für die Ausbildung von Tauchern bereits formuliert ist, ist per se das Mobiltelefon *(→ Kap. IV – 1.1.1)*.

Der bestmögliche Notruf mit einem Mobiltelefon ist stets die 112, wobei für jede Funkzelle in Abstimmung zwischen dem Netzbetreiber und der jeweils zuständigen Behörde in den Bundesländern festgelegt wird, wo die „112“ geroutet (hingeleitet) wird. Da unterschiedliche Einrichtungen in der Bundesrepublik Notrufabfrageeinrichtungen rund um die Uhr unterhalten, ist auch die Weiterschaltung eines Notrufes selbst innerhalb eines Bundeslandes sehr unterschiedlich. Mal wird ein Notruf zur Polizei, mal zur Feuerwehr und mal zur Rettungsleitstelle z. B. des Roten Kreuzes weitergeleitet.

Der GSM-Standard (Globales System für Mobilkommunikation) ist ein Mobilfunk-Standard, auf den sich zurzeit über 100 Staaten geeinigt haben. Das heißt, weltweit entsteht mittlerweile eine Vielzahl kompatibler Mobilfunk-Netze. Speziell für Tauchreisen in das Ausland hat dieses System enorme Vorteile, da von einem Telefonanschluss weltweit telefoniert werden kann *(→ Kap. IV – 3.8.5)*.

In folgenden Ländern wird die 112 zurzeit allerdings **nicht** unterstützt:

Land	Netzbetreiber	Notrufnummer		
		Feuer-wehr	Polizei	Rettungs-dienst
Ägypten	MobiNil	180	122 oder 126	123
China	China Unicom	119	110	120
Indien	Hutchison Max Telecom	101	100	102
Kanada	Microcell	911	911	911
Lettland	LMT	01/911	02	03
Makedonien	MobiMak	93	92	94
Oman	GTO	999	999	999
Russland	Uraltel	01	02	03
Senegal	Sonatel	18	17	18
Serbien	Mobtel	93	92	94
Singapur	MobileLink	995	999	999
	MobileOne	995	999	995
Slowakei	Eurotel	150	158	155
Spanien	Telefónica Móviles	085	091 oder 062	061
Taiwan	Chunghwa Telecom	119	110	119
Thailand	AIS	199	191 oder 123	-
Ukraine	UMC	01	02	-

Land	Netzbetreiber	Notrufnummer		
		Feuerwehr	Polizei	Rettungsdienst
USA	APC	911	911	911
	Aerial	911	911	911
	BellSouth	911	911	911
	Voicestream Wireless	911	911	911
Vereinigte Arabische Emirate	Etisalat	997	999	998

Eine aktuelle Übersicht derzeit bekannter GSM-Netze inklusive einem Roamingpartnervergleich deutscher Mobilfunkbetreiber finden Sie außerdem im Internet unter www.roamingpartner.de.

Die kostenlose Notrufnummer 112 kann auch dann gewählt werden, wenn sich keine Mobilfunkkarte (SIM-Karte) im Gerät befindet, kein PIN-Code eingegeben ist, das Gerät nicht im Netz eingebucht oder die Tastensperre aktiviert ist. Ist die Tastensperre aktiviert, unterbleibt allerdings bei der Mehrzahl von Mobiltelefonen nach Eingabe der Notrufnummer die akustische und/oder optische Anzeige, dass die Nummer gewählt wurde.

Eine Abweichung besteht in folgenden Ländern, bei denen die 112 nur **mit SIM-Karte** gewählt werden kann:

Land	Netzbetreiber	Notrufnummer		
		Feuerwehr	Polizei	Rettungsdienst
La Réunion	SRR	112 oder 18	112 oder 17	-
Seychellen	Cable & Wireless	112 oder 999	112 oder 999	-
USA	Omnipoint	112 oder 911	112 oder 911	112 oder 911

Tauchclubs, welche nicht die Kosten für ein betriebsbereites Mobilfunkgerät ausgeben möchten, können daher mit einem älteren, preiswerten Mobiltelefon immer einen Notruf absetzen, auch wenn das Gerät nicht angemeldet wurde. Voraussetzung ist lediglich eine intakte Stromversorgung.

Im Gegensatz zum Festnetz oder stationären Notrufsäulen kann der über ein Mobiltelefon abgegebene Notruf von der Notruf-Abfragestelle nicht lokalisiert werden. Die Kommunikation zwischen Sende- und Empfangsstation und dem Mobiltelefon geschieht in einer Größenordnung von 250 m bis 35 km Radius. Es kann deshalb nicht exakt festgestellt werden, von wo genau der Notruf abgesetzt wurde. Je nach Topografie und dem zu erwartenden Gesprächsaufkommen pro Stunde ist das Netz mit mehr oder weniger Funkzellen abgedeckt. Die Mobilfunkbetreiber legen auch Wert auf die Feststellung, dass kein Bewegungsprofil eines Handybenutzers erstellt werden kann, da bei einer Ortsveränderung aus einer Funkzelle in eine andere Funkzelle die zuletzt gespeicherte Lokalisierung automatisch gelöscht wird. Nur der aktuelle Standort wird nach GSM-Standard mit der oben beschriebenen Genauigkeit festgehalten.

Hier wird es künftig eine Veränderung geben, da die Europäische Kommission am 25. Juli 2003 eine Empfehlung verabschiedet hat, wonach die Betreiber von Festnetzen und Mobilfunknetzen ab dem genannten Zeitraum Angaben zum Anruferstandort an Notrufstellen, die „112-Notrufe“

entgegennehmen, auf eine Weise ermitteln, die der nationalen Organisation des Notrufdienstes am besten angepasst ist und den technischen Möglichkeiten der Netze entspricht. Diese Vorschrift stellt eine Ausnahme zu den allgemeinen EU-Datenschutzbestimmungen dar, nach denen Angaben zum Anruferstandort nur mit Zustimmung des Betroffenen weitergegeben werden dürfen. Die Kommission vertritt die Auffassung, dass diese Ausnahme gerechtfertigt ist, weil in Notsituationen der Schutz des Lebens und der Gesundheit wichtiger ist als der Schutz der Privatsphäre.[348)]

Die Einführung der Systeme wird schrittweise in dem Maße erfolgen, wie ausgereiftere Techniken zur Ermittlung des Anruferstandortes zur Verfügung stehen. Es ist in den nächsten Jahren deshalb davon auszugehen, dass der Aufenthaltsort eines Anrufers – beispielsweise nach einem Tauchunfall – mit einem Mobiltelefon auf wenige Meter genau festgestellt werden kann. Durch Zusammenschaltung und Interoperabilität müssen die Mitgliedstaaten ferner dafür sorgen, dass die Ermittlung des Aufenthaltsortes auch in Grenzgebieten, wo sich Netzreichweite und Grenzverlauf nicht immer decken, wirkt.

Bis zur Inbetriebnahme der beschriebenen Ortungstechnik empfiehlt es sich, die Notrufzentrale der deutschen Autoversicherer in Anspruch zu nehmen. Über die gebührenfreie Notrufnummer **0800-6683663** können alle Anrufe aus dem Mobilfunknetz geortet werden. Die Notrufzentrale unterhält hierfür direkte Verbindungen zu sämtlichen Mobilfunkanbietern. Mit dem mündlichen Einverständnis des Anrufers wird die Standortinformation vom Mobilfunkanbieter eingeholt und mit dem Datenbestand der Straßennetze in der Notrufzentrale verglichen. Dieser Vorgang dauert in der Regel nur wenige Sekunden. Durch konkrete Fragen an den Anrufer wird der aktuelle Aufenthaltsort präzisiert. Falls nötig, wird sofort der Rettungsdienst und/oder die Polizei durch die Zentrale verständigt. Das System ermittelt dazu anhand des Handy-Standorts automatisch die zuständigen Dienststellen. Weitere Informationen sind erhältlich im Internet unter www.notfon-d.de.

Die Versorgung mit Mobilfunk ist aus Sicht der Mobilfunkbetreiber nahezu perfekt; man spricht z. B. bei der Vodafone D2 GmbH von 99 % der Bevölkerung, die erreicht wird. Diese Zahl mag durchaus zutreffen, dennoch gibt es Tauchgebiete, in denen keine oder nur eine eingeschränkte Netzversorgung vorhanden ist, denn die erreichte Bevölkerung (meist Ballungsräume) sagt noch nichts über die Flächendeckung aus. Konkrete Aussagen, wo diese Gebiete definitiv sind, erfährt man aus Wettbewerbsgründen von den derzeit vier Netzbetreibern in Deutschland nicht. Man beruft sich auf die ständige Änderung, bedingt durch den Ausbau des Netzes. Netzabdeckungskarten, wie sie zu Beginn der Mobilfunk-Ära von den Netzbetreibern aufgelegt wurden, gibt es nicht mehr.

Trotz des massiven finanziellen Aufwandes, den die Betreiber in den Ausbau ihrer Netze stecken, ist davon auszugehen, dass in vereinzelten Regionen auch in Zukunft keine Verbindung besteht. Ursächlich sind hier vor allem naturschutzrechtliche Gründe, die ein Betreiben von Sendeanlagen untersagen. Taucher müssen deshalb damit rechnen, dass an bestimmten Gewässern ein Mobilfunkbetrieb nicht möglich ist. Auf die zu treffenden Maßnahmen wird im Abschnitt Verkehrssicherungspflicht *(→ Kap. IV – 3.4.7.2)* hingewiesen.

Zur Netzversorgung ist noch anzufügen, dass bei Abgabe des Notrufes 112 das Signal vor Ort genutzt wird, welches am stärksten ist. Grundsätzlich muss jedoch mindestens ein GSM-Netz vorhanden und am Display des Mobiltelefons durch ein Antennensymbol angezeigt werden. Befindet sich z. B. ein Taucher mit einem Mobiltelefon des D2-Netzes in einem Gebiet, wo das Signal der Deutschen Telekom oder eines anderen Netzbetreibers stärker vorhanden ist, dann wird bei Wahl der 112 das Funksignal aus diesem Netz genutzt.

Wird der Notruf 112 gewählt, dauert es geraume Zeit, bis das Gespräch zustande kommt. Ursache hierfür sind die Netzübergänge zur Weiterleitung von Notrufen aus dem Mobilfunknetz in das der Deutschen Telekom zur Übermittlung der Notrufe an die zuständigen Abfragestellen.[209)] Dies zu wissen ist wichtig, da der Unkundige in der ohnehin angespannten Situation eines Tauchunfalles sonst den Eindruck hat, das Mobiltelefon oder die Verbindung funktioniert nicht.[211) 212) 213)]

Besonderheiten auf See

Das Mobilfunktelefon kann auf See nicht gepeilt und somit auch nicht geortet werden. Die Reichweite und die Verfügbarkeit der Mobilfunknetze sind auf See eingeschränkt. Ebenso können wetterbedingte Einflüsse die Verbindung beeinträchtigen. Das Mobilfunktelefon ist aus diesen Gründen kein Ersatz für das UKW-Seefunkgerät und eignet sich auch nicht zur Abwicklung des Not- und Dringlichkeitsverkehrs im internationalen Seefunk.[214)]

Dennoch wurde aufgrund der immer größeren Verbreitung von Mobiltelefonen auf See ein SAR-Alarmruf bei der Seenotleitung (MRCC) Bremen in allen deutschen Mobilfunknetzen eingerichtet.

Unter der Service-Nummer 124 124 besteht die Möglichkeit, in den funktechnisch versorgten Regionen der Nord- und Ostsee die Seenotleitung in Bremen (Maritime Rescue and Coordination Centre) in dringenden Notfällen zu alarmieren. Dieser Alarmruf kann rund um die Uhr ohne Vorwahl abgesetzt werden, jedoch nur im Gebiet der Nord- und Ostsee. Voraussetzung ist allerdings eine ausreichende Netzversorgung (Akku), eine aktive Mobilfunkkarte, das Telefon muss ferner eingeschaltet und eingebucht sein. Eine Sperrung für abgehende Gespräche darf nicht aktiviert sein. Die Nutzung kostet den üblichen Tarifpreis des Netzanbieters.

Folgende Empfehlungen sollten bei Tauchschiffen beachtet werden:

- Lassen Sie das Mobiltelefon an Bord von einem Fachmann an einem wassergeschützten Ort einbauen und mit einer optimalen Antenne ausrüsten,
- stellen Sie stets ausreichend Energie/Ladestromversorgung (Akku/Ladegerät) für das Mobiltelefon sicher,
- informieren Sie sich vor der Tauchausfahrt bei Ihrem Netzbetreiber über die aktuelle Funkversorgung.

IV – 3.7.2.1.3
Notruf über Funk

Bei Taucheinsätzen von *Behörden und Organisationen mit Sicherheitsaufgaben* (BOS) besteht die Möglichkeit einer „Notrufabgabe“ über die bestehenden Sprechfunkverbindungen. Die BOS in der Bundesrepublik Deutschland betreiben derzeit ein *Analogfunknetz*, dessen ursprüngliche Errichtungs- und Betriebsgenehmigung auf der Basis des Gesetzes über Fernmeldeanlagen (FAG) den Polizeibehörden am 18. Januar 1951 erteilt wurde. Die Ständige Konferenz der Innenminister und -senatoren der Länder (IMK) beschloss 1976, dass alle BOS eine nach einheitlichen Richtlinien gestaltete Vielkanal-Funktechnik einsetzen sollen, um im Bedarfsfall eine Kommunikation zwischen allen Einrichtungen von Polizei, Katastrophenschutz sowie Hilfs- und Rettungsdiensten sicherzustellen.

Das bestehende Analogfunknetz ist mit einigen Nachteilen behaftet, von denen für das Notfallmanagement eines Tauchunfalles zwei relevante herausgegriffen werden sollen. Bei räumlichen Entfernungen gestaltet sich eine durchgehende Funkkommunikation schwierig, da eine Roamingfunktion, d. h. eine automatische Weiterleitung an das nächste Funknetz, nicht realisierbar ist und die Funkkanäle z. B. bei einer Fahrt an einen 50 km entfernten See manuell und unter Zuhilfenahme eines mitgeführten Funkatlanten eingestellt werden müssen. Wegen der festen, vom tatsächlichen Verkehrsaufkommen unabhängigen Zuteilung der Funkkanäle an Benutzergruppen besteht ein permanenter Mangel an Frequenzen und eine zeitweilige Überlastung der Kanäle. Mit einer Verbesserung ist erst mit Einführung der digitalen Bündelfunktechnik in den kommenden Jahren zu rechnen.[215)]

Der unbestrittene Vorteil der GSM-Technik bei Mobiltelefonen *(→ Kap. IV – 3.7.2.1.2)*, über eine weitgehend flächendeckende Funkversorgung, auch in benachbarten Ländern, alle an öffentliche Telefonnetze angeschlossenen Teilnehmer schnell erreichen zu können, hat daher bei den BOS gleichermaßen zur Einführung von Mobiltelefonen geführt. Die Ausstattung eines *Tauchereinsatzleiters* mit einem Mobiltelefon zur unverzüglichen Alarmierung des Rettungsdienstes und/oder zur Kontaktaufnahme mit einer Taucher-Hotline ist heute zwingend.

IV – 3.7.2.1.4
Sonstige Signalgeräte

Die Vorteile der Satellitennavigation mit dem *Global Positioning System (GPS)* können, dank der jüngsten technischen Entwicklungen, auch zur Tauchsicherheit beitragen. Bei abgedrifteten Tauchern ist es mit diesen Systemen möglich, die tatsächlich vorhandene Strömungsgeschwindigkeit sowie Richtung und daraus die Abdrift zu ermitteln.[216)]

Andere Systeme *(CrewFinder RT-200)* bestehen aus einem Peilsender, der fest im Tauchboot montiert ist, und einem Sender, den der Taucher an der Ausrüstung mitführt. Im Notfall aktiviert der Taucher diesen Sender und löst über die internationale zivile Notfrequenz (121,500 MHz) sowohl auf dem Tauchboot als auch auf Schiffen und Flugzeugen, welche sich gerade im Einzugsbereich des Senders von etwa 10 Seemeilen befinden, einen Alarm aus. Wegen ihrer kleinen Antennen und geringen Sendeleistung sind diese Sender von Satelliten allerdings nur schwer zu orten.[127)]

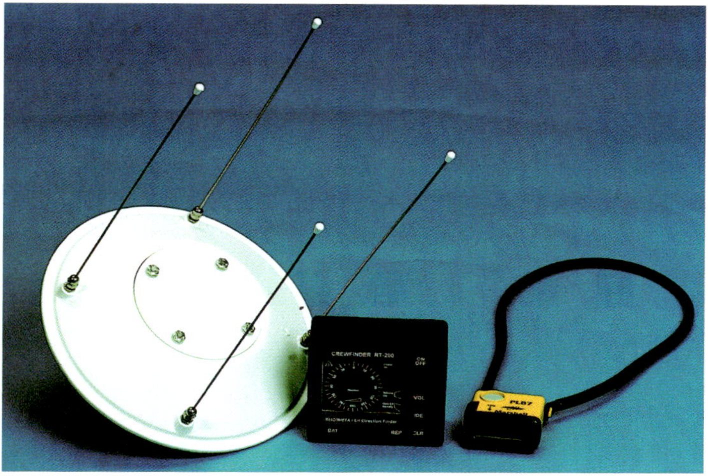

Abb. IV – 3.7.2.1.4/1: CrewFinder RT-200 (von links: Peilantenne, Bedienungs- und Anzeigegerät, Sender für Taucher mit Antenne zum Umhängen). Quelle: Verfasser

Eine weitere Entwicklung ist seit kurzem unter dem Produktnamen *ENOS* (elektronisches Notruf- und Ortungs-System) auf dem Markt. Hier befindet sich ein GPS-Empfänger in einem wasserdichten Koffer auf dem Boot und kommuniziert via Funk mit dem Taucher, der einen Sender mitführt. Sobald der Taucher den Sender aktiviert, wird der genaue Standort und die Entfernung zum Boot angezeigt.[217)]

Bei ausgedehnten Offshore-Touren ist für das Tauchboot ein Notsender im Frequenzbereich 406 MHz dringend zu empfehlen. Diese Frequenz ermöglicht eine sehr hohe Frequenzstabilität. Dadurch ist die Bestimmung der Position auf einen Bereich von ca. 4 km^2 möglich. Bei den oben beschriebenen Notsendern mit 121,500 MHz ist das Suchgebiet etwa 225 km^2 groß. Zudem kann mit den 406-MHz-Notsendern ein codiertes Signal ausgesendet werden. Bei Aufnahme des Notsignals können aus einer Datenbank dann die exakten Daten zur Art des Fahrzeuges und des Eigentümers gemacht werden. Die 406-MHz-Geräte sind aufgrund der notwendigen Digitaltechnik allerdings wesentlich teuerer.

IV – 3.7.3
Rettungsdienst

IV – 3.7.3.1
Aufgaben und Organisation

Der Rettungsdienst hat in der Bundesrepublik Deutschland nach den Gesetzen der Länder derzeit folgende Aufgaben:[218) 219)]

1. Notfallrettung und Krankentransport

- bei lebensbedrohlich Verletzten oder Erkrankten (Notfallpatienten) lebensrettende Maßnahmen durchzuführen, ihre Transportfähigkeit herzustellen und sie unter fachgerechter Betreuung in dafür besonders ausgestatteten Rettungsmitteln in eine für die weitere Versorgung geeignete Behandlungseinrichtung zu befördern (Notfallrettung),
- sonstige kranke, verletzte oder hilfsbedürftige Personen, die während einer Fahrt der fachlichen Betreuung oder eines besonders ausgestatteten Rettungsmittels bedürfen oder bei denen dies aufgrund ihres Zustandes zu erwarten ist, zu befördern (Krankentransport),
- zur Versorgung von Notfallpatienten den Transport von lebenswichtigen Medikamenten und Blutkonserven, von Organen für Transplantationen und die mit einem Rettungseinsatz notwendig verbundenen Suchaufgaben durchzuführen.

2. Notärztliche Versorgung

Die notärztliche Versorgung ist nach der neuesten höchstrichterlichen Rechtsprechung (BSG, BGH und BVerwG) zumindest organisatorisch Aufgabe des Rettungsdienstes. Sie stellt die am höchsten qualifizierte Stufe der Notfallrettung dar.

3. Sekundärtransporte

Der Rettungsdienst umfasst auch die weitere Beförderung von bereits klinisch behandelten Patienten, wenn die Beförderung als Notfallrettung oder Krankentransport einzustufen ist. Zu den Sekundärtransporten zählen folgende Einsätze:

Beförderungen von

- Patienten mit vitaler Gefährdung (Notfallpatienten) aus einer Behandlungseinrichtung in eine andere Untersuchungs- oder Behandlungseinrichtung zur Diagnose oder weiteren Behandlung,
- Patienten ohne vitale Gefährdung (kranke) aus einer Behandlungseinrichtung in eine für die weitere Behandlung geeignete Einrichtung.

Die Entscheidung über das im Einzelfall einzusetzende Rettungsmittel obliegt dem verantwortlichen ärztlichen Personal der abgebenden Behandlungseinrichtung.

4. Ergänzungsfunktion der Luftrettung

Der Rettungsdienst wird vorrangig durch bodengebundene Rettungsmittel erbracht, weil nur diese in ausreichender Zahl ständig zur Verfügung stehen, die meisten Einsätze zeit- und fachgerecht bedienen können und kostengünstiger sind.

Die Funktion der Luftrettung besteht in der Ergänzung des bodengebundenen Rettungsdienstes. Nach den vom Bund-Länder-Ausschuss Rettungswesen 1974 und 1986 beschlossenen Grundsätzen hat die Luftrettung vorrangig die Aufgabe, die notärztliche Versorgung in einem Einsatzradius von 50 bis 70 km nach festgelegten Kriterien sicherzustellen.[220)]

Für die notfallmedizinische Versorgung als auch den Einsatz angemessener Rettungsmittel legte AHNEFELD im Hinblick auf die Gesundheitsstrukturreform ein Konzept vor, welches mit einer günstigen Kosten-Nutzen-Relation umgesetzt werden könnte:[221)]

- Konzept eines verzahnten außerklinischen Versorgungssystems
- Notfallrettung und Krankentransport
- Notarztdienst und ärztlicher Bereitschaftsdienst

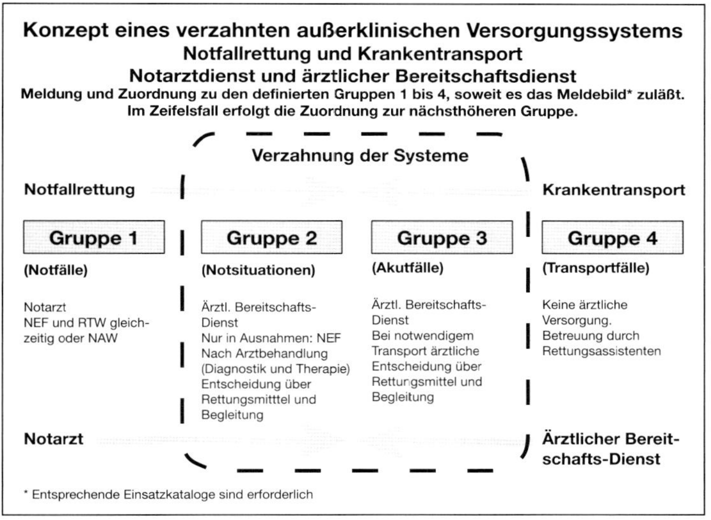

Abb. IV – 3.7.3.1/1: Konzept eines verzahnten außerklinischen Versorgungssystems. Quelle: AHNEFELD

Meldung und Zuordnung zu den definierten Gruppen 1 bis 4, soweit es das Meldebild*) zulässt.

Im Zweifelsfall erfolgt die Zuordnung zur nächsthöheren Gruppe.

Welches Personal der Rettungsdienst (RD) zu einem Tauchunfall entsendet, mag auf den ersten Blick unerheblich sein. Bei fachkundiger Betrachtung ist es jedoch so, dass sowohl beim ärztlichen als auch beim nichtärztlichen Rettungsdienstpersonal gravierende Unterschiede in der Ausbildung, damit in der Kompetenz bestehen. Dies hat z. B. beim nichtärztlichen Personal zur Folge, dass nicht jeder an der Einsatzstelle eintreffende Mitarbeiter so fundierte Fachkenntnisse hat, dass er im Zuge der

*) Entsprechende Einsatzkataloge sind erforderlich

Notkompetenz die dringend indizierten invasiven Maßnahmen ergreifen kann, respektive darf. Die Notkompetenz*) wird im Schrifttum „nur“ den Rettungsassistenten oder Rettungssanitätern erlaubt und setzt voraus, dass

- der Rettungsassistent am Notfallort auf sich alleine gestellt ist und rechtzeitig ärztliche Hilfe, etwa durch An- oder Nachforderung des Notarztes, nicht erreichbar ist,
- die Maßnahmen, die er aufgrund eigener Diagnosestellung und therapeutischer Entscheidung durchführt, zur unmittelbaren Abwehr von Gefahren für das Leben oder die Gesundheit des Notfallpatienten dringend erforderlich sind,
- das gleiche Ziel durch weniger eingreifende Maßnahmen nicht erreicht werden kann (Prinzip der Verhältnismäßigkeit bei der Wahl der Mittel),
- die Hilfeleistung nach den besonderen Umständen des Einzelfalles für den Rettungsassistenten zumutbar ist.

Nach dem wissenschaftlichen Stand der Notfallmedizin kommen zur Abwehr von Gefahren für das Leben oder die Gesundheit des Notfallpatienten folgende spezifisch ärztliche Maßnahmen zur Durchführung durch den Rettungsassistenten im Rahmen einer **Notkompetenz** in Betracht:

- die Intubation ohne Relaxanzien,**)
- die Venenpunktion,
- die Applikation kristalloider Infusionen,
- die Applikation ausgewählter Medikamente,
- die Frühdefibrillation.

Die Ausübung der Notkompetenz durch den Rettungsassistenten richtet sich nach dem Grundsatz der Verhältnismäßigkeit. Das am wenigsten greifende Mittel, das zum Erfolg führt, ist anzuwenden. Ist beispielsweise die Beatmung mit einem Beatmungsbeutel effektiv, ist eine Intubation mit ihren höheren Gefahren unzulässig, weil nicht mehr verhältnismäßig.[222) 332) 347)]

---

*) Weitere Informationen hierzu erhalten Sie unter www.Notkompetenz.de

**) lat. relaxare entspannen; Mittel zur Entspannung

Es sind Bestrebungen im Gange, Tätigkeiten, welche bisher der Notkompetenz zuzuordnen sind, künftig dem nichtärztlichen Personal unter bestimmten Voraussetzungen zu gestatten. Die Bundesärztekammer (BÄK) hat hierzu einen Katalog mit dem Hinweis erstellt, dass diese Kompetenzen keine Notkompetenzen, sondern eigenständige Kompetenzen (Regelkompetenz) werden sollen und damit auch haftungsrechtliche Ansprüche von Seiten der Patienten auf eine fachgerechte Durchführung dieser Maßnahmen durch Rettungsassistenzpersonal verbunden wären.[276) 341)]

Das zum Einsatz kommende Rettungsdienstpersonal ist in den Rettungsdienstgesetzen der Länder geregelt und hat folgende Strukturen:

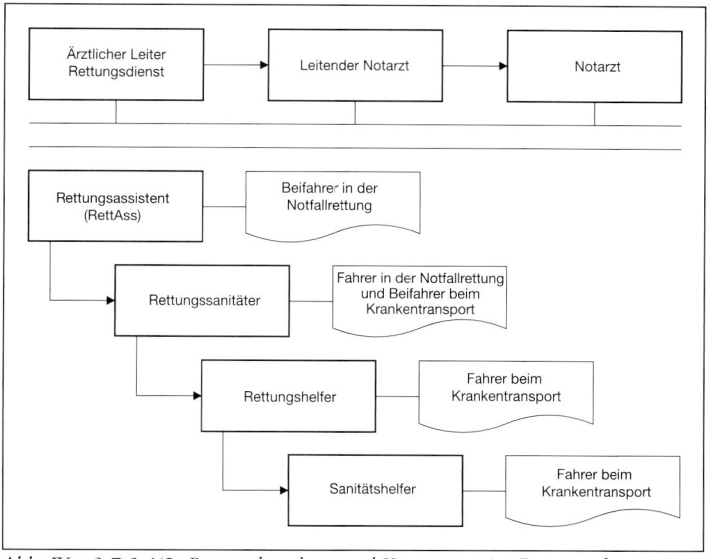

Abb. IV – 3.7.3.1/2: Personalstruktur und Kompetenz im Rettungsdienst

– Ärztlicher Leiter Rettungsdienst ist ein im Rettungsdienst tätiger Arzt, der auf regionaler bzw. überregionaler Ebene die medizinische Kontrolle über den Rettungsdienst wahrnimmt und für Effektivität und

Effizienz der präklinischen, notfallmedizinischen Patientenversorgung und -betreuung verantwortlich ist.[223] [224] [225]

– Leitender Notarzt ist ein in Notfall- und Katastrophenmedizin umfassend geschulter und erfahrener Arzt, der bei Schadensereignissen mit einem Massenanfall von Verletzten die ärztliche Versorgung am Schadensort verantwortlich leitet, koordiniert und überwacht.[226] [227]
– Notarzt ist ein Arzt mit besonderen Kenntnissen in der Notfallmedizin, der im Rettungsdienst tätig ist und eine spezielle Ausbildung durchlaufen hat (Definition gem. DIN 14 011 Teil 4).

Die Tätigkeit des Ärztlichen Leiters Rettungsdienst ist unabhängig und organisationsübergreifend.[228] Soweit er bereits etabliert oder – wie z. B. in Bayern – in „Erprobung“ ist,[229] kann der Funktionsinhaber zur Disposition und Verbesserung des Tauchunfallmanagements z. B. zwischen verschiedenen Hilfeleistungsunternehmen und den regionalen Tauchschulen und -clubs als Schnittstelle und kompetenter Ansprechpartner empfohlen werden.

Im Einsatz erfordert die parallele Versorgung zahlreicher Notfallpatienten und/oder die Abwicklung sehr ausgedehnter Taucheinsätze einen zusätzlichen Aufbau einer rettungsdienstlichen Führungsorganisation. Neben den etablierten und oben kurz beschriebenen Führungsstrukturen hat sich seit einiger Zeit der *Organisatorische Leiter Rettungsdienst* (OrgL) bewährt. Er ist für einsatztaktische und organisatorische sowie für logistische Aufgaben im Rettungsdienstbereich verantwortlich.[230]

IV – 3.7.3.2
Hilfsfristen

Bei der Notfallplanung für ein Tauchgewässer sind die Hilfsfristen des jeweiligen Bundeslandes zu berücksichtigen. Als Hilfsfrist wird die Zeit in Minuten bis zum Eintreffen eines Fahrzeuges des bodengebundenen Rettungsdienstes am Notfallort definiert. Die Dauer der Hilfsfristen ist je nach Bundesland unterschiedlich. Der niedrigste angegebene Wert beträgt fünf bis acht Minuten (Nordrhein-Westfalen ohne ländlichen Bereich), der höchste 20 Minuten (Sachsen-Anhalt für den Notarzt). Ein direkter Vergleich ist nicht möglich, da die Länder den Beginn der Hilfsfrist unterschiedlich auslegen. In acht Bundesländern wird der Eingang der Notfallmeldung als Beginn der Hilfsfrist festgelegt. In fünf Ländern wird hingegen erst das „Abrücken" des Rettungsmittels, also die reine Fahrzeit, als Beginn der Hilfsfrist bestimmt.[231)]

Von AHNEFELD[232)] und KOCH[233)] wird eine einheitliche Definition angemahnt. Aus medizinischer Sicht muss die Hilfsfrist einheitlich als die Zeit definiert werden, die zwischen Eingang der Meldung in der Leitstelle und dem Beginn der notfallmedizinischen Maßnahmen am Patienten vergeht.

In mehreren Bundesländern, z. B. in Bayern, ist die Hilfsfrist (nur) „in der Regel" einzuhalten. Die Ausnahmefälle können witterungs- oder verkehrsbedingt eintreten. Sie können aber auch als bewusste planerische Entscheidung Gebiete mit sehr geringer Notfallwahrscheinlichkeit, z. B. einen abgelegenen Bergsee, unversorgt lassen. In solchen Landstrichen ist daher immer mit einer Hilfsfrist von 15–20 Minuten zu rechnen. Nach AHNEFELD beträgt die Letalitätsrate bei einer Hilfsfrist[*)] von bis zu 20 Minuten 40 %, dahingegen bei einer Hilfsfrist bis zu 5 Minuten 15 %.[234)]

Die Bestimmungen zur Hilfsfrist in den Rettungsdienstgesetzen der Länder beziehen sich ausschließlich auf die bodengebundenen Rettungsmittel. Auf die zivile Luftrettung sind sie nicht anwendbar.[235)] Dennoch wurden die Standorte der RTH so ausgewählt, um die Lücken der Hilfsfristen in den Bundesländern auszugleichen. In Baden-Württemberg erreicht der Hubschrauber z. B. im Mittel 9,3 Minuten nach Alarmierung die Notfallstelle und unterbietet damit die in Baden-Württemberg vorgegebene Hilfsfrist von 15 Minuten deutlich.[236)]

IV – 3.7.3.3
Landrettung

Trotz unbestrittener Vorteile der Luftrettung werden in der Regel bodengebundene Rettungsmittel zu einem Tauchunfall in Marsch gesetzt, oftmals auch in Ergänzung zum Hubschrauber. Welche Fahrzeuge dies sind, wird im nächsten Abschnitt kurz erläutert. Derzeit kann davon ausgegangen werden, dass zukünftig für Europa drei genormte Typen von bodengebundenen „Krankenkraftwagen" für den Rettungsdienst vorgesehen sind:

*) Es wird hier der Terminus *Eintreffzeit* verwendet

1. Krankentransportwagen
2. Notfallkrankenwagen
3. Rettungswagen (Mobil Intensive Care Unit)

Beide letztgenannten Fahrzeuge sollen für die Notfallrettung geeignet sein.

Zwei Fahrzeuge für die Notfallrettung sind dabei ein typisch europäischer Kompromiss zwischen den (deutschsprachigen) Ländern, die insbesondere für ihre Notarztsysteme ein ausreichend großes und medizinisch, technisch ausgerüstetes Fahrzeug weiterhin nutzen wollen, und jenen Ländern, die auch zukünftig weitestgehend eine Notfallrettung ohne Notarzt mit einer Art „erweiterten" KTW durchführen werden.[237)]

IV – 3.7.3.3.1
Rettungsfahrzeuge (Übersicht)

Die Darstellung der in Deutschland üblichen Rettungsfahrzeuge mag in diesem Buch manchem Taucher als überzogen erscheinen. Aus der Sicht eines unbekümmerten Sporttauchers sogar verständlich. Es dürfte aber Einmütigkeit darüber bestehen, dass Taucher von Hilfeleistungsunternehmen, Polizei und Feuerwehr schon wegen der taktischen Zusammenarbeit Grundkenntnisse über die zum Einsatz kommenden Fahrzeuge des Rettungsdienstes haben sollen.

Darüber hinaus verhindern genaue Kenntnisse über Einsatzindikationen und Versorgungsmöglichkeiten im Rettungsdienst Missverständnisse zwischen den Helfern und dem Rettungsdienst, sparen Kosten durch Mehrfachalarmierungen und retten letztendlich Menschenleben durch eine gezielte schnelle Alarmierung des Rettungsmittels.[238)]

Nachfolgend ein visueller Überblick über die in Deutschland eingesetzten Land-Rettungsmittel und ihre Definition.

Krankentransportwagen (KTW) sind für die Beförderung von Nicht-Notfall-Patienten bestimmt, bei denen auch während des Transports nicht mit einer Verschlechterung der Erkrankung zu rechnen ist.[239) 240)]

Rettungswagen (RTW) dienen zur Erstversorgung und zur Beförderung von Notfallpatienten. Dieses Rettungsmittel kann im Bedarfsfall auch für Krankenbeförderungen eingesetzt werden. Notfallpatienten sind Ver-

Abb. IV – 3.7.3.3.1/1: Krankentransportwagen (KTW). Quelle: MAASS

Abb. IV – 3.7.3.3.1/2: Rettungswagen (RTW). Quelle: MAASS

letzte oder Erkrankte, die sich in Lebensgefahr befinden oder bei denen schwere gesundheitliche Schäden zu befürchten sind, wenn sie nicht unverzüglich Hilfe erhalten.[241)] Durch die in der Notfallrettung ausgebildeten Rettungskräfte können vor und während des Transports Maßnahmen ergriffen werden, die die Vitalfunktionen des Patienten wieder herstellen oder erhalten. Gegenüber einem KTW hat ein RTW u. a. den Vorteil, dass die Krankentrage zur optimalen Patientenversorgung ringsherum begehbar sein muss. Die leistungsfähige Ausrüstung (DIN 75 080 Teil 2) und Besetzung mit erfahrenem Personal ermöglicht gemeinsam mit dem Notarzt eine Intensivtherapie am Notfallort sowie einen qualifizierten Transport in das nächste Krankenhaus.[233]

Auch **Notarztwagen** (NAW) sind für die Behandlung und Beförderung von Notfallpatienten einzusetzen. Der Unterschied zur Einsatzindikation eines RTW liegt darin, dass am Einsatzort und während des Transports ärztliche Maßnahmen zur Wiederherstellung und Erhaltung der Vitalfunktionen durch einen in der Notfallmedizin ausgebildeten Arzt geleistet werden können. Die medizintechnische Ausstattung von ständig notarztbesetzten RTW – die damit definitionsgemäß zum NAW werden[242] – ist den Anforderungen entsprechend erweitert. Ein wesentlicher Nachteil eines NAW besteht darin, dass bei fehlender Indikation zur notärztlichen Transportbegleitung dieses Rettungsmittel gebunden ist, es sei denn, ein weiterer RTW wird zusätzlich gerufen.

Abb. IV – 3.7.3.3.1/3: Notarzteinsatzfahrzeug (NEF). Quelle: MAASS

Ein **Notarzteinsatzfahrzeug** (NEF) ist ein ständig notarztbesetztes Rettungsmittel, in der Regel ein Pkw, für das gleiche Einsatzspektrum wie ein NAW, das heißt die Erstversorgung und Transportbegleitung von Patienten, die ärztlicher Hilfe bedürfen. Im Rendezvous-System können NEF und RTW von verschiedenen Rettungswachen bzw. Kliniken aus zur Einsatzstelle fahren. Im Gegensatz zum NAW steht mit einem NEF ein flexibler Arztzubringer zur Verfügung, der, wenn kein ärztlicher Interventions- oder Begleitungsbedarf besteht, noch an der Einsatzstelle wieder für den nächsten Notfalleinsatz zur Verfügung steht. Die Ausstattung eines NEF ist in DIN 75 079 geregelt.

Abb. IV – 3.7.3.3.1/4: Intensivtransportwagen (ITW). Quelle: Maass

Ein **Intensivtransportwagen** (ITW) dient dem Interhospitaltransfer von Patienten unter intensivpflichtigen Bedingungen. Die Ausstattung ist noch nicht genormt, soll jedoch wie ein ITH – natürlich ohne Flugtechnik – *(→ Kap. IV – 3.7.3.6)* ausgestattet werden.[243] [244] Die Anzahl der Transporte von Hochrisikopatienten nimmt zu, da aufgrund hoher Bereitstellungskosten nur noch Krankenhäuser mit besonderer Versorgung oder Maximalversorgung besondere Heilverfahren anbieten.

IV – 3.7.3.4 Luftrettung

Erste „Testrettungseinsätze" mit Hubschraubern wurden 1968/69 vom Deutschen Roten Kreuz (DRK) in den Räumen Mainz und Nürnberg sowie gemeinsam vom Allgemeinen Deutschen Automobilclub (ADAC), DRK und Ärzten anderer Hilfsorganisationen durchgeführt.[245] Die Luftrettung ergänzt heute den bodengebundenen Rettungsdienst. Sie hat daher grundsätzlich den gleichen Leistungsbereich wahrzunehmen wie der bodengebundene Rettungsdienst.[219] Für den Transport eines verunfallten Tauchers ist die Luftrettung in der Regel das Mittel der Wahl.[246]

Neben der Unterstützungsfunktion zur Erfüllung der Hilfsfristen gleicht der mit einem Arzt besetzte RTH auch einsatztaktische Nachteile des bodengebundenen Rettungsdienstes aus. Er ist dann einzusetzen, wenn er den Notarzt schneller zum Einsatzort transportieren kann als der Notarztwagen (NAW) oder das Notarzteinsatzfahrzeug (NEF), es eines zweiten Notarztes bedarf (z. B. Verkehrsunfall mit mehreren Verletzten) oder bereits absehbar ist, dass der Transport des Notfallpatienten auf direktem Wege von der Einsatzstelle in ein weiter entfernt gelegenes Krankenhaus der Maximalversorgung erforderlich sein wird. Der Transport eines verunfallten Tauchers in eine Druckkammer zur hyperbaren O_2-Therapie wäre deshalb eine typische Indikation für einen RTH-Einsatz.

Der Einsatz eines Luftrettungsmittels setzt allerdings voraus, dass das Luftfahrzeug beim oder zumindest in der Nähe des Patienten landen kann. Besteht keine Landemöglichkeit, ist eine Rettung nur bedingt möglich. Der Rettungs-Transporthubschrauber (RTH) müsste dann mit einer Winde oder einem neuerdings zur Anwendung kommenden Rettungsseil (Fixtau) ausgerüstet sein. Auf weiträumigen Gewässern kann es darüber hinaus von Vorteil sein, den Patienten nicht erst zeitraubend an Land zu fahren, sondern ihn direkt über Wasser bzw. vom Wasserfahrzeug aufzunehmen.

Für das geordnete Management ist es erforderlich, sich mit den wichtigsten Regeln der Luftrettung auseinander zu setzen. Darüber hinaus erscheint, vor allem für die im Rettungsdienst tätigen Leserinnen und Leser, ein kurzer Überblick der zum Einsatz kommenden RTH sinnvoll, da – in Verbindung mit den Notfalladressen *(→ Taucher-Handbuch, Kap. IX – 1)* – so einfach eruiert werden kann, wo welcher RTH steht, welche Ausstattung er hat und welche Voraussetzungen vorhanden sein müssen, um landen zu können. Nicht jeder Hubschrauber kann zu jeder Zeit fliegen. Witterungseinflüsse und schlechte Sicht mögen für den einen oder anderen Taucher kein Hindernis sein, stellen aber für die Mehrzahl der RTH (noch) ein Flughindernis oder -verbot dar.

Unter dem Eindruck der kritisch hinterfragten Notwendigkeit der für die Luftrettung benötigten Mittel stellen AHNEFELD und OPITZ zur Diskussion, ob der bisher gültige Einsatzradius für RTH (50 km) beizubehalten ist oder aufgrund der technischen Entwicklung und der vermehrt im bodengebundenen Rettungsdienst tätigen Notärzte auf 70 km zu erweitern ist.[221) 247)] RIEHL kommt zu dem Ergebnis, dass bei optimaler Abstimmung auf die Bedürfnisse und einer Erweiterung des Einsatzradius auf 60 km die RTH-Stationen von heute 51 auf 36 gesenkt werden könnten, ohne dass eine schlechtere Versorgung in Kauf genommen werden muss.[248] Von STEIGER wird jedoch angeführt, dass auch mit den schnelleren Hubschraubern der Typen EC 135, BK 117 oder Explorer bei solchen Radien keine „vernünftigen Hilfsfristen" mehr erreichbar sind.[249] Aus der Sicht des Verfassers würde dies auch bedeuten, dass die Wahrscheinlichkeit, künftig einen RTH nach Tauchunfall zur Verfügung zu haben, erheblich reduziert wird.

IV – 3.7.3.4.1
Nachtflug- und Landeplatzkriterien

Tauchunfälle ereignen sich nicht nur bei Tage und schönem Wetter, sondern auch bei widrigen Wetterverhältnissen (Eistauchgänge), in Tagesrandlagen und bei Nacht. Da der Transport des verunfallten Tauchers in der Regel sofort indiziert ist, muss der Hubschrauber-Einsatz auch bei Nacht in Erwägung gezogen werden.

Ob ein RTH überhaupt startet, hängt letztendlich von der Entscheidung des Luftfahrzeugführers (Pilot) ab. Er muss abwägen, ob ein Landeplatz geeignet und ein Schlechtwetterflug durchführbar ist. Dieses Entscheidungsrecht ist in § 3 der Luftverkehrsordnung (LuftVO) verankert und nicht auf Dritte übertragbar.[250] Die LuftVO legt sehr genau fest, unter welchen Bedingungen nach Sichtflugregeln geflogen werden darf und wann nach den Instrumentenflugregeln geflogen werden muss. Bei Flügen im Such- und Rettungseinsatz oder zur Hilfeleistung bei einer Gefahr für Leib und Leben einer Person kann der Pilot allerdings von den Sichtflugregeln abweichen (§ 34 LuftVO).

Die Vorschriften, bei welchem Wetter geflogen werden darf, richten sich nach der ICAO-Klassifizierung.[*] Nach dieser Klassifizierung ist der Luftraum in einen kontrollierten Bereich (Gebiete A bis E) und einen unkontrollierten Luftraum (Gebiete F bis G) eingeteilt. Die Ambulanz- und Rettungsflüge finden vornehmlich in den Gebieten G, D und E statt. In der Bundesrepublik Deutschland wird bei den Wettervorschriften nicht zwischen Tag- und Nachtflug unterschieden. Die nachfolgende Übersicht zeigt einen Überblick, unter welchen Bedingungen geflogen werden kann.[278] [251]

[*] International Civil Aviation Organization

Wettervorschriften			Sinnvolle Minima für den Nachtflug	
Luft-raum	**Flugsicht**	**Abstand von Wolken**	**Flugsicht**	**Abstand von Wolken**
G	Sonderregelung in Deutschland u. a. für Hubschrauber 800 m	 frei von Wolken und Erdsicht	5 km	Wolkenuntergrenze 1000 ft (305 m)
D	5 km	wie Luftraum E	5 km	wie gesetzliche Vorschrift
E	Sonderregelung in der BRD 8 km (sonst 5 km)	Bis 3050 m Flughöhe 1500 m horizontaler und 300 m vertikaler Wolkenabstand	8 km	wie gesetzliche Vorschrift

Für den Lufttransport bei Nacht müssen folgende Kriterien erfüllt sein:[278]

1. Der Transport des Patienten zu diesem Zeitpunkt muss zwingend notwendig sein.
2. Der Lufttransport ist gegenüber dem Bodentransport medizinisch notwendig.
3. Der Lufttransport bringt gegenüber dem Bodentransport entscheidende Zeitvorteile.
4. Der Lufttransport ist fliegerisch entsprechend den Bedingungen für Nachtsichtflüge vom Aufnahmeort des Patienten bis zum Verlegungsziel unbedenklich.

Luftfahrzeuge dürfen außerhalb der für sie genehmigten Flugplätze nur starten und landen, wenn der Grundstückseigentümer oder sonst Berechtigte zugestimmt und die Luftfahrtbehörde eine Erlaubnis erteilt hat [§ 25 (1) Luftverkehrsgesetz (LuftVG)]. Diese Vorschrift gilt nicht, wenn die Landung aus Gründen der Sicherheit oder zur Hilfeleistung bei einer Gefahr für Leib oder Leben einer Person erforderlich ist. Das Gleiche gilt für den Wiederstart nach einer solchen Landung mit Ausnahme des Wiederstarts nach einer Notlandung [§ 25 (2) LuftVG].[252)]

Als medizinischer Laie wird der Luftfahrzeugführer kaum in der Lage sein zu entscheiden, ob eine Landung tatsächlich zur Abwehr einer Gefahr für Leib oder Leben erforderlich ist. Insoweit ist er auf die Information der Leitstelle, des Notarztes oder des Krankenhauses angewiesen. Diese Stellen müssen die medizinische Notwendigkeit des Hilfeleistungsfluges attestieren, der Pilot entscheidet auf dieser Grundlage, ob eine Landung luftrechtlich zu verantworten ist.[253)] Es kommt folglich der Aussagekraft des Notrufes bei einem Tauchunfall besonders bei widrigen Witterungsverhältnissen eine maßgebende Bedeutung zu. Wird das Ereignis bei Abgabe des Notrufes bagatellisiert, weil vielleicht Fehler beim Tauchgang gemacht wurden, ist davon auszugehen, dass bei einem solchen Meldebild die Rettungsleitstelle keinen Hubschrauber zur Einsatzstelle entsendet.

Soll ein RTH an einem Tauchgewässer landen, muss der Landeplatz folgende Forderungen erfüllen:[254) 255) 256)]

1. Hindernisfreiheit

Es werden zwei An- und Abflugsektoren hindernisfrei benötigt. Dazu ist als wichtiger Grundsatz zu beachten, dass ein Hubschrauber nur in den seltensten Fällen wirklich senkrecht starten und landen kann; er braucht zur Auftriebserzeugung auch Vorwärtsfahrt. Für die An- und Abflugsektoren ist ein Freiwinkel von 1:6 anzustreben.

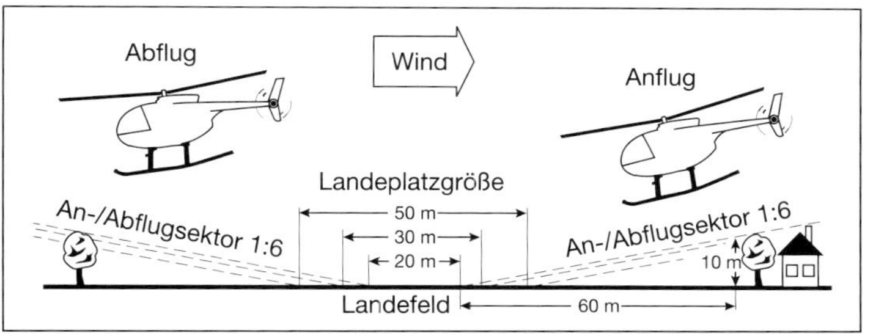

Abb. IV – 3.7.3.4.1/1: Vorderer und hinterer Freiwinkel für An- und Abflug

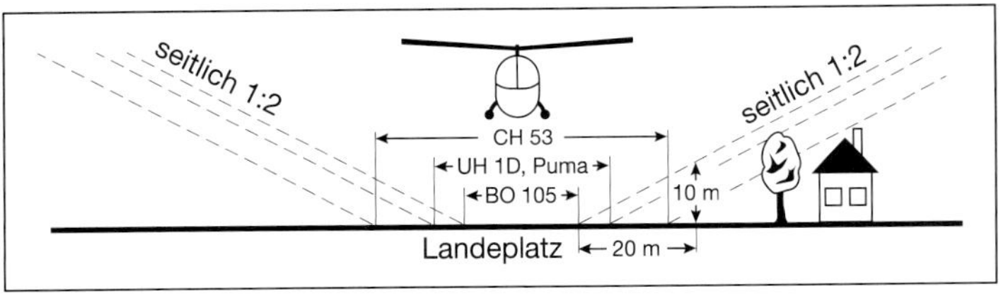

Abb. IV – 3.7.3.4.1/2: Seitlicher Freiwinkel zu den An- und Abflugsektoren

Seitlich zu den An- und Abflugwinkeln sollte mindestens ein Freiwinkel von 1:2 eingehalten werden.

Der Mindestabstand zu Gebäuden mit Fensterfronten soll wegen der Gefahr der Sachbeschädigung durch Rotorabwind 40–50 Meter betragen. Üblicherweise werden die An- und Abflüge gegen den Wind erfolgen. Da die jeweils vorherrschende Windrichtung nicht vorherbestimmt werden kann, steht nicht von vornherein fest, für welche An- und Abflugrichtung sich der Pilot entscheiden wird. Deshalb sollte die Hindernisfreiheit 100 Meter um das Landefeld möglichst überall einen Freiwinkel von 1:6 aufweisen.

Nach Möglichkeit sind vor allem Landeflächen in U-förmiger Hindernissituation (fliegerischer Sackbahnhof) zu vermeiden, da hierbei Rückenwindprobleme oder Leewindeffekte auftreten können. Noch ungünstiger ist selbstverständlich ein Landefeld, das von allen Seiten von hohen Hindernissen (Baumbewuchs, Gebäude usw.) umgeben ist *(→ Abb. IV – 3.7.3.4.1/3)*. Hier ist der Hubschrauberpilot zu Steillandung und Steilstart gezwungen. Dies kann – abhängig von den Leistungsreserven – vor allem im Sommer bei hohen Temperaturen beim Start zu kritischen Flugphasen führen.

2. Bodenfläche

Der Boden der Landefläche muss frei von Hindernissen und Vertiefungen sein. Er soll höchstens 3 % bis 5 % geneigt sein und die erforderliche Tragfähigkeit *(→ Typenübersicht, IV – 3.7.3.4.7)* besitzen.

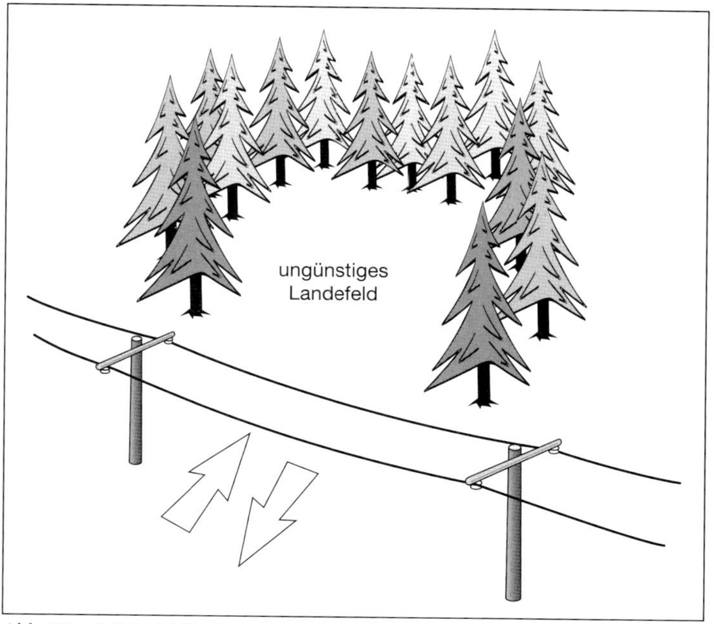

Abb. IV – 3.7.3.4.1/3: Summe von Hindernissen (nur eine Start- und Landerichtung, Hindernisse, Zwang zu steilen Flugverfahren)

Die Landefläche soll frei sein von Staub, Sand, Steinen und Bewuchs höher als 30 cm. Loser Schnee soll festgetreten werden, damit er bei der Landung nicht hochgewirbelt wird und dem Piloten die Sicht nimmt.

Hanglagen bergen die Gefahr einer Bodenberührung mit den Rotoren in sich. Nach einer Landung besteht hier die Gefahr, dass der Hubschrauber abrutscht. Deshalb muss die Entscheidung über eine Hanglandung der Hubschrauberbesatzung überlassen bleiben.

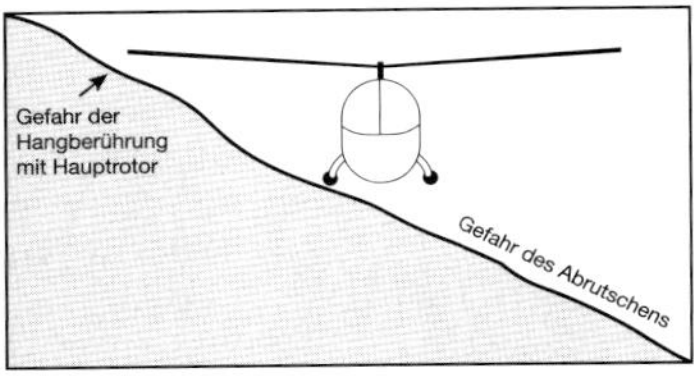

Abb. IV – 3.7.3.4.1/4: Gefahr der Hangberührung mit Hauptrotor

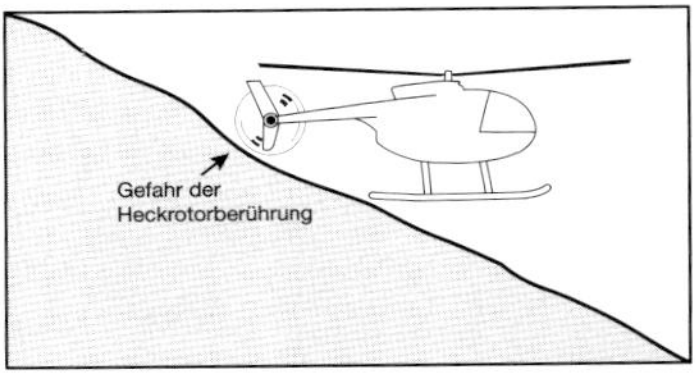

Abb. IV – 3.7.3.4.1/5: Gefahr der Hangberührung durch Heckrotor

Regeln für die Auswahl und Vorbereitung von Landemöglichkeiten

- Der Hubschrauber muss nicht immer am nächstgelegenen Ort landen, die Flugsicherheit geht vor. Dies kann in der Praxis bedeuten, dass der Pilot trotz vorbereitetem Landeplatz aufgrund eigener Einschätzung woanders landet.
- Die Bodenfläche mindestens doppelt so groß wählen, wie der Rotordurchmesser misst. Je nach Örtlichkeit auch größer (Maße → *IV – 3.7.3.4.7*). Ist nicht bekannt, welcher Hubschraubertyp landet, soll die Fläche bei Tag 30 x 30 Meter und bei Nacht 60 x 60 Meter betragen.
- Die Tragfähigkeit der Landefläche z. B. durch Befahren mit Pkw prüfen.
- Kein Sand, Staub, Steine und kein Bewuchs höher als 30 cm auf der Landefläche, losen Schnee festtreten.
- Keine Sichtzeichen (Tauchanzug, Tücher) auslegen, sie könnten in den Rotor gewirbelt werden. Fahrzeuge weiter als 30 Meter bzw. 60 Meter bei Nacht vom Landefeld entfernt aufstellen.
- Hindernisfreiheit in unmittelbarer Umgebung beachten bzw. bereits bei der Auswahl der Landefläche berücksichtigen.
  - Keine Bäume, Lichtmaste, losen Gegenstände, Leitungen (aus der Luft sehr schlecht zu erkennen),
  - keine Fahnenstangen und keine Gebäude,
  - wegen möglicher Gefahren (Brandgefahr, Sachbeschädigung) möglichst keine Parkplätze auswählen,
  - keine Zelte, Gewächshäuser etc. in der Nähe.

IV – 3.7.3.4.2
Warnsignale

Um dem Piloten – insbesondere bei Nacht – die Position des Landeplatzes zu signalisieren, soll man, so wird es in Seminaren für Tauchsicherheit und -rettung öfters gelehrt, ein Signal (z. B. *Nicosignal*) abfeuern. Dabei ist zu beachten, dass rote und grüne Sterne von Leuchtgeschossen vom Piloten als Warnsignal gedeutet werden (§ 4 LuftVO). Diese Signale zeigen dem Luftfahrzeugführer nämlich an, dass er in einem Gefahrengebiet oder unbefugt in einem Gebiet mit Flugbeschränkungen oder einem Luftsperrgebiet fliegt. Die Besonderheiten von Notsignalen nach den *Kollisionsverhütungsregeln* (KVR) auf See sind zu beachten *(→ Anhang 2)*.

Falls ein Signal unbedingt erforderlich ist, sollen aus diesem Grund ausschließlich **weiße Leuchtgeschosse** verwendet werden.

Stehen Fahrzeuge zur Verfügung, sollen sie an den Rand der Landefläche gestellt werden und bei Dunkelheit den Landeplatz seitlich mit den Fahrzeugscheinwerfern (nur Abblendlicht) ausleuchten. Fahrzeuge mit Sondersignalen (Blaulicht) schalten diese bis kurz vor der Landung des Hubschraubers ein. Ist davon auszugehen, dass der Pilot den Landeplatz gesehen hat, ist das Blaulicht abzuschalten, um den Piloten während des Landeanfluges nicht zu blenden.

Bei der Landung von Hubschraubern der Bundespolizei (BPOL), der Bundeswehr sowie der Polizei kann es erforderlich sein, dass die Landeplatzausleuchtung **ausgeschaltet** werden muss. Dies hängt mit der Verwendung von Bildverstärkerbrillen (BIV) zusammen, die von den genannten Organisationen verwendet werden. Infolge der hohen Restlichtauflösung würde der Luftfahrzeugführer den ausgeleuchteten Landeplatz nur als blendenden Lichtfleck identifizieren. Mit dem Luftfahrzeugführer ist deshalb rechtzeitig Funkkontakt aufzunehmen, um zu klären, ob der Landeplatz ausgeleuchtet werden soll oder nicht.[344) 345) 346)]

Der Einsatz von Rauchsignalen, um damit dem Piloten die Windrichtung anzuzeigen, ist sehr kritisch zu würdigen. Auf keinen Fall darf die Landefläche mit Rauchkörpern vernebelt werden. Es sind deshalb nur solche Rauchpatronen zu verwenden, die ausdrücklich für diesen Zweck hergestellt und in ihrer Anwendung bekannt sind.

IV – 3.7.3.4.3
Zeichen des Einwinkers

Das Einwinken des Hubschraubers kann für den Piloten sehr hilfreich sein. Vor allem in den Sommermonaten ist es für die Pilotencrew sehr schwierig, an großen Seen und einer Masse von Badegästen eine Tauchergruppe aus der Luft auszumachen.

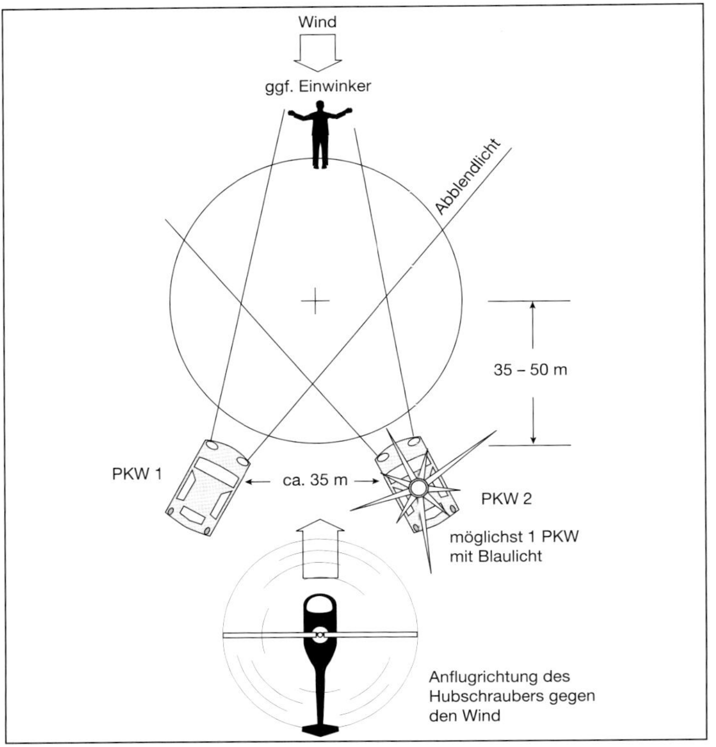

Abb. IV – 3.7.3.4.3/1: Position des Einwinkers und Fahrzeuge zum Ausleuchten

Das Einwinken ist aber nur dann anzuwenden, wenn der Einwinker entsprechend ausgebildet ist. Ansonsten soll man sich durch Winken bemerkbar machen und die Landung dem Piloten selbst überlassen.

Steht eine ausgebildete Person zur Verfügung, steht sie am Rand des Landeplatzes mit Blickrichtung zum Luftfahrzeugführer und in Windrichtung. Die Zeichen werden am Tag mit den Armen und Händen und bei Nacht mit Leuchtstab- oder Taschenlampen gegeben.

Die nachfolgende Zusammenstellung zeigt eine Auswahl der Zeichen nach § 7 LuftVO, wie sie beim Einwinken von Rettungshubschraubern verwendet werden können.[252)]

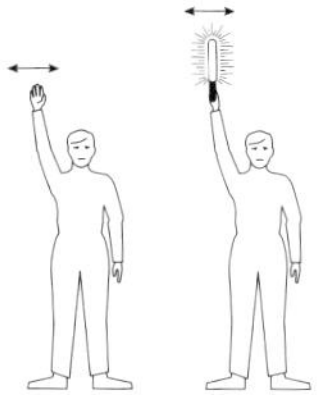

Auf Zeichen des Einweisers achten!
Der rechte Arm ist senkrecht nach oben ausgestreckt und wird wiederholt nach links und rechts bewegt.

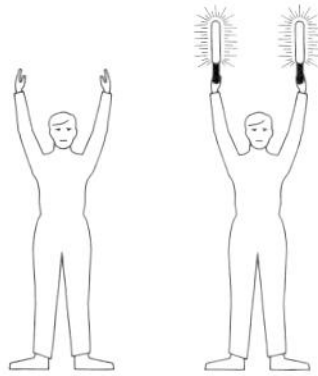

Hier Stillstand!
Beide Arme werden senkrecht nach oben ausgestreckt, die Handflächen zeigen nach innen.

Im Schwebeflug bleiben!
Beide Arme sind seitwärts waagerecht ausgestreckt.

Abb. IV – 3.7.3.4.3/2a: Zeichen des Einwinkers

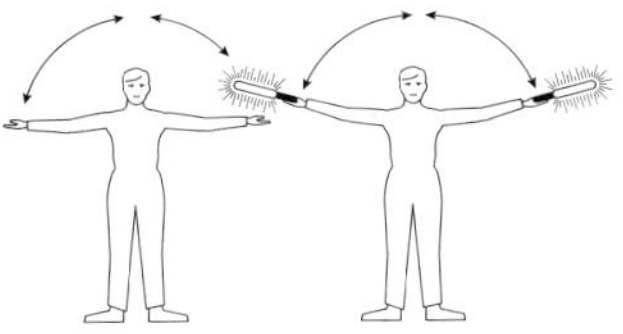

Steigen!
Beide Arme winken aus seitwärts waagerecht ausgestreckter Haltung mit nach oben gerichteten Handflächen aufwärts; die Schnelligkeit der Bewegung zeigt die erforderliche Steiggeschwindigkeit an.

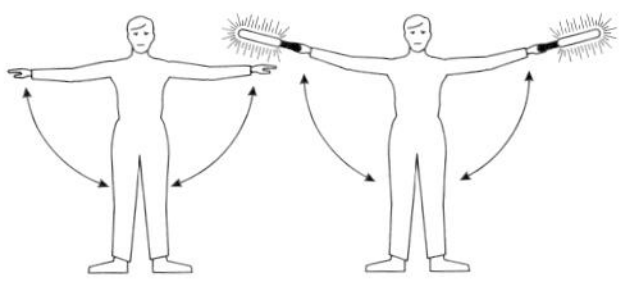

Sinken!
Beide Arme winken aus seitwärts waagerechter Haltung mit nach unten gerichteten Handflächen abwärts; die Schnelligkeit der Bewegung zeigt die erforderliche Sinkgeschwindigkeit an.

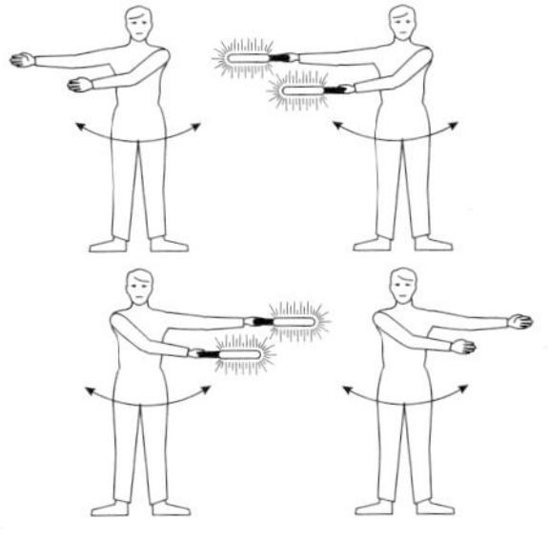

Unter Beibehaltung der augenblicklichen Höhe in die angezeigte Richtung fliegen!
Der eine Arm zeigt seitwärts waagerecht ausgestreckt in die Flugrichtung, der andere schwingt vor dem Körper wiederholt in die gleiche Richtung.

Landen!
Beide Arme sind vor dem Körper gekreuzt schräg nach unten ausgestreckt.

*Abb. IV – 3.7.3.4.3/***2b***: Zeichen des Einwinkers*

IV – 3.7.3.4.4
Verhalten bei der Hilfeleistung durch Luftfahrzeuge

Vor der Landung ist das Rauchen am Landeplatz einzustellen. Insbesondere darf kein offenes Feuer oder Licht (Lagerfeuer, Fackeln etc.) vorhanden sein. Es besteht nicht nur für den Hubschrauber erhöhte Brandgefahr, sondern durch den starken Rotorabwind kann unkontrollierter Funkenflug in der Umgebung Brände verursachen.

Der Rotorabwind (Downwash) ist zu beachten. Lose Gegenstände sind zu entfernen, Kopfbedeckung, Mäntel etc. festhalten, dafür sorgen, dass bei benachbarten Gebäuden (Abstand 30 Meter) die Fenster geschlossen werden.[257)]

Die Annäherung an den Hubschrauber darf erst nach Rotorstillstand erfolgen. So kann z. B. beim Typ Bell UH-1 D unter bestimmten Umständen der Rotorfreiraum zum Boden nur 1,6 Meter betragen. Die Zeichen der Besatzung sind unbedingt zu beachten, weshalb man sich nur von vorne dem Hubschrauber nähern darf. Unkontrolliertes Heranlaufen – auch Unbeteiligter – vor allem an der Rückseite des Hubschraubers ist wegen des eventuell frei laufenden Heckrotors zu verhindern.

Bei Rettungsmanövern auf See soll das Schiff oder Boot bei gleichmäßiger Fahrt in den Wind gesteuert werden, bis es stabil liegt (7–8 Knoten). Befinden sich hohe Masten auf dem Boot/Schiff, ist eine Rettung mit Winde problematisch, da die Gefahr des Umwickelns sehr groß und der Hubschrauber nicht mehr manövrierfähig ist. Besser wäre es, den verunfallten Taucher außer Bord, z. B. auf ein Beiboot oder Schlauchboot zu bringen, um von dort die Rettung vorzunehmen.

Bei Rettungseinsätzen auf See oder an Land, wenn weder eine direkte Landung noch ein Schwebeflug mit aufgestützter Kufe möglich ist, kommen zum Abbergen bzw. Aufheißen von Personen verschiedene Hilfsmittel zum Einsatz. In der Regel setzt die Hubschraubercrew eines ihrer Besatzungsmitglieder auf dem Schiff oder der Einsatzstelle mit dem Windenseil ab.[258)] [259)] Dieses Besatzungsmitglied ist dann behilflich beim Gebrauch der Rettungsgeräte.

An den Hubschrauberstandorten steht eins oder mehrere der folgenden Rettungsgeräte zur Verfügung:

1. Rettungsschlinge ggf. in Verbindung mit Fixtau/Long-Line
2. Rettungsanker
3. Rettungsnetz
4. Rettungsmulde

Obwohl sich die **Rettungsschlinge** nicht immer zum Abbergen von verletzten Personen eignet, kommt sie am häufigsten zum Einsatz. Es erscheint deshalb angebracht, hier näher darauf einzugehen. In der Regel wird die Schlinge an einer Winde abgelassen. Seit einiger Zeit hat sich darüber hinaus der Einsatz von langen Seilen (Fixtau oder Long-Line), an deren Ende die Schlinge befestigt ist, bewährt. In der Schweiz ist dieses Verfahren schon seit Jahren bekannt und wird mit Erfolg in der Bergrettung eingesetzt. Die Vorteile dieses Verfahrens sind überzeugend, da durch die individuelle Länge des Seiles auch schwer zugängliche Stellen, wie etwa ein schwer zugänglicher Bergsee, erreicht werden können.[260) 261) 262)]

Das Anlegen der Rettungsschlinge ist leicht verständlich und in den nachfolgenden Zeichnungen dargestellt:

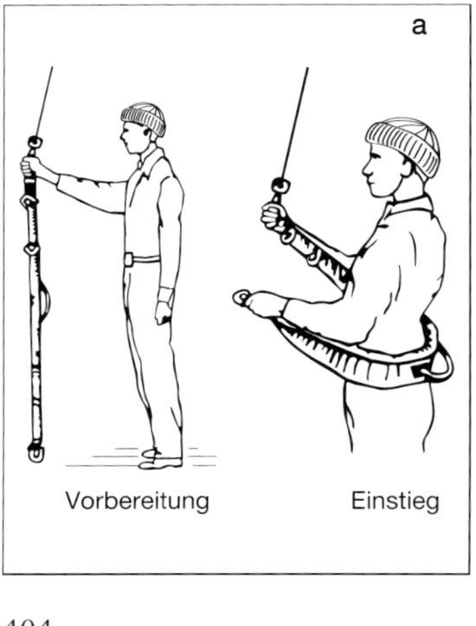

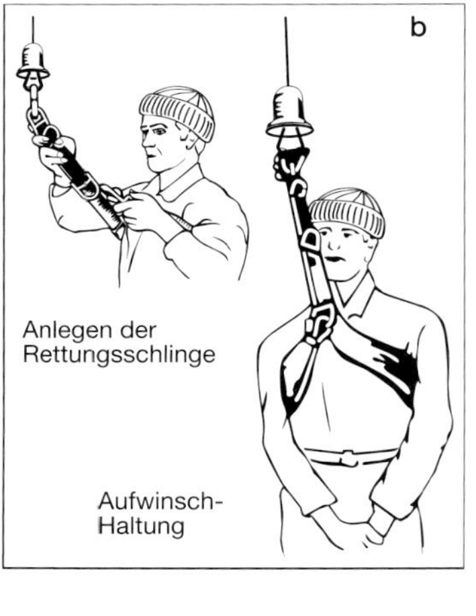

Abb. IV – 3.7.3.4.4/1a–c: Anlegen der Rettungsschlinge

Auf See fliegt der Hubschrauber das Schiff von achtern an und bleibt immer an seiner Backbordseite, weil sich seine „Bergeluke" an Steuerbord befindet. Er lässt sich dann senkrecht bis auf Winschhöhe – etwa 12 Meter – mit seiner Steuerbordseite über dem Boot absinken und das Drahtseil mit der Rettungsschlinge und der Fangleine – der so genannten Hi-Line – herab. Die Rotorblätter des Hubschraubers erzeugen einen „downwash", einen mit 50 bis 60 Knoten abwärts gerichteten Luftstrahl, mit fliegender Gischt, die selbst im Cockpit die Sicht nehmen kann. Der Lärm macht jede mündliche Verständigung auf dem Schiff unmöglich. Die Hubschrauberbesatzung gibt ihre Anweisungen über UKW auf Kanal 16.

Beim Erfassen des Winschseils kann der Betreffende einen leichten elektrischen Schlag infolge der elektrostatischen Aufladung bekommen. Er ist ungefährlich! Während des Anlegens der Rettungsschlinge schert der Hubschrauber nach Backbord aus, um sich gut freizuhalten. Er schwebt erst zum Anhieven wieder über das Boot zurück. In diesem Augenblick winscht er schlagartig mit voller Geschwindigkeit an, um den zu Rettenden vor allem bei Segelbooten möglichst schnell frei vom Mast (Rigg) zu bekommen.

Wenn es Komplikationen gibt oder der zu Rettende aus dem Wasser aufzufischen ist, wird sich ein Besatzungsmitglied des Hubschraubers in einer Winschhose abseilen und Hilfe leisten.

Zusammenfassend sind folgende Punkte zu beachten:

- Die Rettungsschlinge nicht vom Windenseil abhaken,
- das Windenseil des Hubschraubers nicht am Schiff festmachen,
- auf Schiffen/Booten das Windenseil nicht unter Deck ziehen,
- das Windenseil nicht um die Hand wickeln und
- das Windenseil stets frei von Hindernissen halten.

Es sollte ferner sorgfältig darauf geachtet werden, dass die zu rettende Person nur festanliegende Kleidung und möglichst auch Kopfbedeckung trägt. Die Rettungsschlinge kann auch mit der so genannten Doppel-Lift-Methode zum Einsatz kommen. Bei diesem Verfahren wird das Besatzungsmitglied des Hubschraubers gleichzeitig mit der verletzten Person hochgewinscht bzw. beim Fixtau ausgeflogen.

Abb. IV – 3.7.3.4.4/2: Rettung einer verunfallten Taucherin mit der Winde (Doppel-Lift-Methode). Quelle: Archiv Verfasser

Ist die zu rettende Person ansprechbar und wohlauf, ist das „Abbergen" auch mit einem **Rettungsanker** möglich.

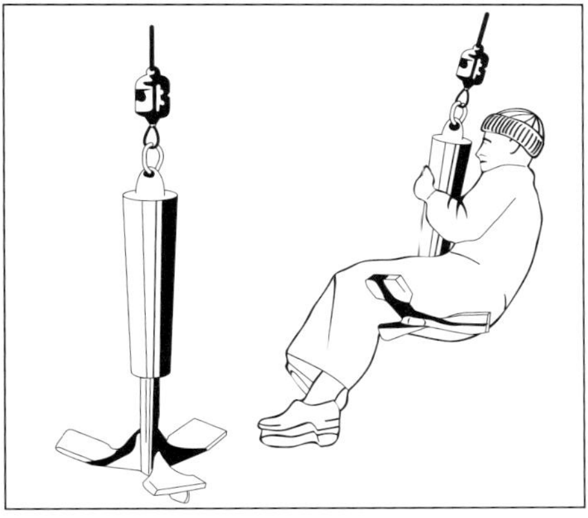

Abb. IV – 3.7.3.4.4/3: Rettungsanker

Das **Rettungsnetz** kommt dann zum Einsatz, wenn nicht sichergestellt ist, dass sich die zu rettende Person zuverlässig in der Rettungsschlinge oder auf dem Rettungsanker halten kann. Anlässlich einer Vorführung konnte sich der Verfasser davon überzeugen, dass die Crew einer Sea King sogar in der Lage ist, einen bewusstlosen, an der Wasseroberfläche treibenden Taucher mit dem Rettungsnetz buchstäblich aus dem Wasser zu fischen *(→ Abb. IV – 3.7.3.4.4./4)*.

Die Erprobung der **Rettungsmulde** erfolgte bei der Marine Anfang der 90er Jahre und wurde als Ersatz für die *Marinetrage* empfohlen.[263)] Bei einer Länge von 213 cm, einer Breite von max. 62 cm und einer Seitenhöhe von 18 cm (max. 40 cm mit Patient) und einem Leergewicht von max. 12 kg ergibt sich ein sehr gutes Handling. Neben den Vorteilen der schützenden Wände vor Druck und Stoß, dem Tragegurtsystem, der Kombination mit der Vakuummatratze wird das Verhalten im Rotorabwind des Hubschraubers besonders hervorgehoben.[263)] Die Lagerung und Fixierung im Hubschrauber ist möglich, und der Gebrauch ist selbst mit Tauchanzügen und dicken Handschuhen gut ausführbar.

Abb. IV – 3.7.3.4.4/4: Rettung einer verletzten Person mit dem Rettungsnetz. Quelle: Archiv Verfasser

Das „Einschwimmen“ eines verunfallten Tauchers ist sehr einfach, so dass bei horizontalem Winchverfahren die Vorteile der Waagerechtrettung, speziell bei unterkühlten Patienten, ausgenutzt werden können.

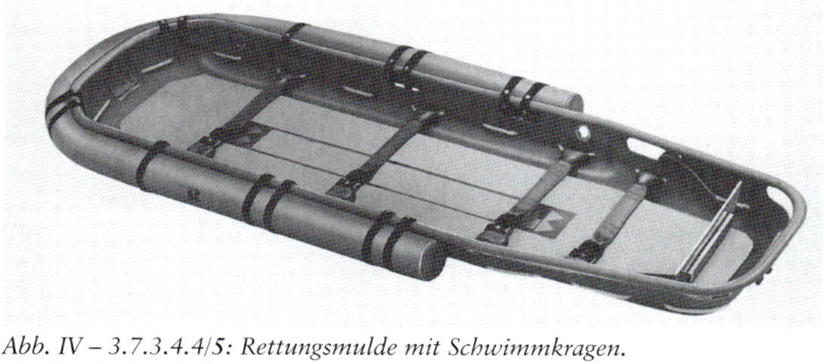

Abb. IV – 3.7.3.4.4/5: Rettungsmulde mit Schwimmkragen. Quelle: Archiv Verfasser

IV – 3.7.3.4.5
Physikalische Einflüsse auf den Patienten

Mit zunehmender Höhe wird der Luftdruck geringer, daher dehnen sich Gasansammlungen während des Steigfluges aus. Beim Sinkflug findet der umgekehrte Vorgang statt. Diese Gegebenheit ist speziell beim Tauchunfall von schwer wiegender Bedeutung, weshalb eine maximale Flughöhe von **300 Metern** in der Literatur propagiert wird.[246) 257) 264) 265) 266)]

Bei schnellem Steigflug mit dem RTH kommt es beim Pneumothorax wegen des nachlassenden Außenluftdruckes zu einer entsprechend schnellen Zunahme der Luftmenge im Pleuraspalt. Die Gefahr, dass sich aus einem „unkomplizierten" Pneumothorax durch die Volumenvergrößerung der Luftmenge ein Spannungs- oder Ventilpneumothorax entwickeln kann, muss bei der Transportentscheidung berücksichtigt werden. Daher soll ein unbehandelter Pneumothorax nicht mit dem RTH befördert werden. Die im Bodenrettungsdienst geltenden Behandlungsprinzipien sind insbesondere vor dem Antritt eines Lufttransportes zu beachten.

Gasansammlungen im Magen-Darm-Trakt dehnen sich während des Steigflugs aus. Durch Aufblähung des Magens erhöht sich die Regurgitations- und Refluxgefahr. HEIMER empfiehlt, bei nichtintubierten Bewusstseinsgetrübten bei Sekundärtransporten eine Magensonde zu legen.[257)]

Der Sauerstoffdruck nimmt mit zunehmender Höhe ab. Ein normaler Sauerstoffdruck ist aber Voraussetzung für die Diffusionsvorgänge des Sauerstoffs von der Lunge zum Blut und vom Blut in die Zelle. Bei allen Patienten mit schweren Störungen der Atemfunktion kann auch der relativ geringfügige Abfall des O_2-Partialdrucks in üblichen Flughöhen zu bedrohlichen Sauerstoffmangelzuständen führen. Insofern ist eine großzügigere Indikationsstellung zur Intubation und Beatmung als im Bodenrettungsdienst gegeben.

Zu berücksichtigen ist der gegenüber einem RTW erhöhte Lärmpegel um 15–20 dbA. Störungen des vegetativen Nervensystems und die Entwicklung eines Schocks können dadurch verstärkt werden.

Die Intensität der Schwingungen in einem RTH können auf das Gleichgewichtsorgan Reizungen (Kinetosen) ausüben. Zudem kommen psychologische Momente zur Geltung wie Angstgefühle, „flauer Magen" etc.

Einflüsse über das Sehorgan spielen eine zusätzliche Rolle. Versuche haben gezeigt, dass bei Lagerung eines Patienten in der Horizontalen ohne Möglichkeit, hinauszuschauen, seltener eine Kinetose ausgelöst und Steig- und Sinkflug kaum wahrgenommen werden. Kurvenfliegen wird zum Teil überhaupt nicht bemerkt.

Erfahrungen im Luftrettungsdienst zeigen, dass psychologische Einflüsse bei vielen Patienten eine größere Rolle spielen als die zuvor dargestellten Störeinflüsse. Bei ausführlicher Orientierung und Aufklärung des Patienten tritt jedoch die Angst vor dem Hubschraubertransport in den Hintergrund.

Die physikalischen Einflüsse auf medizinische Geräte im RTH sollen hier nicht näher erörtert werden, da sie der RTH-Crew bekannt sind. Lediglich der Hinweis, dass Infusionsbeutel Glasbehältern wegen des besseren Druckausgleichs vorzuziehen sind, ist angebracht.

IV – 3.7.3.4.6
Patientenvorbereitung

Im Vergleich zu bodengebundenen Transportmitteln sind die Platzverhältnisse in einem RTH relativ beengt. Die Herstellung der *Transportfähigkeit* gehört daher zum notfallmedizinischen Schwerpunkt. Transportfähigkeit besteht, wenn Notfalldiagnostik und Notfalltherapie abgeschlossen sind und der Patient sachgerecht gelagert ist.

Bei der Vorbereitung zum RTH-Transport sind die genannten physikalischen Einflüsse auf Patient und Gerät zu berücksichtigen. Auch die daraus zu ziehenden Konsequenzen sind schon erwähnt. Sie betreffen vor allem die Notwendigkeit der Versorgung eines Pneumothorax vor dem Transport, die Notwendigkeit einer Druckentlastung von Magen und Darm, die Notwendigkeit einer Druckentlastung in den Infusionsflaschen aus Glas.

Vakuum-Matratzen sollen nicht zu hart anliegen, da sie sonst die Vibrationen des RTH ungehindert auf den Körper des Patienten übertragen. Injektionsnadeln, Venenkatheter, Infusions- und Drainageschläuche, die Elektroden eines EKG usw. müssen vor dem Transport konsequent am Körper des Patienten befestigt sein, da während des Fluges nur schwer oder gar nicht korrigiert werden kann.

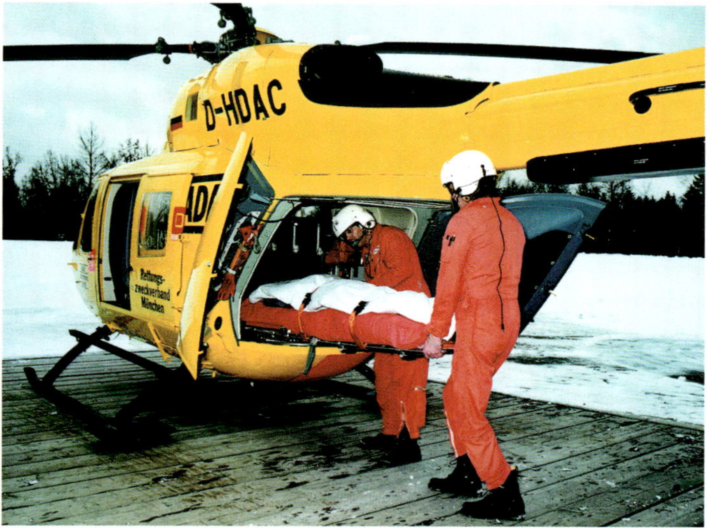

*Abb. IV – 3.7.3.4.6/***1***: Platzverhältnisse in einem RTH, Typ MBB BK 117. Quelle: ADAC-Luftrettung GmbH*

Der Patient ist darauf hinzuweisen, dass er auf der Trage aus Sicherheitsgründen mittels Gurten festgeschnallt werden muss. Ferner soll der Patient auf die beengten Platzverhältnisse, die unzulängliche Verständigung, ggf. auf einen Gehörschutz sowie die vielfältigen Vibrationen insbesondere bei der Landung hingewiesen werden. Von Vorteil ist es, dem Patienten auch mitzuteilen, dass es „Luftlöcher“ zu durchfliegen gibt, deren Wirkung den Schlaglöchern einer Straße ziemlich nahe kommt.

Aufgrund der physikalischen Gegebenheiten ist die Ausdehnung der eingeschlossenen Luftblasen eines Neopren-Tauchanzuges zu beachten. In der Regel haben zur Vermeidung einer Auskühlung die verunfallten Taucher den Anzug oder Teile davon noch am Körper. Die ohnehin eng anliegenden Anzugteile führen bei Druckentlastung zur Erweiterung, damit Einengung und daraus resultierenden Beeinträchtigungen des Blutkreislaufs. Nach

Möglichkeit sollten deshalb vor einem RTH-Transport die Neopren-Teile entfernt und eine alternative Wärmeisolation angewandt werden.

IV – 3.7.3.4.7
Rettungshubschrauber (Typenübersicht)

In der Zusammenstellung der deutschen, schweizerischen und österreichischen *Notfalladressen (→ Taucher-Handbuch, Kap. IX – 1)* sind auch die Standorte der Rettungs- und Intensivtransporthubschrauber enthalten. Die nachfolgende Übersicht gibt einen kurzen Abriss der zz. eingesetzten Hubschrauber. Damit können taktische Überlegungen (Flugzeit, Ladekapazität) und Maßnahmen im Hinblick auf den Landeplatz (Maße, Gewicht) getroffen werden.

Folgende Hubschraubertypen werden vorgestellt:

- Agusta A-109-K 2
- Bell UH-1 D
- BK 117
- BO 105 CBS
- EC 135
- EC 145
- Ecureuil 350 B 1
- EC Super Five/BO 105 Super Five

Agusta A-109-K 2

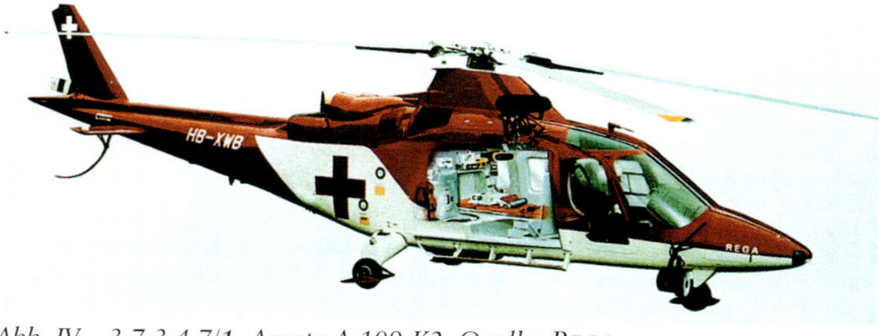

Abb. IV – 3.7.3.4.7/1: Agusta A-109-K2. Quelle: REGA

Abmessungen:	*Rotordurchmesser 11,11 m*
	Rumpflänge 11,44 m
	Länge über alles 13,05 m
	Höhe 3,50 m
Gewichte:	*Leergewicht 1.650 kg*
	max. Startgewicht 2.850 kg mit interner Nutzlast
	max. Startgewicht 3.000 kg mit externer Nutzlast
Zuladung:	*Piloten 1*
	Passagiere 2–3
	liegende Patienten 1
Leistungen:	*Höchstgeschwindigkeit 281 km/h*
	Reichweite 806 km (je nach Zuladung)
	max. Flugdauer 4 h (je nach Zuladung)

Bell UH-1 D

Abb. IV – 3.7.3.4.7/2: Bell UH-1 D. Quelle: Archiv Verfasser

Abmessungen:	*Rotordurchmesser 14,63 m*
	Rumpflänge 17,39 m
	Höhe 3,94 m
Gewichte:	*Leergewicht 2.600 kg*
	max. Startgewicht 4.310 kg mit interner Nutzlast
Zuladung:	*Piloten 1*
	Bordwart 1
	Passagiere 3
	liegende Patienten 1–2
Leistungen:	*Höchstgeschwindigkeit 222 km/h*
	Reichweite 480 km (durch Zusatztank erweiterbar)

BK 117

Abb. IV – 3.7.3.4.7/3: BK 117. Quelle: eurocopter

Abmessungen:	*Rotordurchmesser 11,0 m*
	Rumpflänge 9,91 m
	Länge über alles 13,0 m
	Höhe 3,85 m
Gewichte:	*max. Startgewicht 3.350 kg mit interner Nutzlast*
	max. Startgewicht 3.500 kg mit externer Nutzlast
Zuladung:	*Piloten 1–2*
	Passagiere 2–3
	liegende Patienten 1 (im Notfall ggf. 2)
Leistungen:	*Höchstgeschwindigkeit 278 km/h*
	max. Reisegeschwindigkeit 247 km/h
	Reichweite 540 km

BO 105 CBS

Abb. IV – 3.7.3.4.7/4: BO 105 CBS. Quelle: Deutsche Aerospace

Abmessungen:	*Rotordurchmesser 9,84 m*
	Rumpflänge 8,81 m
	Länge über alles 11,84 m
	Höhe 3,02 m
Gewichte:	*Leergewicht 1.600 kg*
	max. Startgewicht 2.500 kg mit interner Nutzlast
	max. Startgewicht 2.600 kg mit externer Nutzlast
Zuladung:	*Piloten 1*
	Passagiere 2–3
	liegende Patienten 1 (im Notfall 2)
Leistungen:	*Höchstgeschwindigkeit 270 km/h*
	max. Reisegeschwindigkeit 220 km/h
	Reichweite 574 km

EC 135

Abb. IV – 3.7.3.4.7/5: EC 135. Quelle: eurocopter

Abmessungen:	*Rotordurchmesser 10,2 m*
	Rumpflänge 10,2 m
	Höhe 3,35 m
Gewichte:	*max. Startgewicht 2.835 kg mit interner Nutzlast*
	max. Startgewicht 2.900 kg mit externer Nutzlast
Zuladung:	*Piloten 1–2*
	Passagiere 6–7
	liegende Patienten 1
Leistungen:	*Höchstgeschwindigkeit 256 km/h*
	Reichweite 620 km

EC 145

Abb. IV – 3.7.3.4.7/6: EC 145. Quelle: DRF

Einsatzmerkmale:	*Intensivtransporthubschrauber (ITH), IFR, NVG*
Abmessungen:	*Rotordurchmesser 11,0 m*
	Länge 13,03 m; Höhe 3,45 m; Breite 3,12 m
Gewicht:	*3.585 kg (max. Abfluggewicht)*
Hersteller:	*Eurocopter Deutschland GmbH*
Besatzung:	*2 Piloten, 1 RettAss (HEMS-Crew-Member), 1 NA*
Flugdaten:	*Einsatzgeschwindigkeit 254 km/h*
	Flughöhe bis ca. 6.000 m NN
	Reichweite ca. 700 km (ohne Reserve)
Leistungen:	*Zwei Triebwerke mit je 550 kW (738 PS)*
Landeplatz:	*ca. 20 x 20 m*

Ausstattung:

- *Notfallrucksack, Kinder-Notfallrucksack, Absaugpumpe*
- *Notfallbeatmungsgerät, Intensivbeatmungsgerät*
- *Defibrillator, Infusions- und High-Flow-Infusionspumpe, Spritzenpumpe, Herzschrittmacher*
- *Patiententragesystem ICES mit integrierter Schaufeltrage, Vakuummatratze, pneumatische Schienen, KED-System, Burn-Pac*
- *EKG, Blutdruck (invasiv/noninvasiv), Pulsoximetrie, Kapnometrie, Temperatur, Überwachungsmonitor Haemodynamikmodul*

- *Sauerstoffdruckgasbehälter mit Druckminderer (Mitteldruck 4,5 bar): 4 x 3 Liter (200 bar); umrüstbar auf 3 x 5 Liter (200 bar) oder 4 x 3 Liter (300 bar) oder Flüssigsauerstoffsystem LOX; elektrische Air-Pump-Druckluftanlage*
- *ECLA, PECLA, IABP, NO-Beatmung, Satellitentelefon*
- *Option: Inkubator, Stehhaltegurt, Ausstattung für Wasserrettungssystem BayWaH*

Ecureuil 350 B 1

Abb. IV – 3.7.3.4.7/7: Ecureuil 350 B 1. Quelle: eurocopter

Abmessungen:	*Rotordurchmesser 10,69 m* *Rumpflänge 10,93 m* *Höhe 3,14 m*
Gewichte:	*max. Startgewicht 2.250 kg mit interner Nutzlast* *max. Startgewicht 2.500 kg mit externer Nutzlast*
Zuladung:	*Piloten 1* *Passagiere 2* *liegende Patienten 1*
Leistungen:	*Höchstgeschwindigkeit 246 km/h* *Reichweite 666 km*

EC Super Five/BO 105 Super Five

Abb. IV – 3.7.3.4.7/8: EC Super Five. Quelle: eurocopter

Abmessungen:	*Rotordurchmesser 9,84 m*
	Rumpflänge 11,84 m
	Höhe 3,02 m
Gewichte:	*Leergewicht 1.600 kg*
	max. Startgewicht 2.500 kg mit interner Nutzlast
	max. Startgewicht 2.600 kg mit externer Nutzlast
Zuladung:	*Piloten 1*
	Passagiere 2
	liegende Patienten 1 (im Notfall 2)
Leistungen:	*Höchstgeschwindigkeit 243 km/h*
	Reichweite 564 km

IV – 3.7.3.5
Such- und Rettungsdienst der Bundeswehr

Mit dem Beitritt der Bundesrepublik Deutschland zur Internationalen Zivilen Luftfahrt Organisation (ICAO) im Jahre 1956 war u. a. die Verpflichtung verbunden, einen nationalen Such- und Rettungsdienst – Search and Rescue (SAR) – aufzubauen und zu unterhalten. Die Bundeswehr übernahm 1959 die Aufgaben des SAR-Dienstes, die bis dahin von den Verbündeten wahrgenommen wurden. Gemäß einer Vereinbarung hat das Verteidigungsministerium seitdem die erforderliche Infrastruktur dafür bereitzustellen.

Zur Wahrnehmung dieser Aufgaben werden die SAR-Leitstellen in Münster (Westf.) durch die Luftwaffe und in Glücksburg durch die Marine betrieben. Den SAR-Leitstellen stehen in ständiger Alarmbereitschaft u. a. Hubschrauber zur Verfügung, welche unter bestimmten Voraussetzungen auch die zivile Luftrettung unterstützen:

- Der Einsatz ist zur Rettung von Menschenleben oder zur Vermeidung schwerer gesundheitlicher Schäden erforderlich.
- Geeignete zivile Rettungsmittel stehen nicht, nicht ausreichend oder nicht rechtzeitig zur Verfügung.
- Militärische Aufgaben und Erfordernisse des SAR-Dienstes für die Luftfahrt stehen dem Einsatz nicht entgegen.

Die Luftwaffe setzte erstmals 1968 den Hubschrauber des Typs Bell UH-1D in Dienst. Sein charakteristisches Betriebsgeräusch hat ihm den Spottnamen „Teppichklopfer“ eingebracht. Dennoch hat er sich in weit mehr als 200 000 Einsätzen bewährt und wird nach einer Nutzungsdauerverlängerung bis in das Jahr 2013 noch im Einsatz bleiben. Die Luftwaffe sieht sich durch Einsparmaßnahmen bei gleichzeitig neuen militärischen Aufgaben aber gezwungen, ihr Engagement im zivilen Bereich zu reduzieren. Mit der Abgabe der Stationen in Rheine, Würselen und Nürnberg wurde 1998 der Anfang gemacht.

Die UH-1D wird außerdem voraussichtlich ab Mitte des nächsten Jahrzehnts durch den Hubschrauber des Typs NH-90 abgelöst. Dieser Hubschrauber der 9-t-Klasse wird sich aufgrund seiner Größe und seiner Kosten nicht mehr für Rettungseinsätze eignen. Damit überlässt zumindest die Luftwaffe die Luftrettung den zivilen Betreibern und dem Bundesgrenzschutz und wird sich, von gelegentlichen Ausnahmen abgesehen, nur noch auf den reinen SAR-Dienst sowie ihre militärischen Aufgaben konzentrieren.[267) 268) 269)]

Zur Rettung auf hoher See stellt die Marine im Rahmen der Gesamtverantwortung der Deutschen Gesellschaft zur Rettung Schiffbrüchiger noch den Hubschrauber Mk 41 „Sea King“ zur Verfügung *(→ Kap. IV – 3.7.3.8)*. Für den Einsatz über See ist dieser aufgrund seiner Beständigkeit mit zwei Triebwerken, seiner Fähigkeit, auch bei widrigem Wetter über einem Unfallort zu „stehen”, mit einer Winde Personen auch aus dem Wasser (bei Bedarf mithilfe von Kampfschwimmern) aufwinschen zu können und aufgrund einer besonderen navigatorischen Ausstattung für das Auffinden von Unfallorten in See besonders geeignet.[270)] Für die Bergung ist die Rettungswinde an der rechten Kabinenschulter von größter Bedeutung. Sie erlaubt es, 272 kg an einem 74 Meter langen Stahlseil zu heben.

Ob der gesamte Rettungsbereich der Nordsee tatsächlich mit einem Hubschrauber auf Helgoland abzudecken ist, wird von STURZ kritisch infrage gestellt.[271)] Er ist der Ansicht, dass zwar die DGzRS in erster Linie für die Rettung auf See zuständig ist, aber der Hubschrauber in puncto Schnelligkeit unschlagbar ist.

Abb. IV – 3.7.3.5/1: SAR-Hubschrauber der Marine, Typ Mk 41 „Sea King“. Quelle: Archiv Verfasser

Wie eingangs erwähnt, ist für die Koordination der Einsätze die SAR-Leitstelle in Glücksburg zuständig. Sie informiert ihre Besatzung vor Ort per Telefon. Spätestens 15 Minuten nach dem Alarm sind die Maschinen in der Luft. Den Kontakt zu den zivilen Leitstellen halten die Maschinen über ein gewöhnliches Funkgerät (FuG 7). Festgelegte Funkrufnamen für den BOS-Bereich gibt es nicht.[272) 273)]

IV – 3.7.3.6 Intensivtransporthubschrauber (ITH)

Die eingeschränkte Vorhaltung von Intensivtherapieplätzen in medizinischen Zentren sowie Kliniken der Maximalversorgung und die daraus resultierende Notwendigkeit einer Verlegung von Intensivpatienten führte 1990 zur Einführung von Intensiv-Transport-Wagen (ITW). Gegen den massiven Widerstand und Intervention etablierter Unternehmen im Rettungsdienst und insbesondere in der Luftrettung wurde 1991 in München der 1. Intensiv-Transport-Hubschrauber (ITH) in Dienst gestellt.[274)]

Beide Transportmittel sind aufgrund ihres medizinischen Equipments und ihres Raumangebots in der Lage, initial eingesetzte Intensivtherapie zu übernehmen – gegebenenfalls zu erweitern – und auf dem Transport ohne Einbußen weiterzuführen.

Inzwischen ist aus den Anfängen ein medizinisch leistungsfähiges System entstanden. Aufgrund der hohen Vorhaltekosten für besondere Heilverfahren werden diese in immer weniger großen Kliniken konzentriert, weshalb eine Zunahme von Intensivtransporten prognostiziert wird.[275)] Da ein ITH auch über sämtliche zur Primärrettung erforderliche medizinische Ausrüstung verfügt und die Anforderungen zur Innenraumdimensionierung erfüllt, werden ITH des Öfteren auch bei Rettungseinsätzen genutzt. So betrug z. B. 1995 der Anteil von Primäreinsätzen des ITH in München 28 % bei 370 Gesamteinsätzen (25 % geplante Intensivverlegung, 47 % dringende Intensivverlegung).

Schon diese wenigen Zahlen lassen auch den Laien erkennen, dass seitens der traditionellen Luftrettungs-Unternehmen das Verhältnis zu den ITH-Betreibern nicht ausgewogen sein konnte. Die ITH wurden als Konkurrenz ohne rechtliche Genehmigung für die Notfallrettung angesehen, und ANDING brachte es in einem Referat auf den Punkt: „... die Zusammenarbeit funktioniert nicht!“[276] Abhilfe mit dem Ziel, RTH und ITH in einem Regime zu koordinieren, sollen entsprechend novellierte Rettungsdienstgesetze schaffen.

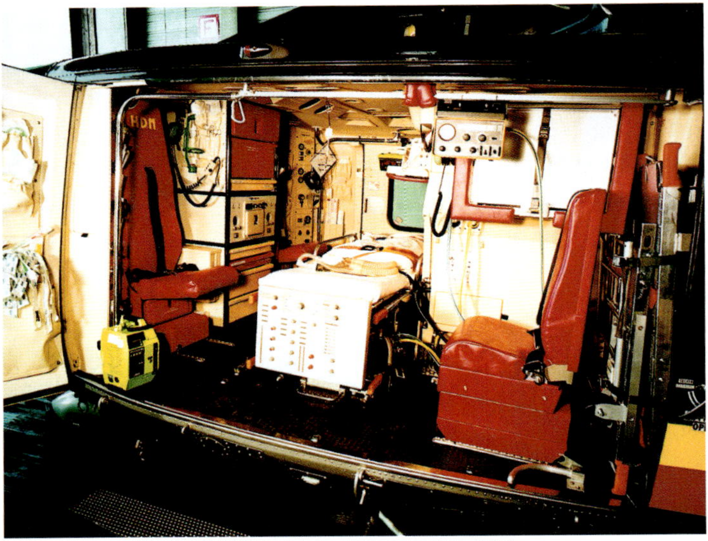

Abb. IV – 3.7.3.6/1: Medizinische Ausstattung eines ITH
Quelle: HDM-Luftrettungs GmbH

Welchen Stellenwert hat der ITH beim Tauchunfallmanagement? Speziell die Versorgung des schweren Tauchunfalles erfordert eine hyperbare Therapie, die selbst in Krankenhäusern mit Maximalversorgung nicht oder nur in sehr wenigen Fällen vorhanden ist. In den zurückliegenden Jahren ist zwar eine erfreuliche Zunahme von Druckkammern für die hyperbare Therapie zu verzeichnen, doch sind nur wenige für die intensivpflichtige Versorgung eines Tauchunfalles ausgerüstet und darüber hinaus nicht immer rund um die Uhr einsatzbereit.[277] Hinzu kommt z. B. die Situation im süddeutschen Raum, wo aufgrund der eingeschränkten Therapiemöglichkeiten im Nachbarland Österreich, mit nur zwei Therapiezentren, erfahrungsgemäß mit einer Häufung von Patienten während der Tauchsaison zu rechnen ist.

Diese Konstellation erfordert zuweilen einen räumlich sehr weiten Transport verunfallter Taucher zu einer adäquaten Therapieeinrichtung, für den der ITH mit einer Flugreichweite von ca. 700 km dem RTH überlegen ist. Von entscheidender Bedeutung ist ferner die Verfügbarkeit eines ITH. Während der Einsatz eines RTH bei Einbruch der Dunkelheit oder bei Nacht zuweilen nicht möglich ist, erstreckt sich die Einsatzmöglichkeit des ITH dank seiner flugtechnischen Ausstattung in der Regel auf 24 Stunden. Es soll jedoch an dieser Stelle ausdrücklich darauf hingewiesen werden, dass es einen Hubschrauber mit „Allwettertauglichkeit" im strengen Sinne nicht gibt; auch wenn dies manche Unternehmen in ihren Werbeaussagen so darstellen.[278)] Die Besonderheit des ITH liegt ferner darin, Patienten unter künstlicher Dauerbeatmung mit großem Sauerstoffvorrat über weite Strecken zu fliegen. Dafür sind die RTH aufgrund ihrer anderen Aufgabenstellung weniger eingerichtet.[279)] [280)]

Ergibt die Recherche der Rettungsleitstelle bei einem gemeldeten Tauchunfall, dass die im Einsatzradius des RTH vorhandenen Therapiedruckkammern belegt oder nicht einsatzbereit sind, sollte – soweit verfügbar – ergänzend zu den bodengebundenen Rettungsmitteln generell ein ITH an die Unfallstelle beordert werden. Dieser kann, falls erforderlich, den Patienten unter intensivmäßigen Bedingungen direkt auch zu sehr weit entfernten Therapiezentren fliegen. Nach KUGLER sind ferner Transportaufträge über eine Flugdistanz von 100 km hinaus mit Abwesenheitszeiten von mehr als 2 Stunden gegen das Interesse der Erhaltung einer hohen Präsenz für den akuten Notfall abzuwägen.[281)] Auch MATZKE-AHL argumentiert, dass der RTH „nicht zu lange vom Standort entfernt bleiben soll".[282)]

Aus notfallmedizinischer Sicht sind längere Transportzeiten in Kauf zu nehmen, um die einzig kausale Therapie zu gewährleisten. Dies gilt auch dann, wenn sich während eines längeren Transportes die neurologische Symptomatik verschlechtert.[283)]

Die bei Verbrennungen geltende Empfehlung, den Patienten zuerst in ein Krankenhaus der Grundversorgung zu fliegen, um ihn dort zu stabilisieren, und erst dann in ein Brandverletzten-Zentrum zu transportieren,

[284] [285] kann auf den Tauchunfall nicht übertragen werden. Soweit eine Indikation für eine Druckkammerbehandlung besteht, muss diese ohne Zeitverzug erfolgen!

IV – 3.7.3.7
Polizeihubschrauber

Die Polizeiorgane des Bundes und der Länder halten in ihrem Zuständigkeitsbereich Hubschrauber für unterschiedliche Einsatzaufgaben vor. Dank der in jüngster Zeit vorgenommenen Ausstattung mit modernster Technik können diese Hubschrauber auch für die Wasserrettung und das Management eines Tauchunfalles eingesetzt werden.

Vor allem die Verwendung der Wärmebildtechnik, kurz FLIR (forward-looking infrared) genannt, sowie der Bildverstärker-Helmbrillen (NVG/BiV) ermöglicht eine schnelle und gründliche Absuche großer Gewässer nach vermissten, abgetriebenen Tauchern oder Personen auch bei Nacht.[286] [287] [288] [289] [290]

Anlässlich des 4. Prüfungslehrganges für Feuerwehrtaucher und Feuerwehr-Lehrtaucher an der Staatl. Feuerwehrschule Regensburg vom 12.07.–23.07.1999 wurden in Zusammenarbeit mit der *Polizei-Hubschrauberstaffel Bayern* die Einsatzmöglichkeiten eines solchen Hubschraubers im Rahmen einer Nachtübung erprobt. Die daraus gewonnenen Erkenntnisse lassen sich wie folgt zusammenfassen:

1. Schwimmende Personen sind auch mit warmer Kleidung, beim Versuch mit 7-mm-Neopren®-Tauchanzug, und schlechten Sichtverhältnissen sehr gut zu lokalisieren. Durch die geringfügige Wärmeabgabe eines Schwimmers erfolgt eine minimale Wasservermischung mit daraus resultierenden Temperaturunterschieden, die jedoch mit der FLIR-Technik gut zu erkennen sind. Die wolkenähnlichen „Spuren“ eines Schwimmers sind auch nach 45 min noch erkennbar. In stehenden Gewässern können diese Spuren Hinweise auf die Stelle einer ertrunkenen Person geben, sofern die Temperaturschichten nicht anderweitig (mehrere schwimmende Personen, Bootsverkehr etc.) beeinflusst wurden.

2. Taucher selbst sind nicht erkennbar. Sehr gut wahrnehmbar sind jedoch die kälteren Wassermassen, welche infolge der expandierenden Luftbla-

sen der Ausatemluft des Tauchers an die Wasseroberfläche gelangen. Da die Atemvolumina aus physikalischen Gründen mit zunehmender Tiefe ansteigen, wird die Intensität der wahrnehmbaren Temperaturschichtungen linear zur Tauchtiefe stärker. Die Bewegungsmanöver eines Tauchers waren so brillant zu erkennen, dass im Versuch zwei Taucher vom Hubschrauber via Sprechfunk zum Boden und über eine Sprecheinrichtung vom Signalmann zum Taucher (Ultraschall) auf einen Meter genau an die drei Schwimmer des 1. Versuches dirigiert werden konnten.

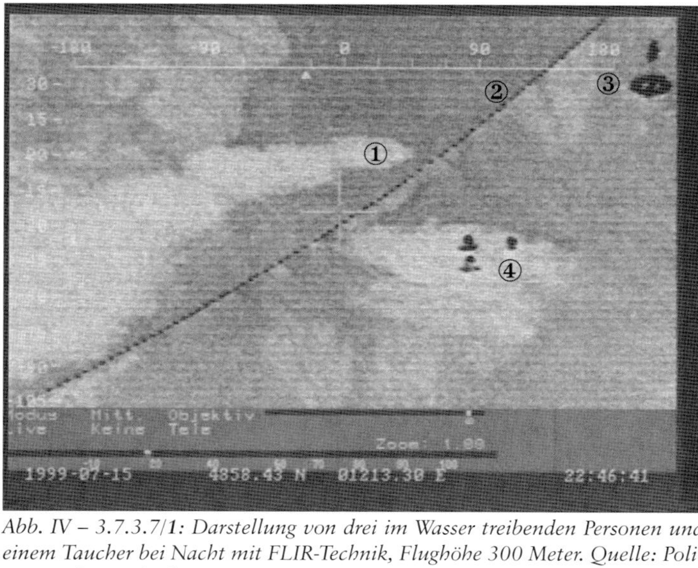

Abb. IV – 3.7.3.7/1: Darstellung von drei im Wasser treibenden Personen und einem Taucher bei Nacht mit FLIR-Technik, Flughöhe 300 Meter. Quelle: Polizeipräsidium Oberbayern

Legende:
① Taucher (weiße „Spur" ist zurückgelegte Strecke)
② Absperrkette
③ Boje (Ring) mit Flagge „A"
④ Drei Schwimmer an der Wasseroberfläche

Weitere Einzelheiten und Erkenntnisse zu diesem Thema werden im Kapitel Wasserrettung besprochen.

IV – 3.7.3.8
Seenotrettung

Tauchunfälle auf hoher See erfordern von den Beteiligten ein besonderes Management und umfangreichere Kenntnisse als bei Tauchunfällen in Binnengewässern. Dieser Abschnitt dient lediglich dazu, die Besonderheiten – insbesondere der Alarmierung – auf See kurz zu skizzieren; er ersetzt keinesfalls eine fundierte Ausbildung der Seemannschaft. Hinweise zum „Verhalten bei der Hilfeleistung durch Luftfahrzeuge“ auf See enthält das *Kapitel IV – 3.7.3.4.4.*

Den nach Kapitel V des Internationalen Übereinkommens zum Schutz des menschlichen Lebens auf See (SOLAS) von den Vertragsstaaten einzurichtenden Seenot-Such- und Rettungsdienst (SAR-Dienst) nimmt in der Bundesrepublik Deutschland für den maritimen Bereich die Deutsche Gesellschaft zur Rettung Schiffbrüchiger (DGzRS) wahr. Der aeronautische SAR-Dienst obliegt dem Bundesministerium für Verteidigung *(→ Abb. IV – 3.7.3.8/**1**)*. Die gegenseitige Unterstützung ist geregelt.[291)] [292)]

Der maritime SAR-Dienst gliedert sich in die Bereiche:

- Koordinierung der SAR-Maßnahmen bei Seenotfällen durch die Seenotleitung (MRCC) Bremen und die
- Durchführung des SAR-Dienstes mit Seenotkreuzern und Seenotrettungsbooten.

Die Seenotleitung Bremen, die im internationalen Sprachgebrauch als MRCC (Maritime Rescue Co-ordination Centre) bezeichnet wird, ist im Seenotfall, außer bei sogen. komplexen Schadenslagen, innerhalb des SAR-Bereiches der Bundesrepublik Deutschland für die Gesamtleitung bis zum Abschluss der Aktion zuständig. Sie sorgt für die Planung, Leitung, Koordinierung und den Abschluss der SAR-Maßnahmen und deren Dokumentation. Die Meldung eines Tauchunfalls im Bereich der Nord- und Ostsee ist deshalb vorzugsweise immer an die Seenotleitung in Bremen zu richten. Ansprechpartner ist auch der Seenotkreuzer direkt bzw. die nächste Rettungsleitstelle.

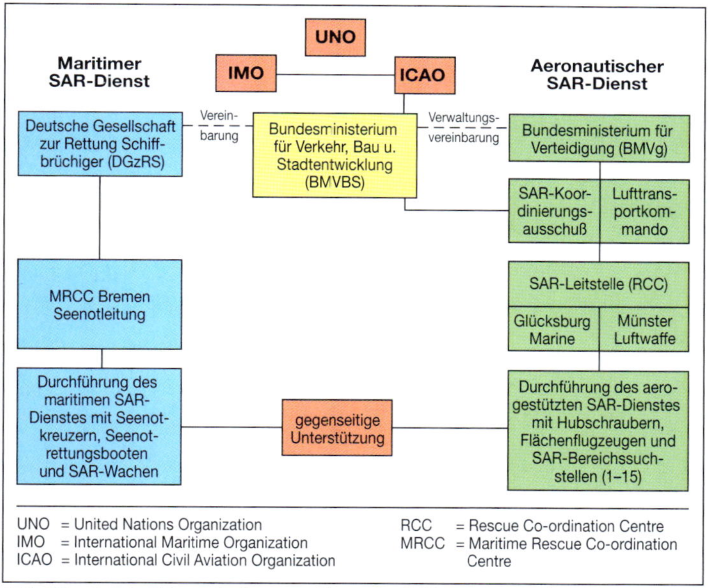

*Abb. IV – 3.7.3.8/***1***: Aufgabenverteilung der SAR-Dienste auf See.*
Quelle: Deutsche Gesellschaft zur Rettung Schiffbrüchiger (DGzRS)

Die DGzRS wird bei der Durchführung des Such- und Rettungsdienstes in Seenotfällen durch Hubschrauber des SAR-Dienstes der Marine unterstützt *(→ Kap. IV – 3.7.3.5)*. Gegenüber Seetransportmitteln besitzen sie den Vorteil der Geschwindigkeit, der größeren Augenhöhe und der weitgehenden Unabhängigkeit von Seegang. Gleichwohl ist zu bedenken, dass die bei der Landrettung üblichen Hilfsfristen von 15 Minuten auf See die Ausnahme darstellen, und FOX schildert, dass es sehr schwierig ist, einen Notarzt bei Sturm und hoher See an den Einsatzort zu bringen.[270) 292)]

Zur Durchführung des Such- und Rettungsdienstes auf See verfügt die DGzRS über eine Flotte von Seenotkreuzern und Seenotrettungsbooten, die sich auf 54 Stationen entlang der Nord- und Ostseeküste im Bereich verteilen *(→ Abb. IV – 3.7.3.8/4)*. Alle Einheiten der Rettungsflotte stehen in ständiger Verbindung mit der durchgehend besetzten Seenotleitung (MRCC) Bremen.

Abb. IV – 3.7.3.8/2: Seenotkreuzer der DGzRS und SAR-Hubschrauber im Einsatz. Quelle: NEUMANN, *YPS*

Die Seenotleitung Bremen ist über folgende Kommunikationsmittel erreichbar:

- Festnetz der Telekom: 0421/53687-0
- Mobiltelefon (SAR-Alarmruf): 124 124 (→ Einschränkungen siehe *Kap. IV – 3.7.2.1.2)*
- UKW-Seenotkanal 16 (Ruf: Bremen Rescue Radio)
- UKW-DSC-Seenotkanal 70 (Ruf: Bremen Rescue Radio), MMSI 00211 1240
- Telefax: 0421/5368714
- Telex: 246466 mrcc d

Die Überwachung der UKW-Frequenzen ist neu und wurde am 1. Januar 1999 im Auftrag des Bundesministeriums für Verkehr von der DGzRS übernommen. Diese Maßnahme wurde erforderlich, weil zum 1. Februar 1999 das GMDSS (weltweites maritimes Not- und Sicherheitssystem) in Kraft trat und die kommerziellen Dienste der Küstenfunkstellen deshalb aufgelöst wurden.

Das nachfolgende Alarmierungsschema dient zum besseren Verständnis der Zusammenhänge, wobei der Terminus „Seenotfall“ das Ereignis „Tauchunfall“ mit einschließt.

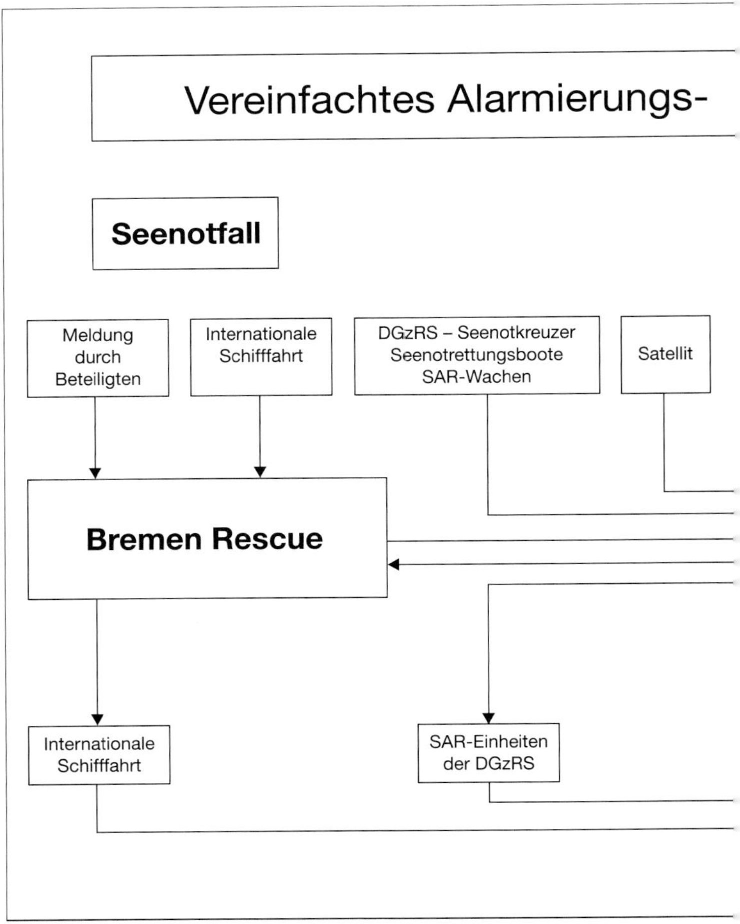

Abb. IV – 3.7.3.8/3: Organigramm „Seenotfall". Quelle: Deutsche Gesell-

Schema Seenotfall

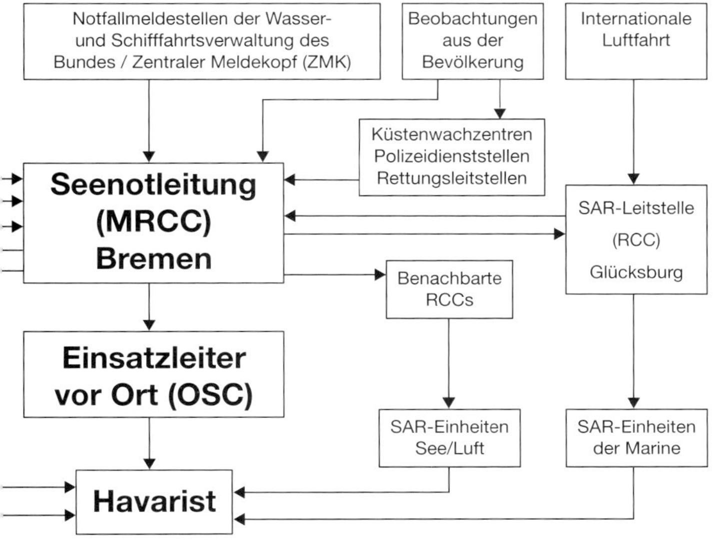

schaft zur Rettung Schiffbrüchiger (DGzRS)

Abb. IV – 3.7.3.8/4: Einsatzgebiet und Stationen der DGzRS-Rettungsflotte.
Quelle: Deutsche Gesellschaft zur Rettung Schiffbrüchiger (DGzRS)

IV – 3.7.4
Dokumentation

Bei der Dokumentation eines Tauchunfalles muss grundsätzlich danach unterschieden werden, was der/die beteiligte/n Taucher belegen und was der Rettungsdienst nachweisen soll. Welche Zwecke eine Dokumentation verfolgt, ist aus nachfolgender Aufzählung ersichtlich:[293)]

- Orientierungsanhalt für die Behandlung des Tauchers,
- Informationsweitergabe an die aufnehmende Behandlungseinrichtung (Druckkammer),
- Darstellung notwendiger einsatztaktischer und verrechnungstechnischer Daten,
- rechtliche Absicherung der Taucher gegenüber zivil- oder strafrechtlicher Inanspruchnahme,
- rechtliche Absicherung der Taucher gegenüber dem Versicherungsträger,
- rechtliche Absicherung des ärztlichen und nichtärztlichen Rettungsdienstpersonals gegenüber zivil- oder strafrechtlicher Inanspruchnahme,
- Qualitätssicherung in der Notfallrettung durch wissenschaftliche, statistische Aufarbeitung von Einsatzdaten,
- Effizienzkontrolle und Effektivitätsentwicklung in der Notfallrettung,
- Analyse und Statistik zur Unfallvorbeugung.

Eine gesetzliche Verpflichtung zur Dokumentation besteht zumindest für Sporttaucher nicht. Lediglich jene Taucher, die den gesetzlichen Versicherungsschutz erfahren, sind zu entsprechenden „Meldungen" verpflichtet *(→ Kap. IV – 3.7.4.1)*. Im eigenen Interesse der betroffenen und beteiligten Sporttaucher wird aus den oben angeführten Gründen gleichwohl dringend empfohlen, die Dokumentation des Tauchunfalles lückenlos vorzunehmen *(→ Kap. IV – 3.7.4.2)*.

Der verunfallte Taucher hat ein hochgradiges Verlangen nach fachkundiger, medizinischer Versorgung. Wird ihm diese mutmaßlich nicht zuteil, muss nach der Rechtsprechung der geschädigte Patient in Schmerzensgeld- und Schadenersatzprozessen beweisen, dass eine medizinisch fehlerhafte Behandlung vorlag und dass bei ordnungsgemäßer Vorgehensweise die Gesundheitsschädigung nicht eingetreten wäre. In der Praxis führt dies häufig zu erheblichen Beweisproblemen, wenn keine Dokumentation vorhanden ist. Wertvolle Hilfe können hier sicher Tauchcomputer geben, wenn sie über adaptive Rechenmodelle verfügen *(→ Kap. III – 2.12)*. Die Verwendung eines Tauchcomputers macht aber ohne Frage die Dokumentation nicht überflüssig. So können vom Speicher eines Tauchcomputers z. B. keine Angaben über das verwendete Equipment abgerufen werden.

Der Bundesgerichtshof (BGH) lässt Beweiserleichterungen bis hin zur Beweislastumkehr zu, wenn die gebotene Dokumentation des Rettungsdienstes und der Klinik lückenhaft bzw. unzulänglich ist.*) Dies gilt insbesondere für die Frage des Ursachenzusammenhangs.**) Da eine ordnungsgemäße und vollständige Dokumentation in einem Gerichtsverfahren ganz entscheidende Auswirkungen haben kann, muss sie vom Arzt wie dem Rettungsassistenten als Eigenschutz mit besonderer Aufmerksamkeit durchgeführt werden.[294) 295)]

Es ist demnach von beiderseitigem Interesse und Nutzen, wenn die Dokumentationen Tauchunfall und Rettungsdienst ineinander greifen. Dies gilt natürlich im besonderen Maße, wenn der Tauchlehrer oder das Rettungsdienstpersonal im Rahmen der Notkompetenz ohne oder bei zu spät eintreffendem Notarzt Maßnahmen ergreifen, die zu den originären Tätigkeiten des Arztes gehören *(→ Kap. II – 4.2.4)*.

Problematisch ist nach MESSELKEN et al. die Zusammenführung der Daten aus dem Notarzteinsatz und dem Klinikaufenthalt, weil es an praktikablen Schnittstellen zwischen den verschiedenen EDV-Systemen mangelt.[296)] Hier bestehen allerdings erste Lösungsvorschläge, die ihren vorläufigen Höhepunkt in der Datenfernübertragung von der Unfallstelle zur Klinik haben.[297)] Damit ist auch die Übertragung gespeicherter Daten vom Tauchcomputer an der Unfallstelle zur Druckkammer noch vor dem Transport keine Utopie mehr, sondern nur noch eine Frage der Zeit und natürlich des Engagements der Hersteller von Tauchcomputern.

Noch muss aber auf konventionelle Art dafür Sorge getragen werden, dass die Dokumentation der Taucher über den Rettungsdienst bis zur Klinik gelangt. LECHLEUTHNER regt dazu an, den verunfallten Taucher durch einen beteiligten Taucher (Partner, Tauchlehrer, Tauchereinsatzführer etc.) bis zur Klinik begleiten zu lassen.[298)] Damit wird sichergestellt, dass zum einen die Dokumentationskette nicht getrennt wird und zum anderen auch dann noch ein fachkundiger Ansprechpartner für Rückfragen zur Verfügung steht, wenn der Patient dazu nicht (mehr) in der Lage ist.

---

*) vgl. BGH-Urteil vom 18. März 1986, Aktenzeichen VI ZR 215/84

**) vgl. BGH-Urteil vom 24. Januar 1989, Aktenzeichen VI ZR 170/88

Vorbildlich ist das Verfahren der Berufsfeuerwehr Köln, die ihre „Checkliste Tauchunfall“ an der Einsatzstelle ausfüllt, die Daten per Funk an die Leitstelle übermittelt, die dann per Telefax die Befunde an das aufnehmende Therapiezentrum (Druckkammer) weiterleitet. Das Kammerpersonal ist so schon vor dem Eintreffen des Patienten über die Rahmenbedingungen informiert und kann einen individuellen Therapieplan vorbereiten.[299)] Bei diesem oder ähnlichen Verfahren ist jedoch zu beachten, dass die Mitteilung von Patientendaten an die Rettungsleitstelle regelmäßig über „Draht“ erfolgen sollte. Die Übermittlung über Sprechfunk ist nur in dringenden Fällen zulässig.[300)] Darüber hinaus sind die Regelungen des Gesetzes über Fernmeldeanlagen zu beachten.

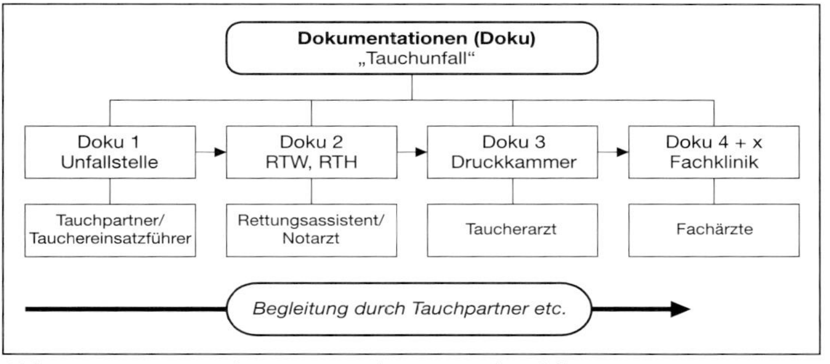

Abb. IV – 3.7.4/1: Dokumentationskette „Tauchunfall“

IV – 3.7.4.1
Administrative Vorgaben

Bei Tauchsportverbänden besteht zumindest primär keine Rechtsgrundlage für das Melden eines Tauchunfalles. Unabhängig von Verbänden tut sich die gesamte Tauchsportszene aber seit Jahrzehnten mit einer Erfassung schwer. Von STEPHENSON wurde schon 1975 öffentlich das „Totschweigen“ der Zahlen und Fakten angeprangert.[301)] Nur wenn die Verbands-Mitgliedschaft eine Versicherungsleistung beinhaltet, ist der Verunfallte gleichwohl zu Angaben verpflichtet, sofern er den Versicherer in Anspruch nehmen will. Die Angaben in verbandsinternen Unfallerfassungsbögen bleiben davon unberührt und fakultativ.[302)]

Unfälle im peripheren Tauchzusammenhang, welche einer gesetzlichen Überwachung unterliegen, sind jedoch von jedermann anzuzeigen. So hat entsprechend § 18 Betriebssicherheitsverordnung jeder, der Druckgasbehälter und Füllanlagen (Kompressor) betreibt, der Aufsichtsbehörde jeden Unfall infolge Versagens druckführender Teile unverzüglich anzuzeigen, wenn ein Mensch getötet oder die Gesundheit eines Menschen verletzt worden ist. Soweit die sicherheitstechnische Untersuchung durch einen Sachverständigen nicht durch die ermittelnde Staatsanwaltschaft angeordnet wurde, kann sie die Aufsichtsbehörde vom Anzeigepflichtigen auf seine Kosten verlangen. Diese Regelung bezieht sich bei Tauchgeräten ausschließlich auf den/die Druckgasbehälter (Flasche mit Ventil), jedoch nicht auf einen Atemregler oder andere „druckführende Teile“ des Equipments *(→ Kap. II – 4.3.1)*.

Eine Pflicht zur Unfallanzeige besteht darüber hinaus immer, wenn der betroffene Taucher der gesetzlichen Unfallversicherung unterliegt (Freiwillige Feuerwehr, DLRG, THW, Wasserwacht) oder der Berufsgenossenschaftlichen Versicherung angehört (geprüfter Taucher, Forschungstaucher) oder ein Beamten- bzw. besonderes Rechtsverhältnis besteht (Berufsfeuerwehr, Polizeitaucher, Taucher der Bundeswehr). Das Procedere ist in den einschlägigen Vorschriften geregelt und kann dort nachgelesen werden *(→ Kap. VII – 7.1.6.2)*.

IV – 3.7.4.2
Freie Empfehlungen

Das Protokollieren der Alarmierungs- und Eintreffzeiten des Rettungsdienstes zählt zu den elementaren Aufgaben einer korrekten Dokumentation eines Tauchunfalles. Vor allem das Eintreffen des Notarztes an der Unfallstelle sollte minutiös festgehalten werden. Hier besteht noch erheblicher Handlungsbedarf bei der Vielzahl im Umlauf befindlicher Formblätter, weshalb nötigenfalls diese Feststellungen auf einem Zusatzpapier zu dokumentieren sind.

IV – 3.7.4.3
Unfallprotokoll

Zur Dokumentation sollte unbedingt ein vorgefertigtes Formblatt, z. B. nach Muster 1, verwendet werden. Wird das einfachere Muster 1 gewählt, so sollte nach Möglichkeit der *DAN Europe 5-Minuten-Neuro-Check* *(→ Kap. IV – 3.7.4.3.1)* ergänzend ausgefüllt werden. Die subjektiven Angaben des Verunfallten zu bestehenden Symptomen sind in der Regel wenig aussagekräftig. Hier ist eine aktive Untersuchung erforderlich, um Auffälligkeiten aufzudecken, die dem Verunfallten selbst vielleicht noch gar nicht bewusst sind. Auch der zeitliche Verlauf der Entwicklung bestimmter Symptome und Beschwerden kann für das weitere Vorgehen wertvolle Informationen beinhalten. Ist ein Tauchcomputer vorhanden, so soll ergänzend zum Unfallprotokoll der ***Fragebogen zur Tauchunfall-Analyse*** ausgefüllt und mitgegeben werden *(→ Kap. IV – 3.7.4.4).*[*)]

IV – 3.7.4.3.1
DAN Europe 5-Minuten-Neuro-Check

Die Organisation *Divers Alert Network (DAN)* hat für eine orientierende neurologische Untersuchung durch medizinische Laien eine Anleitung entwickelt. Der so genannte 5-Minuten-Neuro-Check soll von den Begleitern alle 30 bis 60 Minuten am Unfallort und während des Transportes zur Druckkammer wiederholt durchgeführt werden, um festzustellen, ob sich Veränderungen in der Symptomatik ergeben haben. Bei Übergabe des Patienten an den weiterbehandelnden Arzt ist dieser Untersuchungsbogen[*)] dann zusammen mit der Vorgeschichte und dem Tauchcomputer abzugeben. Es wird ausdrücklich darauf hingewiesen, dass jeder einzelne Test, der aufgrund des Zustands des betroffenen Tauchers nicht durchgeführt werden konnte, als „ausgelassen" auf dem Bogen vermerkt werden sollte.

[*)] Formblatt bei Bedarf kopieren

DAN Europe 5-Minuten-Neuro-Check

Hinweise

Der Zustand des Tauchers mag die Durchführung einiger Teile dieser Untersuchung verhindern. Notieren Sie jeden unterlassenen Test sowie den Grund für die Unterlassung. Wenn irgendeiner der Tests auffällig ist, muss von einer Verletzung des zentralen Nervensystems ausgegangen werden. Diese Untersuchung sollte alle 30 bis 60 Minuten am Unfallort und während des Transports zur Dekompressionskammer wiederholt werden, um Veränderungen feststellen zu können.

Teilen Sie die Ergebnisse der Untersuchung dem medizinischen Notfallpersonal bei Anruf bzw. Ankunft mit.

Eine gute Tauchausbildung sollte das Üben dieser Untersuchungen an gesunden Tauchern einschließen, um im Notfall schnell und richtig reagieren zu können.

Durchgang Nr. 1			Durchgang Nr. 2	
ja	nein	**1. Orientierung**	ja	nein
❐	❐	Weiß der Taucher seinen Namen und sein Alter?	❐	❐
❐	❐	Weiß der Taucher, wo er ist?	❐	❐
❐	❐	Weiß der Taucher die aktuelle Zeit und das Datum?	❐	❐
ja	nein	**2. Augen**	ja	nein
❐	❐	Lassen Sie den Taucher die Anzahl Ihrer Finger zählen (2–3 verschiedene Zahlen). Überprüfen Sie erst jedes Auge einzeln und danach beide zusammen.	❐	❐

❐	❐	Lassen Sie den Taucher ein entferntes Objekt identifizieren.	❐	❐
❐	❐	Sagen Sie dem Taucher, dass er den Kopf stillhalten soll, oder halten Sie ihn selbst fest, während Sie eine Hand ca. 50 cm vor sein Gesicht halten. Sagen Sie dem Taucher, er soll Ihrer Hand mit den Augen folgen. Bewegen Sie die Hand von rechts nach links und von oben nach unten. Die Augen des Tauchers sollen der Hand fließend folgen und nicht ruckartig hin- und herirren.	❐	❐
❐	❐	Überprüfen Sie, ob die Pupillen des Tauchers die gleiche Größe haben.	❐	❐
ja	nein	**3. Gesicht**	ja	nein
❐	❐	Sagen Sie dem Taucher, er soll pfeifen. Beide Gesichtshälften müssen den gleichen Ausdruck beim Pfeifen zeigen.	❐	❐
❐	❐	Lassen Sie den Taucher die Zähne zusammenbeißen. Überprüfen Sie die Kiefermuskeln auf gleichseitige Muskelspannung.	❐	❐
❐	❐	Lassen Sie den Taucher die Augen schließen. Berühren Sie sanft die Stirn und das Gesicht und vergewissern Sie sich, dass die Gefühlswahrnehmung überall vorhanden und gleichmäßig ist.	❐	❐

ja	nein	**4. Gehör**	ja	nein
❐	❐	In 50 cm Entfernung vom Ohr des Tauchers Daumen und Zeigefinger aneinander reiben. Überprüfen Sie beide Ohren mehrmals und vergleichen Sie mit Ihren eigenen Wahrnehmungen. Wenn Umgebungslärm diesen Test beeinträchtigt, sorgen Sie für Ruhe (andere Personen zur Ruhe anhalten, Maschinen abschalten).	❐	❐
ja	nein	**5. Schluckreflex**	ja	nein
❐	❐	Lassen Sie den Taucher schlucken und beachten Sie, ob sich der Adamsapfel auf- und abbewegt.	❐	❐
ja	nein	**6. Zunge**	ja	nein
❐	❐	Lassen Sie den Taucher die Zunger herausstrecken. Sie muss sich genau in der Mitte, ohne Abweichungen nach rechts oder links, befinden.	❐	❐
ja	nein	**7. Muskelkraft**	ja	nein
❐	❐	Weisen Sie den Taucher an, beide Schultern anzuheben, während Sie sie niederdrücken, um zu überprüfen, ob der Taucher mit beiden Schultern die gleiche Kraft entwickelt.	❐	❐

❐	❐	Überprüfen Sie die Arme des Tauchers, indem Sie ihn anweisen, die Hände an die Brust zu nehmen (Ellenbogen auf Schulterhöhe) und gegenzuhalten, während Sie die Hände nach vorne, zur Seite und nach oben und unten ziehen. Beide Arme müssen in alle Richtungen gleich starke Gegenkraft entwickeln können.	❐	❐
❐	❐	Überprüfen Sie die Beine, indem Sie den Taucher anweisen, sich flach hinzulegen und die Beine auf- und abzubiegen, während Sie der Bewegung sanften Widerstand entgegensetzen.	❐	❐
ja	nein	**8. Gefühlswahrnehmung**	ja	nein
❐	❐	Berühren Sie den Taucher an beiden Seiten, wie bereits im Gesicht geschehen. Beginnen Sie am Oberkörper und vergleichen Sie beide Seiten, während Sie Ihre Hände am Körper abwärts bewegen, sodass der gesamte Körper abgedeckt wird. Die Augen des Tauchers sind dabei geschlossen. Der Taucher muss jede Berührung bestätigen, bevor eine andere Stelle untersucht wird.	❐	❐
ja	nein	**9. Gleichgewicht und Koordination**	ja	nein
❐	❐	Beachten Sie, dass der Taucher bei diesem Test vor Verletzung geschützt ist. Lassen Sie den Taucher aufstehen (Füße beieinander), die Augen schließen und die Arme nach vorne ausstrecken. Der Taucher muss fähig sein, das Gleichgewicht zu halten.	❐	❐

❐	❐	Ihre Arme umfassen den Taucher, ohne ihn zu berühren. Achten Sie darauf, ihn auffangen zu können, sollte er umfallen. Überprüfen Sie seine Koordination, indem Sie ihn auffordern, mit seinem Zeigefinger schnell wiederholt seine Nasenspitze und Ihren Finger in 50 cm Entfernung vor seinem Gesicht abwechselnd zu berühren.	❐	❐
❐	❐	Der Taucher liegt auf dem Rücken. Weisen Sie ihn an, die Ferse des einen Beines über das Schienbein des anderen Beines zu führen. Überprüfen Sie beide Seiten.	❐	❐
		10. Sonstige Bemerkungen und Beobachtungen		

IV – 3.7.4.3.2
Muster 1

Das nachfolgende Muster wird in modifizierter Form bei der Berufsfeuerwehr Köln verwendet.

Unfallprotokoll

Ort:	Datum:	Uhrzeit: ....
Name Tauchereinsatzführer:		
Name Leitstellendisponent:		

Unfallart/Alarmierung

❒ Tauchunfall — RD alarmiert ...... Uhr
❒ Badeunfall — RD am Ort ...... Uhr
❒ Überdruckbaustelle
❒ unklar

Unfallzeit .... Uhr ❒ unklar

Patientendaten

Name: ....
Vorname: ....
Geburtsdatum: ....
Straße: .... Nr. ....
PLZ: .... Ort: ....
Telefon: ....

Falls Tauch- oder Überdruckunfall

Welches Tauchgerät wurde benutzt?
❒ Druckluftgerät ❒ Nitrox
❒ Kreislaufgerät
❒ Mischgasgerät

Notaufstieg durchgeführt? ❒ ja ❒ nein
Rettungsweste aufgeblasen? ❒ ja ❒ nein

Tauchgänge innerhalb der letzten 24 h?
❒ ja ❒ nein ❒ unbekannt

Falls ja:
Tauchzeit: .... min.
Max. Tauchtiefe: .... Meter
Tauchort: ....

❐ **Tauchpartner** ❐ **Unfallzeuge**

Name: ....

Vorname: ....

Geburtsdatum: ....

Straße: .... Nr. ....

PLZ: .... Ort: ....

Telefon: ....

Zustand des Patienten

Laienreanimation .... ❐ ja ❐ nein

Bewusstseinsklar .... ❐ ja ❐ nein

Patient wurde reanimiert .... ❐ ja ❐ nein

Puls .... RR ..../......... O_2Pa ....%

Spontanatmung .... ❐ ja ❐ nein

Intubiert .... ❐ ja ❐ nein

100 % Sauerstoffgabe seit .... Uhr

Infusion mit 1000 ml/h seit .... Uhr

Neurologische Ausfälle .... ❐ ja ❐ nein

Wenn ja, welche: ....

....

....

Tauchcomputer vorhanden?

❐ ja ❐ nein

(Falls ja, unbedingt zur Auswertung zum Therapiezentrum mitgeben)

Anzeichen für Überdruckunfall?

❐ ja ❐ nein

Falls ja, welche? ....

....

....

Logistik

RTH erforderlich? .... ❐ ja ❐ nein

Druckkammer erforderlich? ...... ❐ ja ❐ nein

Druckkammer einsatzbereit um .... Uhr

Anschrift: ....

....

Ltd. NA ❐ nein ❐ ja, alarmiert .... Uhr

T-Arzt ❐ nein ❐ ja, alarmiert .... Uhr

Weitere Maßnahmen: ....

....

....

....

Genaue Unfallschilderung auf der Rückseite

IV – 3.7.4.4
Tauchcomputer

Tauchcomputer gehören heute zur Standardausrüstung der Sporttaucher und halten auch im professionellen Bereich Einzug. So werden künftig auch für den Tauchdienst der Feuerwehren Tauchcomputer zugelassen sein.[303)] Die Rechner sind, dank adaptiver Rechenmodelle, gegenwärtig in der Lage, jedes Tauchprofil individuell nach den jeweils vorherrschenden Bedingungen zu berechnen und zu speichern.

Nach einem Tauchunfall können aus diesen Daten unter Umständen lebenswichtige Indikationen abgeleitet werden. Es ist deshalb zwingend erforderlich, den Tauchcomputer vorerst der Beschlagnahme durch Polizeiorgane zu entziehen, um ihn im Zuge des Transportes an das Therapiezentrum weiterzuleiten. Eine Anfrage in dieser Sache an das Bayer. Staatsministerium des Innern wurde im Einvernehmen mit der dortigen Polizeiabteilung wie folgt beantwortet:[304)] „Zur Beschlagnahme von Tauchcomputern durch Polizeibeamte im Rahmen der Beweissicherung nach Tauchunfällen vertreten wir die Auffassung, daß hier ein Hinweis an den ermittelnden Polizeibeamten über die Notwendigkeit der Auswertung des Tauchcomputers durch den behandelnden Arzt vor der Beschlagnahme ausreichend ist, um die aufgezeichneten Daten vor der Verwahrung des Tauchcomputers zur Verfügung zu stellen."

Der Marktführer von Tauchcomputern, die Firma UWATEC, teilte auf Anfrage folgende Vorgehensweise mit:[305)]

1. Bergung

1.1 Tauchgerät/Sender

Bei der Auswertung der Tauchprofile kann der Zeitpunkt bestimmt werden, an dem der Sender aufgehört hat zu senden. Dies ist unter Wasser in zwei Situationen möglich:

1. Absinken des Luftdrucks in der Tauchflasche unter 8 bar,
2. während mehr als 3 Minuten ist keine Druckänderung mehr aufgetreten (Flaschendruck über 8 bar).

Für die Interpretation der Daten ist es deshalb sehr wichtig, den genauen Luftdruck in der Tauchflasche zum Zeitpunkt der Bergung zu kennen. Auch auffällige Bläschen, welche auf Leckluft schließen lassen, sind wichtig.

Die Ventile der Flasche müssen noch vor der Bergung nach dem Feststellen der Position unbedingt geschlossen werden. Für die korrekte Angabe der Luftzeit und des Luftverbrauchs ist das Ziehen der Reserve (falls vorhanden) vorgeschrieben. Die Stellung der Reserveschaltung muss deshalb ebenfalls *vor der Bergung* kontrolliert werden. Falls der Sender sehr ungünstig an der ersten Stufe des Atemreglers positioniert wird, kann der Tauchcomputer unter Umständen zeitweise keine Daten empfangen. Für die Auswertung des Tauchgangs ist es deshalb wichtig, die Lage des Senders genau zu kennen. Da sich die Position des Senders während der Bergung verändern kann, muss sie ebenfalls noch *vor der Bergung* festgehalten werden.

1.2 Tauchcomputer

Bei einem tödlich verlaufenden Tauchunfall wird der Tauchcomputer normalerweise bei der Bergung des Verunfallten in den SOS-Modus gehen, da das zu diesem Zeitpunkt angegebene Dekompressionsprofil des Computers nicht eingehalten wird. Auf diese Situation muss bei der Bergung keine Rücksicht genommen werden. Der SOS-Modus sperrt das Gerät während 24 Stunden für die Bedienung und das Tauchen.

Die Tauchgangdaten werden während dieser Zeit vom Tauchcomputer automatisch in Minutenabständen gesendet und können nach dem Anschluss des Interfacekabels trotzdem empfangen werden (siehe Bestandsaufnahme). Für die Auswertung des Tauchgangs sollte die Trageweise des Tauchcomputers bekannt sein (am Handgelenk links oder rechts oder irgendwo angehängt).

Die vom Computer angezeigten Werte sollen schon *vor der Bergung* abgelesen und notiert werden.

2. Bestandsaufnahme

2.1 Tauchgerät/Sender

Die Messung des Flaschendrucks muss *nach der Bergung* bei einer Temperatur von 20 °C erfolgen (möglichst wenig Leckluft, genaues Manometer verwenden). Falls der Flaschendruck unter 30 bar liegt, sollte ein Manometer mit entsprechendem Bereich für die Messung gewählt werden (zum Beispiel ein Manometer für die Einstellung des Mitteldrucks der Atemregler).

Für die Beurteilung des Luftverbrauchs ist auch das Volumen (Größe) des Tauchgerätes wichtig. Gerätevolumen und der genaue Messwert des Flaschendrucks müssen an die auswertende Stelle geschickt werden.

Tauchcomputer

Bei einem tödlichen Tauchunfall wird der Speicher des Tauchcomputers normalerweise bis zum Ende beschrieben. Anschließend werden keine Daten mehr protokolliert. Um die Daten des Unfalltauchgangs nicht zu überschreiben, darf unter keinen Umständen ein Tauchgang mit dem Gerät durchgeführt werden, bevor die Daten im Speicher gesichert sind. Dies gilt auch, wenn der Tauchunfall nicht tödlich ausgegangen ist, da zurückliegende Tauchgänge (welche unter Umständen für die Aufklärung wichtig sind) durch einen Testtauchgang überschrieben werden können.

Kurz nach der Bergung soll der Tauchcomputer nochmals abgelesen werden.

Zum Ablesen der Daten darf nur die Originalsoftware Data Trak ab Version 1.6 verwendet werden. Das Programm muss mit dem Parameter /d gestartet werden, d. h. die Eingabe muss lauten: datatrak/d<Enter>. Der Parameter /d bewirkt, dass beim Einlesen des Tauchcomputers im Programmverzeichnis eine Datei mit dem gesamten Speicherinhalt des Computers angelegt wird. Der Name dieser Datei kann etwa folgendermaßen aussehen: 04154d2f.1a7.

Nach dem Einlesen muss ein Logbuch angelegt werden. Als Name des Logbuchs soll vorzugsweise die auf dem Gehäuse des Tauchcomputers eingestanzte Gerätenummer verwendet werden (z. B.: 13853.LOG). Um dem Datenschutz zu genügen, sollte auf jegliche Namens- oder Ortsnennung verzichtet werden.

Die beiden Dateien (Logbuch-Datei z. B. 1385.LOG und Speicher-Datei z. B. 04154d2f.1a7) müssen auf eine Diskette kopiert und zusammen mit dem ausgefüllten Fragebogen an die auswertende Stelle geschickt werden. Erst nach der Kontrolle der Daten dürfen Testtauchgänge mit dem Tauchcomputer gemacht werden (das O. K. ist abzuwarten!).

3. Auswertung der Daten

Eine vollständige Auswertung der Daten kann nur unter Verwendung eines speziellen Programms und mit genauer Kenntnis des Datenaufzeichnungsverfahrens durchgeführt werden. Für die Auswertung ist weder der Sender noch der Tauchcomputer notwendig.

Die Analyse kann momentan nur von Dynatron durchgeführt werden. Wir empfehlen die Präsenz eines Mitglieds der Untersuchungsorgane während der Auswertung. Die wichtigsten Punkte der Analyse werden von uns (Dynatron) auf ausgedruckten Tauchgangsprofilen vermerkt. Ein ausführlicher Bericht zu Händen der Untersuchungsorgane wird nur auf Verlangen erstellt. Je nach Situation ist mit einem Zeitaufwand von 2 bis 4 Stunden für die Grundanalyse zu rechnen. Wird ein schriftlicher Bericht verlangt, muss mit 2 bis 3 zusätzlichen Arbeitstagen gerechnet werden. Die Kosten für die Analyse werden in Rechnung gestellt.

Checkliste

vor der Rettung

1. Ist der Tauchcomputer UWATEC-kompatibel?
2. Position der Reserveschaltung (falls vorhanden)?
3. Lage des Senders?
4. Tragweise und Position des Tauchcomputers?
5. Ist Leckluft vorhanden (auch kleinste Luftbläschen sind wichtig)?
6. Was zeigt der Tauchcomputer vor der Bergung an?
7. Flaschenventil(e) nach dem Feststellen der Position gut schließen.

nach der Rettung:

1. KEIN TESTTAUCHGANG BIS ZUM O. K.!
2. Was zeigt der Tauchcomputer nach der Bergung an?
3. Typ des Tauchgeräts (Volumen, 1 oder 2 Flaschen usw.)?
4. Restluft im Tauchgerät (unter 30 bar genau gemessen)?
5. Daten auslesen mit Data Trak /d (Version 1.6 oder später).
6. Logbuchdatei erstellen und vervollständigen.
7. Antworten auf die Fragen dieser Checkliste sowie Logbuch- und Speicher-Datei einsenden an: Dynatron AG, Datenanalyse, Zeltweg 7, CH-8032 Zürich, Schweiz.
8. O. K. abwarten.
9. Tauchcomputer für allfällige Tests freigeben.

Fragebogen zur Tauchunfall-Analyse

Tauchcomputer Typ: ______________________ Nr. ________

Name der Logbuchdatei: ______________________

Name der Speicherdatei: ______________________

Tragweise und Position des Computers:	❑ Arm ❑ links ❑ rechts ❑ angehängt: wo: ________
Position des Senders:	Winkel: ______________
Leckluft vor der Bergung:	❑ ja ❑ nein
Anzeige des Computers vor der Bergung:	Tiefe: ______________ Tauchzeit: ______________ Maximaltiefe: ______________ Dekoangaben: ______________ Luftangaben: ______________
Anzeige des Computers nach der Bergung:	Tiefe: ______________ Tauchzeit: ______________ Maximaltiefe: ______________ Dekoangaben: ______________ Luftangaben: ______________
Tauchgerät:	Anzahl Flaschen: ______________ Reserveschaltung: ❑ oben ❑ gezogen
Ort/Datum:	Restluft: ______________
______________	Unterschrift: ______________

Zusammen mit Diskette einsenden an: Dynatron AG, Datenanalyse, Zeltweg 7, CH-8032 Zürich, Schweiz

IV – 3.8
Tauchunfall im Ausland

IV – 3.8.1
Allgemeine Hinweise

Bei Reisen in ferne Länder sind, unabhängig davon, ob getaucht wird oder nicht, einige Vorsichtsmaßnahmen zu beachten.[312] Die Missachtung einiger der nachfolgenden Regeln kann das Risiko eines Tauchunfalls beeinflussen und erhöhen.

- Nach Interkontinentalflügen, insbesondere bei Flügen mit Zeitverschiebung, empfiehlt sich ein Ruhetag. Die biologischen Rhythmen des Organismus brauchen Zeit, sich anzupassen *(→ Kap. IV – 3.8.4)*.

- In warmen Ländern ist ein geregeltes Leben wichtig, um Gesundheit und Leistungsfähigkeit zu bewahren. Es ist zweckmäßig, sich dem Rhythmus der einheimischen Bevölkerung anzupassen; Hektik ist zu vermeiden. Man steht zeitig auf, um die Morgenkühle genießen zu können. Während der Mittags- und frühen Nachmittagsstunden ruht das Leben, und man hält diese Ruhe ein. Erst am späten Nachmittag und Abend sind neue Unternehmungen sinnvoll.

- Es ist unbedingt ratsam, sich langsam an die Hitze zu gewöhnen. Stundenlanges „Rösten" in der Sonne kann zu gesundheitlichen Schäden führen. Ein ausreichender Sonnenschutz (Kopfbedeckung) ist selbstverständlich. Eine leichte körperliche Betätigung hilft dem Organismus, sich rasch an das warme Klima anzupassen, schwere körperliche Belastung, aber auch völlige Untätigkeit wirken sich ungünstig aus *(→ Kap. IV – 3.5.5.17)*.

- Eine reichliche Flüssigkeitszufuhr (2 bis 4 Liter pro Tag) ist speziell bei Tauchern unerlässlich. Der Urin sollte immer hellgelb sein und nicht dunkel. Die Mehrzahl der 1997 auf den Malediven gemeldeten Dekounfälle war auf zu geringe Flüssigkeitsaufnahme und Dehydratation zurückzuführen.[306]

- Vorsicht ist geboten beim Essen und Trinken. Zu vermeiden sind ungekochte Speisen, rohe Salate und Obst, das nicht geschält werden kann. Milch, Fleisch, Fisch und andere Meerestiere sollten nur dann gegessen werden, wenn sie frisch gekocht oder ganz durchgebraten sind. In vielen Großstädten der Tropen steht gutes Trinkwasser zur Verfügung. Ist dies nicht der Fall, sollte man das Wasser abkochen oder entkeimen. Getränke, die von den großen Gesellschaften in verschlossenen Flaschen oder Dosen abgegeben werden, sind in der Regel einwandfrei. Auch frisch bereiteten Kaffee oder Tee kann man jederzeit trinken (→ *Kap. IV – 3.5.5.33*).

- Als Europäer sollte man in den Tropen auch als Taucher nicht barfuß laufen (Gefahr von Hakenwurminfektionen, Insektenstichen oder Bissen durch Gifttiere). Nachts sollte man nie ohne Licht umhergehen, auch nicht im Haus (Vorsicht beim Besuch der Toilette!), um unliebsamen Begegnungen mit Gifttieren auszuweichen. Die Hand- oder Taschenlampe ist eines der wichtigsten Utensilien in den Tropen; nicht nur unter Wasser.

- Wenn möglich, ist der Kontakt mit Süßwasser zu vermeiden. Beim Baden in Flüssen oder Seen in Afrika und Südamerika besteht Infektionsgefahr durch *Schistosomiasis*. Bedenkenlos baden kann man im Meer sowie in den meisten Swimmingpools der größeren Hotels.

- Nach einem Tropenaufenthalt, der länger als **drei Monate** dauert, ist eine tropenärztliche Untersuchung einschließlich parasitologischer Blut-, Urin- und Stuhluntersuchung angezeigt, auch wenn keine Beschwerden bestehen. Tritt nach einem kurzzeitigen Tropenaufenthalt eine gesundheitliche Störung auf, muss der Arzt genau über die Reise, Malariaprophylaxe und Krankheiten, die eventuell schon am Reiseaufenthaltsort aufgetreten sind, informiert werden. Bezüglich der Vorsorgeuntersuchung bei längeren Auslandsaufenthalten wird auf *Kap. IV – 3.4.1* verwiesen.

IV – 3.8.2
Tauchspezifische Besonderheiten

Bedenken Sie, dass eine Vielzahl der in diesem Buch enthaltenen Ratschläge und Vorgehensweisen im Ausland zur Makulatur verdammt sind. Was helfen Ihnen die besten Taktikschemata, wenn keiner da ist, der Ihren verunfallten Tauchpartner adäquat transportiert und, falls Sie doch jemanden finden, dieser nicht weiß, wohin er den Patienten bringen soll? Das Problem Nr. 1 im Ausland ist die Logistik.

Dabei gibt es so viele regionale Unterschiede, dass es unmöglich ist, Empfehlungen für ein bestimmtes Land zu geben. Selbst innerhalb Europas dürfen Sie nicht immer die in Deutschland gewohnte Versorgung durch den Rettungsdienst erwarten. So können Sie, um nur ein Beispiel zu nennen, in Frankreich nach einem Tauchunfall nicht wie üblich selbst den Rettungsdienst (SAMU) alarmieren, da dies nur ein in Frankreich approbierter Arzt tun darf.

Zu den logistischen Problemen kommen die sprachlichen Barrieren. Schön, wenn Ihre Englischkenntnisse so gut sind, dass Sie einen Notfall auch in einer Stresssituation in dieser Sprache abfassen können. Was aber, wenn Ihr Gesprächspartner der englischen Sprache nicht mächtig ist? Haben Sie an einen Dolmetscher gedacht, der Ihnen bei **jeder** Tauchausfahrt zur Verfügung steht? Oder haben Sie wenigstens einen Spickzettel mit den wichtigsten Notfallmeldungen in der jeweiligen Landessprache?

Die Gabe von 100%igem Sauerstoff wird als Maßnahme nach einem Tauchunfall weltweit propagiert. Voraussetzung ist natürlich, dass ein solches System sofort verfügbar ist und nicht erst nach langer Zeit etwa aus einer Autowerkstätte herbeigeschafft wird. Bedenken Sie bei Ihren Vorbereitungen, dass Ihre gute Absicht, selbst ein Sauerstoffsystem in den Tauchurlaub mitzunehmen, am Flughafen aus polizeilichen Gründen abgelehnt werden kann *(→ Kap. II – 4.3.4)*. Sie sollten sich aus diesem Grunde bereits vor der Buchung Ihres Urlaubes verbindliche Auskünfte darüber geben lassen, ob ein Sauerstoffsystem vorhanden und wo das nächste Therapiezentrum für Tauchunfälle (Druckkammer) ist. Der Rest ist dann Ihre eigene „Gefährdungsanalyse“.

Bezüglich der weiteren Ausstattung von *Notfallkoffern* wird die Bestückung mit Medikamenten in Deutschland äußerst zurückhaltend bewertet. In Ländern, in denen keine oder nur sehr unzureichende Strukturen des Rettungsdienstes bestehen, erscheint es dagegen nicht nur erforderlich, sondern sogar zwingend notwendig, die zur Therapie eines Tauchunfalles erforderlichen Medikamente und Infusionen auf Tauchschulen vorzuhalten. Die Ausstattung sollte allerdings mit einem erfahrenen Taucherarzt abgestimmt werden *(s. a. Kap. IV – 3.4.5)*.

Sind Sie in der glücklichen Lage, ein betriebsbereites Therapiezentrum mit kompetenter ärztlicher Betreuung gefunden zu haben, wird man Sie sehr wahrscheinlich schon bei der Aufnahme nach der Bezahlung fragen. Spätestens dann wären Sie gut beraten, wenn Sie ganz einfach jemanden anrufen könnten, der Ihnen alle hier geschilderten Probleme abnimmt.

Zwei Möglichkeiten können empfohlen werden:

1. Für Mitglieder des *Verbandes Deutscher Sporttaucher e. V.* (VDST) gibt es seit 1. Januar 2000 eine *Taucher-Hotline.* Die VDST-Taucher-Hotline bietet einen 24-stündigen Notfallservice bei einem Tauchunfall. Eingebunden in die VDST-Taucher-Hotline ist eine Auslandsreisekrankenversicherung, die Kostenübernahme sicherstellt, einen weltweiten Rücktransport organisiert und die Kosten der medizinischen Heilbehandlung übernimmt.

   Kern der VDST-Taucher-Hotline ist der 24-stündige spezielle tauchmedizinische Notfallservice. Er wird gestellt von einer Gruppe ausgewählter Taucherärzte der VDST-Sachabteilung Tauchmedizin. Eingebunden ist weiterhin eine Reihe ausgewählter Druckkammerzentren in Deutschland, die bei Tauchunfällen in Deutschland und im Falle einer notwendigen Rückholung die medizinische Versorgung sicherstellen werden.[307) 308) 309)]

VDST-Taucher-Hotline
(01 80) 3 32 21 05

2. Für alle anderen Taucher – und natürlich auch VDST-Mitglieder – ist die Mitgliedschaft in der international operierenden Organisation *Divers Alert Network* (DAN®) zu empfehlen. DAN® wurde 1980 von weltweit führenden Tauchmedizinern in den USA gegründet. Heute umspannt das Netzwerk nicht nur Gegenden des Tauchtourismus, sondern auch weit abgelegene Gebiete der ganzen Welt. In das Netzwerk sind die international führenden Tauchmediziner eingebunden. Sie sind zumeist hohe Repräsentanten der tauch- und überdruckmedizinischen Gesellschaften ihrer Länder. Sie stellen die nationalen Ansprechpartner für das weltweite Tauchunfallmanagement in der Muttersprache des verunfallten Tauchers. Über eine zentrale Datenbank und den nationalen Verantwortlichen vor Ort wird im Notfall zielgerichtet das für den speziellen Tauchunfall am besten geeignete Druckkammerzentrum angesteuert. Die nächste erreichbare Druckkammer ist aber im speziellen Fall nicht immer die geeignetste. Hier bedarf es detaillierter Kenntnisse. Die DAN-Mitgliedschaft beinhaltet eine Versicherung gegenüber allen Unterwasseraktivitäten. Über die DAN® Hotline gemeldete Tauchunfälle werden von DAN tauchmedizinisch-organisatorisch betreut und – in der Regel direkt mit der Therapieeinrichtung – finanziell abgewickelt.[310) 311)]

Seit dem 1. Januar 2002 ist die *DAN Europe Hotline* +41 1 1414 bei der REGA in der Schweiz aus dem Ausland (Anrufe außerhalb der Schweiz) **nicht mehr geschaltet.** Die Rufnummer 1414 ist innerhalb der Schweiz jedoch weiterhin erreichbar.

DAN-Mitglieder sollen nur noch die auf den aktuellen DAN Europe Mitgliedskarten bereits fett gedruckte *DAN European Hotline*

+41 1 3831111

bei **Tauchnotfällen im Ausland** verwenden.

Das einwandfreie Funktionieren der +41 1 1414 aus dem Ausland war in der Vergangenheit nicht in jedem Fall gewährleistet, weil es vereinzelt zu Störungen im Verbindungsaufbau gekommen ist. Deshalb hat DAN Europe die ursprüngliche DAN Europe Hotline +41 1 3831111 immer parallel als Ausweichnummer beibehalten.

Die REGA (Rettungsflugwacht) in Zürich selbst ersetzt die Auslandsrufnummer +41 1 1414 durch die Rufnummer +41 333 333 333. Auch diese Telefonnummer kann von DAN- und REGA-Mitgliedern bei Tauchunfällen aus dem Ausland angerufen werden.[343)]

DAN Hotline **+41/1-3 83 11 11 (international – REGA)** **(04 31) 5 40 90 (national D)**

Die Rufnummern können innerhalb Europas und USA im internationalen Selbstwählverkehr wie folgt erreicht werden:

Österreich A	Belgien B	Schweiz CH	Deutschland D	Dänemark DK	Spanien E	Frankreich F	Großbritannien GB	Italien I	Luxemburg L	Norwegen N	Niederlande NL	USA USA	von / nach
-	00**43	0043	0043	0043	0743	0043	0043	0043	0043	0043	0043*	01143*	Österreich
0032	-	0032	0032	0032	0732	0032	0032	0032	0032	0032	0032*	01132*	Belgien
0541	00**41	-	0041	0041	0741	0041	0041	0041	0041	0041	0041*	01141*	Schweiz
0649	00**49	0049	-	0049	0749	0049	0049	0049	0049	0049	0049*	01149*	Deutschland
0045	00**45	0045	0045	-	0745	0045	0045	0045	0045	0045	0045*	01145*	Dänemark
0034	00**34	0034	0034	0034	-	0034	0034	0034	0034	0034	0034*	01134*	Spanien
0033	00**33	0033	0033	0033	0733	-	0033	0033	0033	0033	0033*	01133*	Frankreich
0044	00**44	0044	0044	0044	0744	0044	-	0044	0044	0044	0044*	01144*	Großbrit.
0039	00**39	0039	0039	0039	0739	0039	0039	-	0039	0039	0039*	01139*	Italien
00352	00**352	00352	00352	00352	07352	00352	00352	00352	-	00352	00352*	011352*	Luxemburg
0047	00**47	0047	0047	0047	0747	0047	0047	0047	0047	-	0047*	01147*	Norwegen
0031	00**31	0031	0031	0031	0731	0031	0031	0031	0031	0031	-	01131*	Niederlande
001	00**1	001	001	001	071	001	001	001	001	001	001*	-	USA

Diese Angaben sind ohne Gewähr. * Ton abwarten ** Ansage abwarten

IV – 3.8.3
Impfschutz

Für Impfungen bei Fernreisen hat die Weltgesundheitsorganisation Empfehlungen erarbeitet, denen sich die meisten Länder angeschlossen haben. Einige Nationen haben weitere Bestimmungen hinzugefügt. Gerade Auslandsreisen stellen eine gute Gelegenheit dar, den Impfstatus zu überprüfen und notfalls zu vervollständigen. Der Impfstatus ist aber keine auslandsspezifische Angelegenheit, sondern gehört zur allgemeinen Vorsorge bei Tauchern. Aus diesem Grund ist diese Thematik den allgemeinen Präventivmaßnahmen in *Kap. IV – 3.4.2* zugeordnet.

IV – 3.8.4
Probleme bei Flugreisen

Taucher, welche regelmäßig Medikamente einnehmen, müssen bei Ost-West- und West-Ost-Flügen die Zeitverschiebung beachten. Auch jeder gesunde Taucher sollte sich bei Ost-West-Flügen über die Zeitverschiebung im Klaren sein. Fliegt man von Europa aus nach Westen, erreicht man das Tagesziel früher, als es der Flugzeit entspricht. Beim Flug von Europa nach Osten trifft man wesentlich später am Zielort ein, als es der Flugzeit entspricht. Wer unmittelbar nach der Ankunft schon den ersten Tauchgang plant, handelt leichtsinnig. In jedem Fall sollte man eine Ruhepause von einigen Stunden einlegen. Für eine Umstellung auf den neuen Rhythmus benötigt der menschliche Organismus drei bis sechs Tage, eine völlige Anpassung erfordert zwei bis drei Wochen, also eine Zeitspanne, die in der Regel so lang wie der Tauchurlaub selbst ist. Es gibt Berichte sowie vereinzelte klinische Untersuchungen, wonach das Hormon *Melatonin* die Anpassung erleichtern soll. Keine dieser Mitteilungen konnte jedoch sicher belegen, dass mit *Melatonin* der „Jetlag“ sowie die damit verbundenen Schlafstörungen sicher verhindert oder beeinflusst werden konnten.

Die Kabinendrücke in Flugzeugen weichen vom Luftdruck auf Meereshöhe ab *(→ Tabelle II – 3.3.5/1)*. Dieses Druckgefälle bedeutet eine zusätzliche Dekompression, weshalb nach Tauchgängen erst nach einer Zeitpause geflogen werden darf. Tauchcomputer zeigen dieses Intervall individuell an. Steht kein Tauchcomputer zur Verfügung, darf frühestens 12 Stunden nach dem letzten Tauchgang geflogen werden. Bei Notaufstiegen sollten 24 Stunden, bei Dekompressionsunfällen nach vollständigem Abklingen der Symptome mindestens 48 Stunden zwischen Tauchgang und Flug liegen.

IV – 3.8.5 Kommunikation

Voraussetzung für die Kontaktaufnahme zu einer der vorgenannten Rufnummern ist ein auch im Ausland **funktionsfähiges** Mobiltelefon. Vor Urlaubsantritt ist deshalb unbedingt beim Netzbetreiber zu prüfen, ob das vorhandene Mobiltelefon im betreffenden Land betriebsfähig ist *(→ Kap. IV – 3.7.2.1.2)*. Prüfen Sie darüber hinaus, ob die Stromkapazität des Akkus für die Dauer des Tauchurlaubes ausreichend ist (ggf. Reserveakku mitnehmen) oder ob der Akku am Urlaubsort nachgeladen werden kann (Spannung, Adapter).

Sollte eine Verbindung mit dem Mobiltelefon nicht zustande kommen, können Sie selbstverständlich auf die lokal verfügbaren Fernsprecheinrichtungen zurückgreifen, sofern sie vorhanden und betriebsbereit sind und Sie die passenden Münzen haben. Die Tabelle auf der folgenden Seite gibt Ihnen einen Überblick der derzeit geltenden europäischen Notrufnummern für den Rettungsdienst. Nicht enthaltene Länder können Sie handschriftlich in die freien Felder nachtragen.

Tabelle IV – 3.8.5/1: Europäische Notrufnummern für den Rettungsdienst

Land	Notrufnummer	Land	Notrufnummer
Belgien	100	Norwegen	113
Bulgarien	150	Österreich	144
Dänemark	112	Polen	999
Deutschland	112 od. 19222	Portugal	115
Finnland	112	Rumänien	06
Frankreich	15	Russland	03
Griechenland	166	Schweden	112
Großbritannien	999	Schweiz	114
Irland	999	Slowakei	155
Island	0112	Slowenien	94
Italien	118	Spanien	061
Jugoslawien	94	Tschechien	155
Kroatien	94	Türkei	118
Niederlande	06-11	Ungarn	104

IV – 3.8.6
Verletzungen durch Meerestiere

Dieses Verletzungsmuster kann unter Umständen lebensbedrohende Folgen für den Betroffenen haben. Welche Maßnahmen im Einzelnen zu ergreifen sind, wird ausführlich im *Kapitel IV – 3.5.5.34 Verletzungen durch Meerestiere* besprochen. Ergänzend dazu noch ein Tipp, falls Sie rasch heißes Wasser brauchen: Halten Sie ein Gefäß oder notfalls einen Neopren-Füßling unter den Kühlwasserauslauf des Bootsmotors. Wie aber in Kap. IV – 3.5.5.34 erwähnt, ist die Anwendung von heißem Wasser bei Stichverletzungen und Skorpionsfischvergiftungen **nicht** empfohlen.

IV – 3.8.7
Blutverlust

Erleidet ein Taucher in den Tropen einen Unfall mit schwerem Blutverlust, sollte die Zustimmung zur Transfusion von lokal gewonnenem Blut wegen der Gefahr einer HIV-Infektion nur gegeben werden, wenn sie als lebensrettende Maßnahme angesehen werden muss. Jeder Reisende sollte in seinem gelben internationalen Impfpass die Blutgruppe mit Rhesusfaktor eingetragen haben, um zum einen als potenzieller Empfänger eine klare Aussage über die benötigte Blutgruppe zu haben, zum anderen als möglicher Spender für einen anderen Reisenden zur Verfügung stehen zu können.[46)]

Auf Empfehlung der World Health Organization[*)] (WHO) kann davon ausgegangen werden, dass in allen größeren Stationen der westlichen Bauwirtschaft, der Entwicklungshilfe, der Missionen und der diplomatischen Vertretungen ein kleines Depot von haltbaren Blutersatzmitteln, z. B. HAES, mit den notwendigen Nadeln und Infusionsbestecken vorhanden ist. In vielen Fällen kann damit ohne Bluttransfusion ein Schockzustand überwunden und die Transportfähigkeit hergestellt werden.

IV – 3.8.8
Sauerstoff in Linienflugzeugen

Vereinzelt wird bei Tauchunfällen mit leichten Symptomen in Erwägung gezogen, den verunfallten Taucher in eigener Regie mit gewöhnlichen Verkehrsflugzeugen in das Heimatland zu „verlegen“ und dabei das Sauerstoffversorgungssystem des jeweiligen Verkehrsflugzeuges zu nutzen. Von MÜLMANN wurde dazu wie folgt Stellung genommen:[313)] „Im Verkehrsflugzeug werden grundsätzlich zwei Sauerstoffversorgungssysteme unterschieden. Zum einen ist es der Notfallsauerstoff. Dieser wird ausschließlich im Falle eines plötzlichen Druckverlustes in der Kabine eingesetzt. Hier fallen dann, wie bei der Sicherheitsansage demonstriert, die Masken aus der Decke. Die Sauerstoffversorgungsanlage wird aktiviert, und sämtliche Masken werden mit Sauerstoff versorgt. Der Flow beträgt anfänglich etwa 4 l und sinkt nach etwa 15 Minuten auf 2 1/2 bis 3 l ab. Der Reinheitsgrad liegt bei rund 97 %.

[*)] Weltgesundheitsbehörde

Dieses System kann in keinem Fall zur Intervention bei einem medizinischen Notfall eingesetzt werden. Hierfür ist ein zweites System vorgesehen. Es handelt sich um mobile Sauerstoffflaschen, die ebenfalls bei einem 4-l-Flow eine etwa 20- bis 30-minütige Versorgung des Patienten zulassen – dieses zweite System steht ausschließlich zur notfallmedizinischen Versorgung an Bord zur Verfügung.

Sollte absehbar sein, dass ein Passagier bereits von vornherein Sauerstoff während der Flugreise benötigt, so muss dieser zusätzlich bei der Buchung angefordert und beladen werden – das ist natürlich auch mit entsprechenden zusätzlichen Kosten verbunden. Diese schwanken je nach Einsatz des Systems und können durchaus den Preis eines Business-Class-Tickets erreichen."

Auf die Neuentwicklung eines Krankentransportsystems der LUFTHANSA für Linienflugzeuge wird hingewiesen *(→ Kap. IV – 3.8.9)*.

IV – 3.8.9
Repatriierungsflüge

Die Rückholung von verunfallten Tauchern mit Ambulanzflugzeugen aus dem Ausland, so genannte Repatriierungsflüge, erfordert ein hohes Maß an Know-how und wird von renommierten Unternehmen (z. B. ADAC, Deutsche Rettungsflugwacht, Deutsches Rotes Kreuz, REGA) angeboten. Die Kostendeckung dieser sehr kostenintensiven Transporte kann entweder über eine entsprechende Zusatzversicherung oder eine Mitgliedschaft der oben beispielhaft angegebenen Betriebe erzielt werden.[314)] [315)] [316)]

Unabhängig davon lassen sich über die Mitgliedschaft beim VDST oder DAN *(→ Kap. IV – 3.8.2)* die Kosten und die Organisation von Repatriierungsflügen abdecken.

Neue Wege zur Rückholung von Patienten hat die LUFTHANSA beschritten. Die Entwicklungsingenieure der LUFTHANSA TECHNIK AG haben ein in dieser Form einmaliges Krankentransportsystem für Linienflugzeuge konstruiert, das die Intensivbehandlung und Überwachung des Patienten auf Langstrekkenflügen sicherstellt. Zudem ist der Flug um mehr als die Hälfte billiger als eine vergleichbare Strecke im Learjet. Das *Patient*

Transport Compartment (PTC), das aus der eigentlichen Transporteinheit und dem umgebenden Wandsystem besteht, enthält neben den wichtigsten medizinischen Geräten einen Vorrat von mehr als 13 200 Liter Sauerstoff. Die Intensivstation im Kompaktformat ermöglicht damit erstmalig die Beatmung eines Patienten für einen Zeitraum von bis zu zwölf Stunden.[317)]

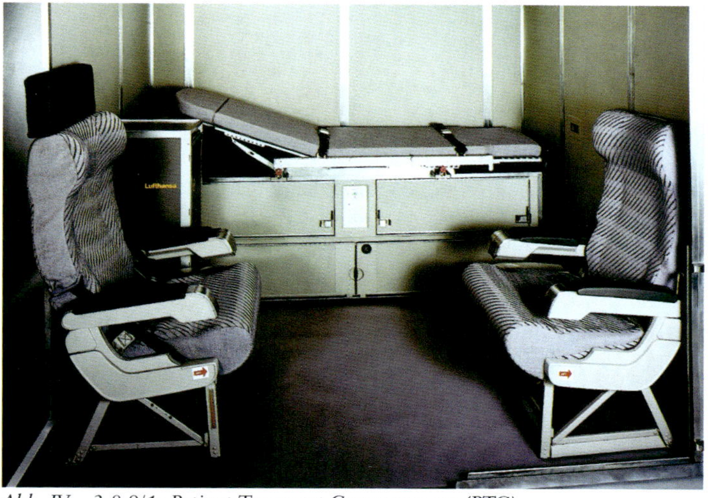

Abb. IV – 3.8.9/1: Patient Transport Compartment (PTC).
Quelle: LUFTHANSA TECHNIK AG

IV – 3.8.10
Reiseinformationen

Spektakuläre Zwischenfälle deutscher Tauchtouristen machten in der Vergangenheit Schlagzeilen in den internationalen Medien. Dies hat zu einer Sensibilisierung der Reisenden geführt und dazu beigetragen, sich über das Zielland rechtzeitig vor der Abreise ausführlich zu informieren. Die gebräuchlichen Printmedien sind dazu geeignet, sich über Land und Leute und natürlich über die Tauchgebiete zu informieren, aktuelle Hinweise zur Sicherheitslage eines Landes können sie aus verständlichen Gründen aber nicht bieten.

Zu diesem Zweck kann die Webseite des *Auswärtigen Amtes* der Bundesrepublik Deutschland empfohlen werden: www.auswaertiges-amt.de

Unter der Rubrik *Reiseinformationen* stehen folgende Kapitel zur Verfügung:

- **Länder- und Reiseinformationen:** Über eine Suchfunktion können Sie Ihr Zielland eingeben und erhalten dann aktuelle Informationen zu diesem Land.
- **Sicherheitshinweise:** Hier sind aktuelle Reisewarnungen für bestimmte Länder und Regionen sowie spezielle Sicherheitshinweise einsehbar.
- **Konsularische Hilfe:** Unter dieser Verlinkung erhalten Sie ausführliche Informationen über die Hilfsmöglichkeiten des Deutschen Konsulates in Notfällen.
- **Deutsche Vertretungen:** Dieser Abschnitt enthält eine Zusammenstellung aller deutschen Auslandsvertretungen. Als Unterkapitel ist außerdem eine Liste zu Visumserfordernissen enthalten.

IV – 3.8.11
Informationszentren für Vergiftungsunfälle

Die Möglichkeiten einer Vergiftung im Ausland sind speziell bei Tauchern sehr vielfältig. Sie reichen von schadstoffbelasteten Atemgasen in den Tauchflaschen, unsachgemäß gewarteten CO_2-Absorbern, Vergiftungen infolge von Verletzungen durch Meerestiere bis zu den allgemeinen Vergiftungen durch Trinkwasser oder Lebensmittel.

In allen Fällen können bei den nachfolgend aufgelisteten Informationszentren erste Auskünfte über Gegenmaßnahmen eingeholt werden. Zentren mit einem 24-h-Betrieb sind mit einem Uhrensymbol „🕓“ gekennzeichnet. Sollen deutsche Zentren aus dem Ausland angerufen werden, so sind die entsprechenden Rufnummern des Selbstwählverkehrs (→ *Kap. IV – 3.8.2*) zu beachten.

Land	Ort	Anschrift	Kommunikation
Deutschland	Berlin	Beratungsstelle für Vergif- tungserscheinungen und Embryonaltoxikologie Spandauer Damm 130 14050 Berlin	**Tel.: (030) 19240** Fax: (030) 30686-721 Internet: www.giftnotruf.de
	Berlin	Charité, Campus, Virchow-Klinikum Med. Fakultät der Hum- boldt-Universität zu Berlin Medizinische Klinik mit Schwerpunkt Nephrologie und Intensivmedizin Augustenburger Platz 1 13353 Berlin	**Tel.: (030) 450-553555** Fax.: (030) 450-553915 Internet: www.charite.de/rv/nephro
	Bonn	Informationszentrale gegen Vergiftungen Zentrum für Kinderheil- kunde der Rheinischen Friedrich-Wilhelm- Universität Bonn Adenauerallee 119 53113 Bonn	**Tel.: (0228) 19240** Fax.: (0228) 2873314 Internet: www.meb. uni-bonn.de/giftzentrale
	Erfurt	Gemeinsames Giftinformationszentrum der Länder Mecklenburg- Vorpommern, Sachsen, Sachsen-Anhalt und Thüringen Helios Klinikum Erfurt Nordhäuser Straße 74 99089 Erfurt	**Tel.: (0361) 730730** Fax.: (0361)73073-17 Internet: www.thueringen.de/ wegweis/89_19.htm
	Freiburg	Universitäts-Kinderklinik Freiburg Informationszentrale für Vergiftungen Mathildenstraße 1 79106 Freiburg	**Tel.: (0761) 19240** Fax: (0761) 270-4457 Internet: www.giftberatung.de

Land	Ort	Anschrift	Kommunikation
 Deutschland	Göttingen	Giftinformationszentrum Nord der Länder Bremen, Hamburg, Niedersachsen und Schleswig-Holstein (GIZ-Nord) Zentrum Pharmakologie und Toxikologie der Universität Göttingen Robert-Koch-Straße 40 37075 Göttingen	**Tel.: (0551) 38318-0** oder 19240 Fax: (0551) 38318-81 Internet: www.giz-nord.de
	Homburg	Informations- und Behand- lungszentrum f. Vergiftungen Universitätsklinik für Kin- der- und Jugendmedizin Gebäude 9 Oscar-Orth-Straße 66421 Homburg/Saar	**Tel.: (06841) 19240** Fax: (06841)1528438 Internet: www.med-rz.uni-sb.de/ med_fak/kinderklinik/ Vergiftungszentrale/ vergiftungszentrale.html
	Mainz	Klinische Toxikologie, Universitätsklinikum Beratungsstelle bei Vergiftungen Langenbeckstraße 1 55131 Mainz	**Tel.: (06131) 232466** oder 19240 Fax: (06131) 232468/69 Internet: www.giftinfo.uni-mainz.de
	München	Giftnotruf München Toxikologische Abteilung der II. Medizinischen Klinik rechts der Isar der Technischen Universität Ismaninger Straße 22 81675 München	**Tel.: (089) 19240** Fax: (089) 41402467 Internet: www.toxinfo.org/notfall
	Nürnberg	Giftinformationszentrale Nürnberg Medizinische Klinik 2 des Klinikums Nürnberg Prof.-Ernst-Nathan-Str. 1 90419 Nürnberg	**Tel.: (0911) 398-2451** Fax: (0911) 398-2192 www.giftinformation.de

Land	**Ort**	**Anschrift**	**Kommunikation**
 Belgien	Brüssel	Centre National de Prévention et de Traitment des Intoxications Rue Joseph Stallaert 15 1060 Brüssel	Tel.: (02) 3454545 o. 6492929 Sprachen: *Franz., Holl., Engl., Deutsch*
 Bulgarien	Sofia	Centre anti-Poisons Clinique Toxicologique Boulev. Totlebene 21 Sofia	Tel.: (2) 521161 o. 525011 Sprachen: *Franz., Deutsch, Russisch*
 Dänemark	Kopenhagen	Centrallaboratoriet Rigshospitalet Blegdamsvej 2100 Kopenhagen	Tel.: 394233 Sprachen: Dänisch, Engl., Deutsch
	Hellerup	Statens Institut for Arbejdshygiene Baunegardsvej 73 75-2900 Hellerup	Tel.: 9868 Mo–Fr 9:00–16:00 Uhr Sa 9:00–12:00 Uhr Sprachen: *Dänisch, Englisch*
 Frankreich	Lyon	Centre anti-Poisons Service d'information toxicologique Pavillon N, Place d' Arsonval 69-Lyon 3è	Tel. : (9133) 78/541414 Sprache: *Französisch*
	Marseille	Centre anti-Poisons Hôpital Salvator 249 Bd. Ste Marguerite 13-Marseille 9b	Tel.: (91) 752525 Sprachen: *Französisch, Englisch*
	Nancy	Clinique Toxicologique Centre Hospitalier et Universitaire Service de Réanimation Centre anti-Poisons 29 avenue de Lattre de Tassigny 54- Nancy	Tel.: (28) 83323636 Sprachen: *Französisch*

Land	Ort	Anschrift	Kommunikation
 Frankreich	Lille	Lille Hôpital Calmette Prof. Leclercq	**Tel. : (20) 545556** Mo–Fr 9:00–18:00 Uhr Sprache: *Französisch*
 Groß-britannien	Cardiff	Major Chemical Incidents University of Wales Institute Cardiff Western Avenue CF5 2YB Cardiff, Wales	**Tel.: (02920) 709901** Sprache: *Englisch*
	Edinburgh	Scottish Poisons Information Centre Edinburgh Royal Infirmary EH3 9YW Edinburgh	**Tel.: (0131) 536 2300** Sprache: *Englisch*
	London	Laboratory of the Poisons Unit New Cross Hospital Avonly Road SE14 5ER London	**Tel.: (0171) 635 9191** Sprache: *Englisch*
 Nieder-lande	Utrecht	Nationaal Vergiftigingen Informatie Centrum Rijks Instituut voor de Volksgezondheid Sterrenbos 1, Utrecht	**Tel.: (030) 749111** **App. 1222 o. 1375** Sprachen: *Holl., Franz., Engl., Deutsch*
 Irland	Dublin	Poisons Information Hospital Jervis Street Dublin	**Tel.: (1) 0035-745588** **o. 748782** Sprache: *Englisch*
 Italien	Milano	Milano Centro antiveleni Servizi de Informazione Ospedale Maggiore di Milano Piazza Ospedale Maggiore 3 Milano	**Tel.: (02) 6428556** Sprache: *Italienisch*
	Roma	Centro antiveleni Instituto di Medicina Legale della Universita di Roma Viale Regina Elena 336 00161 Roma	**Tel.: (06) 490663** Sprache: *Italienisch*

Land	**Ort**	**Anschrift**	**Kommunikation**
 Italien	Torino	Centro antiveleni della Universita di Torino Corso Polonia 14 10126 Torino	**Tel.: (011) 637637** Sprache: *Italienisch*
 Norwegen	Oslo	Giftkartoteket Farmakologisk Institutt Universitet i Oslo Odontologibygst Oslo 3	**Tel.: 461870 ext. 7628 bzw. 7799** Sprache: *Norwegisch*
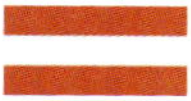 Österreich	Wien	Universitätsklinik Währinger Gürtel 18–20 1090 Wien	**Tel.: (1) 406 43 43** Sprache: *Deutsch*
 Polen	Krakow	Klinika Chorob Zawodowyck Oddzial Ostrych Zatruc Ul. Kopernika 26 Krakow	**Tel.: (12) 24170** Sprachen: *Polnisch, Englisch*
 Portugal	Lisboa	S.O.S. Centro Informativa de Intoxicacoes Avenida Elias Garcia 81 Lisboa	**Tel.: (1) 761127 oder 767777** Sprachen: *Portugiesisch, Französisch, Englisch*
 Schweden	Stock- holm	Giftinformationescentralen Poison Control Center Karolinska Sjukhuset Stockholm	**Tel.: (08) 340500** Sprachen: *Schwedisch, Englisch*
 Schweiz	Zürich	Schweizerisches Toxikologi- sches Informationszentrum Zürichbergstraße 8 8028 Zürich	**Tel.: (1) 2515151** Sprachen: *Französisch, Englisch, Deutsch, Italienisch*
 Spanien	Madrid	Instituto Nacional de Toxicologia Ministerio de Justicia Famacia 9 Madrid 4	**Tel.: (1) 2219327** Sprachen: *Spanisch*

Land	Ort	Anschrift	Kommunikation
 Tschechien	Prag 🕓	Poisons Information Center Clinic for Occupational Diseases Vysebradska 49 Prag 2	**Tel.: (2) 246896** Sprachen: *Tschechisch, Englisch, Deutsch, Französisch*

IV – 3.8
Tod im Wasser

Für den konventionellen Sporttaucher wird dieses Thema (hoffentlich) nie ein Thema sein. Für Taucher der Hilfsorganisationen und Polizeibehörden gehört es dagegen zwangsläufig zum Ausbildungsrepertoire, sich mit dieser Materie auseinander zu setzen. Zwei Dinge gilt es zu wissen:

1. den angemessenen Umgang mit dem Verunfallten selbst sowie Angehörigen der Opfer und
2. den eigenen Umgang mit dem Tod.

IV – 3.8.1
Kommunikation mit Patienten und Angehörigen

Nach einem Tauchunfall, besonders wenn er tödlich endet, kommt dem Einsatzleiter oder auch einem Partner der Tauchergruppe mitunter die schwere Aufgabe zu, die passenden Worte für die an der Unfallstelle erscheinenden Angehörigen zu finden. Im Zeitalter von Internet und Handy haben Menschen erwiesenermaßen zwar kein Problem, miteinander zu kommunizieren, aber unter diesen Umständen doch Konflikte. Angehörigen mitzuteilen, dass ihr Sohn oder ihre Tochter leider nur noch tot geborgen werden konnte, ist mehr, als miteinander zu sprechen. Auch Körperhaltung, Gesichtsausdruck, Tonfall der Stimme, Position und die Distanz der Kommunizierenden gehören dazu.

In zahlreichen Veröffentlichungen werden Anregungen gegeben, wie man mit solchen Situationen umgehen sollte.[94) 95) 318) 319) 320)] Auf die häufigste Frage, nach der Todesursache, sollten Sie, sofern Sie nicht der Arzt sind, der den Totenschein ausstellt, mit Vermutungen zurückhaltend sein. Lassen Sie sich von den Angehörigen nicht zu einem Statement zwingen. Oft äußern Angehörige und Tauchpartner Schuldgefühle. Hier ist ratsam, die Äußerungen zu tolerieren. Das geistige Durchspielen verschiedener anderer Möglichkeiten ist eine Bewältigungsstrategie. Ein mögliches Statement wäre: „Es kommt häufig vor, dass man sich schuldig fühlt, wenn eine nahe stehende Person stirbt. Aber bedenken Sie, es gibt keinen vernünftigen Grund, sich selbst die Schuld zu geben. Es war nicht Ihre Schuld.“

Zu einer außerordentlich kritischen Lage kommt es, wenn beteiligte Tauchpartner – aus welchen Gründen auch immer – eine adäquate Erste Hilfe unterlassen haben und die eintreffenden Hilfskräfte mit der Frage konfrontiert werden, „...ob man eventuell mit einer Herz-Lungen-Wiederbelebung hätte helfen können?“ Wenn Sie nicht um einen Kommentar gebeten werden, schweigen Sie am besten. Bei Verdacht auf unterlassene Hilfeleistung wird ohnehin durch die zuständige Staatsanwaltschaft ein Ermittlungsverfahren eingeleitet. Vermeiden Sie in jedem Fall pauschale Vorwürfe wie: „Sie hätten uns viel früher alarmieren sollen!“ Kommentieren Sie bei Schuldäußerungen allenfalls die Gefühle des Betroffenen, nicht seine Handlungen: „Ich kann mir vorstellen, dass das hart für Sie ist. Sie haben das sicher nicht gewollt.“

Die Bedeutung eines Nottestaments dürfte bei einem Tauchunfall sehr unwahrscheinlich sein. Sollte die verunfallte Person aus Sorge um ihr Leben jedoch darauf bestehen, darf dieser Wunsch schon aus psychischen Gründen nicht abgeschlagen werden. Vor Abgabe der mündlichen Erklärung, die der Helfer in einer Niederschrift abfassen muss, müssen dem Helfer mindestens zwei Zeugen während der gesamten Testamentserrichtung zur Seite stehen („Dreizeugentestament“). Will der Erblasser einen der zugezogenen Zeugen in dem Nottestament bedenken oder ihn zum Testamentsvollstrecker bestimmen, so muss der Ersthelfer unverzüglich einen anderen Zeugen suchen, denn Bedachte und Testamentsvollstrecker sind als Zeugen ausgeschlossen.

Abschließend sollte der Erblasser darauf hingewiesen werden, dass sein Testament nach drei Monaten unwirksam wird, wenn er dann noch lebt und zur Errichtung eines Testamentes vor einem Notar in der Lage ist.[321)]

IV – 3.8.2
Konfrontation mit dem Tod

Zur Vorbereitung auf den Einsatz mit der Leichenbergung gehört auch die Gewöhnung an den Anblick und das Empfinden beim Berühren einer Leiche.[322)] Für Taucher der Feuerwehr ist diese Problematik nicht so entscheidend, da sie im regulären Einsatzdienst, insbesondere bei Verkehrsunfällen, wiederholt mit toten Personen konfrontiert werden und sich dabei eine mehr oder weniger gute psychische Stabilität entwickelt.

Dagegen müssen Taucher von Hilfeleistungsunternehmen, sofern sie nicht in den allgemeinen Rettungsdienst involviert sind, auf diese Situation gezielt vorbereitet werden. Da diese Vorbereitung bei normalen Sporttauchern in der Regel nicht gegeben ist, soll dieser Personenkreis nicht mit solchen Aufgaben betraut werden. Das psychische Training sollte in Abstimmung mit entsprechend ausgebildeten Personen (z. B. Psychologen) und einer Klinik erfolgen. Mit Einschränkung ist es dort möglich, einem ausgewählten Personenkreis Zutritt und Kontakt zu Leichen zu gestatten. Der entstellte Leichnam darf dabei kein Hinderungsgrund sein. Die Verarbeitung solch belastender Erlebnisse in der Gruppe ist besser, als sie zum ersten Mal alleine unter Wasser zu ertragen.

In jedem Fall müssen Taucher der einschlägigen Organisationen mit dem, was sie erwartet, vertraut gemacht werden. Dazu gehört auch, das „Leben“ der Leiche, wie es THOMAS formuliert, kennen zu lernen.[323)] Feinfühligen Taucher(inne)n wird vorsorglich geraten, den nachfolgenden Abschnitt nicht zu lesen.

Nachdem der Tod eingetreten ist, kühlt die Leiche ab. An der Körperfläche innerhalb von 6–12 Stunden, an den Händen und im Gesicht innerhalb einer halben bis einer Stunde. Die inneren Organe sind oft noch nach 20 Stunden warm. Die Mastdarmtemperatur sinkt um ca. ein Grad pro Stunde.

Vertrocknungserscheinungen zeigen sich bald nach dem Eintritt des Todes an den zarten Hautstellen. Die Augen verlieren ihren Glanz und ihre Spannung. Bei Kinderleichen vertrocknet zuerst die Schleimhaut an den Lippen, an der Zunge, an der Nasenspitze und an den Genitalien.

Bärte von Leichen wachsen nicht mehr, die darumliegende Haut vertrocknet, und dadurch treten die Haarstümpfe deutlich hervor.

Totenflecken können sich schon während der Sterbephase zeigen. Auf jeden Fall treten sie bereits eine halbe bis eine Stunde nach dem Tod auf. Die Ursache ist, dass das Blut der Kapillargefäße nicht mehr transportiert wird. Deshalb entstehen Leichenflecken an der Unterseite, d. h. der aufliegenden Seite des Körpers. Wer eine frische Leiche umlagert, kann auf diese Weise dafür sorgen, dass das Blut wieder nach unten sackt und die Flecken oben verschwinden. Totenfleckähnliche Verfärbungen an untypischen Stellen spielen bei der rechtsmedizinischen Begutachtung des Tauchunfalles eine Rolle, da sie Hinweise auf eine Luftembolie sein können.[324)]

Die Totenstarre beginnt bei Wärme früher, etwa 2 bis 3 Stunden nach dem Tod, bei kühlerer Umgebung später. Zunächst sind die am stärksten beanspruchten Muskeln, der Unterkiefer, der Nacken und die Gelenke davon betroffen. Auch die inneren Organe und das Herz, das oft schon eine halbe Stunde nach dem Todeseintritt erstarrt, werden davon ergriffen. Wird die Starre gewaltsam gelöst, kommt sie wieder. Wenn dem Tod schwere Anstrengungen und Krämpfe vorausgingen, tritt die Starre früher ein. Nach 2 bis 3 Tagen löst sie sich wieder. Manchmal kann sie aber auch wesentlich länger anhalten. Temperaturen unter 5 °C können dazu beitragen, dass die Totenstarre über Wochen anhält. Die Lösung der Leichenstarre ist durch Autolyse und Fäulnis sowie die damit verbundene Zerstörung der Aktin- und Myosinfilamente zu erklären.[351)]

Wie die Verwesung vor sich geht, hängt mit der Umgebung, der Luftfeuchtigkeit und der Temperatur zusammen. Die Autolyse (Selbstauflösung) ist der erste Prozess der Zersetzung, d. h., die körpereigenen Fermente zersetzen die organischen Strukturen: Der Magen verdaut sich selbst, das Gehirn wird weich, und die Körperflüssigkeiten werden nicht mehr von Membranen getrennt. Die Zersetzung findet ökologisch einwandfrei statt. Fäulnis tritt ein, wenn die Bakterien aktiv werden, die schon vorher im Körper gelebt haben. Während dieses Prozesses bilden sich starke Gase. Der Körper bläht sich auf, und das führt bei Ertrunkenen zum Auftrieb an die Wasseroberfläche. Jetzt entsteht der charakteristische Leichengeruch durch die Abspaltung von Ammoniak. Bei Verdacht auf ein Lungenbarotrauma mit Luftembolie ist eine Obduktion in diesem Stadium bereits zu spät, da die Obduktion vor Beginn von Fäulnisgasen stattfinden muss.[324)]

Die Bauchdecke verfärbt sich grün, die Venennetze schlagen an der Körperoberfläche durch und wirken wie ein dunkles Netz. Durch die Gasentwicklung treiben die Leibeshüllen auf. Das Gesicht wirkt gedunsen, die Lippen und die Lider sind geschwollen. Durch den Druck werden die Zunge sowie After, Penis und Vulva vorgetrieben. Die Zähne werden locker und fallen aus. In den Körperhüllen gärt es. Flüssigkeiten sammeln sich. Durch den Druck fließen sie aus Mund und Nase. Die Haut löst sich in Fäulnisblasen. Mit der Zeit wird der Körper immer trockener. Die Verwesung selbst ist ein trockener Prozess, denn die Säuren spalten sich ab. Die Leiche riecht jetzt aromatisch, manchmal etwas ranzig nach Buttersäure und nicht mehr nach scharfem Ammoniak. Danach siedeln sich Schimmelpilze an, die den muffigen „Gruftgeruch" verursachen.

Während bei trockener Umgebung sich Leichen infolge von Tierfraß in drei bis vier Jahren auflösen, kommt es bei Wasserleichen zur Fettwachsbildung. Das ist ein chemisch komplexer Vorgang, durch den die Fette verseifen. Der Prozess findet von außen nach innen statt und führt dazu, dass sich ein tonartiger, festweicher Fettwachspanzer bildet, der dazu führt, dass der Körper noch nach Jahren vollständig erhalten ist.

Schwimmende Wasserleichen können in der Regel an der vorhandenen Bekleidung festgehalten oder mit Leinen gesichert an Land gebracht werden. Besteht aufgrund eines längeren Wasseraufenthaltes die Gefahr, dass sich Körperteile lösen, ist die Leiche mit einem Leichensack oder Netz zu transportieren.[325)]

Früher war die Angst vor dem so genannten Leichengift weit verbreitet. Es sollte angeblich bei Leichenveränderungen entstehen und hoch infektiös sein. Wissenschaftlern gelang es, das „Leichengift" in Form der Ptomaine – ein Produkt, das bei der Zerstörung von Eiweiß entsteht – zu isolieren. Es wurde nachgewiesen, dass das Berühren und Einatmen ungefährlich ist.

Neben den bereits erwähnten Fäulniserregern ist es jedoch möglich, dass hoch virulente Keime wie beispielsweise Tbc, HI-Viren, Hepatitis-Viren und Typhus auch nach dem Tod des Patienten für eine gewisse Zeit infektiös bleiben. Daran sollte das Rettungsfachpersonal denken, wenn an der Einsatzstelle der Verdacht besteht, dass ein Toter an einer dieser infektiösen Krankheiten litt.[351)] Zur Prophylaxe ist es daher ratsam, generell entsprechende Schutzkleidung zu tragen. Nasstauchanzüge und -tauchhandschuhe sind problematisch, da die Keime und Viren an die Hautfläche des Trägers gelangen können. Besser geeignet sind Trockentauchanzüge mit entsprechenden Handschuhen.

IV – 3.10
Quellenangaben

1) Stelzner. 1931. Tauchertechnik – Handbuch für Taucher. Charles Colemann. Lübeck.

2) Bibliographisches Institut Mannheim. 1992. Stellungnahme vom 15.07.1992 an den Verfasser.

3) Pavlovic. 1998. Wodurch entsteht ein Tauchunfall? Kap. 4.4, Seite 176. In: Tauchen lernen – vom Fortgeschrittenen zum Tauchlehrer. VDTL (Hrsg.). Kohlhammer. Stuttgart.

4) Starost. 1995. Schlaglichter – Persiflage zu einem Artikel der „Bildzeitung". unterwasser, Heft 6/1995, Seite 29. Olympia. Nürnberg.

5) Autor nicht benannt. 1996. Ehrenamtlichkeit nur als lästiges Beiwerk? Diskussionen und kritische Fragen zum Bevölkerungsschutz, zum Feuerwehreinsatz, zum Katastrophenschutz und zum Wasserrettungsdienst beim KatS-Forum. Delphin – Das DLRG Magazin, Heft 4/1996, Seite 10. WDV Wirtschaftsdienst. Bad Homburg.

6) Bayerisches Rotes Kreuz. 1993. Wasserwacht Dienstvorschrift DV 3 – Dienstanweisung für den Wasserrettungsdienst. BRK Referat Wasserwacht. München.

7) Nohl, Thiemecke. 1988. Systematik zur Durchführung von Gefährdungsanalysen, Teil 1: Theoretische Grundlagen. Schriftenreihe der Bundesanstalt für Arbeitsschutz, Fb Nr. 536. Dortmund.

8) Nohl. 1989. Grundlagen zur Sicherheitsanalyse. Lang. Frankfurt.

9) Rödiger. 1974. Zur Psychologie des Sporttauchens. Delphin, Heft 11/1974, Seite 32–36. Atlas-Verlag. München.

10) Schiöberg-Schiegnitz. 1991. Tauchpsychologie. Vorwort. Hofmann. Augsburg.

11) Mielke et al. 1998. Tauchunfälle in den bayerischen Voralpenseen – Verhütung, Diagnose, Behandlung. Sportorthopädie-Sporttraumatologie. 1. Jahrgang, Heft 3/1998, Seite 144–148. W. Zuckschwerdt Verlag GmbH. München.

12) Helmreich. 1997. Kommunikationstraining gegen menschliches Versagen im Cockpit. Spektrum der Wissenschaft, Heft Juli 1997, Seite 66–71. Spektrum der Wissenschaft Verlagsgesellschaft mbH. Heidelberg.

13) HACKFORT. 1998. Kritische Situationen, emotionale Reaktionen und psychologische Hilfen im Sporttauchen. Schriftliche Fassung des Vortrages anl. 3. Divemaster-Workshops „Rettungsausbildung im Sporttauchen“ an der Deutschen Sporthochschule Köln vom 21.11.–22.11.1998.

14) SHELANSKI. 1998. Panic – How real a danger is it for divers? DAN Europe news. Heft 1/1998, Seite 10–13. DAN Europe. Roseto (Italy).

15) EHM. 1981. Panik als Ursache des Lungenüberdruckunfalls. Vortrag anl. des 2. Symposiums für Tauchmedizin der GTÜM vom 23.–24.10.1981 in Hannover. Veröffentlicht in: GERSTENBRAND (Hrsg.) Tauchmedizin, Band 2, Seite 133–143. Schlütersche Verlagsanstalt. Hannover.

16) SCHIÖBERG-SCHIEGNITZ. 1996. Tauchpsychologie – Angst, Panik, Unfallentwicklung. In: BARTMANN (Hrsg.) Taucher-Handbuch, 17. Erg.-Lfg. 2/96, Kapitel IV – 4.2. ecomed. Landsberg.

17) FRINKEN. 1981. Panik mit Todesfolge – Kasuistik. Vortrag anl. des 2. Symposiums für Tauchmedizin der GTÜM vom 23.–24.10.1981 in Hannover. Veröffentlicht in: GERSTENBRAND (Hrsg.) Tauchmedizin, Band 2, Seite 145–152. Schlütersche Verlagsanstalt. Hannover.

18) GERSTENBRAND. 1987. Psychodiagnostische Methoden für die Tauchtauglichkeitsuntersuchung. Vortrag anl. des 4. Symposiums für Tauchmedizin der GTÜM vom 02.–03.10.1987 in Hannover. Veröffentlicht in: GERSTENBRAND (Hrsg.) Tauchmedizin, Band 4, Seite 58–69. Schlütersche Verlagsanstalt. Hannover.

19) GERSTENBRAND, PALLUA. 1981. Die Angst beim Tauchen. Vortrag anl. des 2. Symposiums für Tauchmedizin der GTÜM vom 23.–24.10.1981 in Hannover. Veröffentlicht in: GERSTENBRAND (Hrsg.) Tauchmedizin, Band 2, Seite 153–157. Schlütersche Verlagsanstalt. Hannover.

20) GERSTENBRAND, BERGER, MAROSI, PALLUA. 1990. Panikattacken beim Tauchen. Vortrag anl. des 5. Symposiums der Gesellschaft für Tauch- und Überdruckmedizin (GTÜM) vom 12.–13.10.1990 in Hannover. (s. Taucher-Handbuch, Kap. VIII – 1.21) ecomed. Landsberg.

21) HAHN. 1994. Grundlagen der Unfallanalyse. In: OEHMICHEN et al. (Hrsg.) Der Tauchunfall – Erscheinungsform, Diagnose, Vorbeugung. Schmidt-Römhild. Lübeck.

22) ZANKER. 1994. Technische und physikalische Ursachen des Tauchunfalles. In: OEHMICHEN et al. (Hrsg.) Der Tauchunfall – Erscheinungsform, Diagnose, Vorbeugung. Schmidt-Römhild. Lübeck.

23) BERNDT. 1998. Sicherheit – welchen Beitrag leistet die Ausrüstung. Vortrag anl. 3. Divemaster-Workshops „Rettungsausbildung im Sporttauchen“ an der Deutschen Sporthochschule Köln vom 21.11.–22.11.1998.

24) VAN LAAK. 1994. Doch ein „ganz normaler“ Sporttaucher-Unfall. Divemaster, Heft 3/94, Seite 22. Naglschmid. Stuttgart.

25) DIE BG. 1997. Erste Ergebnisse der europäischen Statistik der Arbeitsunfälle. Die BG, Ausgabe 5/1997, Seite 213–214. Erich Schmidt. Berlin.

26) DIVERS ALERT NETWORK. 1996. Report of Diving Accidents & Fatalities, the annual review of recreational scuba diving injuries and deaths based on 1994 data. DAN. USA.

27) ALMELING, BÖHM, WELSLAU. 1998. Handbuch Tauch- und Hyperbarmedizin. Stand: 5. Erg.-Lfg. Juni 1999. ecomed. Landsberg.

28) HOFFMANN. 1998. Statistik. In: NOETEL (Hrsg.) Handbuch Persönliche Schutzausrüstung, 39. Erg.-Lfg. 06/98. ecomed. Landsberg.

29) EDMONDS, WALKER. 1990. Scuba diving datalities in australia and new zealand (ANZ) – the human factor. Übersetzt und veröffentlicht von VAN LAAK in Caisson, Ausgabe Nr. 4, Dezember 1990, Seite 81–91. GTÜM. Hannover.

30) BUNDESMINISTERIUM FÜR VERKEHR (BMV). 1998. Bericht über Maßnahmen auf dem Gebiet der Unfallverhütung im Straßenverkehr und über das Rettungswesen in den Jahren 1996 und 1997. Bundestagsdrucksache 13/11252 vom 3. Juli 1998. BMV. Bonn.

31) SEFRIN. 1998. Der Erfolg hat viele Väter ... Notfallmedizin, Heft 4/1998, Seite 163. Thieme. Stuttgart.

32) SCHULZE. 1998. Lebensstil und Verkehrsverhalten junger Fahrer und Fahrerinnen. NOTFALLMEDIZIN, Heft 5/1998, Seite 234. Thieme. Stuttgart.

33) HAHN. 1991. Referat anl. eines VDST-Seminars vom 07.12.–08.12.1991 in Warendorf.

34) VAN LAAK. 1998. Referat „Tauchunfälle im Ausland“ anl. der *Euro Dive ’98* in München am 05.10.1998.

35) Australien verschärft Tauchvorschriften. Divemaster, Heft 1/99, Seite 14. MTI-Press. Stuttgart.

36) VIERTEL. 1975. Muß der Leichtsinn mittauchen ...? delphin. Heft 1/ 1975, Seite 5. Atlas-Verlag. München.

37) EHM. 1998. Tauchen mit eingeschränkter Leistungsfähigkeit. Veröffentlicht in HOFFMANN, WENZEL, WILKE (Hrsg.) Tauchen mit eingeschränkter Leistungsfähigkeit, Seite 7–9. Sport & Buch Strauß. Köln.

38) PLAFKI, ALMELING, WELSLAU. 1999. Die medizinische Vorsorgeuntersuchung von Sporttauchern. Deutsches Ärzteblatt, Heft 30 vom 30.07.1999, Seite C-1443–C-1445. Deutscher Ärzteverlag. Köln.

39) MUTH. 1996. Tauchmedizinische Untersuchungen bei Sporttauchern mit besonderer Berücksichtigung medizinischer Grenzfälle. Vortrag anl. der Fachtagung *Taucher-Tage '96* vom 19.04.–20.04.1996 in Regensburg. Veröffentlicht in: BARTMANN (Hrsg.) Taucher-Handbuch, Kapitel V – 2.3. ecomed. Landsberg.

40) SCHMEISSER. 1996. Berufsgenossenschaftlicher Grundsatz für arbeitsmedizinische Vorsorgeuntersuchungen G 31 „Überdruck". Vortrag anl. der Fachtagung *Taucher-Tage '96* vom 19.04.–20.04.1996 in Regensburg. Veröffentlicht in: BARTMANN (Hrsg.) Taucher-Handbuch, Kapitel V – 2.4. ecomed. Landsberg.

41) EHM. 1990. Aktuelle Trends zur Frage der Tauglichkeit von Sporttauchern. Vortrag anl. des 5. Symposiums der Gesellschaft für Tauch- und Überdruckmedizin (GTÜM) vom 12.–13.10.1990 in Hannover. (s. Taucher-Handbuch, Kap. VIII – 1.21) ecomed. Landsberg.

42) SCHLEMMER, WERDER. 1992. Reiseerkrankungen – Prophylaxe und Erstbehandlung. Schriftenreihe der Bayerischen Landesapothekerkammer, Heft 46. München.

43) ROLLER, DÖLLER. 1999. Tropenkrankheiten – Impfungen bei Fernreisen. NOTFALLMEDIZIN, Heft 7+8/1999, Seite 326–336. Thieme. Stuttgart.

44) SCHIÖBERG-SCHIEGNITZ. 1998. Spritzschutz – Impfguide Südostasien. unterwasser, Heft 12/1998, Seite 20–21. Olympia. Nürnberg.

45) ZELLER. 1997. Impfungen für Taucher. Taucher News, Heft 1/1997, Seite 28–31. Samel. St. Märgen.

46) Fleischer et al. 1989. Empfehlungen für Fernreisen/Aspekte der Tropenmedizin und Entwicklungshilfe. In Jäger (Hrsg.) AIDS und HIV-Infektionen. Diagnostik-Klinik-Behandlungen. Handbuch u. Atlas für Klinik und Praxis. Loseblattwerk, Stand 24. Erg.-Lfg. 9/1998. ecomed. Landsberg.

47) DeTeMedien. 1999. Telefonbuch für Deutschland Map & Route (CD-ROM), Stand: Januar 1999. DeTeMedien. Frankfurt am Main.

48) Lackner, Kühl. 1997. Strafgesetzbuch mit Erläuterungen. 22. Auflage. Auslegung zu § 323c StGB, Seite 1371. Beck. München.

49) Eberbach. 1989. Arztrecht. In Jäger (Hrsg.) AIDS und HIV-Infektionen. Diagnostik-Klinik-Behandlungen. Handbuch u. Atlas für Klinik und Praxis. Loseblattwerk, Stand 24. Erg.-Lfg. 9/1998. ecomed. Landsberg.

50) Jäger. 1989. Ansteckung/Nichtansteckung. AIDS und HIV-Infektionen. Diagnostik-Klinik-Behandlungen. Handbuch u. Atlas für Klinik und Praxis. Loseblattwerk, Stand 24. Erg.-Lfg. 9/1998. ecomed. Landsberg.

51) Jeschke, Riedel. 1989. Sportmedizin. In Jäger (Hrsg.) AIDS und HIV-Infektionen. Diagnostik-Klinik-Behandlungen. Handbuch u. Atlas für Klinik und Praxis. Loseblattwerk, Stand 24. Erg.-Lfg. 9/1998. ecomed. Landsberg.

52) Beckert. 1987. Gutachterliche Stellungnahme zur Frage des Risikos einer Übertragung von AIDS beim Einsatz von Panorama-Nova-Masken. Drägerheft 339. Drägerwerk AG. Lübeck.

53) Brauer. 1988. AIDS, Handbuch Atemschutz, Kap. VI – 8, 18. Erg.-Lfg. 3/88. ecomed. Landsberg.

54) Spitz, Kampschulte. 1989. Notfallmedizin und Anästhesie. In Jäger (Hrsg.) AIDS und HIV-Infektionen. Diagnostik-Klinik-Behandlungen. Handbuch u. Atlas für Klinik und Praxis. Loseblattwerk, Stand 24. Erg.-Lfg. 9/1998. ecomed. Landsberg.

55) Jäger. 1989. Umgang mit dem HIV-Antikörpertest. AIDS und HIV-Infektionen. Diagnostik-Klinik-Behandlungen. Handbuch u. Atlas für Klinik und Praxis. Loseblattwerk, Stand 24. Erg.-Lfg. 9/1998. ecomed. Landsberg.

56) Van Laak. 1992. Tauchtauglichkeit – Allgemeine Hinweise über AIDS, HIV-Infektion und Tauchen. Pressure 21, Nr. 1, Seite 11.

57) VAN LAAK. 1992. Tauchtauglichkeit – Allgemeine Hinweise über AIDS, HIV-Infektion und Tauchen. Pressure 21, Nr. 1, Seite 11. Übersetzung veröffentlicht in Caisson, 7. Jg. März 1992, Nr. 1, Seite 15–17. Gesellschaft für Tauch- und Überdruckmedizin (GTÜM). Frankfurt am Main.

58) WÜBBENHORST. 1998. Tauchen – Ja bitte! Ein Erfahrungsbericht. Veröffentlicht in HOFFMANN, WENZEL, WILKE (Hrsg.) Tauchen mit eingeschränkter Leistungsfähigkeit, Seite 89–91. Sport & Buch Strauß. Köln.

59) RHEKER. 1998. Möglichkeiten der Integration behinderter Menschen in der Tauchausbildung. Veröffentlicht in HOFFMANN, WENZEL, WILKE (Hrsg.) Tauchen mit eingeschränkter Leistungsfähigkeit, Seite 119–124. Sport & Buch Strauß. Köln.

60) AUST. 1998. Tauchen trotz Behinderung. Veröffentlicht in HOFFMANN, WENZEL, WILKE (Hrsg.) Tauchen mit eingeschränkter Leistungsfähigkeit, Seite 135–140. Sport & Buch Strauß. Köln.

61) SCHEYER. 1994. Ausbildung von Sporttauchern heute – und morgen. Vortrag anl. der Fachtagung *Taucher-Tage '94* vom 22.04.–23.04.1994 in Regensburg. Veröffentlicht in: BARTMANN (Hrsg.) Taucher-Handbuch, Kapitel V – 1.1. ecomed. Landsberg.

62) KERN. 1996. Ausbildung von Sporttauchern – Neue Wege im Verband Deutscher Sporttaucher. Vortrag anl. der Fachtagung *Taucher-Tage '96* vom 19.04.–20.04.1996 in Regensburg. Veröffentlicht in: BARTMANN (Hrsg.) Taucher-Handbuch, Kapitel V – 1.4. ecomed. Landsberg.

63) CMAS-Prüfordnung. Stand 1995.

64) VERBAND DEUTSCHER SPORTTAUCHER (VDST). 1997. Informationsblatt, Stand 2/1997. VDST-Bundesgeschäftsstelle. Mörfelden-Walldorf.

65) MANZ. 1992. Sonderbrevets. Sporttaucher – Das offizielle Organ des Verbandes Deutscher Sporttaucher. Heft 7/1992, Seite 15. Schmidt-Römhild. Lübeck.

66) HAHN. 1993. Tauchunfallstatistik des VDST. Vortrag anl. der tauchmedizinischen Fortbildung des VDST in Essen.

67) STRÄSSER. 1998. Tauchen mit Kindern und Jugendlichen. Vortrag anl. der VDST-Tauchlehrertagung am 24. Januar 1998 in Düsseldorf. VDST. Mörfelden-Walldorf.

68) Beschluss des Normenausschusses „Tauchsport-Dienstleistungen" (NAGD AA-4.7) im DIN am 20.04.1999. Köln.

69) Beschluss des Normenausschusses „Tauchsport-Dienstleistungen" (NAGD AA-4.7) im DIN am 06.10.1999. Köln.

70) SCHÖNFELDER. 1999. Deutsche Gesetze, Jugendgerichtsgesetz (JGG). 14. Auflage, Stand: 101. Lfg. 7/99. Beck. München.

71) SPECHT. 1999. Persönliche Mitteilung an den Verfasser vom 20. Mai 1999.

72) EWEN, HOFFMANN, MUTH. 1998. Ausbildung: Kindertauchen. tauchen, Heft 6/98, Seite 116–118. Jahr. Hamburg.

73) ALMELING. 1998. Körperlicher Status – Alter. Handbuch Tauch- und Hyperbarmedizin. Kap. II – 7.3.2.1, Stand 4. Erg.-Lfg. 3/99. ecomed. Landsberg.

74) VON BEHREN. 1998. Sporttauchen und Risiko – was ist heute aus tauchmedizinischer Sicht nicht mehr akzeptabel? Vortrag anl. 2. Seminars „Sicheres Tauchen im Bodensee".

75) HOFFMANN, LEYK, SMERECNIK. 1999. Herzfrequenzen als Beanspruchungsindikator beim Sporttauchen. Vortrag anl. der 8. wissenschaftlichen Tagung der GTÜM e. V. vom 17.–18.09.1999 in Düsseldorf.

76) HAFERMANN et al. 1986. Körperliche und biologische Leistungsfähigkeit von Sporttauchern. In: (Hrsg.) GERSTENBRAND et al. Tauchmedizin Band 3, Seite 86–99. Schlütersche Verlagsanstalt. Hannover.

77) REUBER. Hormonelle Regulation bei Sporttauchern. Vortrag anl. der VDST-Tauchlehrertagung am 28. Januar 1995. Düsseldorf.

78) MUTH. 1996. Tauchmedizinische Untersuchungen bei Sporttauchern mit besonderer Berücksichtigung medizinischer Grenzfälle. Vortrag anl. der Fachtagung *Taucher-Tage '98* vom 19.04.–20.04.1996 in Regensburg. Veröffentlicht in: BARTMANN (Hrsg.) Taucher-Handbuch, 19. Erg.-Lfg., Kap. V – 2.3. ecomed. Landsberg.

79) SCHMEISSER. 1996. Berufsgenossenschaftlicher Grundsatz für arbeitsmedizinische Vorsorgeuntersuchungen G 31 „Überdruck". In: BARTMANN (Hrsg.). Taucher-Handbuch, 19. Erg.-Lfg., Kap. V – 2.4. ecomed. Landsberg.

80) DEUTSCHE LEBENSRETTUNGSGESELLSCHAFT. 1993. Handbuch für den Ausbilder – Rettungstauchen – Teil F, 3. Erg.-Lfg. 08/1998, Kap. F II e Seite 1–16. Präsidium der DLRG. Bad Nenndorf.

81) BIRKNER. 1998. Apnoe-Training und Selbstrettungsfertigkeiten. Vortrag anl. 3. Divemaster-Workshops „Rettungsausbildung im Sporttauchen“ an der Deutschen Sporthochschule Köln vom 21.11.–22.11.1998.

82) RAHIMI. 1997. Tauchen ohne Angst – Der Mental-Ratgeber für sicheres Tauchen. BLV. München.

83) SMERECNIK, WISCHNEWSKI. 1998. Kleingruppenarbeit anl. 3. Divemaster-Workshops „Rettungsausbildung im Sporttauchen“ an der Deutschen Sporthochschule Köln vom 21.11.–22.11.1998.

84) SAUNDERS. 1989. Sporttauchen – Ausrüstung, Physik, Technik, Planung. BLV. München.

85) ODEWALD. 1993. Nie wieder mit? tauchen, Heft 1/1993, Seite 74. Jahr. Hamburg.

86) HALSTEAD. 1993. Diskussion: Solo-Tauchen. Nie wieder mit? tauchen, Heft 1/1993, Seite 72–74. Jahr. Hamburg.

87) FUCHS. 1995. Tauche nie zu zweit – Für und wider den Tauchpartner. unterwasser, Heft 3/1995, Seite 90–93. Olympia. Nürnberg.

88) VON MAIER. 1998. Solotauchen – Die Kunst der Unabhängigkeit unter Wasser. blue point. München.

89) BUNDESMINISTERIUM DER VERTEIDIGUNG. 1975. Marinedienstvorschrift „Der Taucherdienst der Marine“ (MDv 450/1). Führungsstab der Marine VII 2. Bonn.

90) STORCH, SCHRÖDER. 1988. Ausbildungsprogramm für Ersthelfer-(Laien-)Reanimation. In: JUCHEMS (Hrsg.). Kardiopulmonale Reanimation durch Ersthelfer.

91) MEURET, LÖLLGEN. 1994. Reanimationsfibel. 2. Auflage. Springer. Berlin. Schattauer. Stuttgart.

92) HÄRTEL et al. 1997. Prähospitale Herzinfarkttherapie. Notfall Medizin, Ausgabe 1+2/1997, Seite 4–52. Perimed-spitta Verlag. Balingen.

93) FRIEDEL, BOURAUEL. 1994. Psychische Erste Hilfe. 4-S-Regeln für Laien. NOTFALLMEDIZIN. Heft 10/1994. Seite 507–508. Thieme. Stuttgart.

94) MEYER, WETAL. 1992. Zur Psychologie des notärztlichen Verhaltens in der Konfrontation mit dem Tod: Notärztlicher Umgang mit den Angehörigen. Der Notarzt. Heft 1/1992, Seite 66–71. Thieme. Stuttgart.

95) LASOGGA, GASCH. 1999. Psychische erste Hilfe – Leitlinien zum psychologischen Umgang mit Unfallopfern. Notfall & Rettungsmedizin. Heft 4/1999, Seite 228–234. Springer. Berlin.

96) ASPACHER. 1999. Diskussion – Schafft den Schnorchel ab? tauchen, Heft 3/99, Seite 84–85. Jahr. Hamburg.

97) VAN LAAK. 1994. Kommentar zum Artikel „Ausbildung am Akutkoffer 2000" im Divemaster 4/93 von WARNECKE. Divemaster, Heft 1/94, Seite 39. Naglschmid. Stuttgart.

98) SEFRIN, OTREMBA. 1996. Medikamente und Infusionen in der präklinischen Notfallversorgung. NOTFALLMEDIZIN. Heft 5/1996, Seite 270–279. Thieme. Stuttgart.

99) NAGLSCHMID. 1999. Tieftauchen – Contra. unterwasser, Heft 3/1999, Seite 78. Olympia. Nürnberg.

100) BRINKMANN. 1999. Tabuzone Tieftauchen – ein „heißes Eisen". unterwasser, Heft 3/1999, Seite 72–78. Olympia. Nürnberg.

101) WEIDNER. 1999. Tieftauchen – Pro. unterwasser, Heft 3/1999, Seite 78. Olympia. Nürnberg.

102) ASPACHER. Tieftauchen – Rekordsucht und ihre Folgen. tauchen, Heft 2/1998, Seite 96–99. Jahr-Verlag. Hamburg.

103) WEIDNER. 1998. Technical Diving – Tauchen am Limit. Müller Rüschlikon. Cham.

104) GILLIAM. 1998. Tieftauchen. Deutsche Ausgabe der Originalausgabe Deep Diving. blue point. München.

105) HELLMUND. 1999. Tieftauchen – Die unterschätzte Gefahr. tauchen, Heft 3/1999, Seite 92–98. Jahr. Hamburg.

106) WIETHAUP. 1974. Rechtsfragen zum Betrieb von Badeanstalten. Archiv des Badewesens, Seite 179–182. Schrickel. Hagen.

107) RESCHKE. 1989. Handbuch des Sportrechts, 10. Erg.-Lfg. 6/1989, Seite 22. Luchterhand. Berlin.

108) SPECHT. 1999. Verband Deutscher Sporttaucher e. V. (VDST), Sachabteilung Recht. Persönliche Mitteilung an den Verfasser vom 06.09.1999.

109) GIERSCHNER. 1980. Sicherheit für Taucher – Die kompletten Checklisten. Albert Müller. Rüschlikon, Zürich.

110) RAMPINELLI. 1998. Zwischenfall im Rettungskurs. taucher revue, Heft 94 November 1998, Seite 78–79. Verein taucher revue. Basel.

111) GRAVER. 1995. Die moderne Tauchschule – Theorie und Praxis des Sporttauchens. BLV. München.
112) ZANKER, WELSLAU. 1992. Tauchsport-Sonderbrevets. Tauchsicherheit-Tauchrettung, Seite 67. Naglschmid. Stuttgart.
113) BOEKEN. 1996. Leserbrief zum Artikel „Angst beim Tauchen – angedeutete Wechselatmung“. Divemaster, Heft 4/1996. Naglschmid. Stuttgart.
114) PAVLOVIC. 1996. Angst beim Tauchen – Der Stellenwert der Ausbildung. Divemaster, Heft 2/1996, Seite 57–58. Naglschmid. Stuttgart.
115) SCHIÖBERG-SCHIEGNITZ. 1996. Alles im Griff – Die Rettung verunfallter Taucher. unterwasser, Heft 5/1996, Seite 137. Olympia. Nürnberg.
116) NOACK MEDIA DIVECULT. 1998. Tauchunfälle und Notfallmanagement. http://ourworld.-compuserve.com./homepages/noack_media/Notverh.htm vom 21.10.1998.
117) MUTH. 1999. Persönliche Mitteilung an den Verfasser (E-Mail) vom 09.08.1999.
118) TOBLER. 1998. Kommentar zu Zwischenfall im Rettungskurs. taucher revue Nr. 94, November 1998, Seite 80–81. Verein taucher revue. Basel.
119) VALLINTINE. 1994. Tauchen lernen: leicht – schnell – gründlich, Seite 50. Delius Klasing. Bielefeld.
120) KERN. 1999. Persönliche Stellungnahme an den Verfasser vom 01.08.1999 (telefonisch).
121) SCHAD. 1999. Persönliche Mitteilung an den Verfasser vom 04.09.1999 (mündlich).
122) STIBBE. 1994. Sporttauchen – Ausbildungsunterlage für Lernende und Lehrende im Tauchsport. 7. Auflage, Kap. 10.3.3.9, Seite 254. Naglschmid. Stuttgart.
123) KROMP, ROGGENBACH, BREDEBUSCH. 1997. Praxis des Tauchens. 2. Auflage. Delius Klasing – Edition Naglschmid. Bielefeld/Stuttgart.
124) ODEWALD. 1999. Tauchsicherheit – Ein Sonderheft der Zeitschrift tauchen, Seite 17. Jahr-Verlag. Hamburg.
125) JOST, ZANKER. 1984. Notfall-Beatmung mit dem Lungenautomaten von Preßlufttauchgeräten? Vortrag anl. des 3. Symposiums für Tauchmedizin vom 12.–13.10.1984 in Hannover. Veröffentlicht in:

GERSTENBRAND (Hrsg.) Tauchmedizin, Band 3, Seite 172–182. Schlütersche Verlagsanstalt. Hannover.

126) RAMSAY. 1999. Rettung eines bewußtlosen Tauchers – Tips für Bootsrettungen. DAN Europe news. Heft 1/1999, Seite 13–18. DAN Europe. Roseto (Italy).

127) DEUTSCHER HOCHSEESPORTVERBAND „HANSA“ E. V. 1996. Seemannschaft – Handbuch für den Yachtsport, 24. Auflage, Kap. Notfälle und Havarien. Delius Klasing. Bielefeld.

128) ALTSTETTER, HOFFMANN. 1997. Sanitätsdienstausbildung Wasserwacht – Leitfaden und Foliensatz. Folie V/3. Bayerisches Rotes Kreuz. München.

129) ZEHELEIN. 1998. Bootsführung. In: VDTL e. V. (Hrsg.) Tauchen lernen – Band 3 Vom Fortgeschrittenen zum Tauchlehrer. Kohlhammer. Stuttgart.

130) RABL. Neues vom Geräteausschuß – Bergung von verletzten Personen. Aqua, Heft 3/99, Seite 14–15. Bayerisches Rotes Kreuz. Referat Wasserwacht. Präsidium. München.

131) WERR. 1996. In der Diskussion: RAUTEK-Rettungsgriff. Rettungsdienst, Seite 910–911. Stumpf & Kossendey. Edewecht.

132) UFER. 1995. Aus der Rechtsprechung im Rettungswesen: Kein RAUTEK-Rettungsgriff im Krankentransport. Rettungsdienst, Seite 875–877. Stumpf & Kossendey. Edewecht.

133) KONTOKOLLIAS. 1996. Kommentar der Redaktion: Noch einmal: Rettungsgriffe werden zur Rettung angewandt. Rettungsdienst, Seite 911–912. Stumpf & Kossendey. Edewecht.

134) DAUM. 1999. Rückenschonendes Arbeiten: Neue Tragehilfe bewährt sich. Rettungsdienst, Heft 6/1999, Seite 556–557. Stumpf & Kossendey. Edewecht.

135) SEFRIN. 1996. RAUTEK-Rettungsgriff in der Diskussion. Leben retten, Heft 3/1996, Seite 83–84. Bayerisches Rotes Kreuz. Nürnberg.

136) LEY. 2006. Einfach-Maßnahmen der Reanimation (BLS) und AED-Anwendung nach den neuen ERC-Leitlinien. Rettungsdienst, Heft 3/2006, S. 236–243. Stumpf & Kossendey. Edewecht.

137) BLANK. 2006. Neue Richtlinien zur Reanimation – Die grundlegenden Neuerungen. BRANDSchutz, Heft 3/2006, S. 143–146. Kohlhammer. Stuttgart.

138) NOLAN, DIRKS. 2006. Leitlinien zur Reanimation 2005 des European Resuscitation Council – Abschnitt 1: Einleitung. Notfall & Rettungsmedizin, Heft 1/2006, S. 6–9. Springer. Berlin.

139) HANDLEY, KOSTER, MONSIEURS, PERKINS, DAVIES, BOSSART. 2006. Lebensrettende Basismaßnahmen für Erwachsene und Verwendung automatisierter externer Defibrillation. Übersetzt von BAHR, J. Notfall & Rettungsmedizin, Heft 1/2006, S. 10–25. Springer. Berlin.

140) DEAKIN, NOLAN. 2006. Elektrische Therapie: automatisierte externe Defibrillatoren, Defibrillation, Kardioversion und Schrittmachertherapie. Übersetzt von DOMANIVITS, H. Notfall & Rettungsmedizin, Heft 1/2006, S. 26–37. Springer. Berlin.

141) MEYNE. 2006. AED – Vorhaltung im Tauchsport. Vortrag anl. der Fachtagung „*Taucher-Tage 2006*“ vom 28.04.–29.04.2006 in Aufkirchen bei München (→ *Kap. V – 6.5*).

142) MUTH. 2006. AED für Einsatz- und Feuerwehrtaucher. Vortrag anl. der Fachtagung „*Taucher-Tage 2006*“ vom 28.04.–29.04. 2006 in Aufkirchen bei München (→ *Kap. V – 6.8*).

143) AHL. 2005. AED-Geräte für den Wasserrettungsdienst. Rettungs-Magazin, Heft Juli/August 2005. Stumpf & Kossendey. Edewecht.

144) ALMELING, BÖHM, WELSLAU. 1998. Handbuch Tauch- und Hyperbarmedizin. Kapitel II – 4.3, Seite 20. ecomed. Landsberg.

145) KOCH. 1989. Rundschreiben des Deutschen Roten Kreuzes – Institut für Rettungsdienst – Nr. 1/1989 (Az.: KO/HW014) vom 30.01.1989. Bonn.

146) ROSSI, KOCH. 1989. Beatmungshilfen – Sicherheit, Wirksamkeit, Anwendbarkeit –. Schriftenreihe zum Rettungswesen, Band 1. Deutsches Rotes Kreuz. Bonn.

147) WEINMANN. 1988. LIFEWAY® Beatmungshilfe hat Erwartungen erfüllt. Der Notarzt. Ausgabe 4/1988, Seite 88. Thieme. Stuttgart.

148) KRESS, SEFRIN. 1986. HTLV-III und Atemspende. Deutsche medizinische Wochenschrift. 110. Jg., Seite 198. Thieme. Stuttgart.

149) KROEGEL et al. 1986. HTLV-III und Atemspende. Deutsche medizinische Wochenschrift. 110. Jg., Seite 476–477. Thieme. Stuttgart.

150) VAN LAAK. 1996. Stellenwert des Notfallmanagements durch medizinische Laien. Vortrag anl. der *Taucher-Tage ’96*. In: BARTMANN (Hrsg.) Taucher-Handbuch, Kap. V – 6.3. ecomed. Landsberg.

151) Van Laak. 1995. Die Wirkungen normobarer O_2-Atmung beim Tauchunfall. Divemaster, Heft 2/95, Seite 66. Naglschmid. Stuttgart.

152) Scherer. 1994. Sauerstoffapplikatoren. NOTFALLMEDIZIN. Heft 9/1994, Seite 480–483. Thieme. Stuttgart.

153) Muth. 1999. Persönliche Mitteilung an den Verfasser vom 27. Juli 1999. Studie bis Redaktionsschluss noch nicht veröffentlicht.

154) Brauer. 1988. Handbuch Atemschutz. Kapitel VI – 3 Haarwuchs, Bart. 21. Erg.-Lfg. 10/1988. ecomed. Landsberg.

155) Schöchl, Kaulfersch. 1998. Präklinische Versorgung eines komplexen Tauchunfalls. NOTFALLMEDIZIN. Heft 1/1998, Seite 43–45. Thieme. Stuttgart.

156) Wendling. 1989. Rekompressions-Therapie des Tauchunfalls – Einführung, Indikation. Schweizerische Zeitschrift für Sportmedizin, Heft 2/1989, Seite 104–108. Paul Haupt. Bern.

157) Frey. 1995. Neues zu Terminologie und Therapie des Tauchunfalles. Vortrag anl. der VDST-Tauchlehrertagung am 28.01.1995. Düsseldorf.

158) Vom Ende. 1998. Behandlung der Dekompressionskrankheit, Kap. 3.6, Seite 167–169 in: Tauchen lernen – vom Fortgeschrittenen zum Tauchlehrer. Kohlhammer. Stuttgart.

159) Hencke. 1998. Die hyperbare Sauerstofftherapie in Notfall- und Intensivmedizin – Aufgaben des Notarztes bei Indikationsstellung und Patiententransport. NOTFALLMEDIZIN. Heft 3/1998, Seite 136–143. Thieme. Stuttgart.

160) Depta, Schneider. 1998. Das Hautemphysem. NOTFALLMEDIZIN. Heft 5/1998, Seite 250–255. Thieme. Stuttgart.

161) Hiller. 1998. Sofortmaßnahmen beim Tauchunfall. NOTFALLMEDIZIN. Heft 8/1998, Seite 346–351. Thieme. Stuttgart.

162) Dreyer, Peusch-Dreyer. 1996. Die Kohlenmonoxidvergiftung – Reizthema der Notfallmedizin. NOTFALLMEDIZIN. Heft 6/1996. Seite 335–340. Thieme. Stuttgart.

163) Welslau. 1994. Sauerstoff im Rahmen der Ersten Hilfe-Maßnahmen bei Tauchunfällen. Divemaster, Heft 1/1994, Seite 35–38. Naglschmid. Stuttgart.

164) Jost. 1996. Beinahe-Ertrinken. NOTFALLMEDIZIN. Heft 10/1996, Seite 566–567. Thieme. Stuttgart.

165) HOFFMANN. 1999. Ertrinkungs- und Tauchunfälle. Leben Retten, Heft 1/1999, Seite 21–24. Bayerisches Rotes Kreuz. Nürnberg.
166) PEUSCH-DREYER D., DREYER K.-H. 1998. Tauchunfälle vermeiden – Erste Hilfe. Taucher News, Heft 1/1998, Seite 30–33. Samel. Freilassing.
167) HOFFSTADT. 1996. Modellrechnung zum Einfluß der O_2-Beatmung auf die N_2-Abgabe nach Tauchunfällen. Schriftliche Hausarbeit im Rahmen der 1. Staatsprüfung (Gutachter Prof. Wilke). Frechen.
168) VAN LAAK. 1995. Die Wirkung normobarer O_2-Atmung beim Tauchunfall. Divemaster, Heft 2/1995, Seite 66. Verlag Naglschmid. Stuttgart.
169) LEMBECK. 1998. Tauchereinsatz. Veröffentlicht in: CIMOLINO (Hrsg.) Einsatzleiter Handbuch. Kognos. Augsburg.
170) MUGGENTHALER 1998. Dekompressionskrankheit. http://www.anr.de/anr_online/richtlinien/-dekomp.html.
171) PLAFKI. 1997. Die normobare Sauerstofftherapie – Wirksame und sichere Erste Hilfe bei Dekompressionsunfällen. Die ProfiTaucher, Heft 6/1997, Seite 46–47. Triton. Lübeck.
172) BRENNER. 1998. Stickstoff contra Sauerstoff. brandwacht, Heft 7–8/1998, Seite 104–105. Bayerisches Staatsministerium des Innern. München.
173) SCHERER. 1997. Der Tauchunfall – Zusammenfassung der Ersten Hilfe Maßnahmen. Lehrunterlage für die Teilnehmer des Prüfungslehrganges „Feuerwehrtaucher“ an der Staatl. Feuerwehrschule Regensburg.
174) SIMON, FAESECKE. 1985. Taucherunfälle – Erkennung und Erstmaßnahmen. Der Lebensretter, Heft 9/1985, Seiten 4–6.
175) HARTUNG. 1987. Tauchsportliche Unfälle: oft sind sie lebensbedrohlich. Notfallmedizin, 13. Jahrgang, Seite 534–542. Perimed-spitta. Erlangen.
176) LOTZ, DICK, AHNEFELD. 1987. Stufenkonzept für die O_2-Versorgung des Organismus unter Notfallbedingungen. Notfallmedizin, 13. Jahrgang, Seite 705–717. Perimed-spitta. Erlangen.
177) ROSSI, HEINRICH, DELLER. 1987. Präklinische Diagnostik und Erstversorgung bei Notfallpatienten mit Barotrauma und Dekompressionskrankheit. Notfallmedizin, 13. Jahrgang, Seite 684–704. Perimed-spitta. Erlangen.

178) GÜRTLER, NUSSER. 1988. Die Bedeutung der arteriellen und venösen Luftembolie und ihre Behandlung aus der Sicht des Notarztes. Der Notarzt, Heft 4/1988, Seite 75–78. Thieme. Stuttgart.

179) NUSSER, GÜRTLER. 1988. Die Indikation zur Druckkammerbehandlung aus der Sicht des Notarztes. In: KONZERT-WENZEL et al. (Hrsg.) Erstversorgung im Notarztdienst. Urban & Schwarzenberg. München.

180) NUSSER, EISLER, HIPP. 1988. Die Aufgaben des Notarztes bei Tauchunfällen. In: KONZERT-WENZEL et al. (Hrsg.) Erstversorgung im Notarztdienst. Urban & Schwarzenberg. München.

181) FREY. 1992. Der Tauchunfall – Kasuistik und aktuelle Behandlungskonzepte. Vortrag anl. des Bundes-Kongress der Rettungssanitäter und Notärzte in Köln. Unveröffentlichtes Manuskript.

182) BÜHLMANN. 1989. Zwischenfälle beim Sporttauchen. Schweizerische Rundschau für Medizin. Heft 11/1998, Seite 295–298. Hallwag. Bern.

183) MUGGENTHALER. 1997. Caissonkrankheit – Ursachen und Primärtherapie. Der Notarzt, 13. Jahrgang. Seite 95–97. Thieme. Stuttgart.

184) FREY. 1994. Die Erstversorgung des schweren Tauchunfalles. Vortrag anl. der *Taucher-Tage '94*. In. BARTMANN (Hrsg.) Taucher-Handbuch, Kap. V – 2.1. ecomed. Landsberg.

185) FREY et al. 1998. Hyperbare Oxygenation – Ein Betätigungsfeld für den Anästhesisten? Der Anaesthesist, Heft 4/98, Seite 269–289. Springer. Berlin.

186) MAI. 1997. Versagen von Rettungs- und Bergungsmaßnahmen. Vortrag anl. VDST-Seminar für Tauchmedizin vom 13.12.–14.12.1997. Essen.

187) SCHNEIDER. 1996. Zusammenarbeit zwischen Luftrettung und Allgemeinarzt zur Versorgung von Notfallpatienten im ländlichen Bereich. Kongreßbericht zum ADAC World Congress *AIRMED 1996* vom 11.–14. Juni 1996 in München, Seite 249–251. Verlag Wolfsfellner. München.

188) BIERHOFF, KLEIN. 1990. Motivation und Kompetenz beim Laienhelferverhalten am Unfall- bzw. Notfallort. Leben und Retten. Heft 2/1990, Seite 82–92. Bayerisches Rotes Kreuz. Nürnberg.

189) SCHUBA. 1994. Erste Hilfe – Voraussetzung für einen effizienten Rettungsdienst. Leben Retten. Heft 2/1994, Seite 52–55. Bayerisches Rotes Kreuz. Nürnberg.

190) SEFRIN, ENDIG. 1998. Bekanntheit der Notrufnummern in Deutschland. Notfall Medizin, Ausgabe 10/1998, Seite 446 ff. Perimed-spitta Verlag. Balingen.

191) DIEHL et al. 1992. Notruf – eigentliche Schwachstelle innerhalb eines Rettungssystem. Anaesthesist. Ausgabe 41/1992, Seite 348–353. Springer. Berlin.

192) SEFRIN. 1996. Notruf – Schwachstelle der Rettungskette. NOTFALLMEDIZIN. Heft 6/1996, Seite 299. Thieme. Stuttgart.

193) SEFRIN, MAYER. 1989. Wie effektiv ist der Notruf? Leben Retten. Heft 3/1989. Bayerisches Rotes Kreuz. Nürnberg.

194) ROTHE, SKWAREK. 1997. Erste Hilfe konkret – Für Ausbildung und Praxis. Verlag Dr. Max Gehlen. Bad Homburg von der Höhe.

195) KOCH, KUSCHINSKY. 1998. Weiterführende Überlegungen zur Leitstellenproblematik. NOTFALLMEDIZIN. Heft 4/1998, Seite 204–207. Thieme. Stuttgart.

196) ANTCZAK. 1994. Tauchunfall – Die Problematik aus der Sicht eines Notarztes. Vortrag anl. der *Taucher-Tage '94*. In: BARTMANN (Hrsg.) Taucher-Handbuch, Kap. V – 2.2. ecomed. Landsberg.

197) SPIECKER. Tabus in der Rettungskette. Leben Retten. Heft 1/1990, Seite 17–19. Bayerisches Rotes Kreuz. Nürnberg.

198) KEMMER. 1998. Praktische Aspekte zur Transportbeatmung. Vortrag anl. des Symposiums und Kursus „Transport kritisch kranker Patienten" vom 16.10.–17.10.1998. BG-Unfallklinik. Murnau.

199) FINGSCHEIDT, GEISEL. 1997. Feuerwehr-Meldeanlagen. Die Roten Hefte, Nr. 50. Kohlhammer. Stuttgart.

200) Nummern-Wirrwarr und Dumpingpreise in Hamburg. Rettungs-Magazin. Heft 3/1997. Kortlepel-Verlag. Bremen.

201) SEFRIN. 1990. Geschichte der Notfallmedizin in Deutschland. Leben Retten. Heft 1/1990, Seite 7–16. Bayerisches Rotes Kreuz. Nürnberg.

202) BÖHM. 1998. Tauchen mit Nitrox – Vor- und Nachteile aus medizinischer Sicht. Vortrag anl. der *Taucher-Tage '98* vom 17.–18.04.1998 in Ludwigsburg. In: BARTMANN (Hrsg.) Taucher-Handbuch, 32. Erg.-Lfg. Kap. V – 2.8. ecomed. Landsberg.

203) Notruf-Nummern-Wirrwarr soll ein Ende haben. Rettungs-Magazin. Heft 3/1996. Kortlepel. Bremen.

204) BERGMANN. 1994. Aspekte der Fernmeldeorganisation. In (Hrsg.): MITSCHKE, PETER. Handbuch für SEG. Stumpf & Kossendey. Edewecht.

205) Einheitlicher europäischer Notruf. Bevölkerungsschutz-Magazin, Heft 11–12/1990, Seite 25. Bundesamt für Zivilschutz. Bonn.

206) Kappt Polizei Feuerwehrruf 112? Polizei fordert für den „Euro-Notruf 112" die Abfragestelle. Brandschutz – Deutsche Feuerwehr-Zeitung, Ausgabe 1/1991, Seite 56–58. Kohlhammer-Verlag. Stuttgart.

207) SCHMIEDEL, UNTERKOFLER. 1994. Kommunikation und Kommunikationssysteme im Rettungsdienst – Problemanalyse und Konzeption von Verbesserungsvorschlägen. NOTFALLMEDIZIN. Ausgabe 6/1994, Seite 316–321. Thieme. Stuttgart.

208) Bevölkerungsschutz-Magazin. Heft 7/1990, Seite 4. Bundesamt für Zivilschutz. Bonn.

209) SCHULZ. 1998. Leitstellentechnik in LEMKE (Hrsg.) Handbuch Brandschutz, Kap. V – 6.4, 43. Erg.-Lfg. 9/98. ecomed verlagsgesellschaft. Landsberg.

210) VOLZ, MAASS. 1995. Notrufabgabe. Feuerwehr-Magazin, Heft 1/1995, Seite 85–86. Kortlepel. Bremen.

211) MANNESMANN MOBILFUNK GMBH. 1997. Das große D2-Benutzer-Handbuch. Drucksache Nr. MMO 501 349, Stand 7/1997. Mannesmann Mobilfunk GmbH. Düsseldorf.

212) ANDRESEN. 1998. Persönliche Mitteilung an den Verfasser vom 22.09.1998. Mannesmann Mobilfunk GmbH. Düsseldorf.

213) THIEL. 1998. Persönliche Mitteilung an den Verfasser vom 01.12.1998. DT Mobil GmbH. Bonn.

214) BUNDESAMT FÜR SEESCHIFFAHRT UND HYDROGRAPHIE. 1999. Sicherheit im See- und Küstenbereich – Sorgfaltsregeln für Wassersportler. Eigenverlag. Hamburg.

215) SAUPP. 1999. Digitalfunk der BOS – Betrachtungen zu einem aktuellen Thema. Bevölkerungsschutz-Magazin, Heft 2/1999, Seite 23–26. Bundesamt für Zivilschutz. Bonn.

216) WEISS. 1996. Global Positioning System: Exakte Navigation für die Tauchsicherheit. Divemaster, Heft 1/96, Seite 57–64. Naglschmid. Stuttgart.

217) Scheyer. 1999. Tauchsport auf der boot '99. Divemaster, Heft 1/99, Seite 15–19. Naglschmid. Stuttgart.
218) Wütscher. 1996. Schnittstelle Luftrettung – bodengebundener Rettungsdienst. Kongressbericht zum ADAC World Congress *AIRMED 1996* vom 11.–14. Juni 1996 in München, Seite 67–71. Verlag Wolfsfellner. München.
219) Hagemann. 1996. Ergänzungsfunktion der Luftrettung. Kongressbericht zum ADAC World Congress *AIRMED 1996* vom 11.–14. Juni 1996 in München, Seite 155–158. Verlag Wolfsfellner. München.
220) Luxem. 1994. Organisation und Aufgaben der Luftrettung. In (Hrsg.): Kontokollias, Regensburger. Arzt im Rettungsdienst. 2. Auflage. Seite 87–92. Stumpf & Kossendey. Edewecht.
221) Ahnefeld. 1996. Die präklinische Notfallmedizin – wird ein bewährtes System in Frage gestellt? Kongressbericht zum ADAC World Congress *AIRMED 1996* vom 11.–14. Juni 1996 in München. Verlag Wolfsfellner. München.
222) Ufer. 1995. Nichtärztliches Personal im Rettungsdienst – Rechtliche Grundlagen. Leben Retten. Heft 4/1995. Seite 152–159. Bayerisches Rotes Kreuz. Nürnberg.
223) Knuth. 1995. Ärztlicher Leiter Rettungsdienst – Empfehlungen der Bundesärztekammer. Rettungsdienst. Heft 18/1995, Seite 191–193. Stumpf & Kossendey. Edewecht.
224) Empfehlungen der Deutschen Interdisziplinären Vereinigung für Intensiv- und Notfallmedizin (DIVI): Ärztlicher Leiter Rettungsdienst. In: Der Notarzt. Heft 9/1993, Seite 183–184. Thieme. Stuttgart.
225) Otto, Hennes, Dick. 1995. Der Ärztliche Leiter Rettungsdienst – Überlegungen zur Umsetzung. NOTFALLMEDIZIN. Heft 12/1995, Seite 643–645. Thieme. Stuttgart.
226) Sefrin, De Pay. 1986. Leitender Notarzt – Eine neue Funktion im Rettungsdienst. Notarzt. Heft 2/1986. Seite 179. Thieme. Stuttgart.
227) Stratmann, Knuth. 1998. Aufgaben und Stellung des „Leitenden Notarztes“. Notarzt. Heft 4/1988, Seite 178. Thieme. Stuttgart.
228) Klingshirn. 1996. Der Ärztliche Leiter Rettungsdienst – Eine wichtige Voraussetzung für eine verbesserte Effizienz im deutschen Rettungsdienst. NOTFALLMEDIZIN. Heft 2/1996, Seite 101–103. Thieme. Stuttgart.

229) Bayerisches Rettungsdienstgesetz (BayRDG) idF. der Bek. vom 08.01.1998 (GVBl. S. 10), Artikel 32.

230) MAURER. 1999. Positionspapier zum „Organisatorischen Leiter Rettungsdienst (OrgL)". In: SEFRIN (Hrsg.) Handbuch für den Leitenden Notarzt. 10. Erg.-Lfg. 6/99. ecomed. Landsberg.

231) KOCH, KUSCHINSKY. 1993. Die Hilfsfrist im Rettungsdienst in der präklinischen Notfallversorgung als Grundlage der rettungsdienstlichen Konzeption. Leben Retten. Heft 1/1993, Seite 1–8. Bayerisches Rotes Kreuz. Nürnberg.

232) AHNEFELD. 1995. Die ärztliche Aufgabenstellung im deutschen Rettungsdienst. NOTFALLMEDIZIN. Heft 3/1995, Seite 165–169. Thieme. Stuttgart.

233) KOCH et al. 1995. Qualitätsmanagement in der präklinischen Notfallversorgung – Pragmatische Ansätze. NOTFALLMEDIZIN. Heft 7/1995, Seite 367–371. Thieme. Stuttgart.

234) AHNEFELD. 1987. Grundsatzreferat zur Effizienz im Rettungswesen. Rettungsdienst, Ausgabe 8/1987, Seite 456–460. Stumpf & Kossendey. Edewecht.

235) UFER. 1996. Hilfsfristen – unter besonderer Berücksichtigung der Luftrettung in Deutschland. Kongressbericht zum ADAC World Congress *AIRMED 1996* vom 11.–14. Juni 1996 in München. Verlag Wolfsfellner. München.

236) BOSCH. 1996. Effektivität von Notarzteinsätzen mit dem Rettungshubschrauber. Kongressbericht zum ADAC World Congress *AIRMED 1996* vom 11.–14. Juni 1996 in München. Verlag Wolfsfellner. München.

237) STRATMANN. 1997. EU-Recht: Qualitätseinbußen für den deutschen Rettungsdienst? NOTFALLMEDIZIN. Heft 3/1997, Seite 61. Thieme. Stuttgart.

238) WENZEL et al. 1998. Einsatzindikationen und Versorgungsmöglichkeiten im Rettungsdienst – Medizintechnische Ausstattung und Einsatzstrategie der Rettungsmittel. NOTFALLMEDIZIN. Heft 6+7/1998, Seite 308–315. Thieme. Stuttgart.

239) DONHÖFER. 1985. Lehrbuch für den Rettungsdienst. Band 2, Seite 11–23 (DIN 75080 Teil 3). (Hrsg.) Präsidium des Bayerischen Roten Kreuzes. Hoffmann. Augsburg.

240) GIHL. 1995. Handbuch der Feuerwehr-Fahrzeugtechnik. 3. überarb. Auflage, Kap. 11 Rettungsdienstfahrzeuge. Kohlhammer. Stuttgart.
241) MADLER, JAUCH, WERDAN. 1994. Das NAW Buch. 1. Auflage, Seite 48–60. Interhospitaltransfer (Kap. 6). Urban & Schwarzenberg. München.
242) AHNEFELD et al. 1990. Notfallmedizin. 2. Auflage, Seite 363. Springer. Berlin.
243) SEFRIN. 1998. Konzeption des Interhospitaltransfers in Bayern. Vortrag anl. des Symposiums „Transport kritisch kranker Patienten“ vom 16.10.–17.10.1998 im Konferenzzentrum der Berufsgenossenschaftlichen Unfallklinik Murnau.
244) ANDING. 1998. Interhospitaltransfer – Statement aus der Sicht des Bayer. Staatsministerium des Innern. Vortrag anl. des Symposiums „Transport kritisch kranker Patienten“ vom 16.10.–17.10.1998 im Konferenzzentrum der Berufsgenossenschaftlichen Unfallklinik Murnau.
245) SEEBACHER. 1971. Untersuchung über die Eignung von Hubschraubern im Notfallrettungsdienst des Rhein-Main-Gebietes. Dissertation. Mainz.
246) LUXEM. 1996. Technik und Taktik der Luftrettung in Deutschland – Einsatzmöglichkeit bei Tauchunfällen. Vortrag anl. der Fachtagung *Taucher-Tage ’96* in Regensburg. Veröffentlicht in: BARTMANN (Hrsg.) Taucher-Handbuch, Kap. V – 6.2. ecomed. Landsberg.
247) OPITZ. 1996. Die Zukunft der Luftrettung aus Sicht der Kostenträger. Kongressbericht zum ADAC World Congress *AIRMED 1996* vom 11.–14. Juni 1996 in München. Verlag Wolfsfellner. München.
248) RIEHL. 1996. Reengineering des mitteldeutschen Luftrettungsdienstes. Kongressbericht zum ADAC World Congress *AIRMED 1996* vom 11.–14. Juni 1996 in München, Seite 541–546. Verlag Wolfsfellner. München.
249) STEIGER. 1999. Privatwirtschaftliches Engagement – Luftrettung in Deutschland. NOTFALLMEDIZIN, Ausgabe 1/99, Seite 34–36. Thieme. Stuttgart.
250) FALK. Der Mensch in der Luftrettung – psychologische und ethische Aspekte. Kongressbericht zum ADAC World Congress *AIRMED 1996* vom 11.–14. Juni 1996 in München. Verlag Wolfsfellner. München.

251) SCHÖNEBERG. 1994. Flugsicherheit bei „Ambulanzflügen“ mit Hubschraubern. Notarzt. Ausgabe 10/1994, Seite 7–10. Thieme. Stuttgart.
252) BACKES. 1991. Luftverkehrsrecht. Verlag C. H. Beck. München.
253) WEBER. 1996. Die Notkompetenz im Luftrecht – ein luftleerer Raum? Kongressbericht zum ADAC World Congress *AIRMED 1996* vom 11.–14. Juni 1996 in München, Seite 319–324. Verlag Wolfsfellner. München.
254) KISCHA. 1980. Auswahl von Hubschrauber-Landemöglichkeiten im Katastrophenfall. Sonderdruck aus brandwacht 5–7/1980. Bayerisches Landesamt für Brand- u. Katastrophenschutz. München.
255) Handbuch Einsatzdienst der Berliner Feuerwehr, Neuauflage 1/96, Seite B-67.
256) OCKER. 1986. Einsatzspektren und medizinische Möglichkeiten der SAR-Marine. Vortrag anl. des 2. Lübecker Fortbildungs-Seminars für Tauchmedizin (VDTL) vom 27.11.–29.11.1986.
257) HEIMER. 1992. Zentrale Fortbildung für nichtärztliches Personal im Rettungsdienst – Hubschrauberrettung. Leben Retten. Heft 1/1992, Seite 14–21. Bayerisches Rotes Kreuz. Nürnberg.
258) FASCHING, PRETSCHER. 1992. Seilwindenbergung durch Rettungshubschrauber. Referat anl. der 11. RTH-Fachtagung vom 14.–16.10.1992 in Garmisch-Partenkirchen. ADAC Luftrettung GmbH.
259) HETZ. 1988. Windenrettung mit dem Rettungshubschrauber. Leben Retten. Heft 1/1988, Seite 47–48. Bayerisches Rotes Kreuz. Nürnberg.
260) MEHLI. 1996. „Long-Line“-Einsätze. Kongressbericht zum ADAC World Congress *AIRMED 1996* vom 11.–14. Juni 1996 in München, Seite 517–520. Verlag Wolfsfellner. München.
261) TUTSCH. 1998. Idee aus der Schweiz: Bergrettung mit einem Fixtau. Rettungs-Magazin. Heft 3/1998, Seite 46–49. Kortlepel-Verlag. Bremen.
262) SCHÖCHL, HOFMANN. 1995. Alpineinsätze des Salzburger Rettungshubschraubers Martin I – Eine retrospektive Untersuchung von 130 Tau-Bergungen. NOTFALLMEDIZIN. Heft 4/1995, Seite 210–214. Thieme. Stuttgart.
263) KRIEG. 1991. Die Rettungsmulde – Retten an Bord. Leben Retten, Heft 3/1991, Seite 131–141. Bayerisches Rotes Kreuz. Nürnberg.

264) Reichle. 1998. Flugphysik, Flugphysiologie und Druckproblematik. Referat anl. des Symposiums „Transport kritisch kranker Patienten“ vom 16.10.–17.10.1998 an der BG Unfallklinik Murnau.

265) Rupp. 1999. Intensivtransport mit ITH. Vortrag anl. des „8. Allgäuer Notfallsymposiums“ vom 19.–20.06.1999 in Memmingen.

266) Luxem, Kremer. 1992. Praxisleitfaden Luftrettung – Handbuch der Flugmedizin. 1. Auflage. Stumpf und Kossendey. Edewecht.

267) Güttler. 1986. Die Abwicklung von Luftrettungseinsätzen des SAR-Dienstes. Referat anl. der 9. RTH-Fachtagung vom 08.–10.10.1986 in Schliersee. ADAC Luftrettung GmbH.

268) Licht. 1996. SAR-Dienst der Bundeswehr. Kongressbericht zum ADAC World Congress *AIRMED 1996* vom 11.–14. Juni 1996 in München, Seite 493–499. Verlag Wolfsfellner. München.

269) Bundesministerium der Verteidigung. 1995. Informationsbroschüre „Search and Rescue“. 4. Auflage, Dezember 1995. Presse- und Informationsstab, Referat Öffentlichkeitsarbeit. Bonn.

270) Seidenstücker, Kattwinkel. 1996. Luftrettung über See. Kongressbericht zum ADAC World Congress *AIRMED 1996* vom 11.–14. Juni 1996 in München, Seite 500–504. Verlag Wolfsfellner. München.

271) Sturz. 1999. SAR Aktuell – Seenotrettung. Rotorblatt – Das Deutsche Hubschrauber Magazin. Heft 1/99, Seite 18–20. Ziese Verlag. Oldenburg.

272) Mauz. 1999. Könige der See – Marinefliegergeschwader 5 aus Kiel-Holtenau. Rettungsmagazin, Heft 3/99, Seite 86–96. Kortlepel-Verlag. Bremen.

273) Neuber. 1988. Mayday, Mayday – SAR-Hubschrauber im Rettungseinsatz auf See. Bernard & Graefe Verlag. Bonn.

274) Arbeiter-Samariter-Bund. 1996. Inter-Hospital-Transfer. Informationsbroschüre. Arbeiter-Samariter-Bund (ASB), Landesverband Bayern e. V. Lauf/Pegnitz.

275) Bühren. 1998. Indikationen und Problematik in der Traumatologie. Referat anl. des Symposiums „Transport kritisch kranker Patienten“ vom 16.10.–17.10.1998 an der BG Unfallklinik Murnau.

276) Anding. 1998. Interhospitaltransfer, Statement aus der Sicht des Staatsministerium des Innern. Referat anl. des Symposiums „Trans-

port kritisch kranker Patienten“ vom 16.10.–17.10.1998 an der BG Unfallklinik Murnau.

277) SEITZ, HIPP. 1993. Beatmen in der Feuerwache: Hyperbare Sauerstofftherapie. brandschutz – Deutsche Feuerwehr-Zeitung. Ausgabe 5/1993, Seite 359–363. Kohlhammer. Stuttgart.

278) AUFENACKER, KNUTH, MOECKE, SCHÖNEBERG. 1994. Nachtflug mit Rettungs- und Ambulanzhubschraubern. Voraussetzungen – Indikationen – Risiken. NOTFALLMEDIZIN. Heft 7/1994, Seite 380–383. Thieme. Stuttgart.

279) BERTSCHAT et al. 1994. Erfahrungen mit dem Sekundärrettungshubschrauber – Einsatz im Verbund der Deutschen Rettungsflugwacht. NOTFALLMEDIZIN. Heft 11/1994, Seite 597–600. Thieme. Stuttgart.

280) SCHELS. 1998. Letzte Lücke im Rettungswesen geschlossen? Integration des ITH in Bayern durch das neue Bayerische Rettungsdienstgesetz. NOTFALLMEDIZIN. Heft 3/1998, Seite 124–125. Thieme. Stuttgart.

281) KUGLER. 1993. Luftrettung heute – ist das Konzept noch wirtschaftlich und finanzierbar? Leben Retten. Heft 4/1993, Seite 132–136. Bayerisches Rotes Kreuz. Nürnberg.

282) MATZKE-AHL. 1999. Alternative Luftrettungskonzepte. Vortrag anl. des „8. Allgäuer Notfallsymposiums“ vom 19.–20.06.1999 in Memmingen.

283) GORGASS. 1998. Tauchunfall. Notfall & Rettungsmagazin. Heft 3/98, Seite 177–180. Springer. Berlin.

284) VAN BÖMMEL. 1998. Verbrennungen. Referat anl. des Symposiums „Transport kritisch kranker Patienten“ vom 16.10.–17.10.1998 an der BG Unfallklinik Murnau.

285) HENNES. 1998. Thermische Schäden – Verbrennungen und Verbrühungen. NOTFALLMEDIZIN. Heft 1/1998, Seite 31–36. Georg Thieme. Stuttgart.

286) MEGGLE. 1999. Vermißtensuche/Wasserrettung bei Nacht mit der Wärmebildkamera. Leben Retten. Heft 1/1999, Seite 15–19. Bayerisches Rotes Kreuz. Nürnberg.

287) MEGGLE. 1998. Einsatz von Wärmebildkameras bei der Wasserrettung. Vortrag anl. des 1. Augsburger Wasserrettungs-Symposiums ’98.

[288] MAYER. 1999. Ziele und Ausrüstung der Polizeihubschrauberstaffel Bayern. Rotorblatt, Heft 1/1999, Seite 38. Ziese. Oldenburg.

[289] HÄSSIG. 1996. Nachtsichtgeräte und Navigationshilfen im Einsatz. Kongressbericht zum ADAC World Congress *AIRMED 1996* vom 11.–14.06.1996 in München, Seite 180–185. Verlag Wolfsfellner. München.

[290] HUBER. 1999. Wasserrettung mit der Wärmebildkamera. Aqua – Das Magazin für die Wasserwacht in Bayern. Heft 2/99, Seite 14–15. Bayerisches Rotes Kreuz. München.

[291] DEUTSCHE GESELLSCHAFT ZUR RETTUNG SCHIFFBRÜCHIGER. 1998. Jahrbuch. Eigenverlag. Bremen.

[292] FOX. 1999. Alarmierung im Seenotfall. Vortrag anl. des „Hamburger Symposiums zum Krisenmanagement" am 05. Juni 1999. Akademie für Rettungsdienst und Gefahrenabwehr der Berufsfeuerwehr Hamburg. Veröffentlicht in: brandschutz – Deutsche Feuerwehrzeitung, Heft 8/1999, Seite 746–752. Kohlhammer. Stuttgart.

[293] KLINGSHIRN. 1998. Bayern stellt Weichen im Rettungsdienst – Bayerisches Rettungsdienstgesetz. Notfall & Rettungsmagazin. Ausgabe 3-98, Seite 181–184. Springer. Berlin.

[294] SPENGLER. 1999. Dokumentation im Rettungseinsatz. Rettungs-Magazin. Heft 1/1999, Seite 86–87. Kortlepel-Verlag. Bremen.

[295] LECHLEUTHNER, FUNK. 1996. Notkompetenzsystem – Struktur, Konzept, Qualitätssicherung. Stumpf & Kossendey. Edewecht.

[296] MESSELKEN, MARTIN, MILEWSKI. 1998. Ergebnisqualität in der Notfallmedizin – Versuch einer Standortbestimmung. Notfall & Rettungsmedizin. Ausgabe 3/1998, Seite 143–149. Springer. Berlin.

[297] NERLICH. 1996. Schnittstelle Rettungsdienst–Krankenhaus. Kongressbericht zum ADAC World Congress *AIRMED 1996* vom 11.–14.06.1996 in München, Seite 77–85. Verlag Wolfsfellner. München.

[298] LECHLEUTHNER. 1999. Referat anl. des Seminars „Rettungs- und Bergungstaucher" am 23.01.1999. Institut für Notfallmedizin der Berufsfeuerwehr Köln.

[299] SCHULZKI. 1998. Tauch- und Überdruckunfallmanagement – Vorgehensweise der Berufsfeuerwehr Köln. Brandschutz – Deutsche Feu-

erwehr-Zeitung. Ausgabe 10/1998, Seite 829–833. Kohlhammer. Stuttgart.

300) UFER. 1993. Neue juristische Aspekte des Rettungsdienstes – Schweigepflicht, Dokumentation und Datenschutz. Leben Retten. Heft 4/ 1993, Seite 152–160. Bayerisches Rotes Kreuz. Nürnberg.

301) STEPHENSON. 1975. Unfall-Parallelen – Protokoll der Unvernunft. Delphin. Heft 1/1975, Seite 28–29. Atlas-Verlag. Essen.

302) DE LEDE. 1997. Der neue Unfallerfassungsbogen des VDST. Vortrag anl. des VDST-Seminars „Tauchmedizin“ vom 13.–14.12.1997 in Essen.

303) Ergebnis der Sitzung des AK „Tauchgeräte“ im Referat 8 der vfdb am 7. April 1999 in Hamburg.

304) BAYER. STAATSMINISTERIUM DES INNERN. Stellungnahme zum „Verfahren bei Tauchunfällen; Beschlagnahme von Tauchcomputern durch Polizeibeamte“ vom 13.04.1999 (Az.: ID5-2212.08-5).

305) STEIN. 1998. Richtlinien für die Auswertung von Tauchcomputerdaten nach einem Tauchunfall. uwatec. Rickenbach (identisch mit einer Veröffentlichung in Divemaster, Heft 2/98, Seite 16–17.)

306) BANDOS MEDICAL CENTER. 1998. Unfallstatistik der Malediven. unterwasser, Heft 1/1998, Seite 148. Olympia. Nürnberg.

307) ROGGENBACH. 1999. Persönliche Mitteilung an den Verfasser vom 16.08.1999 (Telefax).

308) GÖBEL. 1999. Qualitätskriterien Hotline-Ärzte. Sporttaucher, Heft 8/99, Seite 23. Schmidt-Römhild. Lübeck.

309) VÄTH. 1999. Pressemitteilung des VDST vom 12.05.1999 „Mehr Sicherheit im Tauchsport“. VDST-Service-Center. Mörfelden-Walldorf.

310) VAN LAAK. 1999. Merkblatt „DAN und unsere sogenannte Konkurrenz“. DAN® Europe. Kronshagen.

311) VAN LAAK. 1995. Tauchunfall-Management mit Divers Alert Network (DAN) Europe. Vortrag anl. der *Taucher-Tage ’94*. In: BARTMANN (Hrsg.) Taucher-Handbuch, Kap. V – 6.1. ecomed. Landsberg.

312) WERNER. 1999. Kleine Touristik- und Tropenmedizin. 4. Auflage. Wissenschaftliche Verlagsgesellschaft. Stuttgart.

313) MÜLMANN. 1998. Sauerstoffversorgung in Verkehrsflugzeugen. Stellungnahme des Medizinischen Dienstes der Deutschen Lufthansa AG, Frankfurt, zu einer Leserfrage. Veröffentlicht in: Notfall & Rettungsmedizin. Heft 3-98, Seite 185. Springer. Berlin.

314) DÜRNER, HEINRICH. 1981. Der Transport von Patienten mit Rettungshubschraubern und Ambulanzflugzeugen. Vortrag anl. des 2. Symposiums für Tauchmedizin der GTÜM vom 23.–24.10.1981 in Hannover. Veröffentlicht in: GERSTENBRAND (Hrsg.) Tauchmedizin, Band 2, Seite 53–68. Schlütersche Verlagsanstalt. Hannover.

315) DÜRNER, FREY, SEHHATI. 1978. Voraussetzungen für Repatriierungsflüge nach Tauchunfällen. Vortrag anl. des 1. Symposiums für Tauchmedizin der GTÜM vom 17.–18.11.1978 in Hannover. Veröffentlicht in: GERSTENBRAND (Hrsg.) Tauchmedizin, Band 1, Seite 233–237. Schlütersche Verlagsanstalt. Hannover.

316) ZIERBACH. 1998. Repatriierungstransporte. Referat anl. des Symposiums „Transport kritisch kranker Patienten" vom 16.10.–17.10.1998 an der BG Unfallklinik Murnau.

317) LUFTHANSA TECHNIK AG. 1996. Lufthansa entwickelt Patienten Transport System. Leben Retten, Heft 2/1996, Seite 56–57. Bayerisches Rotes Kreuz. Nürnberg.

318) REDELSTEINER. 1999. Die Kunst des Fragens – Gespräche mit Notfallpatienten und Angehörigen. Rettungs-Magazin. Heft März/April 1999, Seite 54–60. Kortlepel Verlag. Bremen.

319) HEIMER. 1988. Umgang mit Patienten, Angehörigen und Dritten im Rettungsdienst. Leben Retten. Heft 1/1988, Seite 22–28. Bayerisches Rotes Kreuz. Nürnberg.

320) COELLEN. 1988. Psychologische Erste Hilfe. Leben Retten. Heft 4/1988, Seite 185–187. Bayerisches Rotes Kreuz. Nürnberg.

321) NIETSCH. Die Bedeutung des Nottestaments für den Ersthelfer. Leben Retten. Heft 4/1988, Seite 188–189. Bayerisches Rotes Kreuz. Nürnberg.

322) SCHIÖBERG-SCHIEGNITZ. 1996. Tauchpsychologie – Spezielle Problematik im Wasserrettungsdienst. In: BARTMANN (Hrsg.) Taucher-Handbuch, 17. Erg.-Lfg. 2/96, Kap. IV – 4.6, Seite 6. ecomed. Landsberg.

323) THOMAS. 1994. Berührungsängste? Vom Umgang mit der Leiche. vgs verlagsgesellschaft. Köln.

324) BIRKHOLZ. 1994. Systematik von Tauchzwischenfällen und Probleme der Begutachtung. In: OEHMICHEN et al. (Hrsg.) Der Tauchunfall: Erscheinungsformen – Diagnose – Vorbeugung. Seite 80. Schmidt-Römhild. Lübeck.

[325] Fertig. 1987. Handbuch für den Taucher. Seite 178. Kohlhammer. Stuttgart.

[326] Birkner. 2000. Persönliche Mitteilung an den Verfasser vom 20.02.2000 (E-Mail).

[327] Göbel, Koch. 1999. Medizinische u. rechtliche Aspekte bei Apnoe-Unfällen im Schwimmbad. Vortrag anl. des „Seminars für Tauchmedizin“ des TSV NRW vom 27.–28.11.1999 in Essen.

[328] Sefrin P. 2000. Persönliche Mitteilung an den Verfasser vom 15.02.2000.

[329] Rohreit C. 2000. Lassa-Fieber. Deutsches Ärzteblatt, Beilage zu Heft 01/2000, Seite 30.

[330] Muth, C. M.; Shank, E. S.; Larsen, B. 2000. Der schwere Tauchunfall – Pathophysiologie. Symptomatik. Therapie. Der Anaesthesist, 4/2000, S. 302–316. Springer. Berlin.

[331] Sefrin, P. 2000. Reanimation ohne Beatmung? Notfallmedizin, Heft 8/00, Seite 356–358. Thieme. Stuttgart.

[332] Kurtenbach, H.; Gorgass, B.; Raps, W. 1991. Rettungsassistentengesetz: mit Ausbildungs- u. Prüfungsverordnung für Rettungsassistenten – Kommentar. Kohlhammer. Stuttgart.

[333] Knuth, P. 2000. Europäische Normen im Rettungsdienst. Notfallmedizin, Heft 8/00, Seite 360–364. Thieme. Stuttgart.

[334] Pietschmann, H. 2000. Krankenkraftwagen – Europäische Norm. brandschutz, Heft 4/2000, Seite 345–347. Kohlhammer. Stuttgart.

[335] Stratmann, D. 1999. DIN und CEN. In: Annefeld, F. W./Dick, W. (Hrsg.): Ausstattung im Rettungsdienst, Anforderungen für Diagnose, Überwachung und Therapie – Ergebnisse eines interdisziplinären Workshops, Nottuln 9/1999.

[336] Stellungnahme der Ständigen Konferenz für den Rettungsdienst zur DIN EN 1789. In: Leben Retten, Heft 3/2000, Seite 94–96. Deutsches Rotes Kreuz. Nürnberg.

[337] Holling, G. 2000. Europäische Norm für Rettungsfahrzeuge. Rettungs-Magazin, Heft 1/2000, Seite 72–75. Ebner. Ulm.

[338] Carloff, G. 2000. Landeplätze an Krankenhäusern – Neuer Kurs abgesteckt. Rotorblatt, Heft 3/2000, Seite 16–17. Ziese. Oldenburg.

[339] Carloff, G. 2000. Landeplätze für Rettungshubschrauber an Krankenhäusern – Behindern „Eurokraten“ die Luftrettung? Notfall & Rettungsmedizin, Heft 5/2000, Seite 293–298. Springer. Berlin.

340) Linden, M. 2000. Weltweiter Krankenrücktransport auf dem Luftweg – Ärztliche Qualifikation und international-privatrechtliche Probleme. Notfall & Rettungsmedizin, Heft 3/2000, Seite 171–178. Springer. Berlin.
341) Meermann, O.; Ritter, M. 2000. Das Ende der Notkompetenz – die Regelkompetenz. Stellungnahme des Berufsverbandes für den Rettungsdienst e. V. (BVRD).
342) Topp, S. 1999. Europäische Normung für den Rettungsdienst. Leben Retten, Heft 4/1999, Seite 153–155. Deutsches Rotes Kreuz. Nürnberg.
343) van Laak, U. 2001. Wichtige Mitteilung bezüglich der DAN-Europe Hotline. www. daneurope.de/regaupdate.htm
344) Helbig, T. 2001. Personelle und technische Voraussetzungen für den Primär-Nachteinsatz. Vortrag anl. der 12. Fachtagung Luftrettung vom 23.–25. Mai 2001 in Berchtesgaden.
345) Budde, D. 2002. Erfahrungen beim Einsatzflug in der Nacht. Vortrag anl. des 2. Baden-Badener Symposiums „Luftrettung bei Nacht" am 28. Februar 2002.
346) Schäfer, G. 2002. Nachtflugbetrieb im BGS. Vortrag anl. des 2. Baden-Badener Symposiums „Luftrettung bei Nacht" am 28. Februar 2002.
347) Lipper, H.-D. 2003. Wozu dient die Notkompetenz des Rettungsassistenten? Notfall & Rettungsmedizin, Heft 1/2003, Seite 50–52. Springer. Berlin.
348) Empfehlung der Kommission vom 25. Juli 2003 zur Übermittlung von Angaben zum Anruferstandort in elektronischen Kommunikationsnetzen an um Standortangaben erweiterte Notrufdienste. Amtsblatt der Europäischen Union L189/49 vom 29.07.2003.
349) Saupp, H. 2003. Digitalfunk der BOS, www.personensicherheit.de.
350) Stotz, M. et al. 2003. EMS defibrillation first policy may not improve outcome in out-of-hospital cardiac arrest. Resuscitation. 2003 Sep.; 58 (3): 277–282.
351) Appel, D. 2003. Wenn jede Hilfe zu spät kommt. Rettungs-Magazin, Heft Januar/Februar 2004, Seite 86–88. Stumpf & Kossendey. Edewecht.
352) Roggenbach, H. J. 2003. Automatische externe Defibrillation (AED) – Einsatz bei Notfällen im Tauchsport? Vortrag anl. des „Es-

sener Seminars für Tauchmedizin“ vom 6.–7. Dezember 2003 am Klinikum Essen.

353) BERNLOCHNER, J. 2000 Frühdefibrillation im Wasserrettungsdienst? Vortrag anl. des 2. Augsburger Wasserrettungs-Symposiums am 23.09.2000.

354) MUTH, C.-M. 2003. Persönliche Mitteilung an den Verfasser vom 27.11.2003.

355) KEMMER, A. 2004. Die neue „Leitlinie Tauchunfall“. Vortrag anl. der Taucher-Tage 2004 in Aufkirchen (b. München) vom 23.04.–24.04.2004.

356) RÖTTGEN, M.; KROPP, C. 2003. Die statistische „Lebensdauer“ von Medizinseminar-Inhalten bei Sporttauchern. Vortrag anl. des „Essener Seminars für Tauchmedizin“ vom 6.–7. Dezember 2003 am Klinikum Essen.

357) SCHROEDER, S. 2003. Präklinisches Notfallmanagement der Unterkühlung. Notfallmedizin, Heft 12/2003, Seite 514–520. Thieme. Stuttgart.

358) BERNHARDT, M.; NUCKUT, R. 2003. Ohne Hemmungen – Beatmungshilfen im Test. Rettungs-Magazin, Heft Mai/Juni 2003, Seite 78–81. Kortlepel. Bremen.

Anhang 1
Normobare Sauerstoffsysteme im Test

von Dr. med. Claus-Martin Muth

Die Gabe von normobarem Sauerstoff nach schweren Tauchunfällen ist inzwischen ein ständiges Thema bei Fortbildungen für Taucher und war es als solches auch schon mehrfach im Rahmen der Tauchertage. Das Wissen um die Wichtigkeit der Sauerstoffgabe ist aber nur die eine Seite der Medaille, ebenso wichtig ist das „Gewusst, wie". Auch hier gab es schon des Öfteren Übersichten, sowohl in der Literatur als auch als Vortrag der Tauchertage. Dennoch liegt auch hier der Teufel im Detail. So klar die Forderung nach unverzüglicher Gabe von reinem Sauerstoff auch ist, so schwer ist sie mitunter zu erfüllen.

Doch zunächst soll erneut reflektiert werden, warum die Gabe von Sauerstoff so wichtig ist und die Sauerstoffkonzentration so hoch wie möglich sein muss.

Bei einem schweren Tauchunfall (und besonders auch beim Beinahe-Ertrinken) ist die Gabe von Sauerstoff die wichtigste und vordringlichste Erste-Hilfe-Maßnahme, die möglichst ohne zeitliche Verzögerung durchgeführt werden soll. Wichtig ist, dass der Sauerstoff möglichst immer zu 100 % gegeben werden sollte, selbst dann, wenn dadurch die Versorgung mit Sauerstoff nicht bis zum Eintreffen in einer Druckkammer gewährleistet ist. Diese Maßnahme ist sogar effektiver als die bis vor einigen Jahren übliche Notfallbehandlung in einer Ein-Personen-Druckkammer mit Druckluft. Durch die Gabe von 100 % Sauerstoff kommt es zu einer Verkleinerung der bei einem Tauchunfall entstandenen Gasblasen und zu einer (zumindest grenzwertigen) Versorgung des durch die Gasblasen abgeschlossenen Gewebes. Außerdem wird die Abgabe des Stickstoffs beschleunigt.

Es steht bei dieser Maßnahme aber nicht die partielle Hypoxie im Vordergrund, die in jenen von den Gasblasen betroffenen Abschnitten herrscht, sondern die Verkleinerung der Gasblasen. Um dies zu erreichen, ist die Schaffung eines möglichst hohen Diffusionsgradienten sowohl für Sauerstoff als auch eines entgegengerichteten Diffusionsgradienten für das Inertgas, welches zur Bildung der Blase geführt hat, nötig. Bei den meisten Tauchunfällen wurde Luft als Atemgas verwendet, die Gasblase besteht in diesen Fällen letztendlich aus Stickstoff. Das ist auch dann der Fall, wenn es als Folge eines pulmonalen Barotraumas zur Gasembolie gekommen ist, weil ein möglicher Sauerstoffanteil der Gasblase verstoffwechselt wird. Ziel ist nun die rasche Stickstoff-Elimination bei gleichzeitiger Minimierung der durch die Blase hervorgerufenen Hypoxie. Durch die Gabe von Sauerstoff möglichst nahe an 100 % wird zwar Stickstoff bei der Exspiration abgegeben, bei der Inspiration jedoch nicht erneut aufgenommen, die Stickstoff-Elimination ist verbessert. Dieser Effekt entsteht im Wesentlichen dadurch, dass sich während der Sauerstoffatmung kaum noch Stickstoff in der Lunge befindet. Das hierdurch entstehende sehr große Konzentrationsgefälle zwischen dem stickstoffübersättigten Blut und den Alveolen führt im Vergleich zur Atmung von nur sauerstoffangereicherter Luft zu einer wesentlich beschleunigten Abatmung von Stickstoff. In der Folge entsteht ebenfalls ein größeres Konzentrationsgefälle zwischen stickstoffübersättigten Geweben (bei DCS) und dem Blut, welches nach der Lungenpassage nur noch wenig Stickstoff enthält. Stickstoffübersättigte Gewebe werden somit schneller entsättigt. Umgekehrt kommt es zu einer vermehrten Aufnahme von Sauerstoff ins Blut, wobei hier vor allem (wie in der untenstehenden Abbildung gezeigt) der physikalisch gelöste Sauerstoffanteil wesentlich gesteigert werden kann. Dies ist von besonderer Bedeutung, weil vor allem der physikalisch gelöste Anteil für die beschriebenen Effekte verantwortlich ist.

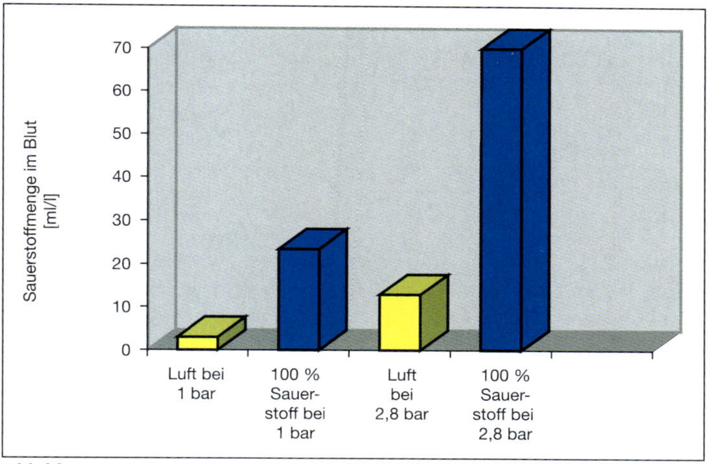

Abbildung 1: Menge physikalisch im Blut gelösten Sauerstoffs in Abhängigkeit vom Partialdruck. Grafik: Muth

Im Bereich der Blase werden gleichzeitig zwei entgegengerichtete Diffusionsgradienten aufgebaut, nämlich einer für Sauerstoff in Richtung Blase und ein entsprechender für Stickstoff aus der Blase heraus. In der Folge kommt es zunächst zur Diffusion von Sauerstoff in die Blase, was initial sogar zu einer Vergrößerung der Gasblase führen kann. Wegen des unterschiedlichen Sättigungsverhaltens von Sauerstoff und Stickstoff erfolgt die Abdiffusion des Stickstoffs leicht verzögert, was letztlich zu einer Größenreduktion der Blase führt. Die Vorgänge sind in der folgenden Abbildung vereinfacht grafisch dargestellt:

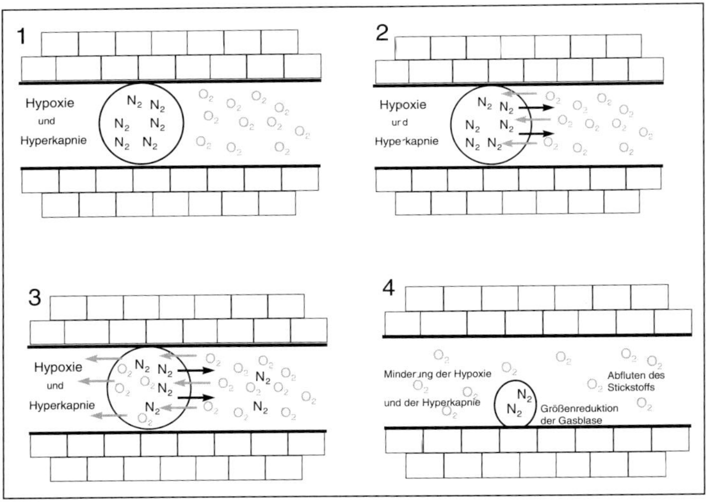

Abbildung 2: Auswirkung der Sauerstoffgabe auf die Blase.
Grafik: Muth

Diese Effekte kommen bei einer nur mit Sauerstoff angereicherten Luft nicht bzw. nicht im gleichen Maße zum Tragen. Daher ist es auch nicht sinnvoll, dem Verunfallten z. B. ein Gemisch aus 50 % Sauerstoff und 50% Luft anzubieten, um den Sauerstoffvorrat zu schonen, und es ist darauf zu achten, dass Notfallsysteme Sauerstoff in möglichst hoher Konzentration liefern können.

Erstaunlicherweise sind entsprechende Untersuchungen relativ selten, zumindest sind sie nicht wissenschaftlich publiziert. Ein paar Untersuchungen gibt es dennoch, die mitunter zu verblüffenden Ergebnissen kommen. Diese Untersuchungen betreffen nicht immer ein bestimmtes System, sondern häufig auch nur Systemkomponenten, denn hier fangen die Schwierigkeiten in der Regel schon an.

Untersuchungsmethoden

Wie kann denn nun die Effektivität solcher Systeme getestet werden?

Da gibt es verschiedene Möglichkeiten mit zwei grundsätzlich unterschiedlichen Ansätzen. Es reicht bei solchen Untersuchungen sicher nicht aus anzuschauen, ob sich über eine gewisse Zeit die Sauerstoffflasche leert, denn das tut sie auch bei Beimischungen von Luft.

Besser ist zum einen, die Sauerstoffkonzentration in der Einatemluft zu messen oder, alternativ, den Sauerstoffgehalt des arteriellen Blutes oder des Gewebes. Letztlich ist es auch möglich, den Sauerstoffgehalt der Lunge zu bestimmen, dies ist im Vergleich zu den vorgenannten Möglichkeiten aber technisch aufwendiger und weniger praktikabel, zumal die erstgenannten Verfahren hinreichend genau sind.

Für die Messung der inspiratorischen Sauerstoffkonzentration, also des Sauerstoffanteils in der Einatemluft, stehen verschiedene Verfahren zur Verfügung. Die einfachste Möglichkeit bei Geräten mit genormten Anschlüssen ist der Anschluss an ein klinikübliches Kapnografiegerät. Diese Geräte wurden eigentlich dazu konzipiert, ihrem Namen entsprechend den Kohlendioxidgehalt der Atemluft zu messen, können aber in der Regel auch andere Gase bestimmen.

Das große Problem dieser Versuchsanordnung ist, dass die Verbindung zum Analysegerät hinter der Stelle sitzt, die das Gerät und den Patienten miteinander verbindet. Dies ist in der Regel ein Mundstück oder eine Maske. Undichtigkeiten, die direkt an der Kontaktstelle zwischen der Haut und z. B. der Maske auftreten, können, wenn sie nur gering sind, dem Verfahren entgehen.

Alternativ zu diesem Aufbau gibt es die Möglichkeit, in den Atemstrom einen Sauerstoff-Sensor einzubauen. Die Fehlermöglichkeiten sind denen der Kapnografie sehr ähnlich.

Eine weitere etablierte und standardisierte Methode mit größerer Genauigkeit ist die so genannte Massenspektrometrie. Dieses Verfahren erfordert für höchste Präzision bestimmte Masken, durch die ein Probenschlauch eingebracht werden kann, über den dann Proben des Atemgases entnommen werden können. Obwohl sehr sensibel und genau, sind nicht alle Systemkomponenten hinreichend gut zu vermessen. Da für beste Ergebnisse bestimmte Masken Verwendung finden, ist es naturgemäß schwierig, andersartige Masken, also z. B. normale Beatmungsmasken, zu vermessen.

Die bisher aufgeführten Verfahren bestimmen die Atemgasbestandteile in der Einatemluft bzw. die jeweilige Konzentration unmittelbar vor bzw. nach Einatmung durch den Patienten/Probanden. Eine Untersuchungsalternative ist die Untersuchung des Sauerstoffgehaltes des Blutes bzw. des Gewebes. Die grundsätzlichen Fehlermöglichkeiten sind hier Störungen der Lungenfunktion und/oder der Gewebsdurchblutung, die Verfahren sind bei gesunden Probanden aber recht genau.

Zur Anwendung kommen hier die Blutgasanalyse und die transkutane Sauerstoffmessung. Bei der Blutgasanalyse wird Blut aus einer Arterie entnommen und in ein Analysengerät gegeben, in dem die einzelnen Gase bestimmt werden. Da ein solcher Stich in die Arterie nicht sehr angenehm ist und den Probanden nicht so einfach zugemutet werden kann, gibt es alternativ auch die Möglichkeit, die Blutgase aus dem Kapillarblut zu bestimmen. Hierzu reicht ein kleiner Stich in die Fingerkuppe oder ins Ohrläppchen und die Entnahme über eine Glaskapillare. Die letztere Methode ist nicht ganz so exakt, aber hinreichend genau.

Alternativ und deutlich weniger invasiv, d. h. weniger „belastend", ist die transkutane Sauerstoffmessung, also die Messung des Sauerstoffgehaltes des Gewebes durch die intakte Haut hindurch. Transkutane Sauerstoff-Messungen liefern unmittelbar kontinuierliche Informationen über die Sauerstoff-Versorgung des Gewebes. Das Grundprinzip ist in Abbildung 3 dargestellt.

Es ist jedoch wichtig zu wissen, dass die Elektroden den Gaspartialdruck des darunterliegenden Gewebes messen und nicht den arteriellen Gaspartialdruck. Wenn die hämodynamischen Zustände stabil sind, d. h. bei normaler Durchblutungs- und Kreislaufsituation, stimmen die transkutanen Messungen sehr gut mit den arteriellen Werten überein. Dies muss aber nicht bedeuten, dass die gemessenen Werte identisch sind.

Transkutane Sauerstoff-Messungen basieren auf dem Prinzip, dass das Heizelement der Elektrode die Temperatur des darunterliegenden Gewebes erhöht. Dies erhöht den kapillaren Blutfluss und den Sauerstoff-Partialdruck. Ferner wird die Haut für Gasdiffusion durchlässig gemacht.

Außer bei der Massenspektrometrie ist allen Verfahren gemein, dass der Stickstoffanteil der Atemluft so nicht bestimmt werden kann.

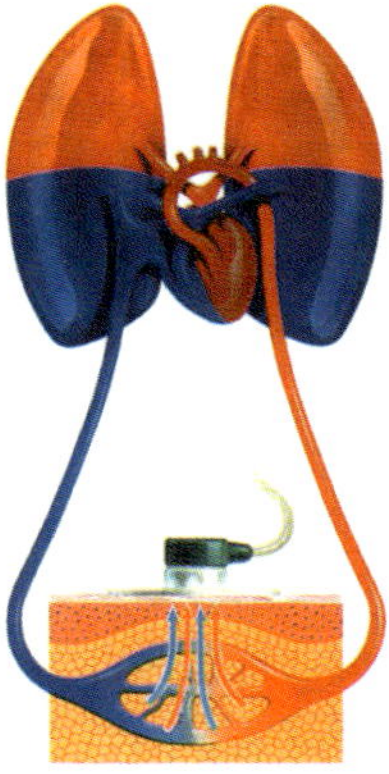

Abbildung 3: Grundprinzip der transkutanen Sauerstoffmessung (Quelle: Radiometer – Copenhagen)

Systeme und Systemkomponenten im Test

Nicht bei allen Systemen lohnt sich wirklich eine Austestung, denn gelegentlich ist schon bauartbedingt eine hohe inspiratorische Sauerstoffkonzentration nicht möglich. Dies betrifft festeingestellte Druckminderer für Sauerstoffflaschen mit einer Gaslieferleistung von 4 Litern pro Minute ebenso wie solche Geräte, bei denen Sauerstoff durch eine chemische Reaktion bereitgestellt wird. Auch hier liegt der Gasfluss bei etwa 5 Litern pro Minute und ist somit völlig unzureichend. Dies leuchtet vor allem dann ein, wenn man sich in Erinnerung ruft, dass das Atemminutenvolumen zwar in Ruhe durchaus 5 Liter bei kleineren und zierlichen Personen betragen kann, aber während einer jeden Einatmung Gas mit deutlich höherer Flussrate zumindest über einen kurzen Zeitraum angesogen wird. Wenn der gelieferte Gasstrom aber konstant ist, reicht die Lieferleistung hier nicht mehr aus.

Auch solche Systemkomponenten benötigen keine Testung, die offensichtlich undicht sind. Hierzu zählen Sauerstoffsonden und Inhalationsmasken, die vor allem der Sauerstoffanreicherung dienen sollen. Das, und nur das, ist dann auch gewährleistet.

Zu Überraschungen kann es hingegen kommen, wenn auch eigentlich als dicht geltende Masken, also Beatmungsmasken, getestet werden. Und hier ist es außerordentlich schwierig, bei jeder Gelegenheit und bei jedem Gesicht mit jeder Maske eine hinreichende Dichtigkeit zu erzielen. In diesem Bereich gibt es auch die widersprüchlichsten Befunde, d. h., eine in einer Untersuchung als gut bewertete Maske kann in einem anderen Versuch als eher schlecht abschneiden. Aus diesem Grunde gelten Masken auch als Hauptursache für Undichtigkeiten, unabhängig vom verwendeten System.

Bei der Vielzahl von Maskentypen auf dem Markt ist es nicht möglich, den Stellenwert einer jeder einzelnen aufzuführen. Grundsätzlich ist jedoch zu sagen, dass Masken mit einem weichen und flexiblen Dichtrand deutlich weniger störanfällig sind als starrere Masken oder Masken mit einem harten oder geschäumten Dichtrand. Bemerkenswert ist, dass preiswertere Produkte häufig besser abschneiden als teure Masken. Also gerade preiswerte Einmalmasken haben in der Regel eine gute Dichtigkeit, aber leider auch nur eine begrenzte Haltbarkeit (die aber deutlich länger ist, als der Name suggeriert).

Am besten schneiden solche Masken ab, bei denen der Dichtrand mit Luft befüllt werden und so verschiedenen Situationen angepasst werden kann.

Allerdings passt nicht jede Maske auf jedes Gesicht, so dass für optimale Passform und somit optimale Dichtigkeit eigentlich eine Auswahl an verschiedenen Größen vorgehalten werden muss.

Für manche Systeme sind auch Mundstücke lieferbar, die denen des Lungenautomaten oder des Schnorchels ähneln. Diese Mundstücke sind den Masken nach den vorliegenden Untersuchungen im Hinblick auf Dichtigkeit mindestens ebenbürtig, nach manchen Untersuchungen sogar überlegen. Allerdings gibt es Berichte, dass die Atmung von Sauerstoff über Mundstück von den Probanden nicht so lange toleriert wird wie die Atmung aus der Maske. Der Grund dafür ist eine starke Belastung der Kiefergelenke und der Kaumuskulatur, die zu starken Verspannungen und Schmerzen führen kann.

Grundsätzlich stellt diese Verbindung zwischen System und Patient, also die Maske oder das Mundstück, die Hauptursache von Undichtigkeiten dar. Neben den beschriebenen bauartbedingten Problemen kommen zusätzlich noch Anwenderprobleme hinzu, also das verkantete Aufsetzen, das zu lockere Aufsetzen u. a. m. Der Umgang mit der Maske sollte daher regelmäßig geübt werden.

Beatmungsbeutel

Jedem Taucher sollte klar sein, dass ein Beatmungsbeutel natürlich auch als Atembeutel genutzt werden kann. Ferner sollte jeder Taucher wissen, dass ein Beatmungsbeutel ohne Zusatzausrüstung niemals in der Lage sein kann, sehr hohe Sauerstoffkonzentrationen zu liefern.

Es wird auf dem Markt eine Vielzahl unterschiedlicher Beutel angeboten, die sich häufig nur im Detail unterscheiden. Achten sollte man jedoch darauf, dass die Möglichkeit zum Anschluss von Sauerstoff gegeben ist. Dies ist leider nicht bei allen Modellen der Fall. Doch auch bei solchen Modellen, wo ein Sauerstoffanschluss vorgesehen ist, werden im Normalbetrieb keine 100% Sauerstoff im Einatemgas erreicht, selbst dann nicht, wenn am Druckminderer ein hoher Sauerstofffluss eingestellt wird. Das liegt daran, dass alle Beutel über ein relativ groß dimensioniertes Flatterventil zur Beutelfüllung zusätzlich Umgebungsluft ansaugen. Aus diesem Grunde können die Beutel einiger Hersteller mit so genannten Sauerstoffreservoirbeuteln nachgerüstet werden, die auf das Ansaugventil gesteckt werden können. Von den Herstellern werden zwei grundsätzlich unterschiedliche Systeme angeboten: Faltenbalgreservoire (Weinmann, Söhngen) und Beutelreservoire (z. B. Ambu, Dräger, Laerdal). Wird der Beatmungsbeutel entleert, füllt sich der Reservoirbeutel, die anschließende Füllung des Atembeutels erfolgt aus dem Reservoir. So ausgerüstet, sind annähernd 100 % Sauerstoff in der Einatemluft zu erreichen. Dies ist zumindest die gängige Meinung, und in vielen Fällen stimmt sie auch.

Abbildung 4: Beatmungsbeutel links mit und rechts ohne Sauerstoffreservoirbeutel

Das, was so offensichtlich scheint, wurde aber im Rahmen einer Doktorarbeit in der Universität Würzburg überprüft (LEOPOLDSBERGER, T. Inspiratorische Sauerstoffkonzentrationen bei manueller Beatmung – eine Analyse bei Handbeatmungsgeräten. Inauguraldissertation Universität Würzburg 1995). Die Ergebnisse dieser Studie sind teilweise verblüffend. Besonders der Teil der Untersuchung, der sich mit den Reservoirsystemen befasst, gibt Anlass zur Beachtung. Hier stellt LEOPOLDSBERGER fest:

„Beutelreservoire sind komplett verschlossen und müssen über Zusatzventile konnektiert werden. Bei den Faltenbalgreservoiren ist diese zusätzliche Ventileinrichtung nicht notwendig, da ihr Reservoir nicht vollständig verschlossen ist. Die Sauerstoffzufuhr erfolgt in gleicher Weise wie bei den Beutelreservoiren, jedoch ist beim Faltenbalgreservoir durch Turbulenzen, bzw. das physikalische Verhalten von Gasen bei halboffenem Reservoir, das Beimischen von Raumluft nicht ausgeschlossen. Somit können bei Faltenbalgreservoiren, vor allem bei hohen Atemminutenvolumina, keine maximalen Sauerstoffkonzentrationen erreicht werden. Lediglich bei Hubvolumina, die dem Volumen des Faltenbalgs entsprechen, kann die inspiratorische Sauerstoffkonzentration bei diesem Reservoirtyp gesteigert werden.

Was das Handling betrifft, so ist ein Beutelreservoir, welches am Ende des Beutels konnektiert wird, am einfachsten in der Anwendung. Faltenbalgreservoire stören extrem bei der manuellen Beatmung durch ihr deutlich höheres Gewicht. Bei Maskenbeatmung werden diese Reservoire als Behinderung empfunden. Die wesentlich leichteren Beutelreservoire stören nicht und behindern die Beatmung nur unwesentlich.

Ein paradoxer Effekt zeigt sich bei der Verwendung eines Reservoirs mit dem „Söhngen-Beutel". Neben einer deutlichen Behinderung bei der Beatmung nimmt die inspiratorische Sauerstoffkonzentration mit Reservoir ab. Eine Erklärung hierfür ist, dass dem offenen Reservoir kontinuierlich Raumluft beigemischt wird, wobei Sauerstoff nicht mehr direkt in die Kompressionseinheit gelangt, sondern lediglich in das Faltenbalgreservoir.

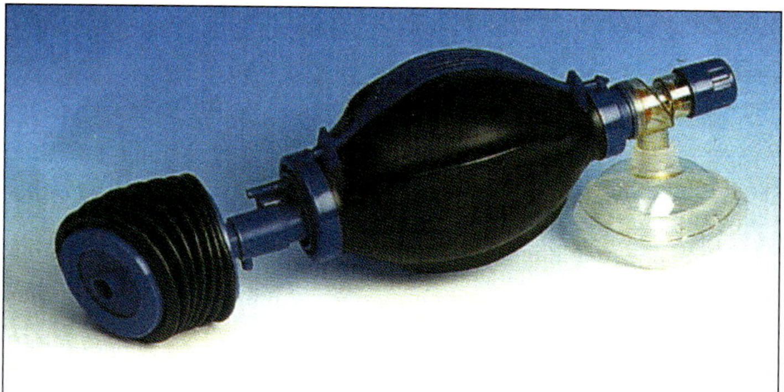

Abbildung 5: Söhngen-Beatmungsbeutel mit Sauerstoffreservoir (Faltenbalgsystem)
(Quelle: Söhngen)

Eine weitere Variante bei der Sauerstoffzufuhr bietet der „Weinmann-Beutel". Hier wird die Sauerstoffzufuhr über einen im Faltenbalg gelegenen PVC-Schlauch ermöglicht, ein Reservoireffekt ist bei niedrigen Atemminutenvolumina messbar. Bei hohen Atemminutenvolumina zeigt sich auch beim „Weinmann-Beutel" ein „negativer Effekt, da durch die

Beimischung von Raumluft, ähnlich wie beim ‚Söhngen-Beutel', die inspiratorischen Sauerstoffkonzentrationen sinken. Der Effekt ist nicht so ausgeprägt wie bei Söhngen, da die Sauerstoffzufuhr über den im Faltenbalg gelegenen PVC-Schlauch unmittelbar vor der Kompressionseinheit erfolgt.

Abbildung 6: Weinmann-Beatmungsbeutel mit Sauerstoffreservoir (Quelle: Weinmann)

Bei den Beutelreservoiren sollte man prinzipiell beachten, daß zunächst eine ausreichende Füllung des Reservoirs erfolgt, um möglichst rasch die maximalen Sauerstoffkonzentrationen zu erreichen. So dauert es bis zu 90 Sekunden, bis bei nicht gefülltem Reservoir die gleichen inspiratorischen Sauerstoffkonzentrationen erreicht werden, wie bei gefülltem Reservoir."

Grundsätzlich ist also festzuhalten, dass es abhängig vom Konstruktionsprinzip sogar zu gegenteiligen Effekten in Bezug auf die Sauerstoffkonzentration kommen kann. Dies ist insbesondere deshalb nicht ganz uninteressant, weil genau die beiden Systeme, die in dieser Kombination nicht ganz unproblematisch sind, recht weit verbreitet sind, weil sie sich in den ansonsten gut und logisch aufgebauten Notfallkoffern der entsprechenden Firmen befinden.

Weiterhin ist festzuhalten, dass im Hinblick auf die Effizienz solche Beatmungsbeutel eindeutig von Vorteil sind, die mit einem Beutelreservoir ausgestattet werden können.

Eine Besonderheit stellt noch der aktuelle Beatmungsbeutel der Firma Dräger dar, der nämlich auf den ersten Blick keinerlei Anschlussmöglichkeit für Sauerstoff bietet (Abbildung 7). In der Tat ist dieser Beutel nur dann für den Tauchnotfall geeignet, wenn er in Kombination mit dem Demand System von Dräger benutzt wird (Abbildung 8). Dann allerdings in guter Weise.

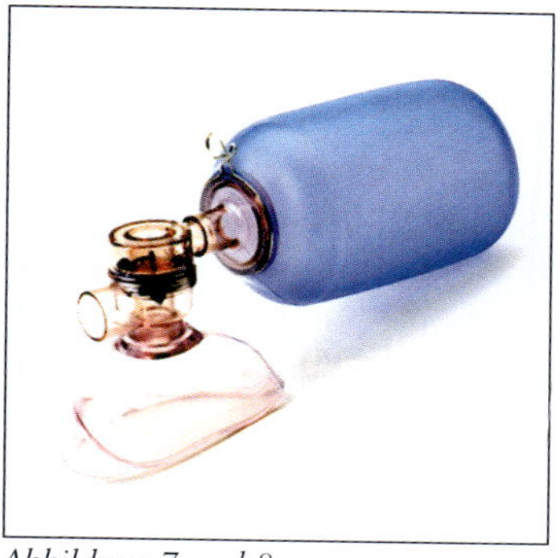

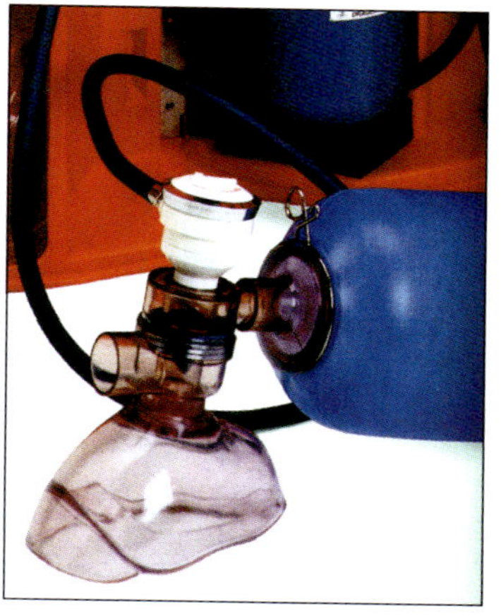

Abbildung 7 und 8:
Quelle: Dräger

Das NasOral-System

Während der boot 1999 wurde Tauchsportorganisationen ein in diesem Bereich neuartiges System für die Akutversorgung von Tauchunfällen mit Sauerstoff vorgestellt. Es handelt sich hierbei um das so genannte NasOral-System.

Dieses Oxygenierungssystem (Abbildung 9 nach MERTZLUFFT et al.), nach seinem speziellen Funktionsprinzip (Sauerstoffgabe über den Weg Nase–Mund) als NasOral-System bezeichnet, soll die notwendige N_2-Auswaschung und damit optimale Oxygenierung erlauben und daher auch zur apnoischen Oxygenierung geeignet sein: Durch Aufnahme von

100 % Sauerstoff nur über die Nase (nasal) – aus dem Reservoirbeutel des Systems über eine dichtschließende Nasenmaske mit Einwegventil – und Entweichen von Atemgasen sowie überschüssigem Sauerstoff nur über ein Mundventil (oral) wird ein gerichteter Gasfluss in eine einzige Richtung vorgegeben (nas-oral). Damit wird zugleich auch der physiologische Weg simuliert: Inspiration von Sauerstoff mit Erwärmung und Anfeuchtung über die Nase und Exspiration von Sauerstoff und CO_2 und vor allem N_2 über den Mund, wobei die beiden Einwegventile infolge ihres Durchmessers ein nahezu widerstandsfreies und damit ungehindertes Ein- und Ausatmen gewährleisten.

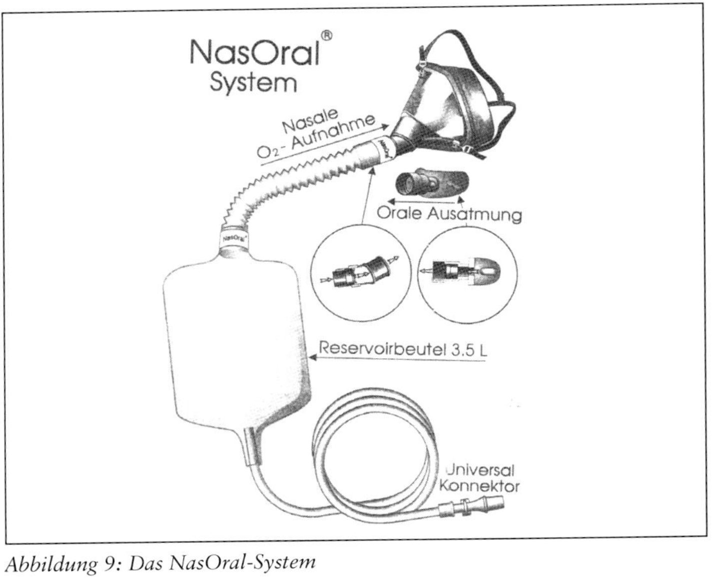

Abbildung 9: Das NasOral-System

Dieses System ist eigentlich für die klinische Anwendung im Rahmen von Intubationsnarkosen konzipiert. In Untersuchungen an Patienten wurde entsprechend beschrieben, dass mit diesem System schon während der

Vorbereitungen zur Narkoseeinleitung zuverlässig und optimal unter Spontanatmung prä-oxygeniert werden kann: Innerhalb kürzester Zeit wird eine bestmögliche Oxygenierung erreicht. Dies konnte in klinischen Studien und auch im Rahmen einer Habilitationsschrift der Universität des Saarlandes gezeigt werden.

Bei diesen sehr guten Ergebnissen im Hinblick auf rasche Oxygenation und ebenso rasche Stickstoffelimination also ideal für den Tauchunfall? Im Gegenteil: Trotz der so guten Ergebnisse der klinischen Austestung ist das System für die Vor-Ort-Versorgung des Tauchunfalls nicht geeignet, weil sehr hohe Gasflussraten benötigt werden. Dies ist im Krankenhaus mit Wandanschlüssen für Sauerstoff und einem nahezu unbegrenzten Vorrat kein Problem, bei der Notfallversorgung mit Flaschengrößen von maximal 5 l aber ein unüberwindliches Hindernis, wenn der Sauerstoffvorrat nach 10 oder 15 Minuten verbraucht ist.

Demandsysteme

Erstaunlicherweise finden sich kaum Studien zu Demandsystemen. Der Grund liegt wahrscheinlich in ihrer klaren Konzeption und der Annahme, dass, wenn das System als solches dicht ist und in der Versorgungsflasche 100 % Sauerstoff enthalten ist, das Einatemgas dementsprechend auch nahezu 100 % Sauerstoff enthalten muss. Unter der Voraussetzung, dass diese Prämissen stimmen, ist das auch in der Regel der Fall. Genau wie beim Tauchgerät sollte daher auch bei diesen Systemen vor Gebrauch eine kurze Dichtigkeitsprüfung erfolgen.

Es gibt wenige publizierte Tests mit diesen Geräten. Wenn welche durchgeführt wurden, dann wurden diese Geräte in der Regel als Referenz zum Vergleich zu anderen Systemen mitgetestet. Dies ist z. B. in der oben genannten Habilitationsschrift der Fall, in der das NasOral-System gegen das Demandsystem von Dräger getestet wurde. Die etwas höhere Leckagerate des Dräger-Systems ist in dieser Untersuchung aber in erster Linie auf die weiter oben angesprochene Maskenproblematik zurückzuführen.

In einer spanischen Studie wurden verschiedene Systeme im Hinblick auf den erreichten transkutanen Sauerstoffwert getestet, darunter auch das DAN-System, welches ebenfalls ein Demandsystem ist. Hierbei wurden bei Verwendung des Demandsystems (und des ebenfalls getesteten Wenoll-Systems) adäquate Sauerstoffwerte im Gewebe gemessen, wohingegen diese mit den offenen Systemen nicht erreicht werden konnten.

Grundsätzlich kann also festgehalten werden, dass bei Verwendung gut sitzender Masken und Abwesenheit von Leckagen Demandsysteme für die Sauerstoffnotfallversorgung von Tauchunfällen gut brauchbar sind.

Sauerstoffkreislaufsysteme

Sauerstoffkreislaufsysteme waren häufiger Gegenstand der Austestung. Der Grund liegt in der höheren Komplexität des Systems als solchem und in der dadurch bedingten theoretisch erhöhten Gefahr der Fehlerquellen. Insgesamt ist es jedoch so, dass aufgrund der Testergebnisse auch den Kreislaufsystemen eine gute Brauchbarkeit in der Praxis bescheinigt werden kann. In mancher Hinsicht sind sie allen anderen Systemen weit überlegen, in anderer Hinsicht aber auch mit spezifischen Problemen behaftet, die so bei anderen Systemen nicht vorkommen.

Im Hinblick auf die Sauerstoffausnutzung sind sie konkurrenzlos, da durch das quasi „Recyclen" des ansonsten ungenutzt durch die Ausatemluft abgegebenen Sauerstoffs extrem lange Sauerstoffatemzeiten zu erreichen sind.

Auf den ersten Blick ein wenig enttäuschend ist die Tatsache, dass mit einem Kreislaufsystem selbst bei optimal sitzender Maske bauartbedingt 100% Sauerstoff in der Einatemluft nicht erreicht werden können. Dies ist aber nur ein scheinbares Manko, weil es sich hier (optimalen Maskensitz und wirklich leckagefreies Gerät vorausgesetzt) nicht um eine Undichtigkeit mit Beimengung von Umgebungsluft handelt, sondern eine Besonderheit des Kreislaufprinzips darstellt: Die Ausatemluft enthält nämlich nicht nur Sauerstoff und Kohlendioxid, sondern sie ist auch mit Wasserdampf gesättigt. Dieser Wasserdampf bzw. besser: der Dampfdruck, wirkt sich natürlich auf die Daltonsche Partialdruckgleichung aus, nach der der Gesamtdruck eines Gasgemisches der Summe der Partialdrücke der Einzelkomponenten entspricht. Und während das Kohlendioxid im Atemkalk chemisch gebunden wird, verbleibt der Wasserdampf im System. Der vermeintliche Fehler hat somit keine Auswirkung auf die Stickstoffelimination und eine zu vernachlässigende auf die Oxygenation.

Ebenfalls im System verbleibt die Wärme, die auch über die Atmung abgegeben wird. Dieser Effekt verstärkt sich noch durch die exotherme Reaktion bei der CO_2-Bindung durch den Atemkalk. Je nach Fragestellung des Tests kann sich dieser Umstand sowohl positiv als auch negativ im Testergebnis niederschlagen, denn warmes Atemgas kann ebenso sehr erwünscht wie unangenehm sein, je nachdem, wo der spätere Einsatz stattfinden soll.

Schließlich ist die Praxisanwendung durch Laien bei diesen Systemen ein steter Punkt zur Diskussion und daher auch zur Testung. Zusammenfassend kann aber festgehalten werden, dass solche Sauerstoffkreislaufsysteme auch für Laien gut geeignet sind, aber prinzipiell eine bessere Schulung und mehr Übung erfordern, als die sehr einfach zu handhabenden Demandsysteme.

Zusammenfassung

Der Grundsatz und die Forderung sind ebenso klar und gut begründet: Beim schweren Tauchunfall ist die Gabe von Sauerstoff die wichtigste Erstmaßnahme. Dabei soll so schnell wie möglich, so viel wie möglich und so lange wie möglich Sauerstoff gegeben werden. Am besten wären 100 % Sauerstoff im Einatemgas.

Doch, wie sich bei Auswertung der Literatur rasch zeigt, ist diese Forderung nicht immer so einfach zu erfüllen. Mitunter können scheinbare Kleinigkeiten dem optimalen Therapieansatz im Wege stehen.

Aus diesem Grunde ist es auch wichtig, Systeme und Systemkomponenten kritisch und unabhängig zu überprüfen, die so gewonnenen Ergebnisse zu evaluieren und emotionslos zu diskutieren und die Ergebnisse nach Abschluss der Prüfung dem Anwender zur Kenntnis zu bringen.

Da es sich in der Regel in vielen Fällen um Kleinigkeiten handelt, die dem optimalen Erfolg im Wege stehen, sollte es im Einzelfall auch relativ leicht sein, durch minimale Änderungen des Konstruktionsprinzips eine Verbesserung herbeizuführen. Hier könnten zum Beispiel die Reservoirsysteme der Beatmungsbeutel angeführt werden, bei denen die kritisch zu sehenden Faltenbalgsysteme sicher leicht gegen Beutelreservoire austauschbar wären. Dazu zählt allerdings das Wissen um diesen kritischen

Punkt und der Wille zur Verbesserung im Sinne des Anwenders und Patienten.

Literatur

[1] Annane D., Trouché G., Delisle F., Devauchelle P., Paraire F., Raphael J. C., Gajdos P. Effects of mechanical ventilation with normobaric oxygen therapy on the rate of air removal from cerebral arteries. Crit Care Med 1994; 22: 851–857

[2] Bethune D. W., Collis J. M. The evaluation of oxygen masks. A mechanical method. Anaesthesia 1967; 22: 43–54

[3] Desola J. et al. Transkutane Sauerstoffkonzentration mit fünf verschiedenen normobaren Versorgungssystemen. In: Bartmann. Taucher-Handbuch. Ecomed. 31. Erg.-Lfg 8/99, Kap. V – 6.4, S. 1–6 (Übersetzung. Original als Vortrag auf dem EUBS Kongress 1995: Desola J., Sala J., Rebella A., Geronimo C., Montaya J. Transcutaneous oxygen concentrations achieved with 5 different normobaric delivering systems. A comparative study [preliminary report]. Proc EUBS XXIst Annual Meeting, Helsinki 1995)

[4] Everatt J., Ng WS. Pre-oxygenation using face mask or mouthpiece with and without nose clip: patient preferences and efficacy. Anaesthesia 1998; 53: 387–389

[5] Fowler K. T. The respiratory mass spectrometer. Phys Med Biol 1969; 14 (2): 185–199

[6] Goddard J. M. Concentrations of oxygen delivered by air entrainment of oxygen masks. Ann R Coll Surg Engl 1985; 67: 366–367

[7] Hirsch J. A., Bishop B. Human breathing patterns on mouthpiece or face mask during air, CO_2, or low O_2. J Appl Physiol 1982; 53 (5): 1281–1290

[8] Komesaroff D. Oxygen administration in diving accidents. SPUMS Journal 1998; 28 (Suppl.): 20–25

[9] LEOPOLDSBERGER, T. Inspiratorische Sauerstoffkonzentrationen bei manueller Beatmung – eine Analyse bei Handbeatmungsgeräten. Inauguraldissertation Universität Würzburg 1995

[10] LIPPMANN J. Oxygen First Aid. Revised Asia-Pacific edition. JL Publications, Melbourne, 1995

[11] SCHNEIDER T. Beatmungsmaske. Notfallmedizin 1991; 17: 23–24

[12] MCGOWAN P., SKINNER A. Preoxygenation – the importance of a good face mask seal. Br J Anaesth 1995; 75: 777–778

[13] MERTZLUFFT F. Prüfung des Oxidem-Systems. In: MERTZLUFFT F. System zur Oxygenierung von Patienten durch Nutzung des intrapulmonalen Sauerstoffspeichers. Habilitationsschrift; Universität des Saarlandes 1993

[14] MERTZLUFFT F., ZANDER R. Optimale O_2-Applikation über den nasoralen Weg. Anästhesiol Intensivmed Notfallmed Schmerzther 1996; 31: 381–385

[15] MUTH C.-M., VAN LAAK U. Das Wenoll-System – Erprobung eines Sauerstoffrückatmungssystems für den Tauchunfall. Caisson 1993; 8: 242–246

[16] ROSSI R. Hilfsmittel zur Durchführung der Atemspende. Notfallmedizin 1991; 17: 442–443

[17] STEPHENSON R. N., MACKENZIE I., WATT S. J., ROSS J. A. Measurement of oxygen concentration in delivery systems used for hyperbaric oxygen therapy. Undersea Hyperbaric Med 1996; 23 (3): 185–188

[18] STEWART R. D., KAPLAN R., PENNOCK, B., THOMPSON F. Influence of mask design on bag-mask ventilation. Ann Emerg Med 1985; 14: 403–406

[19] STOUT R. L., JEWELL E. D., WESSEL H. U., PAUL M. H. Mass spectrometer for multiple respiratory gas analysis. Biomed Tech (Berl) 1975; 20 (5): 165–171

Anhang 2
Notsignale nach den Kollisionsverhütungsregeln (KVR)

Will ein Flugzeug ein Schiff zur Hilfeleistung auf See veranlassen, umkreist es das Schiff und fliegt dann in Richtung auf den in Not befindlichen Havaristen. Die Verwendung von weißer und grüner Munition bleibt jedem freigestellt. Ein weißes Signal ist sehr gut geeignet, einen Kollisionsgegner auf ein Tauchschiff aufmerksam zu machen. Rotfeuer und rote Sterne sind allein den Seenotsignalen vorbehalten, sie dürfen für keinen anderen Zweck verwendet werden.

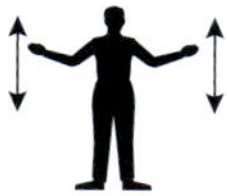

Langsames und wiederholtes Heben und Senken der nach beiden Seiten ausgestreckten Arme.

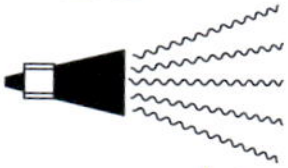

Anhaltendes Ertönen eines Nebelsignalgeräts.

Raketen oder Leuchtkugeln mit roten Sternen einzeln in kurzen Zwischenräumen.

Kanonenschüsse oder andere Knallsignale in Zwischenräumen von ungefähr einer Minute.

Eine rote Fallschirm-Leuchtrakete oder eine rote Handfackel.

Flammensignale auf dem Fahrzeug, z. B. brennende Teertonnen, Öltonnen oder dergleichen.

Ein Signal aus viereckigen Flaggen, darüber oder darunter ein Ball oder etwas, das einem Ball ähnlich sieht.

S O S

• • • — — — • • •

Das durch Telegrafiefunk oder eine andere Signalart gegebene Morsesignal.

MAYDAY

Das Sprechfunksignal aus dem gesprochenen Wort „Mayday“

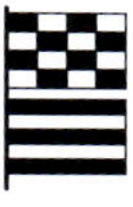

Das Notzeichen NC des internationalen Signalbuchs (s. Anhang 3).

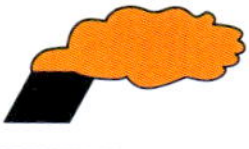

Ein Rauchsignal mit orangefarbenem Rauch.

Anhang 3
Flaggensignale

O Mann über Bord

V Ich benötige Hilfe

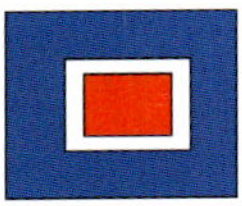

W Ich benötige ärztliche Hilfe

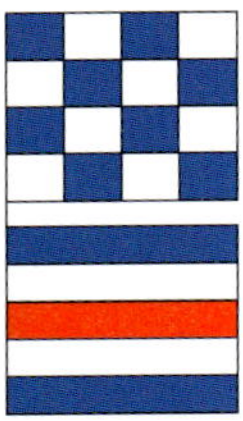

N
C

Ich bin in Not und benötige sofortige Hilfe

A
G

Sie sollten Ihr Fahrzeug
so schnell wie möglich verlassen

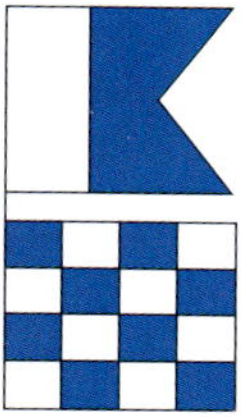

A
N

Ich benötige einen Arzt

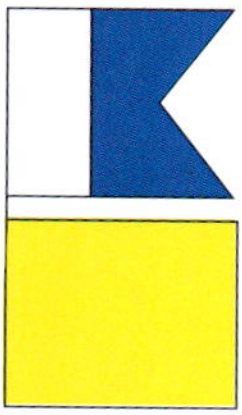

A
Q

Ich habe einen Verletzten,
der übernommen werden muss

G
Q

Ich kann wegen des Wetters nicht zu Hilfe kommen; tun Sie alles, was Sie können

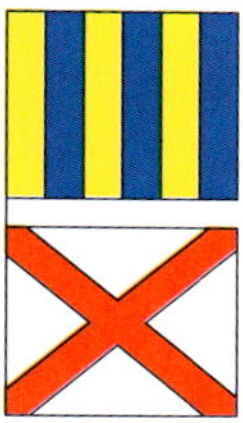

G
V

Versuchen Sie, mir eine Leine zu geben

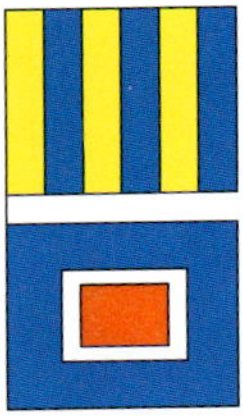

G
W

Mann über Bord. Unternehmen Sie etwas, um ihn aufzunehmen

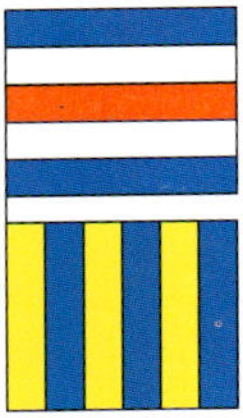

C
G

Halten Sie sich bereit, mir zu helfen

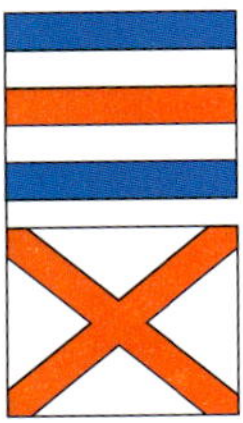

C
V

Ich bin nicht in der Lage, Hilfe zu leisten

G
N

Übernehmen Sie die Menschen

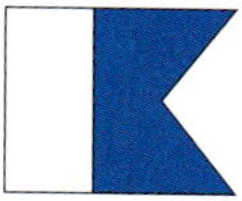
A

Ich habe Taucher unten. Halten Sie bei langsamer Fahrt gut frei von mir

Q

An Bord ist alles „gesund“, und ich bitte um freie Verkehrserlaubnis

Q
N

Kommen Sie an Steuerbord längsseits

C

Ja (Bejahend oder „Die Bedeutung der vorangegangenen Gruppe ist als bejahend zu verstehen“)

N

Nein (Verneinend oder „Die Bedeutung der vorangegangenen Gruppe ist als Verneinung zu verstehen“). Darf nur als Schall- oder optisches Signal verwendet werden

Stichwortverzeichnis

A

E

F

G

H

I

J

K

L

M

N

O

P

Q

R

T

U

V

W

Y

Z

Adressenliste

Standortliste Bayern

Druckkammerzentrum Traunstein
Institut für kontrollierte hyperbare Sauerstoffbehandlung
Cuno-Niggl-Straße 3
83278 Traunstein
Tel.: 08 61/1 59 67
Fax: 08 61/1 58 89
E-Mail: HBO-Traunstein@t-online.de
www.HBO-Traunstein.de

Berufsgenossenschaftliche Unfallklinik
–Druckkammerzentrum–
Prof.-Küntscher-Straße 8
82418 Murnau
Tel.: 0 88 41/48-29 02 o. 22 30
Fax: 0 88 41/48-22 66
E-Mail: kemmer@bgu-murnau.de
www.bgu-murnau.de

Berufsfeuerwehr München
Feuerwache 5
Anzinger Straße 41
81671 München
Tel.: 0 89/23 53-112 o. 0 89/40 66 55
Fax: 0 89/23 53-51 38 (EZ)
E-Mail: bfm.direktion@ems.muenchen.de
www.feuerwehr.muenchen.de

HBO-Institut im Krankenhaus
Rechts der Isar
Sonnenstraße 11
80331 München
Tel.: 0 89/41 40-26 00
Fax: 0 89/41 80-51 29

Hyperbares Sauerstoff-Zentrum GmbH Dr. Müller
Karlstraße 42
80333 München
Tel.: 0 89/5 48 23 10
Fax: 0 89/54 82 31 50
E-Mail: HBOZentrum@aol.com
www.hbozentrum.de

Institut für Überdruck-Medizin
Gewerbepark A 45
93059 Regensburg
Tel.: 09 41/4 66 14-0
Fax: 09 41/4 66 14-22
E-Mail: info@HBO-Regensburg.de
www.HBO-Regensburg.de

Oxytrans GmbH
Privatinstitut für hyperbare Sauerstofftherapie
Flugplatz 20a
95032 Hof *a. d. Saale*
Tel.: 0 92 92/9 10 81
Fax: 0 92 92/9 10 82
E-Mail: Oxytrans@t-online.de
www.Oxytrans.de

Standortliste Baden-Württemberg

Druckkammer des BTSV
am Städt. Krankenhaus Überlingen
Härlenweg 1
88662 Überlingen
Tel.: 0 75 51/99-0 (Vermittlung)

Druckkammerzentrum Freiburg GmbH
Am St. Josefskrankenhaus
Habsburgerstraße 116
79104 Freiburg
Tel.: 07 61/38 20 18
Fax: 07 61/38 20 19
E-Mail: info@hbo-freiburg.de
www.hbo-freiburg.de

Rehabilitationsklinik Klausenbach
Kolonie 5
77787 Nordrach
Tel.: 0 78 38/32-0
Fax: 0 78 38/8 22 31
E-Mail: info@rehaklinik-Klausenbach.de
www.rehaklinik-klausenbach.de

HBO-Zentrum Ulm GmbH
Tagesklinik Söflingen
Magirusstraße 35/4
89077 Ulm, *Donau*
Tel.: 07 31/9 32 93-20
Fax: 07 31/ 9 32 93-21

Bundeswehr-Krankenhaus Ulm
Abt. X-Anästhesiologie und Intensivmedizin
Oberer Eselsberg 40
89081 Ulm, *Donau*
Tel.: 07 31/17 10-20 54 o. 07 31/17 10-20 55
Fax: 07 31/1 71-20 56
(Intensivstation)

HBO-Zentrum Stuttgart
König-Karl-Straße 66
70372 Stuttgart-*Bad Cannstadt*
Tel.: 07 11/5 09 44 53
Fax: 07 11/95 46 17 10
E-Mail: cc.anaesth.fritz@t-online.de

Druckkammerzentrum Stuttgart DCS 1
Heilbronner Straße 300–302
70469 Stuttgart-*Feuerbach*
Tel.: 07 11/85 10 32
Fax: 07 11/85 10 37
E-Mail: info@DCS1-Stuttgart.de
www.DCS1-Stuttgart.de

Druckkammerzentrum Heidelberg GmbH
St. Josefkrankenhaus
Landhausstraße 25
69115 Heidelberg
Tel.: 0 62 21/60 26-53
Fax: 0 62 21/60 26-55
E-Mail: DKZHD@t-online.de
www.DKZHD.de

Standortliste Saarland, Rheinland-Pfalz, Hessen

Oxymed GmbH
Privat-Institut für hyperbare Medizin
Schulstraße 5
66877 Ramstein-*Miesenbach*
Tel.: 0 63 71/7 19 19
Fax: 0 63 71/ 95 33 23
E-Mail: oxymed-ramstein@t-online.de
www.oxymed.org

Klinik für Anästhesiologie der Johannes-Gutenberg-Universität
Mainz, Intensivtherapiestation
CB II, Bau 505, 1. Stock
Langenbeckstraße 1
55131 Mainz
Tel.: 0 61 31/17-0 o. 0 61 31/17 73 66
Fax: 0 61 31/17-26 28

Rotes Kreuz Krankenhaus
HNO-Abteilung
Schöne Aussicht 41
65193 Wiesbaden
Tel.: 06 11/5 31 90 53
Fax: 06 11/5 31 90 55

Druckkammer Tagesklinik Hofheim
Reifenbergerstraße 6
65719 Hofheim *am Taunus*
Tel.: 0 61 92/50 62 o. 0 61 92/50 95
Fax: 0 61 92/50 63

Zentrum für Sauerstoffüberdruck-, Tauch- und Höhenmedizin
Marienburgerstraße 5–7
60528 Frankfurt *am Main*
Tel.: 0 69/67 05-3 84
Fax: 0 69/67 05-3 87
E-Mail: g.fusshoeller@friedrichsheim.de

Berufsfeuerwehr Frankfurt am Main
Heinrichstraße 8
60327 Frankfurt *am Main*
Tel.: 0 69/2 12-7 23 70
Fax: 0 69/2 12-7 23 98
E-Mail: juergen.prehl.am37@stadt-frankfurt.de
www.stadt-frankfurt.de/feuerwehr

HBO-Zentrum Mittelhessen
Institut für Tauch- und Überdruckmedizin
Frankfurter Straße 90
35578 Wetzlar
Tel.: 0 64 41/7 44 56
Fax: 0 64 41/9 72 42
E-Mail: hbo-zentrum-mittelhessen@t-online.de
www.hbo-mittelhessen.de

Druckkammerzentrum Kassel
am Rot-Kreuz-Krankenhaus
Hansteinstraße 29
34121 Kassel
Tel.: 05 61/93 24-7 00
Fax: 05 61/93 24-7 01
E-Mail: info@hbokassel.de
www.hbokassel.de

Standortliste Nordrhein-Westfalen

HBO-Zentrum Euregio Aachen
Kackertstraße 11
52072 Aachen
Tel.: 02 41/8 40 44
Fax: 02 41/8 79 34 94
E-Mail: HBO-Aachen@t-online.de
www.HBO-Aachen.de

Sauerstoff-Therapiezentrum
ORL-VITALMED GmbH & Co. KG
Hansaallee 30
40547 Düsseldorf
Tel.: 02 11/57 05 83
Fax: 02 11/57 05 84
E-Mail: HBO.Duesseldorf@t-online.de
www.hyperbare-sauerstofftherapie.de

Hyperbare Sauerstofftherapie (HBO)
Universitätsklinikum Düsseldorf
Moorenstraße 5
Gebäude 14.83
40225 Düsseldorf
Tel.: 02 11 811/99 04
Fax: 02 11 811/99 06
E-Mail: hbo@med.uni-duesseldorf.de
www.uniklinik-duesseldorf.de/HBO

Druckkammerzentrum Bielefeld GmbH
Institut für Sauerstoffüberdrucktherapie
Heidsicker Heide 114
33739 Bielefeld-*Jöllenbeck*
Tel.: 0 52 06/83 63
Fax: 0 52 06/84 99
E-Mail: hbo@hbo-bielefeld.de
www.hbo-bielefeld.de

Medic-ox
Hyperbares Sauerstofftherapiezentrum
Gustav-Adolf-Straße 1A
32423 Minden
Tel.: 05 71/82 84 90
Fax: 05 71/8 28 49 29
E-Mail: medicox@t-online.de
www.medicox.de

Praxis für Hyperbarmedizin
Warendorfer Straße 27
48145 Münster *(Westf)*
Tel.: 02 51/13 29 30
Fax: 02 51/13 29 32
E-Mail: dr.rossbach@hbo-muenster.de
www.hbo-muenster.de

Standortliste Niedersachsen/Bremen

ZETÜM – Zentrum für Tauch- und Überdruckmedizin
Ermlandstraße 55
28777 Bremen
Tel.: 04 21/6 00 75 77
Fax: 04 21/6 00 75 79
E-Mail: hbobremen@aol.com

HBO Druckkammerzentrum Soltau
HNO-Praxis Dr. Müller Kortkamp
Seilerstraße 7-9
29614 Soltau
Tel.: 0 51 91/9 86 00
Fax: 0 51 91/9 91 04
E-Mail: hbo@mueller-kortkamp.de
www.mueller-kortkamp.de

H.B.O.-Klinik Osnabrück
Senator-Wagner-Weg 4
49088 Osnabrück
Tel.: 05 41/2 05 13 80
Fax: 05 41/2 05 13 83
E-Mail: info@hbo-osnabrueck.de
www.hbo-osnabrueck.de

Druckkammerzentrum Hannover GmbH
Lister Krankenhaus
Lister Kirchweg 43
30163 Hannover
Tel.: 05 11/9 65 61-0
Fax: 05 11/9 65 61-11
E-Mail: info@druckkammer-zentrum.de
www.druckkammer-zentrum-hannover.de

Zentrum für Hyperbare Sauerstofftherapie GbR
Neustadtring 30a
38114 Braunschweig
Tel.: 05 31/57 50 22
Fax: 05 31/2 50 10 11
E-Mail: hbo.bs@t-online.de

Standortliste Hamburg, Schleswig-Holstein, Mecklenburg-Vorpommern

Schifffahrtsmedizinisches Institut der Marine
Kopperpahler Allee 120
24119 Kiel-*Kronshagen*
Tel.: 04 31/54 09-0 (Zentrale) o. 04 31/54 09-17 82 (Kammer)
Fax: 04 31/54 09-15 50

Standortliste Berlin, Brandenburg, Sachsen

Sektion für hyperbare Sauerstofftherapie und Tauchmedizin
im Klinikum Friedrichshain
Matthiasstraße 7
10249 Berlin
Tel.: 0 30/42 10 87 50 o. 0 30/42 21 15 02
Fax: 0 30/42 10 87 60
E-Mail: druckkammer@khf.de
www.khf.de

Standortliste Sachsen-Anhalt, Thüringen

Martin-Luther-Universität
Klinik für Anästhesiologie und Intensivmedizin
Magdeburger Straße 16
06097 Halle *a. d. Saale*
Tel.: 03 45/5 57-43 50
Fax: 03 45/5 57-43 52
E-Mail: hbo@medizin.uni-halle.de
www.medizin.uni-halle.de

HYPERmed
Zentrum für Überdruckmedizin Jena GmbH
Erlanger Allee 103
07747 Jena
Tel.: 0 36 41/36 86 91
Fax: 0 36 41/36 86 93
E-Mail: info@hypermed-jena.de

Standortliste Österreich

Druckkammer Graz
Medizinische Universität Graz
Klinische Abteilung für Thorax- und Hyperbare Chirurgie
Auenbrugger Platz 29
A-8036 Graz
Tel.: +43 (0) 316 385-2803
Fax: +43 (0) 316 385-2756

Druckkammerzentrum
Medizinische Universität Wien
Klinik für Anästhesie und Intensivmedizin
Währinger Gürtel 18-20
A-1090 Wien
Tel.: +43 (0) 1 404 001001
Fax: +43 (0) 1 404 004104

Standortliste Schweiz

HBO-Zentrum Basel
Kleinhüningerstrasse 177
CH-4057 Basel
Tel.: +41 (0) 61 6313013
Fax: +41 (0) 61 6313006

HBO-Zentrum Universität
Abteilung Pneumologie
Rämistrasse 100
CH-8091 Zürich
Tel.: +41 (0) 1 255-6454
Fax: +41 (0) 1 255-2046

HBO-Zentrum Universität CHUV
Div. Soins intensifs de médecine
Rue de Bugnon 46
CH-1011 Lausanne
Tel.: +41 (0) 21 314-1111
Fax: +41 (0) 21 314-1384

HBO-Zentrum Universität HUG, DUMC
Rue Micheli-du-Crest 14
CH-1211 Genève 4
Tel.: +41 (0) 22 372-7145
Fax: +41 (0) 22 372-7184

HBO-Zentrum Klinik Siloah
Arbeitsgemeinschaft für Sauerstofftherapie
Worbstrasse 324
CH-3073 Gümlingen
Tel.: +41 (0) 31 958-1111
Fax: +41 (0) 31 958-1090

HBO-Zentrum Kantonsspital
HNO-Abteilung
CH-6000 Luzern
Tel.: +41 (0) 205-1111
Fax: +41 (0) 205-4995